Zu diesem Buch

Bereits vor zwanzig Jahren erschienen Teile des vorliegenden Buches unter dem gleichen Titel und leisteten einen höchst innovativen Beitrag zur Theoriebildung und Praxis einer »angewandten Gerontologie« oder »praktischen Sozialgerontologie. Hier werden nun die aktuellen Entwicklungen vorgestellt. Unsere rapide alternde Gesellschaft macht heute Tag für Tag deutlich, wie nötig Konzepte zur Erhaltung der physischen, psychischen und sozialen Gesundheit älterer Menschen sind, die Heimunterbringung und Fremdversorgung möglichst lange unnötig machen.

Das Feld der Beratung, Betreuung und Therapie älterer, alter und hochbetagter Menschen wird in dem auf zwei Bände angelegten Grundlagenwerk in umfassender Weise theoretisch, methodisch und praktisch beleuchtet. Der vorliegende Band widmet sich Fragen der modernen Altersforschung und Faktoren der Gesunderhaltung. Viele Praxisbeispiele aus der fast 40-jährigen kontinuierlichen Beschäftigung des Autors und seiner Teams mit sozialgerontologischen Fragen illustrieren verschiedene konkrete Ansätze der Altenarbeit und geben Erfahrungsschätze weiter. Der im Frühjahr 2005 erscheinende zweite Band wird sich schwerpunktmäßig mit erprobten Kreativitätstherapien sowie Methoden der Persönlichkeitsentwicklung im Alter befassen.

Hilarion G. Petzold, Prof. Dr. Dr. Dr., ist Professor emeritus für Psychologie und klinische Bewegungstherapie an der Freien Universität Amsterdam/Niederlande und Professor für klinische Psychologie und Philosophie am Institut St. Denis, Paris, Visiting Professor für Psychotraumatologie und Supervision an der Donau-Universität Krems/Österreich; außerdem ist er Leiter der Europäischen Akademie für psychosoziale Gesundheit (Fritz-Perls-Institut) in Düsseldorf; zahlreiche Veröffentlichungen zur Psychotherapie, Entwicklungspsychologie der Lebensspanne, Kreativitätstherapie und zur Geronto-Psychotherapie.

Hilarion G. Petzold

Mit alten Menschen arbeiten

Teil 1

Konzepte und Methoden
sozialgerontologischer Praxis

Pfeiffer bei Klett-Cotta

Leben lernen 175

Pfeiffer bei Klett-Cotta
© J. G. Cotta'sche Buchhandlung Nachfolger GmbH, gegr. 1659,
Stuttgart 2004
Alle Rechte vorbehalten
Fotomechanische Wiedergabe
nur mit Genehmigung des Verlages
Printed in Germany
Umschlag: Michael Berwanger, München
Titelbild: Vincent van Gogh: Blick auf Arles mit blühenden Bäumen
(Ausschnitt), 1889
Satz: PC-Print, München
Auf holz- und säurefreiem Werkdruckpapier gedruckt
und gebunden von Gutmann + Co., Talheim
ISBN 3-608-89733-X

Bibliographische Information Der Deutschen Bibliothek
Die Deutsche Bibliothek verzeichnet diese Publikation in der
Deutschen Nationalbibliographie; detaillierte bibliographische
Daten sind im Internet über <http://dnb.ddb.de> abrufbar.

Inhalt

Vorwort zur ersten Auflage 7
Vorwort zur zweiten Auflage 11

I Bildungsarbeit – Persönlichkeitsentwicklung – Geragogik 15

»Alter Wein in neuen Schläuchen?«
Moderne Alternsforschung, »Philosophische Therapeutik« und »Lebenskunst« in einer »gerontotrophen« Gesellschaft.
Überlegungen mit Cicero über die »kompetenten Alten« für die »Arbeit mit alten Menschen« (Mitarbeit: Lotti Müller) 17

Angewandte Gerontologie als Bewältigungshilfe für das Altwerden, das Alter und im Alter 86

Resilienz und protektive Faktoren im Alter und ihre Bedeutung für den Social Support und die Psychotherapie bei älteren Menschen (Mitarbeit: Lotti Müller) 108

Integrative Geragogik – gestalttherapeutische und integrative Methode in der Bildungsarbeit mit alten Menschen 155

Exchange Learning – ein Konzept für die Arbeit mit alten Menschen (Mitarbeit: Dörte Laschinsky und Michael Rinast) 194

»Sich selbst im Lebensganzen verstehen lernen« Erlebnisaktivierende Methoden in einem integrativen Ansatz zur Vorbereitung auf das Alter 219

Biographiearbeit mit alten Menschen –
Erarbeiten und Teilen biographischer Erfahrung
(Mitarbeit: Lotti Müller)   249

II Soziotherapie – psychosoziale Hilfe –
   Sozialgeragogik   263

Die Rolle der Gruppe in der therapeutischen Arbeit
mit alten Menschen –
Konzepte zu einer »Integrativen Intervention«   265

Stadtteilarbeit mit alten Menschen – ein integrativer Ansatz zur
Verhinderung von Segregation
(Mitarbeit: Brigitte Zander)   321

Die »Grundregel« im Integrativen Ansatz
der Arbeit und Zusammenarbeit mit alten Menschen«   361

Literatur   367

Vorwort zur ersten Auflage

Es sind in diesem Band Arbeiten aus einem Zeitraum von zwanzig Jahren zusammengetragen. Sie entstanden aus praktischen Erfahrungen im Bereich der Psychotherapie, der Soziotherapie und der Bildungsarbeit mit alten Menschen. Es sind Aufsätze, die über die Jahre verstreut in Zeitschriften und Sammelbänden erschienen sind. Ein Teil der Kapitel wurde für dieses Buch neu geschrieben. Die Texte sind Ausdruck des Versuchs, einen ganzheitlichen, integrativen Ansatz für die Arbeit mit alten Menschen zu finden und zu verwirklichen, ein Ansatz, in dem der Lebenszusammenhang des alten Menschen, die spezifische Qualität des Lebensabschnittes »Alter« nicht fragmentiert wird und Maßnahmen in eine Vielzahl von Einzelinterventionen zerfallen. Dieser Ansatz gründet in persönlichen Erfahrungen, die ich mit alten Menschen von Kindheit an gemacht habe und in denen ich gelernt habe, dass das Alter kreativ sein kann, lebendig und rund, aber dass es auch Bedrückung, Beschneidung, Verletzung ist. Und noch etwas wurde mir dabei deutlich: Die negativen Aspekte des Alters sind zum größten Teil »außenverursacht«. Sie liegen in nachteiligen, zuweilen inhumanen Lebensbedingungen, denen alte Menschen ausgesetzt sind, in negativen Einstellungen und Erwartungen eines gesellschaftlichen Kontextes, der das Altern und das Altsein verleugnet oder mit Negativzuweisungen belegt.

Die Komplexität der letzten Lebensphase, der Chancenreichtum und die Verwundbarkeit des letzten Abschnittes der Lebensspanne machen es erforderlich, dass in der Arbeit mit alten Menschen soziotherapeutisches, pädagogisches, psychotherapeutisches und medizinisches Handeln nicht voneinander getrennt werden, dass die Disziplinen Psychologie, Soziologie, Pädagogik und Medizin kooperieren, dass eine Verbindung hergestellt wird zwischen den interventionsorientierten Methoden, wie z. B. die Pädagogik, die Psychotherapie und die Sozialarbeit, und den Disziplinen, die durch ihre Forschung im Grundlagenbereich zentrale Erkenntnisse über das Altern, das Alter und das Sterben bereitgestellt haben: Gerontologie und Thanatologie, insbesondere aber die psychogerontologische und sozialgerontologische Forschung.

In wenigen Bereichen der Sozialwissenschaften indes ist die Diskrepanz zwischen Theorie und Praxis, Wissen und Umsetzung so groß wie im Bereich der Alternswissenschaften. Die Umsetzung gerontologischer Kenntnisse in die Praxis einerseits und die Fundierung bestehender Praxis durch gerontologisches Wissen andererseits steht noch am Anfang, von einer Evaluation von Interventionen ganz zu schweigen. Die »Interventionsgerontologie« hat sich in den 70er Jahren entwickelt, und in relativ kurzer Zeit entstanden zahlreiche Interventionsprogramme und -studien, die ihrerseits kaum an das anknüpften, was in Erwachsenenbildung, Psychotherapie und Sozialarbeit an methodisch-praktischem Fundus erarbeitet worden war. In diesem skizzierten Spannungsfeld stehen auch die vorliegenden Arbeiten. Sie unternehmen den Versuch, zu einer *Praxeologie* zu finden, die den Ergebnissen gerontologischer Forschung Rechnung trägt und die gleichzeitig die Methodologie der anwendungsbezogenen Disziplinen, spezifiziert auf die Situation alter Menschen, einbezieht. So werden Gerontotherapie, Thanatotherapie, Thanatogogik, Geragogik, Sozialgeragogik als neue handlungsorientierte Disziplinen zum Bezugsrahmen. Zu ihnen wollen die hier zusammengestellten Arbeiten einen Beitrag leisten.

In den meisten Bereichen musste Neuland betreten werden, haben wir zum ersten Mal in einer systematischen Form Methoden wie Puppenspiel oder Poesietherapie, Wohngemeinschaftsarbeit und Formen erlebnisaktivierender Therapie in der psychosozialen Arbeit mit alten Menschen verwandt. Es sind diese Arbeiten und Projekte von einem innovativen Elan getragen, der mir und meinen Mitarbeitern über manche Schwierigkeiten hinweggeholfen hat.

Wir versuchen, in unserem Ansatz »integrativer Arbeit mit alten Menschen« den Gedanken intersubjektiver Begegnung zu verwirklichen, der im Respekt vor der Integrität und der Würde des anderen gründet. Wir konnten uns oftmals mit dem Ziel »subjektiver Lebenszufriedenheit« nicht zufriedengeben, weil wir wussten, dass sie häufig das Resultat von Adaptionsleistungen an einschränkende, deprivierende Lebenssituationen ist. Wenn etwa durch fachlich geschulte Beobachter in einem Altenheim »haarsträubende Umstände« festgestellt werden, in einer Befragung die Bewohner sich aber überwiegend zufrieden äußern, dann entsteht in der Tat ein Dilemma mit den Fragen: Inwieweit müssen wir derartige Situationen aufdecken und verändern (was neue Anpassungsleistungen erforderlich macht), und in welchem Ausmaß darf dies geschehen? Es sind diese Fragen nicht einfach zu entscheiden, und sie dürfen vor allen Dingen nicht nur aus der Perspektive »der Jungen« oder der Sozialwissenschaftler und Therapeuten entschieden werden. Entscheidungen müssen auch aus der Perspektive alter Menschen und unter ihrer Partizipation erfolgen, und hier sind aufgrund der knappen Ressourcen an Zeit, an Kraft, an finanziellen Möglichkeiten die Grenzen eng gesteckt.

Zwei grundlegende Fakten sind uns jedenfalls sehr früh in der psychosozialen, geragogischen und psychotherapeutischen Altenarbeit deutlich geworden: Arbeit mit alten Menschen ist so gut oder schlecht wie die Mitarbeiter, die sie durchführen. Die bedrückende Perspektive dieser Aussage wird deutlich, wenn man weiß, dass es in keinem Bereich der pflegerischen und sozialen Arbeit so viele unausgebildete Mitarbeiter bzw. Kräfte ohne psychosozialen Grundberuf gibt wie im Bereich der Altenarbeit. Die Weiterbildung der Mitarbeiter in der Altenarbeit, was sozialgerontologisches Fachwissen betrifft, ist ›conditio sine qua non‹, aber es kommt auch der Entwicklung ihrer persönlichen Potentiale, ihrer menschlichen Qualitäten und kommunikativen Fähigkeiten größte Bedeutung zu. Und hier ist bisher in den deutschsprachigen Ländern kaum etwas geschehen. Für die in diesem Band vorgestellten methodischen Ansätze sind gerontologische Fachkenntnisse unverzichtbar. Allein reichen sie jedoch nicht aus, vielmehr wurzeln sie in einer persönlichen Auseinandersetzung mit den Fragen des Alterns, des Sterbens, mit den Fragen nach den eigenen kommunikativen Defiziten, den Fragen der eigenen Belastbarkeit.

Das zweite Faktum wiegt vielleicht noch schwerer:
Die Vorbereitungen auf das Alter, auf die Fragen und Probleme der Alterssituation dürfen nicht erst auf der Höhe des Lebens beginnen oder im Ruhestand, sie müssen im Lebenslauf über die gesamte Lebensspanne hin erfolgen. Es sind dies Aufgaben, die schon in der Kindererziehung und in der Schule wahrgenommen werden müssen, wenn ein gutes Altern gelingen soll. Wir haben in früheren Veröffentlichungen ausführlicher zu Fragen der geragogischen und gerontotherapeutischen Theorien und Konzeptbildung Stellung genommen. Aus diesem Grunde werden im vorliegenden Band im

wesentlichen praxeologische Arbeiten zusammengefasst, die einen Einblick in die konkrete Arbeit mit alten Menschen in verschiedenen Settings auf dem Hintergrund eines theoretisch-konzeptuellen Bezugsrahmens geben sollen. Die vorgestellten Projekte hätten ohne die Anregungen, die ich von meinen akademischen Lehrern *Gabriel Marcel* und *Vladimir N. Iljine* für die Arbeit mit alten Menschen erhalten habe, nicht entstehen können, und auch nicht ohne einen Kreis von Kollegen am *»Fritz-Perls-Institut«*, die sich nach und nach für diese Form integrativer Arbeit mit Alten, Kranken und Sterbenden zu interessieren begannen und sie mittragen und mitentwickeln. *Elisabeth Bubolz-Lutz, Kurt Lückel, Karin Huck, Ina Spiegel-Rösing* und *Thomas Küchler* sei deshalb besonders gedankt. Mein Dank gilt aber vor allem all den alten Menschen, die in unseren Gruppen und Projekten mitgearbeitet haben und uns in verständnisvoller Weise gezeigt haben, wie wenig »wir Jungen« und wir Wissenschaftler doch über das Alter wissen und wie sorgsam und geduldig wir mit alten Menschen, ihrer Lebenssituation, ihren Problemen und ihrem Lebensglück umgehen müssen; denn es geht auch um unsere eigene Zukunft.

Düsseldorf, März 1985

Hilarion G. Petzold, Fritz-Perls-Institut

Vorwort zur zweiten Auflage

Das vorliegende Werk geht nun, nach 20 Jahren, in eine zweite Auflage. Die in ihm vertretenen Ansätze haben sich damit über weitere zwanzig Jahre in der Praxis bewährt, konnten seit vierzig Jahren für die Arbeit mit älteren und alten Menschen nützliche Beiträge leisten. Im Rückblick auf die ersten, seit 1965 in kontinuierlicher Folge von mir und meinen MitarbeiterInnen vorgelegten Texte zur Theorienbildung, Praxeologie, Methodik, Forschung in der Psychotherapie, Soziotherapie, Bildungsarbeit, der Therapie mit »kreativen Medien« in diesem Feld »angewandter Gerontologie«, »praktischer Sozialgerontologie« und Altenarbeit muss ich sagen: Unsere Konzepte waren in vieler Hinsicht höchst innovativ. Mit ihnen wurde Pionierarbeit geleistet, als sich noch kaum PsychotherapeutInnen, PsychologInnen, ErwachsenenbildnerInnen mit dieser großen Gruppe der Bevölkerung befasst hatten. Bis in die beginnenden neunziger Jahre ist das so geblieben: Alte Menschen waren kein prioritäres Thema für die helfenden Berufe, für die »Öffentlichkeit der Jungen«, ja für die validen Senioren, die »neuen Alten« selbst. Das hat sich grundlegend geändert. Der soziale Druck der »auf den Kopf gestellten« Alterspyramide, das massive Strukturproblem der **»gerontotrophen«** mitteleuropäischen Gesellschaften durch den immer größer werden Anteil alter Menschen und Hochbetagter hat die Thematik »Altern und Alter« unübersehbar gemacht. Ob sich die Haltung dem Alter gegenüber verändert hat, ob die Zugehensweisen und der Umgang mit älteren und alten MitbürgerInnen sich gewandelt hat, ob Humanität in Einrichtungen der Altenpflege und Geriatrie zugenommen hat, das ist eine offene Frage. Auf jeden Fall haben sich die Populationen alter Menschen mit den demographischen Umwälzungen verändert und sie werden sich noch dramatisch weiter verändern. Das Klischee der armen, hilflosen *inkompetenten* Alten wird konfrontiert durch die Realitäten der **»neuen Alten«** als **»kompetenten Alten«** mit einem hohen Informations-, Wissens- und Kenntnisstand und einem starken Selbstbewusstsein. Sie werden ihre Rechte einfordern, und das stellt neue und hohe Anforderungen an das Personal, was fachliche und soziale Kompetenz anbelangt. Die Ausstattung der Institutionen mit qualifiziertem Fachpersonal bringt aufgrund der z. T. drastischen Ressourcen-

verknappung im Gesundheitswesen derzeit viele gänzlich unvertretbare Einschränkungen mit sich, obwohl eigentlich die Kompetenzprofile der Mitarbeiter und die Qualität der Mitarbeiterstruktur noch deutlich steigen müsste.
Das fachliche Wissen in diesem Bereich ist zweifelsohne gewachsen. Eine Fülle von Ergebnissen aus der Grundlagenforschung, der klinischen und sozialen Gerontologie hat ein Fundament geschaffen, durch das eine neue Qualität für die gerontotherapeutische und geragogische Arbeit möglich wird, wenn diese Wissensstände konsistent und kreativ in »*Praxeologien*« transportiert werden. Aber genau dieser Transport von Wissen in die Felder der Praxis, hin zu den PraktikerInnen der verschiedenen Berufsgruppen, ist nach wie vor ein schwieriges Kapitel. Hier liegt die Aufgabe der »*Praxeologie*«, der *Wissenschaft von der Praxis*, die eine Schnittstelle für die Fundierung praktischen Handelns durch forschungsgestützte Theorien zu sein hat und die um die Untersuchung und Evaluation von Methoden und Techniken, welche im praktischen Tun entwickelt wurden und sich bewährt haben, bemüht sein muß. Sie vermittelt damit auch zwischen Praktikern, Theoretikern, Forschern, zwischen Methodenanwendung, Theorienbildung, Evaluation von Praxis. In der *Praxeologie* entsteht eine *Theorie-Praxis-Verschränkung*, durch die sich theoretische Modell- und Konzeptbildung und qualitätsvolle, praktische Arbeit wechselseitig befruchten können.
Der vorliegende Text war und ist in diesem Sinne ein praxeologisches Grundlagenwerk, für das es kaum Vergleichbares gibt. Es ist aus der praktischen Arbeit mit alten Menschen hervorgegangen, hat einerseits diese Praxis reflektiert und theoretisch ausgewertet, und andererseits Ergebnisse der Theorienbildung und Forschung in die Praxis und die Methodenentwicklung getragen, um den *Betroffenen* und ihren *Helfern* in der bestmöglichen Weise zu nutzen. Es ist deshalb eine *engagierte Praxeologie,* die durch unsere Arbeiten und Forschungen immer besser fundiert und vorangebracht wurde, so dass in dieser zweiten Auflage viele neue Beiträge hinzukommen konnten, die den aktuellen Wissensstand vermitteln, andere wurden nicht nachgedruckt. Weil das Ursprungsmaterial damit substantiell erweitert wurde, haben wir uns entschieden, das Werk in zwei Bänden vorzulegen. Aufgrund der neuen Texte und aufgrund der weiterhin gegebenen hohen Praxisrelevanz der ursprünglichen Beiträge

wurden diese nur leicht bearbeitet, wo dies sinnvoll und notwendig erschien.

Ich hoffe, dass mit dieser Neuauflage den Praktikern im Feld und den an theoretischen und methodischen Fragen interessierten Fachleuten ein konzeptuelles und methodisches Rüstzeug zur Verfügung gestellt wird, das zu innovativen Projekten, zu kreativer Unterstützung und Hilfeleistung inspiriert und den älteren und alten Menschen, der Verbesserung ihrer Gesundheit und Lebensqualität zu Gute kommt.

Düsseldorf, Mai 2004

Hilarion G. Petzold

I

Bildungsarbeit – Persönlichkeitsentwicklung – Geragogik

»Alter Wein in neuen Schläuchen?«
Moderne Alternsforschung, »Philosophische Therapeutik« und »Lebenskunst« in einer »gerontotrophen« Gesellschaft.
Überlegungen mit Cicero über die »kompetenten Alten« für die »Arbeit mit alten Menschen«

Hilarion G. Petzold, Düsseldorf, Lotti Müller, Zürich,

»Non cani nec rugae repente auctoritatem adripere possunt, sed honeste acta superior aetas fructus capit auctoritatis extremos.« (*Cicero*, De senectute 18, 62[1])

»Wer es vermocht hat, endlich Zugang zu sich selber zu finden, der ist für sich ein Gegenstand der Freude.« (*Foucault* 1982)

»*Wir selbst bestimmen* letztlich für uns als Einzelne und für uns als Gesellschaft, *was* Alter ist und *wie* unser Altern sein wird ... (*Petzold* 1971)

Wenn man über die Arbeit helfender und sozialer Berufe mit älteren und alten Menschen, über die Fragen von Altern und Alter nachdenkt, schreibt, sich wissenschaftlich und praxeologisch mit dieser Thematik befasst, wenn man Methoden und Praxisstrategien für die *Arbeit*, die *Zusammenarbeit* mit alten Menschen entwickelt, kann das nicht ohne die Berücksichtigung von Kontexten geschehen, nicht ohne die Entwicklung von Leitvorstellungen und Orientierungen, die selbst wiederum auf ihre Hintergründe und Traditionslinien reflektiert werden müssen. Der Text von *Cicero* »Über das Alter« gibt viele Anstöße, über Ausrichtungen und Entwicklungen, über handlungsleitende Konzepte und Zusammenhänge nachzudenken, die für die in diesem Band vorgestellten Ideen und methodischen Zugehensweisen von Bedeutung sind. Zwei Perspektiven seien dabei besonders herausgearbeitet:
der Kontext der gravierenden bevölkerungsstrukturellen Verände-

rungen, die »gerontotrophen Umwälzungen«, in denen wir gegenwärtig stehen, und der Kontext einer »Philosophie der Lebenskunst«, die einen Rahmen für sozialgerontologische bzw. interventionsgerontologische Praxis bieten kann. Vor diesem Hintergrund soll der Text von *Cicero* mit einigen seiner wesentlichen Positionen betrachtet werden, weil er zeigt, wie Menschen über das Alter nachdenken können und wie sich alte und neue Konzeptionen über das Altern und den Umgang mit dem Alter verbinden lassen, wie sich schließlich Lebensweisheit und moderne Forschungsergebnisse ergänzen und bestätigen können.

1. Der Kontext: Die »gerontotrophe« Umwälzung

In einigen groß angelegten Studien der entwicklungspsychologischen und gerontologischen Längsschnittforschung (BOLSA, Berliner Altersstudie, Alters-Survey usw.) und vielen kleineren Untersuchungen wurden in den letzten Jahrzehnten des 20. Jahrhunderts zahlreiche Ergebnisse über verschiedenste Aspekte des *Alters* und des *Alterns* erarbeitet, von denen man sich u.a. neue Erkenntnisse für eine weitsichtige Planung und angemessene Problemlösungsstrategien im Umgang mit gesellschaftspolitischen und ökonomischen Herausforderungen versprach, die sich uns heute in Verbindung mit Alter und Altern stellen. Diese Herausforderungen, die sich schon in den siebziger Jahren abzeichneten, in den achtziger Jahren im europäischen Raum unübersehbar wurden – geburtenschwache Jahrgänge, ›Vergreisung der Gesellschaft‹, ›demographische Katastrophe‹ – wurden im öffentlichen Bewusstsein bis zu den jüngsten Debatten um die »Finanzierbarkeit der Renten« weitgehend verdrängt oder negiert, verharmlost oder auf der Ebene von Zahlenspielen und Rentenformeln abgehandelt. Die eigentliche Dramatik, die mit diesen Entwicklungen zu einer *»gerontotrophen Gesellschaft«* und ihren *»intergenerationalen Auseinandersetzungen«*, ihrem Auseinanderdriften der Alterspopulationen von Jungen, Älteren (50 +), Alten (70 +) und Hochbetagten (80 +) und den mit solchen Entwicklungen verbundenen *»Potenzialen zur Inhumanität«* einher geht oder einer gehen könnte (*Petzold* 1979l), genauer zu einer *»neuen Inhumanität«* im Alter und gegenüber be-

nachteiligten und sozial schwachen Gruppen alter Menschen, zu denen man selber gehören könnte, dämmert erst allmählich bei den Alterskohorten, die zwischen 2008 und 2020 in den Ruhestand gehen: bei der sogenannten Generation der »Babyboomer«. Wir haben die Gesellschaften – seinerzeit im Rahmen rollentheoretischer Überlegungen – als **gerontotroph** bezeichnet, in denen »*die Zahl alter Menschen sich der Zahl der Jungen nähert und sie eventuell überschreitet*, in denen junge Menschen sich in breiter Weise gegen *Elternrollen* entscheiden, d. h. Kinder zu bekommen und aufzuziehen, so dass diese Rollen und Großelternrollen, intergenerationale Rollenkonfigurationen, weitgehend fortfallen. In *gerontotrophen* Gesellschaften führen weiterhin die Fortschritte der Medizin und Geroprophylaxe, die Gestaltung gesundheitsbewusster und bewegungsaktiver Lebensstile zu einer beständigen Erhöhung der Lebenszeit der älteren Bevölkerung bei durchaus gutem Gesundheitszustand und damit zu einem gesteigerten subjektiven Bewusstsein, nicht eigentlich ›alt‹ zu sein, so daß ›*Altersrollen*‹ (der ›Alterspatient‹) unspezifisch werden oder sich zu dem Bereich der *Hochbetagten* verschieben, der insgesamt größer wird und in dem es zur Ausbildung neuer Rollen (der ›Pflegefall‹) kommt. *Gerontotroph* heißt, dass all diese Entwicklungen *progredient* sind und eine baldige Umkehr nicht in Aussicht steht, eine Situation, auf die wir zulaufen« (*Petzold* 1979a), – heute muss man ggf. noch einen Rückgang der Gesamtbevölkerung in eine solche Bestimmung mit einbeziehen (*Oeppen, Vaupel* 2002; *Schimany* 2003; *Birg* 2001). Anders gefasst: »Eine Bevölkerung ist im strukturellen Sinn als alt zu beurteilen, wenn es in ihr einen relativ großen Anteil alter Leute gibt oder wenn die allgemeine Lebenserwartung hoch ist oder wenn beides zutrifft« (*Laslett* 1995, 62). Was das bedeuten *kann* oder könnte hat aktuell das »Schlagzeilenbuch« von *Frank Schirrmacher* (2004) in herausfordernder, dramatischer und – trotz etlicher Einseitigkeiten – keineswegs in unbillig dramatisierender Weise aufgezeigt, ein Sachbuch der »besonderen Art«: Es rüttelt auf! Hoffentlich in ausreichendem Maße, nämlich durch Erreichen breiter Bevölkerungsschichten, denn die müssten sich bewegen!
Die schon sehr bald unverdrängbar kommenden bzw. nicht mehr überblendbaren gravierenden Unausgewogenheiten der Bevölkerungsstruktur werden in ihren manifesten Folgen zu kaum vorstell-

baren Problemen führen, denen nur schwer und vor allen Dingen nicht schnell begegnet werden kann. Eine Veränderung der eintretenden – ja bevölkerungsstrukturell schon *eingetretenen* – Situation erfordert Generationen und ein verändertes, kinderbegeistertes Generationenverhalten. Das nun ist nicht kalkulierbar (es sei denn, man will in Umkehrung des einstigen chinesischen Ein-Kind-Zwanges einen Mehrkind-Zwang einzuführen suchen). Die Situation ist auch durch hohe Einwanderungsquoten nicht zu korrigieren (*Birg* 2001, 134), nicht zu reden von den Problemen, die die erforderlichen Migrationsströme »junger Neuzuwanderer mit Bleibeabsichten« (also keine »GastarbeiterInnen«) aus Kulturen mit einem relativ hohen sprachlichen, ethnischen und religiösen Fremdheitsgrad mit sich bringen werden. Zuwanderer nämlich werden überwiegend nicht aus den europäischen Kernländern kommen, weil diese mit ähnlichen Überalterungsstrukturen konfrontiert sind.

Gerontotrophe Gesellschaften werden nun nach längeren und schon durchaus erkennbaren Latenzzeiten *manifest* werden. (Wir sprechen bewusst nicht von »Inkubationszeiten«, denn es handelt sich nicht um eine Krankheit, sondern um eine Entwicklung, die die Menschen der Moderne *gewollt* haben). Immer schon *wollten* die Menschen möglichst alt werden und dabei gesund bleiben und vital wie in »jungen Jahren«. Immer schon waren sie auf der Suche nach der Quelle »ewiger Jugend«, dem »Jungbrunnen«, dem »Wasser des Lebens« – eine »ewige Jagd nach der Jugend«, wie *Haavik* (2004) es in dem norwegischen Magazin »Vi Over 60« (»Wir über 60«) beschreibt. Der russische Philosoph des 19. Jahrhunderts, *Nikolay F. Fyodorov* (1928, 1930) mit seinem Werk »Filosofiya obshchevo dela« [Die Philosophie des gemeinsamen Werkes, vgl. *Zakgdalsky* 1976], sah es zum Beispiel als Aufgabe aller Menschen und ihrer Wissenschaft, daran zu arbeiten, den Tod zu überwinden. In diesem Tun werde »das menschliche Leben ein Akt ästhetischer Kreativität« (*Fyodorov* 1930, II, 155). Die Menschen der Moderne haben es unternommen, zumindest zur Ausdehnung des Lebens die Mittel zu schaffen. Sie haben in dieses Projekt, dem Tode Lebenszeit abzuringen, weltweit Intelligenz, Forschung, Kapital investiert und eine Situation herbeigeführt, in der hierzulande die 80jährigen und noch Älteren 12% der Bevölkerung darstellen und mehr als 50% der Bevölkerung 50 Jahre und älter sein werden (Statistisches Bundesamt, 6. Juni 2003, Erklärung zur Bevölkerungsentwicklung in Deutschland). Mit dieser Situation werden die Menschen, die sie geschaffen haben, nun auch verantwortlich umgehen müssen. Sie haben keine andere Chance, als mit ihr fertig zu werden. Sie habe eine Zukunft durch ihr Wollen und Verhalten auf den Weg gebracht, die sie nicht vollends überblickt haben und überblicken wollten (ein Überblick wäre möglich gewesen), und sie müssen diese Zukunft nun in konstruktiver Weise gestalten.

Allein schon durch die demokratischen Mehrheitsverhältnisse stehen *gerontotrophe* Gesellschaften in der Gefahr, zu »*hegemonialen Gerontokratien*« zu werden: Die Alten bestimmen das Leben, verfügen mit ihren Ressourcen (denn zur Zeit besitzen sie noch immense, über favorable Lebenszeiten hin angehäufte Vermögen) über die Jungen, über die Strukturen des Gesundheitswesen, die sozialen Versorgungssysteme, das Bildungswesen etc. (*Dychtwald* 2000). Im gerontokratischen Sparta (*Schmitz* 2003) ist es zu solchen Situationen gekommen und der alternde *Plato* hat in seinen sozialutopischen Entwürfen, der *Politeia* und in den *Nomoi*, den Alten, d. h. seiner eigenen Generation, einen guten und rechtlich/strafrechtlich wohlgesicherten Platz festgeschrieben (*Baltrusch* 2003, 72 ff.). Es wird sich für unseren Kontext die schwerwiegende Frage stellen, ob die »neuen Alten« den Gefahren einer »generationalen Vorteilsnahme« entgehen werden, denn Menschen haben die Tendenz, für die eigenen Interessen und die ihrer Verwandten und Freunde, ihrer »kins and peers«, einzutreten, die Tendenz auch, einer anderen Generationengruppe etwas zu missgönnen. Als Beispiel sei die Abstimmung zur Mutterschaftsversicherung in der Schweiz vom 13. Juni 1999 genannt, wo eine Verbesserung der Mutterschaftsrechte vom Stimmvolk abgelehnt wurde, nicht zuletzt auch mit den und durch die Stimmen der Frauen der älteren Generation.

1.1 »Feinde von außen« und »Feinde von innen« – Alternsbilder zwischen Inkompetenz- und Kompetenzzuweisungen

Hier wurden ältere Frauen für jüngere »*Feinde von außen*«, die »den Jungen« mögliche Erleichterungen verwehrt haben. Für viele Menschen der jüngeren Generation werden »die Alten«, die Ressourcen vergeuden bzw. vergeudet haben, die wenig zukunftsbezo-

gen gewirtschaftet haben, zu »*Feinden von außen*«, die die künftige Lebensqualität der nachwachsenden Generationen belasten, und sie werden in dieser Negativsicht »verinnerlicht«, wenn keine überzeugenden Korrekturen gesetzt werden. Die Konsquenzen werden dann nicht nur abwertende Haltungen und Verhaltensweisen gegenüber »den Alten«, den »Grufties«, den »Belastungsgenerationen« usw. sein, sondern es werden damit auch in subtiler Weise die *eigenen inneren Altersbilder* prädisponiert, die später die eigenen Altersperformanzen, das Selbsterleben, die Definition des eigenen Status bestimmen werden. Diese *verhaltenswirksamen Internalisierungen* werden zu »*Feinden von innen*«, eine Metapher (*Petzold* 1965) die von Befunden sozialpsychologischer Forschung, die allerdings differentiell beizuziehen und zu interpretieren sind, gestützt werden (vgl. ausführlich die Befunde bei *Filipp, Mayer* 1999). Der Status von Älteren und Alten wird in menschlichen Gesellschaften eben nicht nur *biologisch,* sondern sozial und politisch festgelegt (*Simmons* 1954; *Marzi* 1990) und dabei spielen die älteren Menschen selbst natürlich eine große Rolle. Sie sind allerding nur eine Mehrheit mit *potenzieller* Macht. Ihre Selbstwahrnehmung, ihre Selbstbilder, ihr Selbstwerterleben werden darüber entscheiden, ob und wie sie Mehrheitsverhältnisse politisch nutzen werden und können, wie sie Druck ausüben und aushalten können, wie exzentrisch und besonnen sie mit ihrem politischen Potenzial umgehen werden, denn die Jungen werden sich wehren, wenn der Druck zu groß wird und »erlebte Ungerechtigkeiten« zu hart werden – sie sind physisch-biologisch die Stärkeren. Weil alte Menschen darum wissen, werden »die Jungen« damit oft im psychischen Binnenraum auch zu »potenziellen Aggressoren«, ohne dass das wirklich bewußt wird, und es kommt zu den negativierenden Jugendbildern, die man bei alten Menschen immer wieder findet: »Jugend kennt keine Tugend!«
Sind und bleiben diese Mechanismen sozialisatorischer Determinierungen, unbewusster Vorurteilsbildung und antizipatorischer Ängste bei den beteiligten Generationen unbewusst und unreflektiert, drohen irrationale Aggressionen in die ohnehin anstehenden harten Verteilungskämpfe einzufließen: zu den Jungen hin, aber auch zu den Hochbetagten hin, die dann die »wirklichen Alten« sind. Und da Verwandtschaftsbande nach wie vor zählen werden,

drohen Kämpfe zwischen *Kinder-Besitzern* und *Enkel-Besitzern*, die ihren Nachkommen etwas zukommen lassen wolle, und Nicht-Besitzern von Nachkommen, die für sich sorgen müssen und wollen. Hier liegt eine immense Verantwortung der Politik und der öffentlichen Bildungs- und Informationssysteme, diese Zusammenhänge transparent zu machen, Diskurse zwischen den Generationen und innerhalb der Generationen in Gang zu setzen, und schon in der schulischen Erziehung über diese Zusammenhänge erlebniskonkret zu informieren. Uninformierte Alleinstehende, die keine neuen Affiliationen, Wahlverwandtschaften, Altersallianzen, intra- und intergenerationale Freundschaftsbande aufgebaut haben oder knüpfen konnten, sind deshalb künftig in großer Gefahr. Es könnten nämlich solche zu erwartenden Kämpfe durchaus mit beträchtlicher Härte, wahrscheinlich Brutalität geführt werden. Wir kennen die Unbarmherzigkeit und Entsolidarisierungstendenzen der Hominiden des Sapiensypus, wenn es um Überlebenskämpfe geht. Die Menschen müssten sehr viel dazugelernt haben in der zweiten Hälfte des 20. Jahrhunderts, wenn hier humane Lösungen gefunden werden sollen. Immerhin haben die Nachkriegsgenerationen in dieser Zeit einen weiteren Weltkrieg vermieden – darauf weist *Schirrmacher* (2004) immer wieder hin. Die Kriegs- *und* Nachkriegsgenerationen haben – unterstützt von der Mehrzahl der Angehörigen der Kriegsgenerationen (die wenigen »ewig Gestrigen« ausgenommen) – auf jeden Fall in breiterer Weise als jemals zuvor in der Menschheitsgeschichte Strategien der Humanität und internationalen Hilfeleistung entwickelt. Das lässt hoffen.
Die Gefahr und Gefährdung *entgleisender gerontotropher Gesellschaften* ist umso größer, je weniger die heutigen Generationen kommender Pensionäre und dann künftiger Hochbetagter und die nachwachsenden Jüngeren (und das sehr früh) auf die grundsätzlich andere Situation und die veränderten gesellschaftlichen Klimata vorbereitet sind, je weniger PädagogInnen, Angehörige von Sozialberufen, TherapeutInnen und MedizinerInnen mit diesen Themen vertraut und auf sie theoretisch und praxeologisch vorbereitet sind (man denke nur an die z. T. jetzt schon aus familiensoziologischer Sicht völlig antiquierten Modellvorstellungen der systemischen Familientherapie oder die höchst konservativen psychoanalytischen Konzepte zur Generationendynamik, Vater- und Mutterrollen oder

zu Genderfragen). Die kommende Situation ist so neuartig, weil nie zuvor in der Geschichte eine solche Überzahl alter Menschen einer Minderzahl junger Menschen gegenüberstand und nie zuvor so viele alte Menschen über ein solches Maß an *Gesundheit und Kompetenz* verfügten, wie die Generation, die jetzt in den »Ruhestand« geht. Es handelt sich dabei überwiegend um hochqualifizierte alte Bürger und Bürgerinnen, **»kompetente Alte«**, denn sie sind in der zweiten Hälfte des vergangenen Jahrhunderts durch die komplexen, modernes Wissen vermittelnden Bildungssysteme und die medialen Informationsströme über Verhältnisse auf der gesamten Erde gegangen, durch die sich ein Verhältnis zur Erde als »Nahraum« zu entwickeln beginnt. Sie haben erlebt und daran mitgewirkt, daß in großen geographischen Bereichen einstmalige Fremdheiten und Feindbilder in übergreifenden Staatengemeinschaften zusammenfinden: einem sich vereinigenden, einem vereinten Europa (*Petzold* 2003m). Menschen, die derartiges geschaffen haben, gehen allmählich in einen Lebensabschnitt, der bislang als »Ruhestand« oder Pension galt. Werden sie sich zur Ruhe setzen, können sie es? Zu diesen wirklich »neuen Alten« gehören die Architekten des technischen Fortschritts, der Wissens- und Bildungsgesellschaft, der internationalen Institutionen und Zusammenschlüsse, der Zivilgesellschaften. Diese **»kompetenten Alten«** beherrschen die neuen Kulturtechniken der elektronischen Medien, nutzen das Internet, ja könnten den Cyberspace mit ihrem Know-How durchaus nachhaltig beeinflussen, und es ist die Frage, ob sie mit diesen über eine lange Lebensarbeitszeit erworbenen **Kompetenzen** nicht in der Lage sind, verinnerlichte Negativbilder über das Alter zu erkennen und den »*Feind von innen*« nicht zum Zuge kommen zu lassen, damit Alt und Jung »auf Augenhöhe« und wechselseitigem »Respekt« miteinander reden, planen, handeln können in einer Ausübung von **intergenerationaler Kompetenz**.

Intergenerationale Kompetenz ist ein wechselseitiges Wissen unterschiedlicher Altersgruppen und ihrer Mitglieder um die »mentalen Welten«, d. h. die Bedürfnisse, Lebensstile, Ängste, Stärken, Schwächen, Ressourcen, Defizite usw. der jeweils anderen Altersgruppe und die Bereitschaft, erkennbar werdende Wissens- und Verstehensdefizite über die anderen (Grundlage von vorhandenen oder potentiellen Verständnis-

➞

hindernissen) in Ko-respondenzen, Polylogen, Gesprächs- und Erzählgemeinschaften aufzufüllen.

Intergenerationale Performanz ist das Beherrschen unterschiedlicher Interaktions- und Kommunikationsweisen und ihre Umsetzung in einer respektvollen und wertschätzenden Form, um Diskurse zwischen den Generationen in einer weiterführenden und fruchtbaren Weise zu realisieren und voranzubringen.

»Respekt« ist ja eine keineswegs ungefährdete Qualität menschlichen Miteinanders (*Sennett* 2002). Genauso wie der Mythos vom »*inkompetenten Säugling*« dekonstruiert werden musste und durch ein Konzept des »*kompetenten Säuglings*« ersetzt wurde (*Stone* et al. 1973; *Stern* 1992; *Petzold* 1993c), muss der Mythos vom »*inkompetenten Alten*« durch das Konzept der »*kompetenten alten Menschen*« ersetzt werden, was auch das Verfügen über »intergenerationale Kompetenz« (sie wird z. B. in Großeltern-Enkel-Interaktionen plastisch) beinhaltet.

Für viele der kommenden Pensionäre »drohen« in verschiedenen europäischen Ländern – und auf Dauer wohl in allen – verlängerte Lebensarbeitszeiten. Man kann von *drohen* sprechen, denn viele Menschen sehen bislang hierin nur Negatives und können die Chance, die in einer solchen Entwicklung liegen kann, noch nicht sehen, spüren, begreifen: nämlich die, nicht dem »alten Eisen« – »Schrott« eben – zugeschlagen zu werden, im eigenen Wissen, Können, den eigenen Entwicklungsmöglichkeiten zwangsweise beschnitten zu werden, denn das bedeutet vielfach die zwangsverfügte Pensionierung: Sie ist einer der massivsten Eingriffe und Fremdbestimmungen in das Leben von Menschen durch die Gesellschaften der Moderne. Pensionierung ist zumeist mit dem **Stigma der Inkompetenz**, des Kräfteverfalls und der Unfähigkeit verbunden, und das ist nicht weit von dem der »unnötigen Esser« entfernt, die durchgefüttert werden müssen, den »Jungen die Ressourcen und die Chancen stehlen«. Das könnte anders werden, wenn die »neuen Alten«, die sich dazu fit, in der Lage, motiviert fühlen und die keine Altersdiskriminierung erwarten müssten, weiter arbeiten dürften. Es werden aber auch Notwendigkeiten kommen: In zehn Jahren etwa werden wir in Deutschland nicht mehr in der Lage sein, die notwendigen akademischen Arbeitsplätze – in fast allen vitalen Bereichen – zu besetzen. Die verdrängten bevölkerungsstrukturellen

Probleme werden offenkundig (*Miegel* 2002). Es wird an Jungen fehlen! Und dann werden die »kompetenten« und validen Alten hoffentlich Chancen erhalten »im Geschäft zu bleiben«, vielleicht werden sie auch dazu gezwungen sein. Heute können sie zumindest schon *kognitiv* Notwendigkeiten sehen und könnten deshalb die kommenden, sie selbst zentral betreffenden Situationen der Gesellschaft aktiv mit strukturieren. Ob sie dazu motiviert sind, bleibt eine offene Frage: Können sie diese Situation *emotional* bejahen, weitere Lebenszeit in gesellschaftlichen Arbeits- und Produktionsprozessen mitzuwirken? – Sie könnten sie sogar goutieren! Aber dazu sind Auseinandersetzungen notwendig, die nicht nur im gesellschaftlichen Außenfeld zu suchen sind, sondern die in uns selbst stattfinden müssen, die Auseinandersetzung mit den eigenen Selbstbildern (und Fremdbildern) über die Lebensspanne hin (*Filipp, Klauer* 1986), mit dem »**Feind von innen**«, mit den eigenen Inkompetenzerwartungen und Ruhestandsphantasmen und mit – hoffentlich vorfindlichen – »**Freunden von innen**«, positiven Vorbildern und Rollenmodellen.

Seit den ersten gerontologischen Texten des Seniorautors dieses Beitrages vor vierzig Jahren, der ersten Auflage dieses Buche vor zwanzig Jahren, ist eine Problematik in weiten Bereichen unverändert geblieben: die **Fremdstigmatisierung** und **Selbststigmatisierung** der alternden, älteren und alten Menschen. Die Altersvorstellungen und Altersbilder in der Gesellschaft waren höchst negativ, und sie sind es in weiten Bereichen nach wie vor, wie die Untersuchungen und Forschungsergebnisse bei *Sigrun-Heide Filipp* und *Anne-Kathrin Mayer* (1999) zeigen. Diese Ergebnisse eröffnen zugleich aber auch differenzierende Perspektiven. Altersstereotype müssen im Lichte von Stigmatisierungs- und Stereotypforschung betrachtet werden, gender-, ethnie- und schichtspezifische Aspekte berücksichtigen, insbesondere auch die individuellen Bildungskarrieren. Zeitgeistfaktoren sind nicht zu unterschätzen, denn die vielbeschworene »*soziokulturelle Verjüngung*« des Alters beeinflusst sowohl den Blick der Gerontologen wie den des Alltagsmenschen, der in gewissem Maße auch zu den Bildern des »Feindes von innen« neue hinzufügen kann, korrektive Bilder hoffentlich. Auf jeden Fall kann man an diese Fragen nicht rein pragmatistisch herangehen, mit schnellen Lösungen und Patentrezepten, weil in pluralen Gesellschaften auch die Alters- und Jugendbilder plural sind. Es geht auch nicht an, wie in Bereichen der älteren Sozialgerontologie Negativbilder in Bausch und Bogen zurückzuweisen, denn das schafft nur »kognitive Dissonanzen«. Es gibt ja Seiten an alten Menschen, die so sind, wie die Stereotype es propagieren, Alte, die allen Vorurteilen und Schwarzmalereien vollauf entsprechen. Sie sind gleichsam die Bestätigung des Stereotyps, sagen aber nicht aus, dass im »Kern« solcher Negativbilder »etwas Wahres« sei. Nein, im Kern, d. h. in der zentralen Aussage eben nicht, sondern es handelt sich um *Übergeneralisierungen* von *Einzelphänomenen*, die in die Gesamtgesellschaft streuen, aber dann auch in besondere Kreise bzw. Bereiche – die »freie Wirtschaft« und ihr Managements –, wo das Stereotyp und Phantasma »*jung, dynamisch, kreativ, erfolgreich*« – zu Ageism, Diskriminierung und Benachteiligung älterer Mitarbeiter führt. (In Norwegen wurde deshalb z. B. verboten, in Stellenanzeigen das Attribut »*jung*« in Reihungen wie der obigen aufzuführen, vgl. *Moy* 2004). Die Stereotype sollten für jedes Berufsfeld oder für bestimmte Medienbereiche spezifisch in den Blick genommen werden (*Filipp, Mayer* 1999, 179 ff.; *Bishop, Krause* 1984). Ihnen kann nur eine »*Kultur der Problematisierung*«, der »*diskursiven Auseinandersetzung*« und der »*weiterführenden Kritik*« *in den Generationen und zwischen den Generationen* sowie zwischen verschiedenen beruflichen Feldern entgegengestellt werden, besonders wenn man erkennt, dass die Übergeneralisierungen von Vorurteilen und Einseitigkeiten *reziprok* sind. Eine solche Kultur will entwickelt und gepflegt werden.

> **Weiterführende Kritik** ist der Vorgang eines reflexiven Beobachtens und Analysierens, des problematisierenden Vergleichens und Wertens von konkreten Realitäten (z. B. Handlungen) oder virtuellen (z. B. Ideen) aus der *Exzentrizität* aufgrund von legitimierbaren Bewertungsmaßstäben (hier die der Humanität, Menschenwürde, Gerechtigkeit) und des *Kommunizierens* der dabei gewonnenen Ergebnisse in einer Weise, dass die kritisierten Realitäten im Sinne der Wertsetzungen optimiert und entwickelt werden können.«

Problematisierende Diskurse müssen in allen Bereichen ansetzen, und sie haben Chancen, weil Menschen die Fähigkeiten haben, Stereotype, Programme, Klischees, Muster, Schemata *wahrzunehmen*, *zu erfassen, zu verstehen, zu erklären* und zu **verändern** (*Petzold* 2003a, 162–169). *Schirrmacher* hat in seinem Buch in einer darwinistisch-neodarwinistischen Argumentationslinie geltend gemacht, dass wir mit einem Aktivsein bis ins hohe Alter – einem gegenüber allen früheren Zeiten immens erhöhten Alter – gegen ein in uns verankertes evolutionsbiologisches Programm angehen müssten, und Progamme sind festschreibend: Der nicht mehr reproduktionsfähige Mensch hat nach *dieser* darwinistischen Logik keine Existenzberechtigung. Der Autor stellt dieser Position später eine *kulturalistische* entgegen: »Kultur ist die Evolution, die wir steuern« (*Schirrmacher* 2004, 193). Die neodarwinistische Ausgangsargumentation wird dadurch aber nicht überzeugender. Der »alte und schwache« Mann und natürlich in besonderer Weise die alte Frau, die von der fruchtbaren Gebärerin zur infertilen Matrone (so der biologische Term) geworden ist, haben in diesem Diskurs keine Daseinsberechtigung. In der Tat finden wir bei paläoanthropologischen Funden keine Skelette von Menschen, die älter als 50 Jahre geworden sind, und über Vierzigjährige sind selten. Aber es gab sie. Über hundertausende von Jahren sind wir von den evolutionären Kontextbedingungen her auf kurze Lebensspannen zugepasst worden und auch unsere Muster des Sozialverhaltens sind – schaut man auf die geringen durchschnittlichen Lebenserwartungen, mit denen Menschen noch im 19. Jahrhundert rechnen mussten – über die Zeiten entsprechend geprägt worden. Nun haben wir statt Lebenserwartungen von 50 Jahren solche von 75 (ml.) und über 80 (wbl.) Jahren, und die Tendenz ist steigend, so dass die Zahl der validen Neunzigjährigen deutlich zunimmt und noch zunehmen wird und auch die Hundertjährigen ihre Seltenheitscharakteristik verlieren werden (*Vaupel* 2003). Das schafft nicht nur soziale und ökonomische Probleme, sondern auch in erheblichem Maße psychologische und sozialpsychologische. »Die menschliche Lebenserwartung betrug in 99,9 Prozent der Zeit, die wir diesen Planeten bewohnt haben, 30 Jahre. Jetzt müssen wir innerhalb einer einzigen Generation einhunderttausend Jahre alte Prägungen unseres Körpers und unserer Kultur überwinden« (*Schirrmacher* 2004, 22). Eine solche Sicht ist radikal, wohl zu radikal, denn die Menschheitsgeschichte ist nicht ohne Vorbilder und Auseinandersetzungen mit Alternsfragen, wie die Schrift *Ciceros* und die vielfältigen und z. T. sehr konträren Auseinandersetzungen mit diesen Themen in der europäischen Antike und in anderen Kulturräumen, dem chinesischen oder dem japanischen, zeigen. Der Mensch ist eben nicht nur von der *biologischen Evolution*, sondern in der Tat auch und maßgeblich von der *kulturellen Evolution* bestimmt. Die prägt zwar unsere psychologischen Reaktionsweisen – durch Weitergabe von fungierend sozialisiertem Kulturwissen auch über Generationen, aber seit der Aufklärung haben sich Prozesse soziokulturellen Wandels stetig progredierend vollzogen und seit Mitte des vergangenen Jahrhunderts in akzelerierter Form, so dass wir nicht unvorbereitet und mit einer hohen Adaptierungsfähigkeit sowie einem gigantischen Kreativierungspotential in die neue Situation hereingehen.

Die evolutionsbiologische Betrachtung von Hominiden, wie sie Soziobiologie und Evolutionspsychologie betrieben haben und betreiben (*Buss* 1999; *Cosmides, Tooby* 2003; *Wilson* 1975), hat die Tendenz, das Primatenwesen »homo sapiens« und seine Vorläuferformen (homo habilis, homo erectus usw. *Tattersall* 2002) einseitig auf basalbiologische Selektionsvor- und -nachteile hin zu betrachten (zur Übersicht über die gesamte Diskussion vgl. *Mysterlund* 2003) und seine evolutions*biologischen* Leistungen in der und durch die Kulturentwicklung auszublenden oder gering zu werten. Es ist sicher, daß *homo sapiens sapiens* und *homo sapiens neanderthalensis* (und wahrscheinlich noch frühere Hominiden) Verletzte und Schwerverwundete gepflegt und versorgt haben, wie gut verheilte Brüche bei Skelettfunden zeigen. Offenbar gab es noch andere evolutionsbiologische Wichtigkeiten als Jagdtauglichkeit und Zeugungsfähigkeit. Frauen wurden schon im Paläolithikum älter als Männer (und das nicht nur aufgrund geringerer Risiken etwa bei Jagdunfällen). Damit kam ihnen eine bedeutende Funktion der Intelligenzförderung, der Wissens- und Erfahrungsweitergabe im Nahraum der Brutaufzucht/Kindererziehung, aber auch in der Tradierung von überlebenssicherndem Kollektivwissen (*social knowledge*) zu, wohl auch über die Zeit der Fertilität hinaus. Dieses despektierlich so genannte »Matronenphänomen« finden wir auch bei anderen intelligenten Gruppenwesen. *McComb* et al. (2001) konnten durch Feldforschungen bei afrikanischen Elefanten solche Weitergabe von *social knowledge* durch weibliche Alttiere der Gruppen (männliche Tiere sind unfallgefährdeter und leben weniger lange) nachweisen. Ähnliches findet man bei den weiblichen Alttieren der Orcas, was die evolutionsbiologische Logik eines hohen Alters auch jenseits der Reproduktionsfähigkeit für Gruppenwesen begründet, die aufgrund wechselseitiger Hilfeleistung und Weitergabe von Erfahrungswissen überleben.

Wissen heißt überleben, Kulturentwicklung heißt, das *exzentrisch* gewordene Menschenwesen mit der Natur verbunden zu halten (Leiblichkeit bleibt in der biologischen Natur gegründet), aber auch Natur zu verstehen und handhaben zu lernen, vor allem unsere eigene (Leiblichkeit wird als »social body« in das kulturelle Gefüge enkulturiert und hineinsozialisiert, *Petzold* 2003a, 1053 f., 1060 ff.). *Das* ist das evolutionsbiologische Programm der Hominiden. Damit ist auch zu verstehen, dass unsere Natur eine ist, die altert, aber nicht zwingend im Sinne eines »Ausmusterungsprozesses«. Generalisierende *Inkompetenzzuweisungen* stehen demnach auf schwachen Füßen. *Schirrmacher* (2004, 162) betont selbst, dass Kultur dadurch definiert ist, »das sie der Natur Grenzen setzt«. Durch Kulturentwicklung konnten Menschen erkennen, dass auch ältere Individuen für die Bewahrung der Menschennatur und die Entwicklung menschlicher Kultur wichtig sind, und dieser Erkenntnis führte zur Ausbildung sozialer Systeme und Regeln der Fürsorge (*Petzold* 2003d, e, j). Die etwa zehn Jahre längere Lebensspanne der Sapiens-Sapiens-Menschen gegenüber dem homo sapiens neanderthalensis und damit das Wissen und die Erfahrung der älteren und alten Mitglieder der Sapiens-Sapiens-Gemeinschaften wird einer der wichtigen Faktoren gewesen sein, dass diese Hominidengruppe den Verdrängungskampf um Territorien und Ressourcen verloren hat. Ihnen fehlten in jeder Generation zehn Jahre akkumulativen Wissens- und Kompetenzzuwachses, das machte sie chancenlos. Intelligenzentwicklung, Erfahrungsgewinn und Wissensweitergabe, wesentlich auch durch Alte, sind *Selektionsvorteile*. Dieses evolutionsbiologische Argument muss das der Fortpflanzungsorientierung ergänzen und ggf. revidieren. *Wir* müssen und können deshalb unsere Alters- und Alternsbilder und -stereotype *korrigieren*, denn der gerontopsychologische und sozialgerontologische Befund der großen, longitudinal orientierten Altersstudien zeigt die hohe Wissens- und Erfahrungskompetenz alter Menschen, die keineswegs vergesslich, dumm, senil sind, sondern gerade in hochkulturellen Gesellschaften Wissens- und Kulturträger ersten Ranges sind und sein können. Mag die explosionsartige Entwicklung der Naturwissenschaften und der Technik, in Sonderheit der elektronischen Kulturtechniken – Computer und Internet – eine oder zwei Generationen alternder Menschen in der Bewertung ihres Erfahrungswissens auf eine schwache Position gebracht haben und in unserem Kulturraum vorrübergehend eine »Zweiklassengesellschaft« in der Partizipation an den Möglichkeiten der Informationsgesellschaft entstanden sein, was sich durchaus für die betroffenen Gruppen negativ auswirkt und noch weiter auswirken wird, so geht jetzt aber bzw. in nächster Zukunft die Generation in den Ruhe-/Unruhezustand, die als Techniker, Ingenieure, Softwarespezialisten diese Technologien entwickelt haben oder die als bereichsspezifische kompetente Anwender mit diesen Techniken bestens vertraut sind. Sie haben überdies die in den Wissensgesellschaften über moderne Bildungskarrieren und über die Medien öffentlicher Information verbreiteten Wissensstände aufgenommen, die mit Erfahrungs- und Lebenswissen über Human resources, Stressbewältigung, Kommunikations- und Kooperationsformen, Erfahrungen des Umgangs mit gravierenden Strukturveränderungen in der Arbeits- und Sozialwelt amalgamiert sind – es geht ja keineswegs nur um technisches Fachwissen. Und genau diese Mischung erhält in hochkomplexen Gesellschaften einen besonderen Wert, weil dieses Wissen nicht allein durch Bücher oder »digitalisiert« weitergegeben werden kann. Man kann »empathische Kompetenz« oder »Führungsqualitäten« oder »emotionale Intelligenz« usw. (*Heuring, Petzold* 2003) nicht »aus dem Buch« oder vom »Datenträger« lernen. Hier bleibt intersubjektive, interpersonale Wissensweitergabe und Erfahrungsübermittlung unverzichtbar. Die große, immens große Gruppe alter Menschen ist in *gerontotrophen* Gesellschaften unter einer solchen Perspektive keineswegs als eine Katastrophe zu sehen und als eine Belastung, sondern auch als ein immenses Potenzial, wenn es als solches erkannt und genutzt werden kann, ohne dass man dabei die problematischen Aspekte und die belastenden ausblendet, schönt, umdefiniert. Sie müssen im Blick beiben und bedürfen der offenen intergenerationalen Diskurse und Korrespondenzen. Lange Lebensläufe bieten die Chancen zu großen, *transversalen* Lebenserfahrungen –

man hat viele »Ozeane des Wissens« durchquert, *navigieren* gelernt, ist in immer neuen *Transgressionen* von alten Bereichen in neue vorangekommen (*Petzold, Orth, Sieper* 2000). Nie zuvor in der Menschheitsgeschichte hat es ein so breites, allgemeines Bildungs- und Wissenspotential gegeben, wie heute in den Generationen alter Menschen. Früher gab es ohnehin nicht so viele Alte (*Garland* 1990, 245ff, 336f), und nur einige wenige »weise alte Menschen« (*Falkner, de Luce* 1989), die als Ratgeber die Expansions- und Aggressionspotentiale der Jüngeren oder unweise gebliebener alter Tyrannen zu puffern suchten (*Seneca* bei *Nero*) – oft mit wenig Erfolg – oder die selber in Hegemonialsituationen Macht ausübten, wie über längere Zeit in Sparta (*Schmitz* 2003) und – in weniger starkem Maße zwar – in *Rom* (*Brandt* 2003).

1.2 Wertschätzende, kokreative Zusammenarbeit statt wechselseitiger Stigmatisierung

Heute gibt es viele junge Menschen mit Wissen und Verstand und viele alte Menschen mit Erfahrung und Vernunft (durchaus im *Kant*'schen Sinne gesehen, vgl. *Petzold, Orth* 2004b). In beiden Gruppen haben die Menschen ein Potential zur *Weisheit* (*Oelmüller* 1984; *Debats* 1996; *Dittmann-Kohli* 1995), aber beide Großgruppierungen sind vielfach durch Vorurteile, fehlendes Wissen übereinander, das Teilen unterschiedlicher Wissensbestände, durch unterschiedliche Wertevorstellungen und Weltsichten – d. h. durch unterschiedliche »*kollektive mentale Repräsentationen*« und ihren Niederschlag in »*individuellen mentalen Repräsentationen*« – voneinander getrennt. Vieles von diesen Repräsentationen, von diesen Wissens- und Kenntnisständen (= *Kompetenzen*) und vieles von Fertigkeiten, Skills, Praxen (= *Performanzen,* vgl. *Petzold, Engemann, Zachert* 2004) wären für beide Gruppen nützlich, würden sie darum wissen oder die Potentiale der »anderen Seite« als interessant oder wertvoll einschätzen. In einem »joining« dieser Kompetenzen und Performanzen könnte die Chance zu einer Synergie entstehen, die es bisher so nicht gab. Die Generation der sogenannten »Babyboomer« – in der und durch die auch, bevölkerungsdynamisch betrachtet, eine gigantische Vernichtung junger Bevölkerungsgruppen durch die beiden Weltkriege ausgeglichen wurde – wuchs in *tief-*

greifend erschütterten sozialen Norm- und Wertegefügen auf und damit auch in einem nicht sehr hohen sozialisatorischen Anpassungsdruck, der die vorangehenden Generationen rigide zugepasst hatte (etwa im Sinne von nationalistischen, obrigkeitsstaatlichen, rassistischen, religiös fundierten Folien des Denkens, Fühlens, Wollens und Handelns), so dass »Abweichungen« nur schwer möglich waren und massive Synchronisierungen auf den Willen wahnwitziger Führer – aber eben doch Führer – kulturell und sozialisatorisch gut vorbereitet waren.

Schirrmacher (2004) verweist zu Recht darauf, daß die Nachkriegsgeneration der Babyboomer es geschafft habe, ein halbes Jahrhundert einen Weltkrieg zu verhindern und darauf stolz sein könne. Das ist wohl wahr. Dennoch darf man die normativen Strukturerschütterungen nicht ausblenden, die dies ermöglichten, den inneren und äußeren Freiraum von 1968 schufen, den genau die Generation des Kriegendes und der Nachkriegszeit nutzen und ausdehnen konnte. Und man darf nicht vergessen, dass die Kriegsgenerationen, die z. T. zwei Weltkriege mitgemacht haben (im doppelten Sinne des Wortes), es waren, denen es gelungen ist, Konsequenzen aus ihren Fehlern zu ziehen, den Freiraum zuzulassen, ihn nicht brachial zu unterdrücken. Diese Generation hatte es vermocht, die zwischen den Weltkriegen stagnierenden, z. T. von ihnen blockierten Humanitäts- und Friedensbemühungen wieder in Gang zu setzen und die großen völkerrechtlichen Umstrukturierungen auf den Weg zu bringen, die unsere Sicherheit noch heute bestimmen:
Allgemeine Erklärung der Menschenrechte vom 10.12.1948, der Internationale Pakt über bürgerliche und politische Rechte vom 23. 3. 1976, der Internationale Pakt über wirtschaftliche, soziale und kulturelle Rechte von 3.1.1976, Institutionen wie der Internationale Gerichtshof 1946, der Europäische Gerichtshof für Menschenrechte 1959, der Internationale Strafgerichtshof in Den Haag 1998 usw., nicht zu vergessen und exemplarisch genannt der Deutsch-Französische Freundschaftsvertrag zwischen »Erbfeinden« (1963 durch *Adenauer* und de *Gaulle*), ein Ereignis, das der Seniorautor von 1963–1971 in Paris studierend, danach bis heute lehrend, als nicht minder bedeutsam als die Mai-Unruhen erlebt hat.
Die Generation der »Älteren und Alten« hatten die Sozialisations-

klimata geschaffen, in denen die Generation der Babyboomer wachsen konnte und Synergien aus den – letztlich konstruktiven – »strittigen Auseinandersetzungen« entstehen konnten – *Schirrmacher* verklärt die Babyboomer und entwertet damit (wohl gegen seine Absicht) die vorgängigen Generationen, zumal es ja in der Zeit nach dem letzten großen Weltkrieg noch genügend völkerrechtsverletzende Kriege (*Vietnam*) und Unrechtssituationen gab und gibt, Akte der Destruktivität gegen Natur und Umwelt, unterlassene Hilfeleistung der Dritt- und Viertwelt gegenüber. (Immerhin wirft die UNO den Industrienationen, nun unter der Leitung der in Führungspositionen avancierten Boomer, wegen der mangelnden Unterstützung der afrikanischen Länder bei der jährlich Millionen Tote fordernden Aids-Epidemie »*Massenmord durch Gleichgültigkeit*« vor, vgl. Tages-Anzeiger, 8. Jan. 2003, 3).

Es gäbe und gibt also noch sehr viel zu tun – in *gerontotrophen Gesellschaften* mit steigender Tendenz –, wo die »Power der Jungen« und die »Power der Alten« fruchtbare und weiterführende *Synergien* entfalten müssten und könnten, und dabei muss man sich hüten, das innovative und kooperative Potential *aller Generationen,* die jetzt und künftig miteinander-nebeneinander-durchmischt leben, zu unterschätzen oder einseitig zu attribuieren – und das gilt für *Inkompetenzzuweisungen* der Alten an die Jungen und vice versa. Wechselseitige *Kompetenzerwartungen* bzw. *Kompetenzattributionen* müssten *aufgebaut* und *kultiviert* werden – von Kindergartenzeiten an, kontinuierlich –, um für die Situationen gerontotropher Gesellschaften gut ausgerüstet zu sein.

Wir Menschen sind ja keineswegs eine einfache, besonnene, friedliebende, gerechtigkeitsversessene Spezies, sondern verfügen über immense aggressive und destruktive Potentiale (*Petzold* 2003c), die uns schon manchmal an den Rand *devolutionärer* Entwicklungen gebracht haben (vgl. den »Dreißigjährigen Krieg« mit einem vierzigprozentigen Bevölkerungsverlust auf dem deutschen Territorium). Unser Konsumegoismus, unsere gedankenlosen und oft geradezu böswilligen, unbesonnenen und profitmaximierend-absichtsvollen lebensraumvernichtenden Strategien, unsere ökologische Lebensgrundlagen zerstörende Politik der Kolonisierung und Ausbeutung bedürfen dringend der Revision, der aktiven Korrektur. Und das erfordert das Wissen, das Engagment, die Erfahrung aller, besonders auch lange, reflektierte und metareflektierte Lebenserfahrungen, die Lebensansichten und Lebensphilosophien all der vielen klugen Menschen, die in einem langen Leben Wissen gesammelt und geschaffen, über sich und die Welt nachgedacht haben: »Um Wissen konkret und lebendig zu machen, muß Philosophie nicht nur ein Wissen über das sein, was *ist*, sondern auch über das, was *sein sollte;* sie sollte sich von einer passiven, spekulativen Erklärung dessen, was *ist*, verändern hin zu einem *aktiven Projekt dessen, was sein sollte*, zu einem Plan für eine universelle Aufgabe« (*Fyodorov* 1928, 334). Die Rettung dieses Planeten vor den Folgen menschenverursachter Destruktion, die *Bewahrung der Humanität* in den Situationen, die wir selbst geschaffen haben: *gerontotrophe Gesellschaften in mundanem Ausmaß*, das könnten solche universellen Aufgaben sein. (Man muss ja nicht dem titanenhaften Projekt *Fyodorovs* der Überwindung des Todes folgen). Im Angesicht solcher Aufgaben kann sich keine Generation in den »Ruhestand« verabschieden, sich aus der Gestaltungs- und Enwicklungsarbeit herausnehmen, die vor uns Menschen auf unserem »Wege durch die Geschichte« liegt.

Die Umschichtung der Bevölkerungsstruktur durch die *gerontotrophe* Dynamik vieler Gesellschaften ist gigantisch. »Im Jahre 2050 werden allein in China so viele über 65-Jährige leben wie heute auf der ganzen Welt« – so zitiert *Schirrmacher* (2004, 11) eine Studie der Demographen *Zeng* und *George*, die letztlich die Folgen der chinesischen Bevölkerungspolitik hochrechnet. »Übersetzt man sich die [demographischen sc.] Schätzungen in Bilder, dann wird die Erde wie ein riesiges Altersheim durchs Weltall kreisen« (ibid. 17 f.). »Angesichts solchen Wachstums an Alter wird jene Gesellschaft am erfolgreichsten sein, deren religiöse und kulturelle Überzeugungen das *Alter schöpferisch machen können*« (ibid. 11, unsere Hervorhebung). Diese Prognose ist sicher richtig, nur: mit der *Konzeption eines »schöpferischen Alters«* tun sich die deutsche Gesellschaft und weitgehend auch die übrigen europäischen Völker noch schwer. In der integrativen Konzeption der »Arbeit mit alten Menschen« war stets die Idee des »schöpferischen Potenzials« des Menschen bis ins Alter, ja das schöpferische Potenzial im Alter leitend, die kreative Arbeit zwischen den Generationen – intergenerational – und innerhalb der Generationen – intragenerational, die persönliche Kreativität des Einzelnen und die Kokreativität in der Gruppe. Die Aufgaben, die vor den Generationen der Älteren liegen, wird auf die Wissenskompetenzen und auf die Kreativität der alten Menschen bauen müssen.

Der Titel des vorliegenden Werkes »Mit alten Menschen arbeiten«, darf unter Berücksichtigung der Alternssituation heute und mehr noch in der nahen Zukunft keineswegs in einer einseitigen Perspektive verstanden werden:
Junge Menschen arbeiten mit Alten – partnerschaftlich!
Das ist nur eine Möglichkeit, die immer in unserer prinzipiell *interaktionalen, interpersonalen, intersubjektiven* Betrachtungsweise eine Wechselseitigkeit einschließt, ein Ko-respondieren, Kooperation (*Petzold* 2003a, 90 ff.), die den Patienten, Klienten, Betreuten, Begleiteten »**als Partner und Partnerin**« sieht (*Petzold, Gröbelbauer, Gschwendt* 1999).

Arbeit »mit« heißt immer Zusammenarbeit aus »**intergenerationaler Kompetenz**« und aus dem »**wechselseitigen Respekt von der Andersheit und der Würde des anderen**«. – Das ist die »Grundregel« im Integrativen Ansatz (*Petzold* 2000a), die dem von uns in die Psychotherapie und psychosoziale Arbeit aufgrund der »Verletzung der Alterswürde« (dieses Werk, Bd. 2) eingeführten Konzept des »*patient dignity*« verpflichtet ist.

Und so meint der Titel auch:
Alte Menschen arbeiten mit Alten, mit ihresgleichen und auch mit Hochbetagten.
Der Integrative Ansatz vertritt überdies engagiert die Idee des »*exchange learning*« und »*exchange helping*«, des wechselseitigen Lernens und der wechselseitigen Hilfeleistung in inter- und intragenerationaler Ausrichtung (vgl. den entsprechenden Beitrag in diesem Buch), und das bedeutet auch:
Alte Menschen arbeiten »mit« Jungen und mit Alten – partnerschaftlich.
In Zukunft wird dieser Zusammenarbeit eine kardinale Bedeutung zukommen, nicht nur als Arbeit mit Kindern, Enkeln, von denen es immer weniger geben wird, sondern als Arbeit mit Jüngeren aller Altersstufen, mit jungen und älteren Erwachsenen, schließlich mit Menschen, die noch älter sind als man selbst, mit Hochaltrigen. Derartige Formen der »Zusammenarbeit nach vielen Richtungen«

ist eine Zusammenarbeit durch »**Polyloge**« – wir überschreiten hier die Dialogkonzeption (*Petzold* 2002c). Das sind multidirektionale Gespräche, Diskurse, Korrespondenzen, die stets vielfältige Ansprechpartner im Blick behalten, auf ihre Einwürfe, Gegenreden, Zustimmungen, Ablehnungen, Differenzierungen achten. Durch Polyloge wird man bereit, eine »Wertschätzung von Andersartigkeit« (*Levinas* 1983), eine »Kultur von Konsens-Dissens-Prozessen« (*Petzold* 2003a, 53, 100 ff.) zu pflegen und will sie zur Grundlage von Kooperationen machen. Eine solche Haltung und Praxis wird eine *wertschätzende* generationendurchmischte, Stigmatisierungen und Segregationen vermeidende Gesellschaft und Kultur ausmachen, eine Gesellschaft, die *Pluralität als Qualität will* und *Konvivialität* (ibid. 904; Orth 2002), ein freundliches Miteinander kultiviert, »innere Freunde und Beistände« statt »innere Feinde« hervorbringt (*Petzold* 1985l).

1.3 Kollektive mentale Repräsentationen und subjektive Theorien als Determinanten von Altersbildern, Negativstereotypien und Stigmatisierungen

Rassismen aller Art, insbesondere »Ageismen« (*Nelson* 2002; *Coyle* 1997; *Bazzini* et al. 1997), Formen der Altersdiskriminierung, Stigmatisierungen durch die Jungen, die Validen, die »*Feinde* der Älteren und des Alters«, wechselseitige Stigmatisierungen von Jung und Alt – sie hat es zu allen Zeiten und Gesellschaften gegeben (*Sagner* 2003; *Weber* 2003). Alter kann durchaus unter stigmatheoretischer Betrachtung (*Goffman* 1963; *Brusten, Hohmeier* 1975) als »negative Identitätsattribution«, als »Stigma« gesehen werden (*Frey* 1983; *Hohmeier, Pohl* 1978) – sowohl für die Betroffenen, hier die alten Menschen, als auch für diejenigen, die mit ihnen arbeiten (Altenhelfer z. B.) oder auch für bestimmte Institutionen (etwa Altersheime, *Belardi* 1991). Sie unterliegen kollektiven, von den jeweiligen kulturellen Kontexten bestimmten Bewertungsmustern (*Sokolovsky* 1990), wie sie als »*mentale Repräsentationen*« (*Moscovici* 2001) in der Bevölkerung oder in spezifischen Subgruppen präsent sind und eine negative, stigmatisierende Kraft entwickeln können mit konkreten, adversiven Folgen für die Stigmatisierten, deren Identität beschädigt wird. Derartige »**Feinde von außen**« für die alten Menschen müssen identifiziert und in ihren Wirkungen aufgezeigt, enttarnt werden, damit andere Verhaltensformen möglich werden. Herrscht etwa das Stereotyp vor, sportliche Aktivität sei nichts für alte Menschen, so werden sie – selbst wenn sie als Junge sportiv waren – zu keinem bewegungsaktiven Lebenstil finden, es sei denn, Interventionsprogramme steuern hier gegen (*Beks, Drewes* 1989). Aus stereotypisierenden Negativerwartungen bzw. -attributionen (*Filipp, Mayer* 1999) nämlich erwachsen durch fungierende kulturelle Lernprozesse sozialisationsvermittelte Internalisierungen gefährliche *Selbststigmatisierungen, erlernte Hilflosigkeiten, Passivierungen,* und die müssen als ein zentrales Thema, vielleicht als das zentralste Thema intergenerationaler Begegnung und Auseinandersetzung in *gerontotrophen* Gesellschaften in Angriff genommen werden. Die Bilder, die wir als junge Menschen vom Alter ausgebildet haben und eingepflanzt bekamen, bestimmen unser eigenes Altersbild (*Filipp, Mayer* 2003) und unsere *Altersperformanz,* d. h. unser Denken, Fühlen, Wollen und Handeln, wenn wir dann alt geworden sind »von innen heraus«, und zwar durchaus in einer Weise, dass sie mit den im Außenfeld wirksamen Klischees oftmals eine *unheilige* »*Passung*«, ein »*match*« herstellen, in dem die Muster sich wechselseitig bestärken. Es handelt sich ja um »*Konstellationen*«, »*Rollenkonfigurationen*« (*Heuring, Petzold* 2004), um »*korrespondierende Attributionen*«, um »*Interaktionsszenarios*«, die streng *interaktional* betrachtet werden müssen, denn nur so sind Veränderungen eines »*Circulus vitiosus der Stigmatisierung/Diskriminierung*« zu bewirken.

Circulus vitiosus der Stigmatisierung

(1) Abwertende Außenzuschreibung/Diskriminierung/**Stigmatisierung** ➤ (2) trifft beim Adressaten auf verinnerlichte Negativstereotype/**Selbststigmatisierung** ➤ (3) und führt beim Stigmatisierten zu **stigmakonformer Verhaltensperformanz** ➤ (4) das bekräftigt beim Zuschreibenden das diskriminierende Stereotyp und **dysfunktionales Stigmatisierungsverhalten** ➤ (5) dies wiederum verstärkt beim Diskriminierten die negativen **Selbststigmatisierung** und die damit verbundene dysfunktionale, weil stigmakonforme Verhaltensperformanz ➤ (1^2) die triggert erneut **Stigmatisierung** ➤ (2^2) trifft auf sensibilisierte **Selbststigmatisierung** ➤ usw. usw. …

Diese Bilder des Alters und hohen Alters – und die sind aus gerontopsychologischer Sicht zu differenzieren (*Smith, Baltes* 1996) – müssen wir als »*Konstellationen*« in den Blick nehmen, von negativen Interaktionsstereotypen auf beiden Seiten der Attribuierenden reinigen, von unbewussten Selbststigmatisierungen, durch die wir unsere »eigenen Diskriminatoren« werden im Verein mit all denen, die wie wir solche Selbstdiskriminierungen praktizieren, denn das Verhalten (= Denken, Fühlen, Handeln und Wollen) unserer Peers bestimmt auch unsere »subjektiven Theorien« nachhaltig – z. B. über unser Altern (*Filipp, Mayer* 1999, 39) und über das Alter von Männern und Frauen, so ist gendersensibel zu formulieren. Sie sind nämlich an geteilte mentale Welten, »social worlds« rückgebunden, ein Konzept, das besonders in der Sozialgerontologie nützlich ist (*Unruh* 1983):

> »Unter **social world** verstehe ich die von einer sozialen Gruppe ›geteilte Perspektive auf die Welt‹, eine ›Weltsicht‹ (mit ihren belief systems, Wertvorstellungen, Basisüberzeugungen im Mikro- und Mesobereich), eine ›Weltanschauung‹ im (Makro- und Megabereich). **Soziale Welten** in Makrobereichen prägen etwa über einen ›Zeitgeist‹ Mikro- und Mesobereiche entweder konformierend – man stimmt zu – oder divergierend – man lehnt sich auf, stemmt sich gegen die Strömungen des Zeitgeistes. Sozialwelten formieren sich in Gesprächs- und Erzählgemeinschaften in Prozessen kollektiver Interpretationsarbeit bzw. Hermeneutik« (Petzold 2002b).

Eine solche Sicht ist für eine auf *Kontext/Kontinuum* orientierte Konflikttheorie und eine kontextualisierende Praxeologie der Konfliktbearbeitung – etwa zwischen den Generationen – sehr fruchtbar, besonders wenn sie mit den Konzepten in der Sozialpsychologie von *Serge Moscovici* (2001) konnektiviert werden. *Moscovici* hat u. a. kollektive *Gedankenwelten* als »soziale Repräsentationen« untersucht und ist einer der Großen in der Minderheitenforschung – und die Populationen der alten Menschen haben, obgleich zunehmend in einer Position der Mehrheit, Minderheitenqualitäten, wie die vielen Marginalisierungs- und Diskriminierungsphänomene zeigen. Im Integrativen Ansatz wurde diese Theorie für den *kollektiven Bereich* als Konzept »*sozialer*« bzw. »*kollektivmentaler Repräsentationen*«, die natürlich auch, da sie individuell

»verkörpert« sind, die »subjektiven Theorien, Gefühle und Willensregungen«, d. h. die »*subjektiv-mentalen Repräsentationen*« durchfiltern, wie folgt erweitert:

> »**Komplexe soziale Repräsentationen** – auch »**kollektiv-mentale Repräsentationen**« genannt – sind Sets kollektiver Kognitionen, Emotionen und Volitionen mit ihren Mustern des Reflektierens bzw. Metareflektierens in polylogischen Diskursen bzw. Ko-respondenzen und mit ihren Performanzen, d. h. Umsetzungen in konkretes Verhalten und Handeln. Soziale Welten als *intermentale* Wirklichkeiten entstehen aus *geteilten Sichtweisen* auf die Welt und sie bilden geteilte Sichtweisen auf die Welt. Sie schließen Menschen zu Gesprächs-, Erzähl- und damit zu Interpretations- und Handlungsgemeinschaften zusammen und werden aber zugleich durch solche Zusammenschlüsse gebildet und perpetuiert – es sind rekursive Prozesse, in denen soziale Repräsentationen zum Tragen kommen, die wiederum zugleich narrative Prozesse *kollektiver Hermeneutik* prägen, aber auch in ihnen gebildet werden.«
> In dem, was sozial repräsentiert wird, sind immer die jeweiligen Ökologien der Kommunikationen und Handlungen (*Kontextdimension*) zusammen mit den vollzogenen bzw. vollziehbaren Handlungssequenzen mit repräsentiert, und es verschränken sich auf diese Weise Aktional-Szenisches und Diskursiv-Symbolisches im zeitlichen Ablauf (*Kontinuumsdimension*). Es handelt sich *nicht* nur um eine repräsentationale Verbindung von Bild und Sprache, es geht um Filme, besser noch: dramatische Abläufe als Szenenfolgen oder – etwas futuristisch, aber mental schon real –, um *sequentielle Hologramme*, in denen alles Wahrnehmbare und auch alles Vorstellbare anwesend ist. Verstehensprozesse erfordern deshalb (*Petzold* 1992a, 901) eine diskursive und eine aktionale Hermeneutik in Kontext/Kontinuum, die Vielfalt konnektiviert und Bekanntes mit Unbekanntem verbindet und vertraut macht.« (*Petzold* 2000b).

In den kollektiven Repräsentationen sind Kollektive von Individuen mit ihrer »*intermentalen* Wirklichkeit« (*Vygotsky*) repräsentiert – also ihren Vorstellungen über das Alter oder über die Jugend – und in der »*intramentalen* Wirklichkeit« von Individuen ist das Denken, Fühlen und Wollen von Kollektiven, etwa das Alter betreffend, präsent. Deshalb ist ***intergenerationale Kompetenz*** gefragt, die konkret praktiziert werden muss, und hier kommt das im Integrativen Ansatz so wesentliche Konzept der »Verkörperung« zum Tragen – Altersrollen werden verkörpert-, das durch die neueren Diskussionen und Forschungen zum »embodied mind« (idem 2003a, 1052) unterstützt wird. Alter zeigt sich in *verkörperten* Selbstkonzepten, z. B. Meinungen über Bewegungsaktivität oder Passivität im Alter (*Beks, Drewes* 1989). Der Begriff »mental« ist deshalb nicht als »Konstrukt der Vergeistigung« sondern, im Gegenteil, als Konstrukt zu sehen, in dem Geist »verleiblicht« gedacht wird und der die in Prozessen »*komplexen Lernens*« (*Sieper, Petzold* 2002) erfolgte und lebenslang erfolgende »Inkorporierung erlebter Welt« umfasst, als mentale Bilder, bei deren Vorstellung auch die damit verbundenen Gefühle, Willensimpulse und Physiologien aufgerufen werden: beim Gedanken an einen Konflikt das Gefühl des Ärgers, die Aufwallungen des Zornes, der Willensentschluss, zu handeln, etwas zu tun, oder beim Gedanken an das Alter eine Stimmung der Beklommenheit und Hilflosigkeit, die jeden Impuls, etwas zu tun, ertötet – Hologramme des Erlebens, die persönliches Verhalten bestimmen, weil dessen *mentalisierte Hintergründe* in kollektiven Mentalisierungen über Altersverhalten gründet:

> »**Komplexe persönliche Repräsentationen** – auch **subjektiv-mentale Repräsentationen** genannt – sind die für einen Menschen charakteristischen, lebensgeschichtlich in *Enkulturation* bzw. *Sozialisation* interaktiv erworbenen, d. h. emotional bewerteten (*valuation*), kognitiv eingeschätzten (*appraisal*) und dann verkörperten Bilder und Aufzeichnungen über die Welt. Es sind eingeleibte, erlebniserfüllte »mentale Filme«, »serielle Hologramme« über »mich-Selbst«, über die »Anderen«, über »Ich-Selbst-mit-Anderen-in-der-Welt«, die die Persönlichkeit des Subjekts bestimmen, seine *intramentale* Welt ausmachen. Es handelt sich um die »subjektiven Theorien« mit ihren kognitiven, emotionalen, volitiven Aspekten, die sich in interaktiven Prozessen »*komplexen Lernens*« über die gesamte Lebensspanne hin verändern und von den »**kollektiv-mentalen Repräsentationen**« (vom Intermentalen der Primärgruppe, des sozialen Umfeldes, der Kultur) nachhaltig imprägniert sind und dem Menschen als Lebens-/Überlebenswissen, *Kompetenzen* für ein konsistentes Handeln in seinen Lebenslagen, d. h. für *Performanzen* zur Verfügung stehen.« (*Petzold* 2002b).

Die Theorie der komplexen »**kollektiv-mentalen bzw. sozialen Repräsentationen**« muss immer mit der der »**subjektiv-mentalen bzw. persönlichen Repräsentationen**« verbunden betrachtet werden und vice versa, denn bei fehlender oder unzureichender Passung liegen hier erhebliche Konfliktpotenziale zu übergeordneten, die

»Kultur« bestimmenden »sozialen Repräsentationen« hin bzw. zu anderen Menschen mit anderen »social worlds« – die alter Menschen (*Unruh* 1980, a, b; 1983). Und selbst wenn unsere Haltung alten Menschen gegenüber – und damit uns selbst als alten Menschen gegenüber – genetisch disponiert sein sollte (*Nelson* 2002, 107), also unsere kollektiven und persönlichen Haltungen beeinflussen könnte, so ist unsere *mentale Plastizität*, wenn wir Bewußtsein für diese Prozesse gewonnen haben, in der Lage, dieser Kodierung gegenzusteuern, den aus ihr ggf. erwachsenden Motiven *ein anderes Wollen* entgegenzustellen, andere Motive zu entwickeln. Alters- und Jugendbilder, Kinder- und Erwachsenenbilder müssen – eben wegen ihrer Qualität »kollektiver mentaler Repräsentationen« mit ihrer Wirkung auf die und in den »subjektiven Theorien«, den »persönlichen mentalen Repräsentationen« – diskursiv, *ko-respondierend, inter-aktiv* bearbeitet werden. Besonders geeignet ist hier das von uns begründete *»Exchange learning-Modell«* (*Petzold, Laschinsky, Rinast*, dieses Werk; *Petzold, Schobert* 1991), das Alte und Junge, aber auch Alte und Alte bzw. noch Ältere ins Gespräch, in Dialoge oder besser Polyloge bringt und dessen positive Wirkung empirisch bestätigt wurde (*Bayer* 1988). Neue, adäquatere Altersbilder und Interaktionsszenarios müssen bewusst entwickelt und gepflegt werden, *gemeinsam*, denn nur in solchen Prozessen entsteht »**persönliche Souveränität**«, ein Kernkonzept des Integrativen Ansatzes (*Petzold* 2003a, 1066) und der Sache nach ein Kernkonzept antiker Lebenskunst, wie es auch *Ciceros* Schrift über das Alter durchzieht. Denn wer keine *Wertschätzung für sich selbst*, keine *Selbstsicherheit* und *Souveränität* hat als alter Mensch wie als junger, der fällt als Partner in den Diskursen gemeinsamer Gestaltung von Lebenswelten aus. Wenn etwa junge Menschen in den Alten keine PartnerInnen haben, werden keine fruchtbaren Diskurse, keine Dialoge des Verstehens, keine *Polyloge mehrperspektivischer Betrachtung* und keine *»Korespondenzen«* stattfinden (*Petzold* 1978/2003a, 93 ff.). Die besondere Schreibweise des Begriffs will die Wechselseitigkeit des Aufeinander-Antwortens, der Begegnung und Auseinander-setzung, welche die Basis für ein erneutes Sich-Zusammen-Setzen und für ko-kreative Gestaltung unseres gemeinsamen Lebens und unserer gemeinsamen Lebenswelt sind, hervorheben. In der Tat »beruhen alle demographisch bedingten Probleme ausnahmslos auf den Verhaltensweisen der Menschen. Die Menschen haben es also in der Hand, die Zukunft ihrer gesellschaftlichen und sozialen Mitwelt ganz nach ihren Vorstellungen zu formen« (*Birg* 2001, 13), d.h. nach gemeinsam reflektierten kulturellen Werten und Wertentscheidungen. Indes: »Die kulturellen Werte fallen nicht vom Himmel, sie entstehen, erlangen Geltung oder vergehen ausschließlich durch menschliche Handlungen und Unterlassungen« (ibid. 19). Das zu begreifen, daraus auf individueller und kollektiver Ebene Konsequenzen zu ziehen und diese umzusetzen, erfordert eine *polylogische Kultur* wertschätzenden Austauschs und kokreativer Gestaltung zum Wohle aller Beteiligten, eine *kollektive Lebenskunst*, die in vielen Bereichen des gesellschaftlichen Lebens entwickelt und gepflegt werden muss. Das ist eine Aufgabe, die vor uns liegt.

Da dieses Buch für den Kontext helfender und sozialer Berufe geschrieben wurde, soll das Thema der Förderung einer solchen *Lebenskunst* dargestellt werden.

2. Der Kontext: »Lebenskunst« und »philosophische Therapeutik« als Lebenshilfe und Gestaltungsmöglichkeit

»Denn wie das Material des Zimmermanns das Holz, des Bildhauers das Erz, so ist das Leben jedes einzelnen Menschen das Material seiner eigenen Lebenskunst [περὶ βίον τέχνης]«.
(*Epiktet*, Diatriben 1, 15)

In der modernen gerontologischen bzw. sozialgerontologischen Forschung ist zum Begriff des *Alters* der des *Alterns* hinzugetreten, der eine ist nicht ohne den anderen zu betrachten, denn – wie *Cicero* (De senectute 18, 62) in dem diese Arbeit einleitenden Zitat deutlich macht – das Spätere ist nicht ohne das Frühere zu verstehen und erfordert einen »Weg« (*Petzold, Orth* 2004b), den *Weg* eines besonnenen und sorgsamen, liebevollen Umgangs mit sich, eine Arbeit an sich selbst, einen lebendigen Lernprozess: *Seneca* betont, dass man das ganze Leben lang *zu leben lernen muss* – vom Sterben nicht zu reden.

»Vivere tota vita discendum est et, quod magis fortasse miraberis, tota vita discendum est mori.« *Seneca,* De brevitate vitae 7, 3 (»Zu leben lernen muss man über das ganze Leben hin, indes worüber du dich wohl noch mehr wundern magst, das ganze Leben musst du zu sterben lernen.« *Seneca, hpü* ed. *Feix* 1977, 21.).

Das ist »Lebenskunst«, Bildhauer der eigenen Existenz zu werden, wie *Epiktet* uns rät, ein Motto, das in der Integrativen Therapie, die den Menschen, sein *Selbst,* »*als Künstler und Kunstwerk*« zugleich sieht (*Petzold* 1971, 1999p), aufgenommen wurde, und das von *Foucault* (1984b) dem Menschen der Moderne anempfohlen wird (*Schmid* 1999).

Das Alter ist zu einem Thema geworden, dem sich WissenschaftlerInnen vieler Disziplinen: DemographInnen, SoziologInnen, ÖkonomInnen; PsychologInnen, TheologInnen, MedizinerInnen, Philosophinnen usw. vermehrt annehmen, um das Verständnis für diese Lebensphase zu vertiefen, für ihre Besonderheiten, Problematik, aber auch Problemlösungspotentiale. Jede Disziplin entwickelt dabei – mehr oder weniger im Verbund mit den Wissensbeständen anderer Disziplinen – ihre spezifischen Konstrukte und Konzepte, die in den Feldern »angewandter Wissenschaften« Theorie und Praxis beeinflussen sollen.

Gelegentlich erstaunen die Ergebnisse, nämlich dann, wenn sie sich nicht mit dem gängigen *Altersbild* decken (*Filipp, Mayer* 1999). Oft bestätigen sie aber auch Vermutungen oder naheliegende Hypothesen – was sie nicht weniger nützlich macht, nur vielleicht etwas weniger spektakulär. Mit etwas »gesundem Menschenverstand« und einiger »Lebenserfahrung« kann man offenbar zu ähnlichen (subjektiven) Theorien kommen wie mit aufwendiger Forschung und hochkomplizierten Datenverarbeitungsprogrammen, wobei diese Studien natürlich wichtiges Detailwissen liefern, »common sense«-Konzepte untermauern und natürlich immer wieder auch korrigieren. Zu allen Zeiten und in allen Kulturen hat man die menschlichen Lebensalter überdacht (*Baxter* et al. 1978; *Boll* 1913; *Garland* 1990; *Koty* 1934; *Laslett* 1995; *Rosenmayr* 1978; *Roussel* 1951; *Sagner* 2003; *Weber* 2003). Dass viele Erkenntnisse, die aus solchen Szenarien und Forschungsdesigns hervorgegangen sind oder ihren theoretischen Konzepten und Interpretationen zu Grunde liegen, bereits vor über zweitausend Jahren angedacht (und wahrscheinlich im Laufe der Jahrhunderte in neuen Schattierungen und unter veränderten gesellschaftlichen Umständen mehrfach wiederaufgenommen oder »neu« erdacht) worden sind, soll in dieser Arbeit am Beispiel von *Ciceros* Schrift »*Cato maior de senectute*« dargestellt werden, die – aus heutiger Sicht – zu den wichtigen antiken Schriften »philosophischer Therapeutik und Lebenshilfe« zu zählen ist und auch aus diesem Grunde für das vorliegende Werk über die Arbeit mit alten Menschen von übergreifendem Nutzen ist. Deshalb einleitend noch einige Bemerkungen zu dem größeren Kontext von *Ciceros* Ausführungen:

Dieser Text ist ein Beispiel für das antike Bemühen um eine »*Lebenskunst*« (*Foucault* 1984, 1985; *Schmid* 1998, 1999; *Petzold* 1999q), eine »*philosophische Therapeutik« als konkrete Lebenshilfe für Menschen* (idem 2001m), zu der Männer wie *Sokrates, Demokrit, Epikur, Epiktet, Seneca, Musonius, Marc Aurel* u. a. beigetragen haben. Ihre Texte sind Anleitungen zu einem »glücklichen Leben« (*Seneca*), Ermahnungen zu einer »Sorge um sich« (*Sokrates*), zum »rechten Maß« (*Demokrit*). Es sind Hilfen für rechte »Wege zum Selbst«, wie sie *Marc Aurel* in seinen Aufzeichnungen hinterlassen hat, ein wahrhafter Schatz für die Nachwelt. Es ist in der Tat »*für niemanden zu früh und für keinen zu spät, sich um die Gesundheit der Seele zu kümmern*« (*Epikur*, ep. ad Menoikus 122), und genau das demonstriert der 62-jährige *Cicero* mit seiner Schrift für Menschen, die vor einer Abnahme der eigenen Kräfte stehen, davor, auf ihr Leben zu schauen, auf den »Lebensweg« (*Petzold, Orth* 2004b) im »Rückblick«, um ihn zu bewerten, auszuwerten. Die *Pythagoreer* hatten diesen Rückblick täglich praktiziert in allabendlichen Erinnerungsübungen, einer systematischen *Mentalisierung,* um alles Erlebte »im Gedächtnis festzuhalten und zu bewahren, und sich so weit zu trainieren bezüglich dessen, was gelernt und aufgenommen werde, bis das Vermögen, zu lernen und sich zu erinnern ganz in sich aufgenommen sei – denn dieses [Vermögen] sei es, womit man erkenne und Einsicht bewahre« (*Iamblichos*, Vita Pyth. 164). In solcherart Überschau wird es Menschen möglich, dem Alter, möglicher Krankheit und dem Sterben ins Auge zu blicken – in einer gelassenen Haltung, wohl wissend: »Den rechten Zeitpunkt (καιρὸν) und die Grenze setzt die Natur, eben auch bisweilen die individuelle Natur, wenn sie in das Greisenalter eintritt, grundsätzlich aber die Natur des Weltganzen, denn durch ihre Umwandlung bleibt der Kosmos immer jung und kräftig« (*Marc Aurel*, XII, 23). Im »Integrativen Ansatz« gehen wir von der Grundposition aus, dass Therapie ohne die Basis der Philosophie zu kurz greift, dass sie in vieler Hinsicht eine Form »angewandter Philosophie« ist, allerdings mit einer spezifischen philosophischen *und* klinischen Ausrichtung: die der Hinwendung (gr. *klinein*, hinneigen, herunterbeugen, sich liebevoll zuwenden; im aseptischen, medizinalisierten Begriff »klinisch« ist von der Qualität nichts mehr zu spüren). Es geht um die Hinneigung zum hilfebedürftigen Menschen, zum Kranken, zum Leidenden auf dem Krankenbett (gr. *klinē*), zum Kind wie zum alten Menschen, zum Traurigen wie zum Traumatisierten (*Petzold* 2001m, 371), zum Unwissenden wie zum Wissbegierigen, der eine Selbst-Erfahrung anstrebt, sich selbst, sein Selbst besser kennenlernen will (*Petzold, Steffan* 1999b). Für die kurative, klinische Ausrichtung von Therapie – und das ist ihr Kernbereich – wie für die gesundheitsfördernde, auf Persönlichkeitsentwicklung, persönliches Wachstum abzielende Qualität von Psychotherapie ist deshalb durchaus eine »**klinische Philosophie**« von Nöten, ein Konzept, das von *Petzold* Ende der sechziger Jahre inauguriert wurde und seitdem vertreten wird (*Kühn, Petzold* 1991; *Petzold* 1971; 2003 Bd. 1).

Aber auch »Die Erträge moderner Bewußtseinsphilosophie« (*Metzinger* 1995), »philosophy of mind« (*Stich* 1996) und Kognitions- und Neurowissenschaften lassen es nicht zu, dass Psychotherapie den Bereich des Geistigen, Phänomene des Geistes unbeachtet lässt. Die Erträge von vier Jahrtausenden der Auseinandersetzung der Menschen in historischer Zeit *mit sich selbst* und – ein jeder einzelne – mit seinem **Selbst** in Selbstreflexion, Dichtung, Kunst und Philosophie dürften von der Psychotherapie nicht übergangen werden (die Monumente prähistorischer Kunst zeigen, dass die Anfänge dieser Auseinandersetzung schon mehr als 30 000 Jahre zurückliegen, vgl. *Nougier* 1993). Da Therapie natürlich weiter greift als alleinig Kranke zu behandeln – und das trifft besonders für die Arbeit mit alten Menschen zu –, greift auch die Philosophie im therapeutischen Kontexten weiter. Und genau in dieser umgreifenden Funktion, wird Philo-*sophie* für Therapie wichtig, und man kann definieren:

> »**Klinische Philosophie** ist eine *den Menschen zugewandte* (κλίνειν = sich hinwenden) Liebe (φιλία) zur Weisheit (σοφία), ein Lebenswissen, das Grundlage jeder engagierten Praxis von ›Menschenarbeitern‹ in helfenden und entwicklungsfördernden Berufen sein sollte. Sie nutzt die Schätze philosophischer Arbeit von der antiken Seelenführung (*Seneca, Epictet*) bis zu der Auseinandersetzung mit der ›*condition humaine*‹ in der Philosohie der Gegenwart« (*Petzold* 1971).

Natürlich ist in der therapeutischen Arbeit mit Kranken von den Bedingungen der klinischen Situation und ihren Wissensständen auszugehen.

> »**Klinischer Philosophie** ist es darum zu tun, Perspektiven der Philosophie für die klinische Arbeit fruchtbar zu machen und Referenzwissenschaften, die für die Psychotherapie relevant sind, in einen klinisch-philosophischen Diskurs einzubinden: **Natur-, Sozial-, Kultur**wissenschaften, da sie alle für die Arbeit mit Menschen, und darum geht es in der Psychotherapie und klinischen Psychologie, zentrale Wissensstände beizutragen haben, ohne die klinische Theorienbildung und Praxis reduktionistisch werden muß« (ibid.).

In der Arbeit mit alten Menschen ist ein breiter Therapiebegriff zugrunde zu legen. Das griechische *therapeuein* umfasst – wie das lateinische *colere, cultus*, von dem sich Begriffe wie Kultur, Kultivierung herleiten – Bedeutungen wie: dienen, pflegen, bauen, umsorgen, achtsam behandeln, ehren, Tätigkeiten, wie sie die »**fünf großen B's**« der Altenarbeit: klinisch-therapeutische *Behandlung*, psychosoziale und fachliche *Beratung*, lebenslange, breitgreifende *Bildungsarbeit*, pflegerische und medizinische *Betreuung* und unterstützende, mitmenschliche *Begleitung* kennzeichnen, und diese können nicht ohne eine »*philosophy*«, ohne philosophische Hintergrundskonzepte z. B. anthropologischer und ethischer Art, ohne vertiefende Überlegungen zum Leben, zum Menschsein, zum Alter, zu Sterben und Tod in eine *konsistente* Praxis umgesetzt werden. Denn es gibt neben spezifischen Beschwerden und Störungen mit klinischem Krankheitswert, d. h. mit einer ICD- oder DSM-Diagnose, vielfältige psychische und soziale Belastungen, die von der häufig vorfindlichen »Multimorbidität«, durch Verluste geliebter Menschen, Relokation, etwa von der Wohnung zum Heim, durch Einschränkungen in der Lebensführung bedingt sein können und die »aufs Gemüt schlagen«, traurig, depressiv, mut- und hoffnungslos, resigniert und verbittert machen können. Sie erfordern Unterstützung, Rat, Beistand, Hilfe und Fürsorge, aber auch Information, Unterrichtung, Beratung, Anregung, Ermutigung, Aktivierung, um Initiativen zu unternehmen, wo Passivität und Resignation eingetreten sind.

Für derartige Beschwernisse und Beschwerden hat die »philosophische Therapeutik« schon seit den Zeiten der antiken Seelenführer verschiedene Heilmittel (*remedia, praecepta*) als Lebenshilfe: gemeinwohlorientierte Aktivität, Arbeit mit jungen Menschen, Aufsuchen seiner Freunde, Betrachtung der Natur, Arbeit in Feld und Garten, geistige und künstlerische Aktivitäten etc. (vgl. (*Seneca,* De tranquillitate 3, 2 ff.). Für Junge wie Alte empfiehlt der Mediziner und Universalgelehrte *Aulus Cornelius Celsus*:
»Lautes Lesen, Fechten, das Ballspiel, Laufen, Spazierengehen: letzteres wirkt noch besser, wenn es nicht auf durchaus ebenem Boden vorgenommen wird, denn das Auf- und Absteigen bewegt, vermöge der dabei stattfindenden Abwechslung, den Körper besser, es sei denn, der Körper sei zu schwach dazu. Ein Spaziergang unter freiem Himnel bekommt besser als in einem gedeckten Gange ...« (*Celsus,* de medicina 1, 2).

Vor solchen Aktivitäten muss aber eine Entscheidung des Willens und der Vernunft erfolgen, sich solcher Übung zu widmen, wie *Demokrit* zeigt (fr. 290): »Einen Kummer, den die ›von einem Schicksalsschlag‹ gelähmte Seele nicht zu bändigen vermag, vertreibe durch die Vernunft.« Was aber, wenn die Vernunft verdunkelt ist und dem Willen nicht raten oder ihn unterstützen kann? Dann geht es nicht ohne therapeutische, beraterische, mitmenschliche Hilfe, weil es das Wesen solcher Lähmung (*contractio,* σύστολη) ist, dass man selbst keinen Ausweg mehr findet. Und hier braucht der *Wille,* der »Wille zum Guten« (*Seneca,* ep. 92,3), Unterstützung, finstere Gedanken und Seelenregungen, »angestrengtes und unablässiges Sorgen« zu **überwinden,** denn das schwächt die Seele (*Seneca,* de tranquilitate 17, 12). Und mancher »Schwäche kann man durch Übung abhelfen« (*Marc Aurel* V, 5).

Der **Wille,** der im Alter zumeist – lebenserprobt und geübt – noch stark und gut intakt ist, zuweilen aber auch durch Leid, Leiden, Belastungen und Negativerfahrungen geschwächt sein kann, bedarf der Pflege und Unterstützung. Ihm kommt in der stoischen Therapeutik eine große Bedeutung zu, denn man glaubt an die Souveränität des Menschen, seine Fähigkeit zur Selbststeuerung als Ausdruck seiner Integrität: »Einen Räuber der Willensfreiheit gibt es nicht« überliefert *Marc Aurel* (XI, 36) ein Wort des *Epiktet*, und durch den Willen und vermittels der Unterstützung durch Therapontes (Helfer, Berater, Begleiter, Therapeuten) kann man und muss man »an seinem Inneren arbeiten« (ibid. 59). Eine solche Sicht attribuiert alten Menschen Integrität und Kompetenz und ist als Grundhaltung für die Arbeit mit ihnen sehr nützlich. Sie knüpft überdies an Lebenserfahrungen an, die man im Alter zumeist hat, und die, wurden sie durch Belastungen resignativ geschwächt, wieder ermutigt werden können.

»Von dir selbst hängt es ab, ein neues Leben zu beginnnen. Betrachte nur die Dinge von einer anderen Seite als du sie bislang angesehen hast. Das nämlich heißt: ein neues Leben beginnen« (idem VII, 2), und dabei leistet der Helfer Unterstützung. Das hat Konsequenzen, wird Konsquenzen haben.

»Du musst in dein ganzes Leben, wie in jede einzelne Handlung Ordnung bringen, wenn du dir nämlich bei allen Handlungen sagen kannst: Ich handelte nach besten Kräften, dann kannst du ruhig sein, denn dass du deine ganze Kraft einsetzt, daran kann dich niemand hindern« (VIII, 32).

Der aber, der nicht mehr genug Kraft hat, braucht nicht beunruhigt zu sein, denn er kann um Hilfe fragen, darf auf Hilfe zählen. Wenn man verletzt oder behindert und geschwächt ist, soll man »die Hilfe eines anderen in Anspruch nehmen« – »Schäme dich nicht, dir helfen zu lassen« (Marc Aurel VII, 7).

Hier liegen Aufgaben und Verpflichtungen für die Helfer, Unterstützung für eine Neuorientierung des Lebens – auch und gerade im Alter noch – zu geben. Sie können raten und vorleben:

»Lasse die Vorstellungen schwinden, und es schwindet die Klage, daß man dir Böses getan. Mit der Unterdrückung der Klage: ›Man hat mir Böses getan‹, ist das Böse selbst unterdrückt« (Marc Aurel IV, 7).

Das ist keine Vermeidung, das ist aktive »Überwindungsarbeit«, die auch ein Umwerten des kognitiven Kontextes erforderlich macht: »Fasse die Dinge nicht so auf, wie sie der Beleidiger auffasst oder von dir aufgefasst haben will; sehe sie vielmehr so an, wie sie *in Wahrheit* sind« (ibid. IV, 11). Denn: »Der Zorn und das Leid, das wir durch die Taten der Menschen empfinden, sind härter für uns als diese Handlungen selbst, über die wir uns erzürnen und uns betrüben« (XI, 18) – zumindest ist dies oft so. Für eine solche Praxis des Denkens und Fühlens kann ein engagierter und menschlich glaubwürdiger Helfer eine wichtige Unterstützung bieten. Sie greift in der Regel besonders, wenn Menschen von einer Sinnhaftigkeit des Daseins und von der Überzeugung der Sinnhaftigkeit der eigenen Existenz getragen sind und sagen können: »**Das Gute und Rechte ist bei mir**« (VII, 42). Philosophische Therapeutik mit alten Menschen und Lebenshilfe für alte Menschen sollte eine solche Lebenshaltung oder den Gewinn bzw. Widergewinn einer solchen Lebenshaltung unterstützen. Und unsere Praxis zeigt, dass dies gerade in der Arbeit mit dieser Zielgruppe häufig gut gelingt.

»Zeige Gemütsruhe den Dingen gegenüber, die von äußeren Ursachen herkommen, und Gerechtigkeit bei denen, die von deinem eigenen Tun bewirkt werden, das bedeutet, dein Streben und Tun soll kein anderes Ziel haben als das allgemeine Beste; denn das ist deiner Natur gemäß« (IX, 31).

»Viele unnötige Anlässe zu deiner Beunruhigung, die nur auf deiner falschen Vorstellungen beruhen, kannst du dir aus dem Weg schaffen und dir damit sofort einen weiten Spielraum eröffnen; umfasse das Weltall mit deinem Geiste und betrachte seine ewige Dauer und dann wieder die rasche Verwandlung jedes einzelnen Dinges. Welch kurzer Zeitraum liegt doch zwischen dem Entstehen und Vergehen der Geschöpfe. Wie unermesslich ist die Zeit, die ihrer Entstehung voranging, wie unendlich aber auch die Zeit, die ihrem Vergehen folgen wird« (IX, 32).

Bei einer solchen Therapeutik werden die »*Psychodynamik*« der Seelenunruhe und ihre äußeren Anlässe natürlich nicht außer Acht gelassen. Die stoische Therapeutik ist nicht naiv, denn die Ursachen des Leidens müssen erspürt und erkannt werden. Das ist eine der vornehmsten Aufgaben der Vernunft, denn nur sie kann die rechte Strategie wählen, sich für das richtige Remedium entscheiden, und es ist eine der wichtigsten Aufgaben der Helfer, die Arbeit der Vernunft bei den begleiteten alten Menschen – soweit sie diese Arbeit leisten können, denn Überforderungen sind unbedingt zu vermeiden – zu unterstützen und zu fördern. Das gilt besonders für verbitterte, resignierte Menschen: Wenn nämlich »Menschenscheu quälende Sorgen in unser Innerstes verdrängt, dann ersticken sich die Leidenschaften, wie in einem engen Kerker eingeschlossen, gegenseitig selber. Daher kommen Trübsinn und Trübsal und unendliches Schwanken des Geistes, das aufkeimende Hoffnungen beseitigt und traurig und mutlos macht« (*Seneca, De tranquillitate* 2, 10).

All das hat aber letztlich »nur eine Auswirkung, keinen Gefallen an sich zu finden (unus effectus ..., sibi displicere«, ibid. 2, 7), denn die Seele wird resonanzlos: sich selbst gegenüber, so dass eine »*philautie*«, ein liebevoller Bezug zu sich selbst, »des Selbstes zum Selbst« unmöglich wird und in der Folge die Zuwendung/Zuneigung anderen gegenüber eingetrübt wird. Man kann dann »niemanden lieben und wird dann wohl auch von niemandem geliebt« (*Demokrit*, Fr. 103), so dass man vereinsamt: »Wer auch nicht einen einzigen guten Freund hat, dessen Dasein ist nicht lebenswert« (idem, fr. 99). Und damit kommt es zu einer progredierenden »*Lähmung der Seele*«.

Es geht also, das dürfte in unseren Ausführungen deutlich geworden sein, in einer »philosophischen Therapeutik« nicht nur um Heilung. Es geht um gemeinsame Explorationen in das Leben, in Räume des Lebens, damit in gemeinsamer Suche das Leben auf den Wegen des eigenen und gemeinsamen Schicksals begriffen werden kann, Erkenntnis, Wissen, *Sinn* gewonnen wird und – vielleicht – *Weisheit* (*Petzold* 2001k; *Petzold, Orth* 2004a). Es bietet sich hier die Chance, als ein »Freund der Sophia« über die Widerfahrnis des »Geschicks« hinaus ein »*eigenschöpferisch gestaltetes Leben*«, *gestaltet in einer Lebenskunst, zu realisieren,* und das ist gerade für kognitiv valide alte Menschen eine große Chance. *Lebenskunst* steht in einem fruchtbaren Spannungsverhältnis zwischen Selbstsorge und Gemeinwohlorientierung, die »Sorge um sich« und der »Sorge um die anderen«, zwischen persönlicher Sinnschöpfung und gemeinschaftlicher Sinnstiftung, Ästhetisierung der eigenen Existenz und Meisterung des Lebens im Sinne eines »kompetenten Navigierens« in den Strömungen des Lebens, Arbeit an einer »persönlichen Kultur« des Denkens, des Herzens, des Gewissens, des Begegnens und der Beziehungen, und das kann man in der Rückschau auf das eigene Leben, in seiner Auswertung, in einer »Lebensbilanz« (*Petzold, Lückel* dieses Werk, Bd.2) durchaus auch in den letzten Abschnitten seiner Lebensstrecke erreichen.

Ciceros Schrift über das Alter ist in diesem Gesamtkontext philosophischer Therapeutik und Lebenskunst im Altertum, als Übung »praktischer Weisheit« (*prudentia*, Lebensklugheit, Seneca, ep. 113, 19) zu sehen, die den, der sie praktiziert, auf sein weiteres Tun vorbereitet, weil sie »fürsorglichen Weitblick ausübt« (ibid.). »Denn, was ist Philosophie? Ist es nicht ein Sich-Vorbereiten auf alle Ereignisse?« (*Epiktet* III, 10, 6). »Krankheit gibt es, Gefangenschaft, Einsturz und Brand des Hauses, nichts von alledem ist unvorhersehbar« (*Seneca*, De tranquillitate 11, 7) – und natürlich sind Alter, Sterben und Tod gewiss und – in der einen oder anderen Weise vorhersehbar. Das weiß letztlich *jedermann*, jeder Mann und jede Frau, auch wenn dieses Wissen oft dissoziiert, verdrängt wird. Deshalb ist ein aufrichtiges Reflektieren des eigenen Lebens wesentlich und eine Vorbereitung auf Kommendes, Gutes wie Schlechtes, sinnvoll – eine Art »*Antizipationsarbeit*« (*Petzold* 1992a, 563), wie das in der Integrativen Therapie bezeichnet wird, eine päparatorische Auseinandersetzung mit künftigen bzw. möglichen Belastungen, auch mit dem unabänderlichen Ende des Lebens, damit man die Chance erhält, »unerschütterliche Seelenstärke« (*Seneca*, de vita beata 9, 26), »Vertrauen und Sicherheit«, ein »in sich Ruhen« zu gewinnen, eine persönliche *Weisheit* dem Leben, den Dingen, den Menschen, sich selbst gegenüber. Es ist ein über das Leben hin verlaufender Prozess, in dem man sich kennen lernt, sich gestaltet, seine Möglichkeiten entdeckt und seine Grenzen. Die »Lebenskunst« als »Weg zu mir selbst« (*Petzold, Orth* 2004b) kann zu einer Qualität tiefer Freude an seinem eigenen Leben und seinem eigenen Sein führen, bei dem »die Seele stets in gleichmäßigem und günstigem Lauf gehen kann, mit sich selbst einig, das Ihre freudig anschauend und diese Freude nicht unterbrechend« (*Seneca*, De tranquillitate animi II, 4). Zu solcher Seelenverfassung hat wohl *Foucault* – mit seiner schweren Erkrankung schon unter dem Schatten des Todes stehend – gefunden, als er schrieb:
»Wer es vermocht hat, endlich Zugang zu sich selber zu finden, der ist für sich ein Gegenstand der Freude.« (*Foucault* 1982).
Menschen darin zu unterstützen, einen sochen Zugang zu sich zu

finden, darin liegt eine Aufgabe der Philosophie und eine Verantwortung der Philosophen heute (*Gethmann* 1989) – und die antiken Philosophen nahmen diese Verantwortung als »Seelenführer« (*Hadot* 1991) ernst. Aber es geht nicht nur um die philosophischen Weisheitslehren einer Fachdisziplin (*Oelmüller* 1989), es geht viel weiter greifend um *Weisheit* als ein allgemeines, *sinnstiftendes* Lebenswissen, das in jedem Alter gewonnen werden kann (*Petzold, Orth* 2004a; *Dittmann-Kohli* 1995)

3. Ciceros Gedanken für eine »Lebenskunst« des Alters – Perspektiven für das Altersbild gestern und heute

Ciceros Werk wird in dieser Arbeit als ein exemplarischer Text für eine »Philosophische Therapeutik, Lebenshilfe und Lebenskunst«, wie sie voranstehend umrissen wurde, und wie sie konzeptuell hinter diesem ganzen Buch steht, dargestellt und erläutert und zwar aus einer *heutigen* Perspektive. Der Text wird aufgegriffen als eine Vision, die man vor zweitausend Jahren vom Alter haben konnte als eines unter vielen Altersbildern in der Antike (*Byl* 1974; 1996; *Falkner, de Luce* 1989; *Fuà* 1995; *Garland* 1990; *Herzig* 1994; *Mattioti* 1995; *Minois* 1987; *Potter, Mattingly* 1999), deren Sichtweisen sich durchaus je nach Epoche und Kultur als recht differentiell erweisen und positive wie negative Aspekte aufweisen. Auch die Antike hatte, wie wir heute (*Nelson* 2002), ihre »Ageisms«, ihre Diskriminierungen und Benachteiligungen des Alters und der Alten (*Baltrusch* 2003; *Gutsfeld* 2003; *Richardson* 1933). *Ciceros* Schrift hat hier eher eine Sondersposition mit seiner durchgängig positiven Ausrichtung (*Fuà* 1995). Er zeigt damit, was Menschen, wenn sie der Vernuft und einer verständigen, wohlwollenden Sicht auf das Leben verpflichtet sind, erkennen und denken können, was sie vom Leben, vom Altwerden und Altsein *wahrnehmen, erfassen, verstehen* und *erklären* konnten (*Petzold* 2003a, 175 ff.), auch heute in einer sich dramatisch verändernden Situation. *Cicero* hat gegen Negativklischees vom Altern angedacht, genauso, wie wir heute gegen unsere z. T. subtilen negativen Altersstereotype andenken müssen, die *in uns* wirksam werden als »*innere Feindbilder gegen uns selbst*«.

Es geht uns hier also *nicht* um eine *philologische* bzw. *literaturhistorische* oder *historische Analyse* des Werkes »Cato major de senectute« (*Alfonsi* 1955; *Fuà* 1995; *Pacitti* 1965; *Stettner* 1910; *Venini* 1960) oder um eine Verortung von *Ciceros* Sicht des Alters im Kontext der vorchristlichen bzw. antiken Kulturen (*Brandt* 2002; *Bölkestein* 1936; *Herzig* 1994; *Koty* 1938): der griechischen in ihren unterschiedlichen zeitlichen und regionalen Ausfaltungen – zwischen der des jugendversessenen Athens und der des gerontokratischen Sparta lagen Welten (*Schmitz* 2003; *Baltrusch* 2003) – und der römischen Kultur in der römischen Republik (*Brandt* 2002, 2003) oder der Spätantike mit ihren christlichen und neuplatonischen Einflüssen (*Herrmann-Otto* 2003).

Die Alternsbilder (plur.) der Antike sind zu heterogen und von zu unterschiedlichen »Zeitgeisteinflüssen« und politischen, ökonomischen, religiösen Situationen, von Kulturtransfers, dem Kontakt mit anderen Kulturen, bestimmt, als dass man von »dem« Altersbild sprechen könnte (*Gutsfeld, Schmitz* 2003; *Laslett* 1995; *Johnson, Thane* 1998). Und das ist vielleicht eine Lektion, die für die heutige Situation zu lernen ist, die einer *konzeptpluralen*, ja *konzeptheterogenen* Präsentation des Alters in einer uns eher homogen erscheinenden Epoche der griechisch-römischen Antike. *Crosscultural perspectives*, die immer die Verhältnisse »Alt und Jung« in den Blick nehmen müssen (*Ickels* 1992; *Filipp, Mayer* 1999) – es genügt nie, nur auf das Alter allein zu schauen, der Lebensverlauf, die intergenerationalen und familiären (z. B. *Eyben* 1973; *Rawson* 1987) Verhältnisse müssen betrachtet und differentiell ausgewertet werden (*Cohen* 1994; *Foner* 1984; *Elwert-Kretschmer, Elwert* 1997; *Johnson, Thane* 1998; *Keith* 1994) – können uns allenfalls ermutigen, unsere eigene *Vielfalt* mit dieser Thematik und Problematik in unseren modernen *multikulturellen* Gesellschaften ernst zu nehmen (*Laslett* 1995). Das, was »zwischen« den Ethnien, Volksgruppen, Sprachräumen, sozialen Schichten an Verschiedenheiten und oft *Fremdheiten* ist, ist häufig nicht weniger fremdartig, befremdlich und trennend als das, was *zwischen den Generationen* in diesen genannten Bereichen liegt. Den *horizontalen* Verschiedenheiten allein auf der ethnischen Ebene (in Deutschland z. B. große türkische, südslavische, italienische, portugiesische Populationen, in sich wieder heterogen: Serben/Kroaten, Westtürken/Kurden, Nord-/Süditaliener), stehen die *vertikalen* Unterschiede, was soziale Schicht und sozialen Status anbelangt (*Marzi* 1990), aber auch was die Zugehörigkeit zu Altersgruppen anbetrifft) parallel. Das schafft eine Komplexität, die dringend *interkulturelle Diskurse* notwendig macht, in einen vereinten Europa zumal (*Petzold* 2003m), um gff. zu *transkulturellen Einsichten* und Strategien zu kommen, was unsere Einstellung zu Altern und Alter und unsere persönliche und politischen Strategien für den Umgang mit dieser Thematik anbelangt.

Die gegenwärtige Lage, die durch Multikulturalität in unseren modernen Gesellschaften und durch Interkulturalität zwischen ihnen (und das in z. T. globalem Ausmaß) gekennzeichnet ist, wird eine differentielle Sicht unerlässlich machen. »Den« *Alten* gibt es genauso wenig wie »den« *neuen Alten* oder den alt gewordenen »*Babyboomer*«, wie ihn *Schirrmacher* (2004) suggeriert. Die Forschung zum »Alter in alten Kulturen« selbst steht in Alterungs- und Wandlungsprozessen (*Conrad* 1982; *Ehmer* 1992; *Gutsfeld, Schmitz* 2003).

Dass auch in der Antike unter anderem ein negatives Bild des Alters in den Köpfen der Menschen bestand, kann höchstens verklärte NostalgikerInnen erstaunen, die der Meinung sind, alte Menschen in früheren Zeiten hätten die uneingeschränkte Hochachtung und Wertschätzung ihrer Mitmenschen als »Weise« und »Ratgebende« genießen können. Diese Rolle konnte ihnen zwar durchaus zufallen, bei den Römern etwa als *Senatoren* (lat. = Mitglied der Rates der Alten). Doch auch wenn im Altertum längst nicht so viele Menschen ein so hohes Alter erreichten, wie das heutzutage der Fall ist, und wenn dies auch dazu beigetragen haben mag, dass »Alt-werden« in einem gewissen Sinne auch als eine Auszeichnung angesehen werden konnte, so waren doch schon damals *stigmatisierende* Ansichten und Haltungen gegenüber alten Menschen weit verbreitet. Negative Zuschreibungen zum Alt-werden und Alt-sein in *Ciceros* Zeiten lassen sich denn unschwer aus seiner Schrift »*Cato maior de senectute*« herauslesen, stellen sie doch seine Motivation dar, aus welcher er dieses sehr beachtliche kleine Werk verfasst hatte.

Zu verschiedenen Konzepten, Fragestellungen in *Ciceros* Werk seien im Folgenden jeweils Passagen herausgegriffen und kommentiert in dem Sinne, dass ihnen gerontologische Perspektiven parallel

gestellt werden, was bislang, sieht man von einer älteren, kleinen Arbeit *Hübeners* (1957) ab, noch nicht näher erfolgte. Weiterhin werden Bezüge zu *Diskursen* und ausgewählten Ergebnissen neuzeitlicher Forschung hergestellt.
Folgende vier Punkte – sie kommen auch uns Menschen des 21. Jahrhunderts sehr bekannt vor – will *Cicero* mit seinen Ausführungen zu widerlegen versuchen:
»So find ich denn, wenn ich zusammenfasse, vier Gründe, weshalb das Alter beklagenswert erscheint: einmal, weil es uns von der Ausübung einer Tätigkeit abhalte, zum andern weil es unseren Körper schwäche, drittens weil es uns fast sämtlicher Genüsse beraube und viertens weil es dem Tode nahe sei.« (5, 15 S. 35)
Außerdem werde man im Alter von Leuten verachtet, von denen man bisher geachtet wurde (S. 25), schlimmer noch – einen gewissen Caecilius zitierend: *»Dann betrachte ich im Alter das als jammervoll, dass man fühlt, wie man dem andern widerwärtig wird.« (8, 25 S. 45)* Von Ehrerbietung und Wertschätzung alter Menschen ist hier wenig zu spüren, hingegen treffen wir auf Altersklischees, wie sie auch heute noch in verblüffend ähnlicher Form in der Bevölkerung breit gestreut sind. Dagegen will *Cicero* mit seiner Schrift antreten, d. h. auch er setzte sich wie heutige engagierte GerontologInnen daran, dem negativen Altersbild korrigierend gegenzusteuern. Wie heutige engagierte GerontologInnen, stößt er zum einen auf eigene negative Überzeugungen zum Altern, und wie heutige engagierte GerontologInnen läuft er zum andern Gefahr, das Alter in guter Absicht vielleicht gelegentlich ein bisschen schönzumalen. Wobei er allerdings gewisse Klischees bewusst bestätigt, gerade um diesen Eindruck der Beschönigung zu vermeiden.
*»Ich brauche nicht von mir selbst zu reden, obgleich das **eine Eigentümlichkeit des Alters** ist und man es unseren Jahren nachsieht.« (9, 30 S. 49)*
*»... und andererseits ist man **im Alter von Natur aus redseliger**; es soll ja nicht so scheinen, als wollte ich es von allen Fehlern freisprechen.« (16, 55 S. 77)* [alle Hervorhebungen v.d. Verfassern]
In der Tat ist den älteren Menschen wohl auch nicht gedient, wenn die Herausforderungen und Behinderungen dieses Lebensabschnitts verharmlost werden oder der Blick darauf vermieden wird, weil man damit die tatsächlichen Probleme nicht ernst nimmt. Gelegent-

lich erhält man diesen Eindruck, wenn jemand beim Versuch, dem negativen Altersklischee etwas entgegenzuhalten, die Vorzüge des Alters anhand von sehr gesunden kompetenten »Vorzeigeexemplaren« darstellt. Die so genannten »jungen Alten« verkörpern eine Untergruppe der Population der alten Menschen, was das Wertgefälle zwischen validen und invaliden alten Menschen noch verschärfen kann, die kranken und bedürftigen älteren Mitmenschen noch mehr an den Rand der Gesellschaft drängt, weil sie es nicht geschafft haben, alt zu werden und trotzdem fit zu bleiben. Vonnöten wäre stattdessen ein Bild des Alters, das *Vielfalt* zulassen kann, das Entwicklungspotenziale anerkennt, die spezifischen Problemquellen und aber auch Lösungsmöglichkeiten im Alter nebeneinander stehen lassen kann und auch Defizite und Bedürftigkeit als Option anerkennen kann, die den Wert einer Person nicht mindert. Bei vielen jüngeren Menschen findet man jedoch ein einseitiges Altersbild. Sie neigen dazu, das Alter (zu) negativ zu sehen oder sie setzen sich mit dessen wirklichen Problemen nicht auseinander. Ob man der einen oder anderen Sichtweise anhängt – oder einer dazwischen, denn auch das kommt natürlich vor –, dürfte von verschiedenen Faktoren abhängen: z. B. von der gegenwärtigen Lebenssituation, von der Zufriedenheit mit dem bisher geführten Leben, von der eigenen momentanen Befindlichkeit, vom Charakter usw.
Cicero auf jeden Fall versucht, einer »Schwarzmalung« des Alters Argumente entgegenzuhalten, ohne dabei euphemistisch zu werden und trägt mit diesem differenzierten Verständnis einem wichtigen Merkmal des Alters Rechnung:

3.1 Variabilität im Alter

»Doch können nicht alle Persönlichkeiten wie Scipio und Maximus sein, so dass sie sich an der Eroberung von Städten, an Schlachten zu Wasser und zu Lande, an Kriege, die sie führten, und an Triumphe erinnern können. Es gibt auch das friedliche und sanfte Alter eines geruhsam, lauter und stilvoll geführten Lebens, ...« (5, 13 S. 31 f.)
»Ihr seht indessen, wie das Alter nicht nur nicht schlaff und träge, sondern sogar geschäftig ist, wie es immer etwas ins Werk und in Bewegung setzt, freilich so, wie es dem Streben eines jeden in seinem früheren Leben entspricht.« (8, 26 S. 45).

Eine immer wieder betonte Erkenntnis aus der Altersforschung ist die große Variabilität der untersuchten Merkmale. Im Bereich der Persönlichkeitsentwicklung und der kognitiven Entwicklung zeigt keine Altersgruppe ein so große Varianz wie die des Alters. Alt-sein ist also nicht zwingend mit der einen oder der anderen Eigenschaft, dem einen oder anderen Problem verbunden, sondern die meisten Merkmale weisen eine große Breite von Ausprägungen auf, die jede klischierte Vorstellung widerlegen. So kann es auch z. B. nicht die Frage sein, ob die Aktivitätstheorie (*Tartler* 1961) *oder* die Disengagementtheorie (*Cumming, Henry* 1961) richtig sei, ob also ein aktives Alter mit speziellen Funktionen und Aufgaben für den alten Menschen das Rezept für ein erfolgreiches Alter (*Baltes* et al. 1989) sei oder der Rückzug aus seinen bisherigen Rollenaufgaben. Es kann höchstens die Frage relevant sein, welcher *Grad* an Aktivität und Rückzug dem einzelnen alten Menschen entspricht, welcher Lebensstil sich aus seinem bisherigen Leben ergibt und welche Änderungen durch seine aktuellen Lebensumstände gegebenenfalls notwendig geworden oder einfach von ihm gewünscht sind, ganz »*so, wie es dem Streben eines jeden in seinem früheren Leben entspricht*«. Cicero vertritt hier also ganz selbstverständlich die so genannte »Kontinuitätstheorie« (*Atchley* 1982), die sich in unserer Zeit erst nach langjährigen Disputen für und wider die Aktivitäts- bzw. Disengagementtheorie als dritter Weg etablierte. Persönlichkeitsmerkmale und Sozialisationserfahrungen, internalisierte soziale Vorbilder (Freunde bzw. Feinde »von innen«) sind viel stärker als das chronologische Alter dafür verantwortlich, ob jemand sich im Alter aus dem Sozialverband zurückziehen oder darin integriert bleiben möchte (*Havighurst* et al. 1968). Viele Menschen sind in der Regel dann zufriedener (d.h. sie haben eine höheren »life-satisfaction-score«), wenn sie ihren bisherigen Lebensstil beibehalten können.

Nun muss man sehen, dass solche Theorien aus der Lebenserfahrung der Theoretiker oder aus Forschungsergebnissen mit Populationen unter einem spezifischen »Zeitgeist« (*Petzold* 1989f) resultieren. Sie gründen oft in Untersuchungen bei den »alten Alten« – der Vorkriegs- und Kriegsgeneration –, die in der Regel ihren Lebensverläufen, ggf. von einigen tiefgreifenden Einbrüchen (z. B. Krieg, Flucht, Vertreibung) abgesehen, hohe Kontinuitäten hatten, anders als die »neuen Alten«, die künftigen gar, deren Lebens- und Berufskarrieren von ihnen z. T. immense Flexibilitätsleistungen verlangten: Veränderungen im Denken, Fühlen, Wollen, Handeln. Die Veränderung normativer Eingrenzungen (»Du kannst dich doch nicht scheiden lassen!«) führte überdies zu mehr oder weniger großen Wechselsituation in der Kontinuität des sozialen Netzwerkes, des familialen und amikalen »Konvois« (*Hass, Petzold* 1999; *Petzold* 1994e; *Antonucci, Akiyana* 1994; *Kahn, Antonucci* 1980). Der »flexible Mensch« (*Sennett* 1998), der Mensch, dem man hohe Mobilität und Veränderungsbereitschaft abverlangt hat, der sich an wechselnde »life styles« und »Identitätstransformationen« (*Petzold* 2001p) gewöhnen musste, gewöhnt hat, sie schätzen lernte, ja suchte, wird auf Flexibilitätsforderungen im Alter heute und morgen besser reagieren können.

3.2 Resilienz und protektive Faktoren

Laelius und *Scipio*, die beiden fiktiven Gesprächspartner von *Cato* in Cicersos Werk, wollen wissen, wie man sich auf ein gutes Alter vorbereiten kann: *»Nun würdest du uns aber [...] einen großen Gefallen erweisen, Cato, wenn wir, da wir die Hoffnung oder jedenfalls gewiss den Willen haben, alt zu werden, lange vorher von dir lernen könnten, auf welche Weise wir am leichtesten die zunehmende Last des Alters tragen können.«* (2, 6 S. 25)
Die Antwort hatte *Cato* zum Teil schon vorweg gegeben:
»Wer nämlich in sich selbst nicht die Voraussetzung dafür hat, gut und glücklich zu leben, für den ist jede Altersstufe beschwerlich.« (2, 4 S. 23)
Mit dieser Aussage weist *Cicero* darauf hin, dass die Beschwerden und Beschwerlichkeiten des Alters nicht, oder zumindest nicht ausschließlich zwingend eintreten müssen, und dass der alternde Mensch diesem Prozess nicht nur hilflos gegenübersteht, sondern ihn zu einem gewissen Grad auch beeinflussen kann. Persönlichkeitsmerkmale, die bisherige Lebenshaltung und -führung (die »life styles« *Müller, Petzold* 1999), der persönliche Wille (*Petzold, Sieper* 2003), bisher erlernte Strategien im Umgang mit Defiziten, Verlusten, Belastungen können dazu beitragen, dass auch im Alter eine relativ hohe Plastizität erhalten bleibt, die es erlaubt, erforderliche

Anpassungsleistungen im Alter mit Erfolg zu meistern. Aus den Ergebnissen einer Longitudinalstudie aus den USA (*Levy* et al. 2002) wurde berichtet, dass die positive Einstellung zum Alter das Leben um durchschnittlich siebeneinhalb Jahre verlängert, unabhängig davon, ob jemand bei der Befragung gesund oder kränklich, Mann oder Frau, arm oder reich war. Das bestätigt doch sehr die Wirkung von *internalen* Faktoren – der »*Freunde und Feinde von innen*« – bei der Meisterung des Alt-werdens. Diese Überzeugung, dass das Alter sich *nicht* durch Nutzlosigkeit, Einsamkeit und Krankheit auszeichne, scheint also Menschen vor genau diesen negativen Phänomenen teilweise zu schützen, wobei die Wirkung von Selbstkognitionen, subjektiven Theorien, Kontrollüberzeugungen (*Filipp, Mayer* 1999, 42 ff.) immer im Zusammenhang mit den sozialen Normierungssystemen, geteilten mentalen Welten, »social worlds« (*Unruh* 1983) bzw. »kollektiven mentalen sozialen Repräsentationen« (*Moscovici* 2001) für die Entwicklung von Interventionsstrategien berücksichtigt werden sollten, denn wenn es zu Konflikten kommt, dann häufig deshalb, weil »*dann Welten aufeinander treffen*« (*Petzold* 2003b).

In der modernen klinischen Psychologie sprechen wir von psychologischer Widerstandsfähigkeit, von **Resilienz** (*Garmezy* 1983; *Wagnild, Young* 1990; *Petzold* et al. 1993; *Müller, Petzold*, dieses Buch; *Staudinger, Freund* 1998). Resilienz ist *die* Form von Plastizität, die sich auf die Wiederherstellung und/oder den Erhalt von »*normaler Entwicklung*« trotz widriger Umstände bezieht (Definition nach *U. Staudinger*, vgl. unsere Definitionen und Diskussionen zu diesem Begriff in diesem Buch). In diesem Zusammenhang sind auch die Faktoren zu erwähnen, die diese Fähigkeit unterstützen – das sind die so genannten »protektiven Faktoren« – und solche, die sie gefährden – das sind die »Risikofaktoren«. Ein Aspekt ist zum Beispiel die Art und Weise, wie jemand irreversible Verluste zu regulieren versteht, eine Fähigkeit, die ja gerade im Alter von großer Bedeutung ist. *Ciceros* Tipp zum Umgang mit dem Verlust der körperlichen Kräfte im Alter: »*Mit einem Wort: gebrauche dieses Gut, solange es da ist; wenn es nicht da ist, dann vermisse es nicht, es müsste denn sein, dass die jungen Leute die Kindheit und die ein wenig Älteren die Jugend vermissen müssen.*« *(10, 33 S. 53)* Seine Haltung, etwas Verlorenem nicht nachzutrauern, sondern sich neu

auszurichten, stets an dem orientiert, was vorhanden ist, statt am Verlorenen, eine solche – wie man heute mit dem entsprechenden psychologischen Vokabular sagen würde – »Copingstrategie« zeichnet Menschen aus, die Verluste vergleichsweise gut bewältigen können.
Solche selbstregulativen Mechanismen sind wichtig für die »Resilienz«. Eine funktionale, flexible Selbstbewertung, die mal »nach oben« (d.h. sich vergleichend mit Menschen, die es besser haben), mal »nach unten« (bzw. die es schlechter haben) orientiert sein kann, je nach Zusammenhang, gibt der Person im Alter einen gewissen Schutz vor Frustration, Selbstentwertung und ihren Folgen, z.B. Depressionen (vgl. weiter unten). Cicero dazu: »*Die Kräfte eines jungen Menschen vermisse ich nicht einmal jetzt (…), so wenig, wie ich als junger Mensch die Kraft eines Stiers oder Elefanten vermisste. Man sollte das gebrauchen, was man hat, und alles, was man tut, entsprechend seinen Kräften tun.*« (9, 27 S. 47) Er versteht es also, sich im Alter nach neuen Massstäben zu messen, was mit ein Grund sein kann, dass er sein Alter ohne Gram und Verbitterung erlebt.
Catos eigentliche Antwort auf die Frage seiner Zuhörer, wie die Last des Alters am besten zu ertragen sei, lautet, dass die Schuld für die Klagen im Alter nicht beim Alter, sondern beim Charakter liegen. Etwas überspitzt formuliert: Selber schuld, wer das Alter als Last erlebt!
Damit tut er natürlich all denen Unrecht, die vom »Schicksal«, ihren spezifischen Lebensumständen und -verläufen einfach keine »guten Karten« erhalten haben bzw. denen Traumatisches oder Schädigendes widerfahren ist und denen zu wenig »protektive Faktoren« zur Verfügung standen. *Resilienz* ist nicht nur von endogenen Bedingungen, nicht nur von Persönlichkeitsmerkmalen abhängig, sondern es handelt sich dabei um eine Konstellation, in der eine Verknüpfung von Person- und Umweltgegebenheiten zur Wirkung kommt bzw. gekommen ist.
Laelius erwidert denn auch auf diese These *Catos*: »*Es ist so, wie du sagst, Cato, doch könnte da vielleicht jemand behaupten, dir scheine das Alter **wegen deiner Mittel, deiner Möglichkeiten und deines Ranges** erträglich, darüber aber könnten nicht viele verfügen.*« *(3, 8 S. 27).* Und *Cato* antwortet – nach heutiger Datenlage korrekt: »*Es*

hat damit schon etwas auf sich, Laelius; doch keineswegs liegt alles daran.« (ibid.) Tatsächlich sind die Zugehörigkeit zu höheren sozialen Schichten, bessere Bildung und höheres Einkommen »protektive Faktoren« bezüglich der Gesundheit im Alter. Der soziale Status hat auf die verschiedensten Bereiche direkten oder indirekten Einfluss: auf die Gesundheit, auf Art und Ausmaß der Aktivitäten (*Kondratowitz, Schmitz-Scherzer* 1999), auf Umfang und Qualität des sozialen Netzwerkes u.a.. Wenn man aber den neuesten Ergebnissen trauen kann, stellen Schichtzugehörigkeit, Geschlecht und Einkommen weniger gewichtige Faktoren dar als die subjektive Einstellung zum Altern (s.o.), zumindest was die Lebensdauer betrifft.

»Die besten Waffen gegen das Alter, Scipio und Laelius, sind überhaupt die Tugenden und ihre Betätigung. Zu jeder Lebenszeit geübt, bringen sie, wenn man lange gelebt hat, wunderbare Früchte, nicht nur weil sie niemals, nicht einmal in der letzten Lebenszeit, versagen (obwohl das jedenfalls sehr wichtig ist), sondern auch weil das Bewusstsein eines gut gelebten Lebens und die Erinnerung an viele gute Taten höchst angenehm ist.« (3, 9 S. 27) Und nicht nur angenehm sind diese Erinnerungen, sondern geradezu heilsam können sie sein, wie die moderne Traumaforschung gezeigt hat (*van der Kolk* et al. 2000; *Petzold* 2001m; *Petzold, Wolff* et al 2000, 2002). Menschen können kraft ihres Willens und Wollens (*Petzold* 2001i) traumatische Erfahrungen zurücklassen, überwinden, bewältigen, und dabei helfen ihnen unter anderem gute Erinnerungen. Genau diese können nämlich durch traumatische Erfahrungen überschattet oder veschüttet sein. In der Therapie von posttraumatischen Belastungsstörungen werden denn auch systematisch positive Aspekte im Leben fokussiert, um eine Veränderung der Emotionalität und der Motivation zu erreichen (*Maercker* 2002). Eine positive »Lebensbilanz« stellt einen protektiven Faktor dar, und wo sie sich nicht von selbst einstellt, weil andere Ereignisse vorgelagert sind, kann durchaus mit externer Hilfe (Therapie, Gespräche) erfolgreich eine Fokusverschiebung herbeigeführt werden (vgl. *Petzold, Lückel*, dieses Werk).

Einen weiteren protektiven Faktor für die Gesundheit und die Leistungsfähigkeit alter Menschen hat *Cicero* darin gesehen, gewisse Fähigkeiten und Fertigkeiten zu trainieren:

»Mit Übung und Selbstbeherrschung kann man also auch im Alter etwas von der früheren Leistungsfähigkeit bewahren.« (10, 34 S. 53) Auch diese Ansicht ist aus heutiger, wissenschaftlicher Sicht zutreffend. Sowohl Ergebnisse aus der Gedächtnisforschung (*Knopf* 1998) (s. u.) als auch Studien betreffend körperlicher Fähigkeiten (*Droes* 1991) bestätigen, dass ein regelmäßiges Training nicht nur diese Funktionen bewahren hilft, sondern dass es sich sogar noch zusätzlich auf das subjektive Wohlbefinden auswirkt: Wer sich seiner Leistungsfähigkeit erfreuen kann – seien es physische oder geistige Leistungen, dem geht es besser. Der Übung kommt im Alter noch mehr Bedeutung zu als in mittleren Erwachsenenalter, weil die Gefahr der Reizverarmung durch abnehmende Wahrnehmungs- und Verarbeitungskapazitäten gleichzeitig wächst, was durch indirekte Einflüsse wie eingeschränkte Mobilität und damit einhergehende Isolation noch verschärft werden kann.

3.3 Antike und moderne »Sozialgerontologie«

»Man muss sich der Vergreisung widersetzen, Laelius und Scipio, und ihre Gebrechen durch Umsicht ausgleichen. Man muss gegen das Alter wie gegen eine Krankheit kämpfen« (11, 34 S.55) Dass diese Aussage auch als »ageism« gelesen werden kann, hat *Cicero* vielleicht übersehen, oder – was wahrscheinlicher ist – er unterlag nicht der heutigen Bewertung und Bemessung im Rahmen einer »political correctness«. Im Geiste seiner Schrift und der antiken Philosophie der Selbstsorge (*Foucault* 1986) kann er auch ein Alter gemeint haben, das die »Sorge um sich« vernachlässigt, die Beachtung seiner leiblichen Erfordernisse (etwa heute seiner Zuckerwerte und Diabetes-Einstellung, *Holtz* 2004), pathologische Verhaltensstile, die nicht unbedingt altenspezifisch sind, aber von unfavorablen Lebenslagen im Alter leicht begünstigt werden. Ansonsten ist der Versuch, das Alter mit einer Krankheit zu vergleichen, eine politisch entschieden unkorrekte Aussage, die aber gerade in der heutigen Zeit wieder »boomt«, getarnt allerdings als »Verschönerungsmaßnahmen« am alten Körper: Hormonpräparate, Liftings, Fitnessprogramme, deren Ziel es ist, den Menschen zumindest äußerlich der ewigen Jugend ein Stück näher zu bringen, einem »Jugendwahn« fröhnend, der sich bei gewissen Gruppen der Generation der

»Babyboomer« findet (genauso wie bei vielen »Reichen und Schönen« in der römischen Gesellschaft). Derartige Antiageing-Lifestyles gehen von genau dieser Ansicht aus, dass das Altern ein Phänomen sei, das in den Gesundheitsbereich und damit in die Medizin – oder auch in die »neue Biologie« (*Martin* 2003) – gehört, welche dafür zu sorgen haben, dass es »bekämpft«, »geheilt« werden kann. Und natürlich steht im Hintergrund die existentielle, oft bedrückende und bedrohliche menschliche Erfahrung, an das Altern – und mit ihm an Siechtum, Leiden, Sterben, an den Tod und all die oft unsäglichen Bedingungen in Institutionen der »Verwaltung von Elend« – ausgeliefert zu sein (*Agamben* 2002; *Sternberger* 1982).

Was *Cicero* mit seiner Aussage aber meinte, war wohl vielmehr die Aufforderung, die möglichen Schwierigkeiten im Alter nicht einfach als gegeben hinzunehmen, sondern sich *rechtzeitig* gegen diese zu schützen durch günstiges Verhalten und zweckmäßige Haltungen und Einstellungen, und das über die gesamte Lebensspanne hin, nicht erst im Senium, wie das dieser Arbeit vorangestellte Zitat (Endnote I) zeigt, wie es aber im Alter auch besonders wichtig wird: *»Man muss gesundheitliche Rücksichten nehmen und sich maßvollen Übungen unterziehen; man sollte so viel essen und trinken, dass man seine Kräfte stärkt und nicht belastet.« (11, 36 S. 55)*

Und da muss man ihm wieder recht geben. Die gesundheitlichen Risikofaktoren sind wohl bekannt: hoher Blutdruck, hohe Cholesterinwerte, Übergewicht, übermässiger Alkohol- und Nikotinkonsum verkürzen das Leben statistisch gesehen um einige Jahre, während Sport bzw. viel Bewegung der Gesundheit im Alter zuträglich sind, allerdings nur, wenn nicht in Extremformen betrieben! Maßhalten scheint das Schlüsselwort zu sein, das *Cicero* im Sinne der antiken Tugendlehre und Lebenskunst vertrat.

»Indessen rührt gerade dieses Nachlassen der Kräfte häufiger von den Sünden der Jugend als von denen des Alters her; denn eine ausschweifende und hemmungslose Jugend übergibt dem Alter einen erschöpften Körper.« (9, 29 S. 49) So folgerichtig wie es hier formuliert ist, scheint es tatsächlich zu sein.

Und was für den Körper stimmt, trifft auch für andere Werte zu: *»Ansehen kann man sich nicht plötzlich durch graue Haare und durch Runzeln verschaffen, sondern ein schon früher in Ehren geführtes Leben erntet am Ende die Früchte des Ansehens.« (18, 62*

S. 85) Es gilt also für viele Bereiche des Lebens, dass die Gewohnheiten, das Streben, die Aktivitäten des frühen und mittleren Lebensalters die späteren Lebensabschnitte wesentlich prägen und damit das **Wohlbefinden im Alter** (*Perrig-Chiello* 1997) schon früh geplant und angestrebt werden kann.

Und tatsächlich geht es der Mehrzahl der älteren Menschen gut, sie genießen die »späte Freiheit« (*Rosenmayr* 1983), was manche Leute erstaunen mag und sie dazu bewog, dieses Phänomen angesichts des im Allgemeinen schlechteren Gesundheitszustandes älterer Menschen als Paradoxon (vgl. dazu *Staudinger* 2000) zu bezeichnen, weil es offenbar eher ihren (!) Erwartungen entsprochen hätte, wenn alte Menschen nachweisbar unzufrieden wären. Doch:

»*Bei vielen von ihnen habe ich ein Alter ohne Klage kennengelernt; sie ließn es sich nicht ungern gefallen, von den Banden der Leidenschaft befreit zu sein, und wurden von ihren Leuten nicht verachtet.*« *(3, 7 S. 25)* So weiß auch *Cicero*, obwohl er natürlich damit nichts über die durchschnittliche Zufriedenheit aussagt, die aber findet sich, wie die Forschung in breiter Weise zeigt (*Kohli, Kühnemund* 2000) – für manche erstaunlicherweise, und die müssen sich befragen, warum sie das erstaunt, welcher »*Feind von innen*« da gerade aus ihnen, ihren im Negativen sozialisierten Altersbildern spricht.

3.4 Attributionstheorie ➤ Attributionsfehler

Eine ganz wichtige moderne sozialpsychologische Theorie scheint *Cicero* zu kennen, wenn er die Frage nach der Zuschreibung von Ursachen und Wirkungen stellt, bzw. denjenigen Menschen einen »Attributionsfehler« (*Stroebe* et al. 2002; *Eichert, Petzold* 2003) nachsagt, welche über das Alter klagen.

»*Denn wenn das durch die Schuld des Alters geschähe, träfe dasselbe auf mich und alle übrigen Älteren zu. [...]* **Doch liegt die Schuld für alle solche Klagen beim Charakter, nicht beim Alter.**« (S. 25) Und weiter unten: »*Denn alte Leute, die gelassen, nicht mürrisch und nicht ungebildet sind, erleben ein Alter, das erträglich ist, ein unfreundliches und schroffes Wesen ist aber in jedem Alter beschwerlich.*« *(3, 7 S. 25 f.)*

Nach der Attributionstheorie von *Fritz Heider* werden Schaden und Misserfolg unbewusst meist *external* attribuiert, d. h. die Gründe dafür werden in Einflüssen von außen gesehen (Schicksal, Pech, *Alter*), während die Gründe für Erfolg und Wohltat gerne *internal* zugeschrieben werden, d. h. inneren Eigenschaften und Kompetenzen (Fähigkeiten, Anstrengung, Fleiß). So hat *Cicero* wohl richtig wahrgenommen, dass alte Menschen Misserfolge oder fehlende Erfolge lieber dem Alter als unausweichliche Gegebenheit zuschreiben als dass sie den Grund in eigenem Handeln suchen. Menschen attribuieren einzelne Situationen je nachdem, wie es für sie günstig ist. Gleichzeitig entwickeln sie aber auch vorherrschende Muster, nach denen sie »üblicherweise« Ursachen attribuieren. Die einen neigen vielleicht dazu, mehr oder weniger alle Erlebnisse und Ereignisse external zu attribuieren (»es geschieht mir«, »man hat mir …«), während andere davon ausgehen, dass sie ihr Leben und ihr Handeln selber »im Griff« haben. Sie attribuieren internal und erleben sich als »*selbstwirksam*«. Dieses Gefühl der eigenen Wirksamkeit (*self efficacy*, vgl. *Bandura* 1977, 1989; *Flammer* 1990) ist bedeutend im Zusammenhang mit Bewältigung von Problemen und tritt z. B. bei Depressiven in auffällig geringem Ausmaß auf. Mit andern Worten: Wer für sein Handeln nicht selber Verantwortung übernimmt und in der Umwelt und dem Schicksal die Ursachen für die Ereignisse sucht und findet, läuft Gefahr, depressiv zu werden **oder** (!): wer depressiv geworden ist, neigt dazu, die eigene Wirksamkeit zu unterschätzen und die Verantwortung nach außen abzugeben. – Welcher Mensch, der mit dem Alltagsverstand an diese Fragen herangeht, welcher Helfer oder welche Pflegekraft weiß schon über Ursachen, Zuschreibungen, Wirkungen so genau Bescheid? *Cicero* war hier schon sehr reflektiert, denn zwischen Depressivität und Attributionsmodus, Kontrollmöglichkeiten und erwarteter Wirkung bestehen natürlich Wechselwirkungen (*Flammer* 1990; *Eichert, Petzold* 2003b).

»*Wer nämlich in sich selbst nicht die Voraussetzung dafür hat, gut und glücklich zu leben, für den ist jede Altersstufe beschwerlich*« (2, 4 S. 23). Die Gründe für ein gelungenes, *erfolgreiches* Altern (*Baltes* et al. 1989) sind also, das sieht *Cicero* sicher richtig, nicht (nur) außen zu suchen, sondern weitgehend in sich selber. Wer genügend *Erfahrungen eigener Wirksamkeit* gesammelt hat, verliert nicht so schnell das Gefühl, Kontrolle über sein Leben zu haben. Und das allein ist schon ein protektiver Faktor. »*Denn nur Dummköpfe lasten ihre Fehler und ihre Schuld dem Alter an.*« *(5, 14 S. 33)* Diese Strategie der externalen Zuschreibung befreit einen zwar von der Verantwortung für eigenes, ungünstiges Handeln und Verhalten, doch gibt man damit zugleich auch die Überzeugung der eigenen Einflussnahme aus der Hand bzw. aus dem Kopf, bis hin zu der berühmten »erlernten Hilflosigkeit« (*Seligman*), denn das alles geschieht weitgehend auf der Ebene von Kognitionen.

»*Aber die Alten sind eigensinnig, ängstlich, jähzornig und schwierig. Sie sind, wenn wir die Wahrheit hören wollen, auch geizig. Aber das sind Fehler des Charakters, nicht des Alters.*« *(18, 65 S. 87)* Richtig! Keine dieser Eigenschaften nimmt im Alter regelhaft an Ausprägung zu. Dass sich eine, schon im frühen und mittleren Alter vorhanden gewesene Charaktereigenschaft im Alter verstärkt, ist zwar möglich, dass sie **wegen** des Alters erscheint, ist ein Mythos. Im Gegenteil, Persönlichkeitsmerkmale haben sich als über die Lebensspanne hin sehr stabil erwiesen, eine Nivellierung im Alter im Sinne eines allgemein häufigeren Auftretens gewisser Eigenschaften wie Geiz, Jähzorn usw. gibt es nicht, stattdessen treffen wir auch im Bereich der Persönlichkeitsmerkmale wieder auf eine äußerst große Variabilität.

»*Doch gibt es für den Eigensinn und die genannten Fehler eine Entschuldigung, zwar keine, die sie rechtfertigt, aber eine, die man verständlich finden kann. Sie fühlen sich gering geschätzt, verachtet und verspottet. Außerdem ruft bei einem gebrechlichen Körper jedes Ärgernis Erbitterung hervor. Das alles wird indessen gemildert durch gute charakterliche Eigenschaften.*« *(18, 65 S. 89)*
Man könnte meinen, *Cicero* spreche hier von moderierenden Variablen, welche die potentiell pathogene Wirkung von körperlicher Krankheit auf die Psyche puffern können. Und er liegt auch hier wahrscheinlich nicht schlecht, denn, übersetzt man einmal ›charakterliche Eigenschaften‹ mit ›Persönlichkeitsmerkmale‹, so lassen sich Zusammenhänge finden zwischen persönlichem Lebensinvestment (= selbstberichtetes Ausmass des Denkens und Tuns in verschiedenen zentralen Lebensbereichen) und einer vielfältigen Selbstdefinition (d. h. das Selbst wird in vielen verschiedenen Bereichen definiert) einerseits und Wohlbefinden und Depressivität andererseits: eine Konzentration des Lebensinvestments auf weniger Be-

reiche und eine größere Anzahl von selbstdefinierten Bereichen wirkt bei schlechter Gesundheit kompensierend (*Staudinger, Freund* 1998). Kompensation, Akkommodation, Umorientierung, Verlagerung von Kräften von gewissen beeinträchtigten Lebensbereichen auf andere – wie immer man, je nach Fokus, das nennen will – scheint ohnehin eine Schlüsselfunktion inne zu haben, wenn man von »erfolgreichem Altern« spricht:

3.5 Kognitive Umorientierung/Neubewertung/ selektive Optimierung

»*Mir jedenfalls war die Abfassung dieses Buches so angenehm, dass sie nicht nur sämtliche Beschwerden des Alters beseitigt, sondern das Alter sogar behaglich und angenehm gemacht hat.*« *(1, 2 S. 21)* Die Beschwerden des Alters, die er hier doch grundsätzlich bestätigt, lässt *Cicero* bei *Cato* unbedeutend werden, indem er ihnen kein Gewicht beimisst und stattdessen andere Schwerpunkte fokussiert. Statt sich an den Defiziten zu orientieren, verlässt er sich auf andere *Kompetenzen*/Fähigkeiten/Wissen und *Performanzen*/Fertigkeiten/ Können – eine wichtige Unterscheidung (*Petzold, Engemann, Zachert* 2004) – und holt daraus seine Befriedigung und Bestätigung. Dies entspricht ziemlich genau dem, was *Baltes* und MitarbeiterInnen als selektive Optimierung (*Baltes, Baltes* 1990) beschreiben, später ergänzt im Modell der »Selektiven Optimierung mit Kompensation« (SOK, *Baltes* et al. 1998). Dieses Modell sieht »erfolgreiches Altern« als einen Prozess, in welchem unwichtig oder unerreichbar gewordene Ziele und Funktionsbereiche zugunsten anderer Aktivitäten aufgegeben werden, welche – noch verbessert, optimiert also – die prioritären Ziele weiter zu verfolgen erlauben. Oder, wie sich *Cicero* an einer Stelle ausdrückt: »*Man sollte das gebrauchen, was man hat, und alles, was man tut, entsprechend seinen Kräften tun.*« *(9, 27 S. 47)*

Eine positive Bewältigung des Alterns – jenseits von Disengagement- und Aktivitätstheorie – kann nach heutiger Sicht nur gelingen, wenn eine »permanente wechselseitige Anpassung von Handlungsplänen und Handlungsressourcen« gewährleistet werden kann (*Brandstädter, Rothermund* 1998, 237). Wer seine Erwartungen und Ansprüche stets an den Leistungen der jungen Jahre misst, wird enttäuscht sein und verbittert, der hängt einem Selbstbild nach, das nicht mehr der Realität entspricht. Umgekehrt kann derjenige sich an neuen Projekten und Herausforderungen messen und freuen, dem es gelingt, die Ziele den wirklichen, vielleicht reduzierten Fähigkeiten anzupassen.

»*Große Dinge vollbringt man nicht durch körperliche Kraft, Behendigkeit und Schnelligkeit, sondern durch Planung, Geltung und Entscheidung; daran pflegt man im Alter nicht nur nicht abzunehmen, sondern gar noch zuzunehmen.*« *(6, 17 S. 37)* Körperliche Kraft, Schnelligkeit, typische Merkmale der Jugend, stehen hier für die unerreichbar gewordenen Ziele, welche demnach neu bewertet, ja von *Cato/Cicero* eigentlich etwas abgewertet werden zugunsten von Planungsfähigkeit, Entscheidungskraft und Geltung. Es findet eine eigentliche Werteverschiebung statt, die als Bewältigungsstrategie verstanden werden kann: Sieht man das Altern als eine Belastungssituation im Lebenslauf, so kommen an seinem Beispiel auch die Bewältigungsstrategien zum Ausdruck, derer sich der betroffene Mensch bedient. Eine häufige Strategie zur Vermeidung einer Frustration bzw. von deren Andauern ist die Umbewertung einer Situation. Das Nicht-Erreichte oder Verlorene wird als nicht-mehr-so-begehrenswert dargestellt, womit der Verlust leichter zu ertragen ist. Eine andere, verwandte Strategie in der Sozialpsychologie ist der soziale Abwärtsvergleich. Im Bereich Gesundheit kann man bei vielen alten Menschen feststellen, dass er funktioniert: Die Ansprüche verschieben sich, man vergleicht sich zunehmend mit denen, die viel Schlimmeres erleiden müssen oder sogar mit den schon Verstorbenen, um das eigene Wohlbefinden, die eigene Zufriedenheit aufrecht erhalten zu können, d. h. der Referenzpunkt verschiebt sich.

»*Es folgt der dritte Vorwurf gegen das Alter, nämlich die Behauptung, dass es die Freuden der Lust entbehre. Welch herrliches Geschenk des Lebens, wenn es uns wirklich das nimmt, was in der Jugend die schlimmste Quelle des Lasters ist!*« *(12, 39 S. 59)*
Hier macht *Cicero* wohl schlicht aus der Not eine Tugend, indem er – durch Neubewertung und Uminterpretation – die »Freuden der Lust« zu einer Quelle von Laster reduziert. Mag sein, dass der eine oder die andere froh ist, für andere Tätigkeiten mehr Energie zu haben, doch als allgemeine Aussage klingt das doch reichlich euphe-

mistisch. Dennoch entspricht es dem Ziel erfolgreichen Alterns: nämlich Verluste zu minimieren und Gewinne zu maximieren. Richtig ist aber sicher, dass zu der Verlagerung von Werten auch eine Verlagerung von Bedürfnissen kommen kann: »*Mit fortschreitendem Alter wird alles von Tag zu Tag gelinder. Bei den Gastmählern selbst bemaß ich das Vergnügen ja auch weniger nach den leiblichen Genüssen als nach dem Zusammensein und dem Gespräch mit Freunden. […] Dabei bin ich dem Alter sehr dankbar, dass es mein Verlangen nach Gesprächen vergrößert, das nach Trank und Speise dagegen beseitigt hat.*« *(13, 45 S. 67)* Dabei sind Verallgemeinerungen wieder fehl am Platz. Es lässt sich – auch heute – nicht behaupten, es gäbe bestimmte Bedürfnisse, die im Alter *generell* steigen bzw. abnehmen, im Einzelfall ist indes vieles möglich. Hingegen nehmen vielleicht individuelle Bedürfnisse zu, die zu dem bisher geführten Lebensstil in Bezug stehen – perpetuierend oder kontrastierend – etwa weil die neue, veränderte Alterssituation mehr Zeit und Muße bietet. Gespräche, für die zuvor aufgrund von Zeitdruck und multiplen Anforderungen wenig Raum war, werden dann neu- oder oft auch wiederentdeckt, wenn man etwa in Jugend- oder Studentenzeiten Zeit für Gespräche gehabt und genutzt hatte. Die Selektion von Aktivitäten und Zielrealisierung kann deshalb nicht nach einem bestimmten ›Rezept‹ erfolgen, sondern sie muss sehr unterschiedlich und individualisiert vorgehen: Nur wenn »intrinsische Motivationen« gut getroffen werden oder »extrinsische Motivationen« durch Einsicht und Überzeugungsarbeit Zustimmung erfahren, können Strategien der Zielverwirklichung erfolgreich sein.

Cato erfreut sich im Alter offenbar auch neuer **Rollen** und **Rollenfunktionen** – und eine rollentheoretische Betrachtung von Alterssituationen, seit langem etwas aus der Mode gekommen (*Petzold, Bubolz* 1976; *Heuring, Petzold* 2004) – kann durchaus fruchtbar sein. Er spricht z. B. vom »Lehren der Jungen«: »*Was gibt es denn Erfreulicheres als im Alter von jungen Menschen voller Eifer umdrängt zu sein? Oder wird man dem Alter etwa nicht einmal solche Kräfte übriglassen, dass es die jungen Menschen belehrt, ausbildet und in der Erfüllung jeder Aufgabe unterweist? Was könnte denn herrlicher sein als diese Tätigkeit? (9, 28/29 S. 49).*

Cato aktualisiert offensichtlich ein Aktivitätsmuster aus seinem

»*Rolleninventar*« (= mnestische Archivierung einer einstmals im aktiven »Rollenrepertoire« vorfindlichen Rolle mit ihren »Rollenfunktionen«). Als Staatsmann, Konsul und Statthalter hatte er immer auch eine informierende und lehrende *Funktion*, die ihm offenbar auch Freude gemacht hatte, wie seine Bücher und überlieferten Buchfragmente zeigen: über die Landwirtschaft, »De agricultura«, die »Origines«, Teile einer Geschichte von Rom und Italien, Biografien von *Cornelius Nepos* und *Plutarch*. Im Alter gestaltet er nun diese Funktion im Sinne einer Reaktivierung zu einer vollen Rolle aus, die er mit seinem aktuellen »Rollenrepertoire« im sozialen Spiel gesellschaftlicher Rollen in die *Performanz* der Rollenkonfiguration »Lehrender-Lernende« bringen kann.

Das spricht für die Pflege »produktiver Tätigkeiten«, das Erhalten oder Reaktualisieren von Rollen, wie es die moderne Altersforschung und interventive Sozialgerontologie propagiert und wie es die zu Eingang umrissene demographische Situation (vgl. *Schirrmacher* 2004) wohl auch notwendig machen wird. Ein freibestimmtes Maß an gesellschaftlichem Engagement und sozialen Aktivitäten, die für andere Nutzen stiften und den Handelnden selbst befriedigen und erfreuen, aber auch von Produktivität in realer, professioneller Tätigkeit sollte ermöglicht werden, dann das soll ein wichtiger Faktor für »erfolgreiches Altern« sein (*Baltes, Montada* 1996), und dies nicht nur, weil damit gewisse *Kompetenzen* und *Performanzen*, Wissen und Können länger erhalten oder sogar noch weiter entwickelt werden, sondern auch, weil dadurch eine zeitliche Strukturierung des Alltags und eine soziale Verortung in der Gesellschaft nach dem Wegfall der Erwerbstätigkeit aufrecht erhalten werden kann (*Künemund* 2000b). Eine Adaption solcher Tätigkeiten an die evt. veränderten Kompetenzen und Performanzmöglichkeiten des Individuums bzw. eine kluge Auswahl ist dabei natürlich unerlässlich. *Cato* hat eine klassische Rolle und Funktion gewählt, wenn er als alter Mann der Jugend sein Wissen, seine Weisheit, seine Erfahrung zuteil werden lässt. *Seneca* hat sich als »Berater« und »Coach« von »Nachwuchskräften« in Politik und Verwaltung betätigt (*Petzold* 2002g, c. Absch. 8). Ob eine wachsende Anzahl älterer Menschen in unserer gegenwärtigen oder zukünftigen demographischen Verteilung auch immer auf eine aufnahmebereite Zuhörerschaft treffen wird, die an ihrem Wissensvorsprung interessiert ist, sollte nicht dahingestellt bleiben, sondern muss bei Alt und Jung durch vorbereitende Projekte zu einer Selbstverständlichkeit werden. Bislang besteht die Gefahr des »Befremdens« – für beide Seiten. Dass dies durchaus verändert werden kann, zeigen unsere »exchange learning« Projekte aus den siebziger Jahren (vgl. unsere Arbeit mit *Rinast* und *Laschinsky*, dieses Buch). Aus der Sicht der lehrenden, beratenden, coachenden alten Menschen könnte eine Aktivität, wie sie von *Cicero* dem *Cato* zugeschrieben wird, sicher wünschenswert und erfüllend sein, nicht nur, weil sie damit produktiv tätig sein könnten, sondern auch, weil es ja eine Bestätigung der Wertschätzung wäre, um die alte Menschen ja eben allzu oft zu ringen haben.

3.6 Life span developmental approach der Entwicklungspsychologie

»Ihr seht indessen, wie das Alter nicht nur nicht schlaff und träge, sondern sogar geschäftig ist, wie es immer etwas ins Werk und in Bewegung setzt, freilich so, wie es dem Streben eines jeden in seinem früheren Leben entspricht. **Wie steht es mit denen, die gar noch etwas dazulernen?«** *(8, 26 S. 45)*

Wachstum und Entwicklung sind auch im Alter möglich. Diese Erkenntnis ist zwar nicht neu, doch hat sie in die wissenschaftliche Entwicklungspsychologie erst vor wenigen Jahrzehnten Eingang gefunden. Die Pädagogen/Andragogen mit ihrer *»éducation permanente«* bzw. dem »lifelong learning« waren den Psychologen hier lange voraus, und die Psychotherapeuten sind von einer »Psychotherapie der Lebensspanne« in der Regel noch weit entfernt. Der Integrative Ansatz, der eine solche Position seit Mitte der sechziger Jahre zu vertreten begonnen hatte und seitdem entwickelt und lehrt (*Petzold* 1999b, 2003a, Bd. 2 u. 3), ist hier eine Ausnahme. Der Blick hatte sich, wenn man über die menschliche Entwicklung sprach, lange Zeit fast ausschließlich auf die kindliche Entwicklung bezogen, und die Möglichkeit des Lernens im Alter wurde hartnäckig ausgeblendet oder gar verleugnet. Dies zeugt aber mehr von einer einseitigen Sichtweise als von entwicklungspsychologischen Kenntnissen. Es fehlte am differenzierten, differentiellen Blick, den man bei *Cicero* hätte finden können:

»*Große Dinge vollbringt man nicht durch körperliche Kraft, Behendigkeit und Schnelligkeit, sondern durch Planung, Geltung und Entscheidung; daran pflegt man im Alter nicht nur nicht abzunehmen, sondern gar noch zuzunehmen.*« *(6, 17 S. 37)* Ganz richtig stellt Cicero hier fest, dass die geistigen Stärken im Alter (z. B. gemessen in Kategorien der Intelligenz) durchaus noch verbessert werden können; nicht gerade die der (Verarbeitungs-) Geschwindigkeit, gerade die nimmt regelhaft ab, aber in anderen Teilleistungen. In der Sprache der Intelligenzforschung ausgedrückt, ist es die »kristalline Intelligenz«, die Pragmatik, die im Alter länger erhalten oder sogar noch gesteigert werden kann, während die »fluide Intelligenz« (die »Mechanik« der Intelligenz, die kognitive Grundausstattung) im Vergleich mit jüngeren Personen eindeutig Einbußen zeigt.

Wesentlich daran ist aber weniger die Frage, welche Fähigkeit nun wieviel besser oder schlechter wird, als vielmehr die Erkenntnis und Anerkennung der Tatsache, dass die Intelligenz, die geistigen Fähigkeiten – und nicht nur diese – auch im Alter nicht starr sind oder sich ausschließlich in Richtung Abbau verändern, sondern dass sie entwicklungsfähig bleiben, dass Plastizität – und das heißt auch cerebrale Plastizität – bis in hohe Alter ein menschliches Merkmal bleibt! (Schwere dementielle oder andere cerebrale Erkrankungen, wie sie im hohen Senium vermehrt auftreten, sind davon natürlich ausgenommen).

»*... ihre Klugheit [die von Ti. Coruncanius und von P. Crassus] hat sich bis zum letzten Atemzug* **entwickelt.**« *(9, 27 S. 47)* Cicero, wie gesagt, wusste darum.

»*Es gibt einen bestimmten Lauf des Lebens und einen einzigen Weg der Natur, und zwar einen einfachen. Einem jeden Abschnitt des Lebens ist seine richtige Zeit gegeben, so dass die Schwäche der Kinder, der Ungestüm der jungen Leute, der Ernst des schon gesetzten Alters und die Reife des Greisenalters etwas ganz Natürliches hat, das man zu seiner Zeit erleben muss.*« *(10, 33 S. 53)*

Das erinnert stark an *Havighurst*s (1948) »Entwicklungsaufgaben«, ein Konstrukt der Entwicklungspsychologie, das schon nicht mehr ganz jung ist, mit gewissen Mängeln behaftet, aber bereits aus einem Verständnis für lebenslange Entwicklung heraus entstanden ist. Erst die Öffnung zu diesem *lebenslaufbezogenen Denken* ermöglichte im Weiteren auch die Entwicklung von Modellen des *Verstehens* und der *Intervention*, Formen einer »Interventionsgerontologie« (*Lehr* 1979; *Petzold* 1979b), die dem Alter gerecht werden konnten. Auch das bereits erwähnte Modell der »selektiven Optimierung mit Kompensation« (*M. Baltes*, s. o.) ist nur auf dem Hintergrund einer fortlaufenden Entwicklungsfähigkeit des älter werdenden Menschen sinnvoll und denkbar.

3.7 Gedächtnistheorie

»*Doch das Gedächtnis schwindet. Vermutlich, wenn man es nicht übt, oder auch, wenn man von Natur aus schwerfälliger ist.*« *(7, 21 S. 39)*
»*Es gilt jedoch nicht nur den Körper, sondern noch viel mehr den Geist und den Verstand zu unterstützen. Auch er erlischt ja durch das Alter, wenn man ihn nicht, wie eine Lampe mit Öl, versorgt.*« *(11, 36 S. 55)*
Der gesunde Menschenverstand, die Erfahrung aus eigener Beobachtung lässt *Cicero* diese Aussagen machen, die von Forschungsergebnissen zu diesem Thema vollauf bestätigt werden (*Oswald* et al. 1998): die Gedächtnisleistungen nehmen mit dem Alter wirklich ab – allerdings in sehr unterschiedlichem Maße. Während *Cicero* die »memoria« *(7, 21 S. 38)*, das Erinnerungsvermögen einfach Gedächtnis nannte, verfügt man heute über komplexe Gedächtnismodelle, -theorien und Ergebnisse der Gedächtnisforschung, und entsprechend differenziert lassen sich über altersbedingte Veränderungen von Funktionen und Teilfunktionen des Gedächtnisses Aussagen machen. Es stimmt, dass das sogenannte *explizite* Gedächtnis (d. h. das semantische Gedächtnis [*Wissen*] und das episodische Gedächtnis [Erinnerung als erlebbare Vergangenheit]) mit 30 bzw. 40 Jahren bereits abzunehmen beginnt. Dagegen scheint das *implizite* Gedächtnis, welches ohne Erinnerungsbewusstsein funktioniert, das *Können* als »fungierendes Gedächtnis«, vom Altersprozess kaum beeinträchtigt zu werden. Über derartige Unterscheidungen »wussten« *Cicero* und seine Zeitgenossen nichts, dass aber mit Übung der Abbauprozess verlangsamt werden kann, in diesem Punkt liegt er mit seinem Erfahrungswissen auch nach heutigen Maßstäben völlig richtig. Gedächtnistraining ist denn heute auch eine zunehmend bekannte und beliebte

Therapie- oder Weiterbildungsform bei alten Menschen, die ihre Wirkungsweisen auf verschiedenen Ebenen ausbreiten kann: Zum einen werden tatsächlich alle kognitiven Funktionen, insbesondere die Gedächtnisfunktionen stimuliert, trainiert und damit gestärkt und verbessert, zum andern gibt es den Menschen eine Möglichkeit, »Erfahrungen eigener Wirksamkeit« zu machen (s. o.): »Man kann etwas gegen die Gedächtnisschwäche tun, man ist diesem Prozess nicht so ausgeliefert«. Und drittens kann ein Gedächtnistraining, das in der Gruppe besucht wird, Auswirkungen auf die soziale Netzwerksituation der TeilnehmerInnen haben, wenn sich diese mit wachsendem Vertrauen ihre Sorgen (nicht nur mit dem Gedächtnis und dem Altern) mitteilen und durch »wechselseitige Hilfeleistungen« in therapeutischen, agogischen oder Selbsthilfegruppen (*Petzold, Schobert* 1991) einander Unterstützung zukommen lassen. Diese letztgenannte Wirkung kann selbst dort zum Tragen kommen, wo der eigentliche Trainingseffekt bei den Gedächtnisfunktionen kaum oder gar nicht eintritt, was bei Menschen mit dementiellen Erkrankungen leider der Fall ist.

Cicero gibt an einer Stelle sogar ganz praktische, aus der zu Eingang dieser Arbeit schon erwähnten pythagoreischen Tradition stammende Tipps für das Gedächtnistraining, das auch in der stoischen Philosophie und Lebenspraxis einen festen Platz hatte: »*... ausgiebig beschäftige ich mich auch mit der griechischen Literatur und vergegenwärtige mir abends, um mein Gedächtnis zu trainieren, nach Art der Pythagoreer, was ich an dem betreffenden Tag jeweils gesagt, gehört und getan habe. Das sind Übungen des Geistes, Trainingsläufe des Verstandes [curricula mentis]; wenn ich mich mit ihnen abmühe und anstrenge, vermisse ich die körperlichen Kräfte nicht besonders*« *(11, 38 S. 57 f.).* Die Rekapitulation des vergangenen Tages ist eine auch heute praktizierte Technik im Gedächtnistraining.

»*Die Leute erinnern sich an alles, um das sie sich kümmern, an geleistete Bürgschaften, an Leute, die ihnen und denen sie etwas schulden.*« *(7, 21 S. 41)*

Dies stimmt mit den Befunden überein, dass unsere Gedächtnisleistungen gewissen Einflussfaktoren unterworfen sind. Unter bestimmten emotionalen oder wahrnehmungsbezogenen Umständen (in Verbindung mit Musik oder Bewegung, »offene Gestalten« usw.)

können sie besser (bzw. schlechter) funktionieren als in anderen. Außerdem hängen sie von äußeren Einflüssen wie Ernährung (Vitaminhaushalt), Ausbildungsniveau ab, aber auch von Persönlichkeitsmerkmalen (z. B. Neurotizismus oder Extraversion), von der generellen und aktuellen Selbsteinschätzung.

3.8 Aktivität, körperliche und geistige Betätigung, ökologische Gerontologie

»Alten Menschen bleiben ihre Geistesgaben erhalten, wenn ihnen nur ihr Eifer und ihr Fleiß erhalten bleibt, und das gilt nicht nur bei berühmten und geehrten Persönlichkeiten, sondern auch im ruhigen, privaten Leben.« (7, 22 S. 41).
Diese Aussage favorisiert Aktivität: Eifer und Fleiß, d. h. aktiv bleiben, bedeutet mehr ›Erfolg‹ und Wohlbefinden im Alter. Überdies: wenn alte Menschen in der *Performanz, im aktiven Handlungsvollzug ihres Tuns bleiben,* wird vieles wie selbstverständlich möglich. Es *»liegt an dem Leben, das ich führe. Denn wenn man immer in diesen Beschäftigungen und Arbeiten lebt, dann merkt man gar nicht, wenn das Alter unvermerkt herankommt. So allmählich, ohne dass man es spürt, geht das Leben in das Alter über (sine sensu aetas senescit) und bricht nicht plötzlich ab, sondern erlischt durch seine lange Dauer« (11, 38 S. 59).* Wenngleich der geschilderte Verlauf in dieser Einfachheit nicht durchgängig stimmt, gibt es doch Hinweise darauf, dass sich eine aktive selbstbestimmte Auseinandersetzung mit neuen Herausforderungen im Alter positiv auswirkt in dem Sinne, dass die Veränderungsprozesse, die mit bewältigten Belastungen/Lebensereignissen einhergehen, als explorativ (und nicht als resignativ) erlebt werden (vgl. *Saup* 1998). Die Lebensereignisse werden demnach so erlebt und gehandhabt, dass sie als Entwicklungs- und Wachstumschancen genutzt werden können. Die konkrete *Performanz*, Bewegung, Handeln, Tun (*Petzold, Engemann, Zachert* 2004) ist gerade für alte Menschen wichtig, weil in ihr das »fungierende Gedächtnis« und die »Wahrnehmungs-Handlungs-Verschränkungen« optimal trainiert bleiben sowie weiterhin durch »multiple Stimulierung« und »Bewegungsaktivierung« geistiges *und* körperliches, eigenschöpferisches und kommunikatives Tun (*Petzold* 1988f, g, h) gefördert, erhalten und entfaltet werden. Ak-

tiv-sein meint bei *Cicero* einerseits ›geistige Aktivität‹, und dass diese höchst nützlich und geistige Reizarmut schädlich ist, das wird wohl niemand widerlegen wollen und können. Es sind bei ihm damit aber keineswegs andere Aktivitäten, soziale und leibliche beispielsweise, in den Hintergrund gerückt, denn anderseits ist für ihn körperliches Tun bis ins Alter eine wesentliche Qualität, eine Auffassung, die von der sportgerontologischen, der psychomotorischen und bewegungstherapeutischen Forschung vollauf geteilt wird (*Lehr* 1978, 1979b; *Petzold* 1997t). Es gibt in der Tat keine bessere Geroprophylaxe als körperliche Aktivität, sei es sportive oder sei es eine gesunde körperliche Arbeit. *Cicero* erinnert an all die »*Senatoren, das heißt betagte Männer (id est senes)*«, die auf ihren Landsitzen arbeiten, »vom Pflügen« in ein politisches Amt berufen wurden. Er spricht »*von den Freuden das Ackerbaus, an denen ich unglaubliches Vergnügen finde; sie werden einerseits in keiner Weise durch das Alter behindert und kommen andererseits, wie mir scheint, dem Leben eines Weisen am nächsten*« *(15, 51 S. 73)* – so auch *Musonius*, der Lehrer des *Epiktet* (Diatriben 11, ed. *Nickel* 1994, 470f): »Ist nicht das Pflanzen von Bäumen etwas Schönes und das Pflügen des Ackers oder das Pflegen der Reben? ... Mir persönlich aber ist bei allen Arbeiten des Landmannes besonders lieb, daß die Seele bei ihnen eine besondere Muße hat, über etwas nachzudenken und über Dinge zu sinnen ... solche Arbeiten, die den Körper nicht überanstrengen, hindern die Seele nicht, sich den höheren Dingen zuzuwenden ... Wenn einer nun zugleich ein Freund der Weisheit und ein Landmann ist, dann läßt sich kein anderes Leben mit seinem vergleichen ...«. Die Naturerfahrung, die Arbeit in der Natur sind für den alten Mann zusammen mit »seiner Bildung ein schöner Schutzschild in seiner Seele« (*Musonius*, ibid. 514) gegen die Unbilden des Alters. Deshalb ist das »*Alter dieser Männer, die sich des Ackerbaus erfreuten, nicht beklagenswert. Nach meiner Auffassung kann es jedenfalls kaum etwas Beglückenderes geben*« *(16, 51 S. 79)*, meint *Cicero*. Die Sozialgerontologie hat seit den siebziger Jahren mit den Arbeiten von *M. P. Lawton, J.F. Wholwill* und anderen die »ökologische Perspektive« entdeckt, aus der sich mit Bezug auf *Lewin, Bronfenbrenner, Gibson* u.a. (*Heft* 2001) die »ökologische Gerontologie« entwickelte (*Saup* 1993) und wir für die interventive Seite Ansätze mikroökologischer Interventionen (*Petzold, Zander*

1985, dieses Werk) und einer »Ökopsychosomatik« erarbeiteten (*Petzold, Orth* 1998), in denen wir die heilende Kraft der Landschaft durch Wanderungen und Land- und Gartenarbeit zu nutzen suchen. Cicero berichtet von dem hundertjährigen M. *Valerius Corvinius,* der »*noch auf seinem Landsitz lebte und ihn bewirtschaftete*«. Die von »*eigener Hand gepflanzten Bäume*«, die »*süßen Düfte, die die Blumen verströmen*«, die man gesetzt hat, erfüllen den Menschen mit Zufriedenheit und Glück. »*Dieses Glück zu genießen steht alten Menschen also frei, und unsere Jahre hindern uns nicht, bis zu der letzten Zeit des Alters am Eifer für die übrigen Dinge und vor allem für den Ackerbau festzuhalten*« *(17, 60 S. 83).* In einer Zeit, unserer Zeit, wo viele junge Menschen das Land verlassen oder verlassen haben, in Frankreich und Italien ganze Landstriche sich entvölkert haben und weiter entvölkern – nur wenige Alte bleiben zurück, in Deutschland bahnen sich ähnliche Entwicklungen an –, geschieht es sehr wohl, was Bevölkerungsforscher feststellen und *Schirrmacher* (2004, 19) zusammenfasst: »Die Natur kehrt zurück, wenn der Mensch geht.« Die immensen Zahlen der Rentner, mit denen wir in allernächster Zeit zu rechnen haben, »rüstige Rentner« überwiegend, von denen viele die Natur lieben, und Junge, die entdecken, dass Natur und die Arbeit auf dem Land ihre Schönheiten hat, könnten durchaus zu einer kleinen, aber stetigen Umkehrbewegung führen: Wo die Natur wieder kommt, kommen auch Menschen wieder, Menschen, die *Natur wollen*, die das *Glück* entdecken, das Natur und Land bieten und von dem *Cicero* spricht – keineswegs in einem naiven *Rousseau*'schen Romantizismus, denn da wartet Arbeit, Landschaft braucht Pflege, sondern als eine Chance zu einem intensivierten Leben, in dem sich dann auch Alt und Jung zusammenfinden können. Eine neue, *gerontoökologische* Perspektive zeichnet sich hier ab, eine intergenerationale dazu. Staaten mühen sich mit Programmen der »*révitalisation*«, und es zeigen sich Erfolge, kleine, aber substantielle. Es gibt neue und alte Bauern, die »das Landleben neu erfinden« (*Lusseau* 1997) und man kann das als eine von vielen Möglichkeiten sehen, *menschlicher zu werden.*

4. Schlussbemerkungen

So ließen sich denn in diesem kleinen Büchlein *Ciceros* – wirklich eine Fundgrube für alle, die sich mit Alter und Alterswissenschaften befassen – noch viele weitere wichtige Stichworte und Passagen herausgreifen, die Anregungen und Denkanstöße sein können in der Auseinandersetzung mit dem Thema des Alters und der »Lebenkunst des Alterns« und mit seiner gesellschafts- und wissenschaftshistorischen Entwicklung sowie seiner brennenden Gegenwarts- und Zukunftsdimensionen. Sein Text kann *Wege* aufzeigen für ein sinn-volles und erfülltes Altern, *Wege* auch – weil viele seiner Einsichten und Erkenntnisse hochmodern sind – die auch für die auf uns zukommenden Zeiten einer *akzeleriert gerontotrophen Gesellschaft* Richtungen und Haltungen aufzeigen können. Cicero ist natürlich, blickt man auf seine Ausführungen, aus der Sicht moderner Gerontologie engagierter Vertreter einer *»aktivitätstheoretischen* Position« und befürwortet keine *»disengagementtheoretischen* Positionen« und auch keinen besinnlichen Rückzug. Damit steht er unter den antiken Autoren nicht allein. Aber es gibt auch andere prominente Philosophen, die eine weniger aktivitätsorientierte Auffassung vertreten. Exemplarisch sei *Seneca* mit seiner für diesen Kontext wichtigen Schrift »Über die Kürze des Lebens« zitiert, wo er die Menschen, die ihr Altern immer weiter hinausschieben und ihre Aktivitäten bis zum Sterbebett nicht aufgeben können, kritisiert. »Hören wirst du, wie sehr viele sagen: ›Vom fünfzigsten Lebensjahr an werde ich mich ins Privatleben zurückziehen, das sechzigste wird mich von allen gesellschaftlichen Verpflichtungen entbinden ... Wie spät ist es, dann mit dem Leben zu beginnen, wenn man es beenden muss? Welch törichtes Vergessen der Sterblichkeit ...‹« (*Seneca*, De brevitate vitae III,5). *Senecas* Warnungen sind durchaus auch und gerade in unserer schnelllebigen Zeit bedenkenswert:
»Die meisten haben eben diese Einstellung: für sie hält der dringende Wunsch nach Arbeit länger an als ihre Fähigkeit, sie zu tun. Sie kämpfen gegen die Schwäche ihres Körpers. Das Alter selbst halten sie aus keinem anderen Grund für beschwerlich, als weil es sie beiseite stellt. Das Gesetz hebt mit fünfzig Jahren niemanden mehr zum Soldaten aus, mit sechzig Jahren beruft es niemanden

mehr zum Senator: schwieriger ist es, dass die Menschen von sich selbst Muße erlangen als vom Gesetz. Indes, während sie fortgerissen werden und selbst hinwegreißen, während einer des anderen Ruhe stört, während sie sich gegenseitig bedauernswert finden, bleibt ihr Leben ohne Frucht, ohne Genuss, ohne alles Wachstum des Geistes« (*Seneca*, de brevitate vitae 20,4)

Ähliche Positionen vertritt er in seiner Schrift »de otio«, über die Muße, wenn er kritisch die Positionen gewisser Stoiker, also seiner eigenen Schule, referiert, die sagen: »Bis zum äußersten Ende des Lebens werden wir aktiv sein (in actu erimus), nicht aufhören werden wir, uns für das Gemeinwohl einzusetzen, den einzelnen zu helfen, sogar den Feinden, uns nach Kräften anzustrengen. Wir sind es, die keinem Alter freie Zeit geben, bei denen nichts müßig ist ... und nicht einmal der Tod mit Muße eintritt« (*Seneca*, de otio I, 4).

Mit einer solchen Haltung – so *Seneca* in seinem Werk »über die Seelenruhe« – kann keine »Festigkeit der Seele, die die Griechen Euthymia [Heiterkeit] nennen – ich nenne sie Seelenruhe [tranquillitatem uoco]«, gewonnen werden (*Seneca*, de tranquillitate animi II, 3). Das aber ist für ihn das höchste Ziel.

Bei *Cicero* finden sich natürlich auch besinnliche Züge, dennoch ist seine Einstellung deutlich von der *Senecas* unterschieden. In dieser Frage gab es damals wie heute unterschiedliche Positionen, und das liegt offenbar in der Sache und in der Verschiedenheit der Menschen begründet, und Aktivität und Rückzug sind eher als zwei Pole eines Spektrums zu sehen, auf dem sich Menschen unterschiedliche Positionen wählen konnten.

Nicht ohne Grund hatte *Cicero*, statt seine eigenen Haltungen und Meinungen zum Alter direkt kundzutun, diese einem anderen bedeutenden Römer in den Mund gelegt. Nebst politischen und literarisch-künstlerischen Gründen hat die Tatsache sicher eine Rolle gespielt, dass er mit *Marcus Porcius Cato* einen vierundachtzigjährigen Mann sprechen lässt, der bis zu seinem Tod (mit 85 Jahren) aktiv im Leben stehend, hohes Ansehen genoss und dessen Meinung deshalb mehr gelten sollte als diejenige eines 62-Jährigen *»Die ganze Darstellung aber habe ich nicht Tithonos in den Mund gelegt [...], sondern dem greisen M. Cato, damit die Rede desto bedeutungsvoller wirke.« (1, 3 S. 21).* Es bedarf also doch einer geachteten Autorität, wenn man jüngeren Menschen glaubhaft machen will, dass das Alter nicht so schlimm sei wie sein Ruf. Und: es bedarf eines erfolgreichen, weitgehend *gesunden* alten Menschen, der die Vorzüge und gewinnbringenden Aspekte des letzten Lebensabschnittes überzeugend vertreten soll. Damit umgeht *Cicero* natürliche einen nicht unwesentlichen Aspekt: den Einfluss körperlichen Einschränkungen auf Integrität, Gesundheit und Leistungsfähigkeit. Dass die körperlichen *Kräfte* schwinden – einer der vier »Anklagepunkte«, die er widerlegt –, ist ja noch keine *Krankheit*, sondern ein Umstand, den man, wie oben dargestellt, als »normale« Verlagerung von Kräften vielleicht noch leichter annehmen und kompensieren kann als der Verlust oder die schwere Beeinträchtigung ganzer körperlicher Funktionsbereiche. Aus der Warte des gesunden 84-jährigen Greises – und man muss annehmen, dass *Cato* keine ernsthaften gesundheitlichen Probleme hatte –, der weder an Alzheimer noch an einer andern degenerativen Krankheit leidet, kann das Alter durchaus angenehm dargestellt werden, können die Entwicklungschancen des hohen Erwachsenenalters sicher leichter erlebt und genutzt werden. Insofern gibt *Ciceros* Altersbild doch auch ein einseitiges Bild wieder – er hat hier einen ähnlich euphemistischen Akzent wie heute *Schirrmacher* mit seiner Idee eines »Methusalemkomplotts« fitter altgewordener Babyboomer. Auch wenn man davon ausgehen kann, dass, wer zu *Ciceros* Zeiten alt wurde, eher als heute auch über eine robuste Gesundheit verfügte, weil viele Leiden und schwere Krankheiten einfach früher zum Tod führten, so gab es sicher auch damals schon leidende alte Menschen, die nicht nur aus Griesgram und Willensschwäche kein sehr erstrebenswertes Leben mehr führen konnten, sondern unter derart widrigen Umständen ihr Leben zu fristen hatten, dass sie allen Grund zur Klage hatten. Für viele der weniger Wohlhabenden hatte das gegolten.

Ein weiterer Aspekt, der zur Zeit *Ciceros* kein Thema war, das sonderliche Beachtung gefunden hätte, hinterlässt auch in diesem Werk keine Spuren: Frauen im Alter. Die *Genderfrage* ›gab es noch nicht‹, und so taucht in diesem fiktiven Gespräch die Frau höchstens indirekt angedeutet als Objekt (früheren) Verlangens auf. Wie hoch ihr Ansehen war im Vergleich zu dem des römischen Mannes, mit welchen Mitteln die Frauen sich ein Leben in Zufriedenheit auch im Alter erarbeiten konnten, bleibt bei *Cicero* im Dunkeln, einmal abgesehen davon, dass die Bedeutungslosigkeit durch ihre Nicht-Erwähnung natürlich bereits unterstrichen wird. Die Tugenden, von denen *Cicero* (als *Cato*) spricht, deren Pflege eine natürliche Widerstandsfähigkeit gegen die Klagen des Alters sein sollen, werden stillschweigend dem Manne zugeschrieben bzw. ihm abverlangt. Ein »gemeinsames Altwerden«, dafür finden wir bei *Cicero* und vielen Denkern seiner Zeit und Kultur keine Perspektiven.

Aber es gibt auch Ausnahmen: In *Platos* staatspolitischen Utopien vertritt dieser die Gleichberechtigung der Frauen (Politeia 5, 451cff). Er sieht auch das Streben nach Tugend als höchsteAufgabe: » ... ungeachtet dessen, ob einer unserer Bürger *männlichen oder weiblichen Geschlechts* ist, ob jung oder alt ... auf eben dieses genannte Ziel muss das ganze Streben des gesamten Lebens gerichtet sein« (Nomoi 6, 770c-d, unsere Hervorhebung). Ganz entgegen der Realität in seiner Heimatstadt Athen, in der die Alten und die Frauen eher eine marginalisierte Rolle spielten (*Baltrusch* 2003), weist Platon ihnen in seinem utopischen Idealstaat (*Demant* 2000) einen Ehrenrang zu. Auch *Seneca* hatte Frauen gegenüber eine offene Haltung und der römische, griechisch schreibende stoische Philosoph *Musonius* (ca. 30–108 n. Chr.), ein Mann von außerordentlicher Zivilcourage, der Leben und Lehre überzeugend zusammenbrachte, vertrat in ungewöhnlicher Weise frauen-, familien- und kinderfreundliche Positionen – z. B. dass man Söhne und Töchter in gleicher Weise erziehen solle (Diatriben 4, *Nickel* 1994, 413).

So schreibt er:»Niemand aber dürfte wohl eine Gemeinschaft finden, die notwendiger und liebevoller wäre als die zwischen Mann und Frau« (Diatriben 14, *Nickel* 1994, 490). In dieser Gemeinschaft werden Kinder aufgezogen und wird man alt, in einem »gegenseitigen Treueverhältnis, wo beide durch ihr Zusammenleben wetteifern, dies vollkommen zu verwirklichen, einander in Liebe zu überbieten« (ibid. 484). Und so können und sollen Frauen in gleichem Rang philosophieren: »Die Frauen haben von den Göttern die selbe Vernunft wie die Männer ... das gleiche Vermögen zu urteilen ... von Natur ein Verlangen und innere Verwandtschaft zur Tugend wie die Männer ... Wenn dem so ist, warum sollten nur die Männer das Recht haben, danach zu suchen, wie ein sittliches Leben, was gleichbedeutend mit Philosophie ist, zu führen sei, und die Frauen nicht?« (ibid. 407).

Mit *Musonius* kann all das, was *Cicero* über das Alter, die »Lebenskunst des Alterns« schreibt, auch für die Frau gelten. Heute – in einer zumindest in bestimmten Bereichen allmählich *genderbewussteren Gerontologie* – kann man sich von den klassischen Quellen wenig erwarten und muss, gerade weil Traditionslinien fehlen, an denen man sich orientieren könnte, in umso intensiverer Weise auf die Entwicklung genderspezifischer Konzepte und Praxeologien achten und sich besonders auch mit der Situation alternder, alter und hochbetagter Frauen – ihrer Lebenslage, Stigmatisierung (*Bazzini* et al. 1997), Armut, langen Witwenschaft usw. – befassen (*Coyle* 1997), die trotz der Pionierarbeit von *Simone de Beauvoir* (1970) immer noch in sehr unbefriedigender Weise behandelt wird.

Das Thema Alter ist schon »alt«, um nicht zu sagen unsterblich. Seit und solange Menschen leben und sterben, haben sie sich – mehr oder weniger intensiv – damit zu befassen, haben sich die Frage zu stellen, ob es wünschenswert oder beklagenswert sei, alt zu werden. Zwischen diesen beiden Polen kann ein Individuum in seinem Erleben, abhängig von subjektivem Wohlbefinden in der aktuellen Lebenssituation, kann aber auch eine ganze Gesellschaft mit ihren Werten und Gesetzen hin und her pendeln. Entgegen einer weitverbreiteten Alltagstheorie hat es aber wohl weder eine Zeit der vollumfänglichen Hochachtung des Alters gegeben, noch eine, die durchwegs altersfeindlich gesinnt war, sondern stets müssen beide Sichtweisen vorhanden gewesen sein, mag auch das Altersbild, kulturgeschichtlich gesehen, im Laufe der Zeit von dem einen oder anderen Schwerpunkt dominiert worden sein, der eine oder andere Aspekt von einer bestimmten Gesellschaft (und damit Wertegemeinschaft) herausgestrichen worden sein. Doch zu allen Zeiten konnte man den Blick, je nachdem, was gerade zu beweisen war, auf die rüstigen, leistungsfähigen, erfolgreichen, gut angepassten alten MitbürgerInnen richten oder aber auf die geschwächten, unzufriedenen, abhängigen, verachteten; und es hat gewiss zu allen Zeiten von beiden Sorten welche gegeben. Was dieses Thema so aktuell hält, ist also wohl die vielbesagte Janusköpfigkeit des Gegenstandes, welche zu einem dialektischen Diskurs zwingt. Fragen diese Art, die nie endgültig beantwortet werden können, die von vielen objektiven und subjektiven Variablen abhängen, die man immer von der einen oder der anderen Seite her betrachten kann, sind für die Menschen, die gerne Sicherheit und Klarheit haben, eine stetige Heraus- oder sogar Überforderung. Hinzunehmen, dass das Alter reich **und** beschwerlich, gewinnbringend **und** verlustreich sein kann, Traurigkeit **und** Lebensfreude bringt, dem einen mehr davon, der andern mehr vom andern, das ist nicht so leicht. Das »Hinnehmen« von gegebenen Tatsachen – besonders wenn sie unangenehm sind – war nie des Menschen Stärke, schon gar nicht die des aufgeklärten modernen homo sapiens, der heute mehr denn je Einfluss auf sein Leben und seine Lebensumstände zu haben scheint.

Wäre das Alter eine in der menschlichen Gesellschaft eindeutig positiv bewertete Angelegenheit, wäre weder diese Schrift *Cicero*s noch viele der zeitgenössischen Bestrebungen zur Aufwertung oder Entstigmatisierung dieses Lebensabschnittes nötig. M. a. W.: auch *Cicero*s Arbeit ist eine Bestätigung dafür, dass die positiven Seiten des Alters nicht einfach auf der Hand liegen, sondern wir sie uns zusammensuchen müssen bzw. uns erst jemand davon überzeugen muss, dass es sie gibt. *Cicero* hat dafür mit seiner Schrift sicher einen erfolgreichen und noch heute aktuellen und lesenswerten Versuch unternommen.

Zusammenfassend könnte man sagen, dass *Cicero* in diesem Werk wertvolle Überlegungen und Anregungen zusammengetragen hat, die einem »erfolgreichen Altern« – nach heutiger Definition – entsprechen und ihm zuträglich sind, die ihn die Lebensphase ›Alter‹ in eine Weise beschreiben lassen, die Kenntnis über unsere neuesten Forschungsergebnisse vermuten lassen könnte, wobei heutige Forschung ihm die ›Nachweise‹ liefert, um die er noch nicht wußte und die er wohl auch nicht brauchte, weil er auf gute Argumente baute. Er entwirft eine »*Lebenskunst des Alterns*«, die von der Vision und Ausrichtung her Orientierungen bietet, von denen man in der »modernen« sozialgerontologischen Literatur wenig finden, für diese also durchaus eine Bereicherung darstellen. Dennoch sind wir natürlich nicht der Ansicht, dass unsere ganzen Bestrebungen, das Alter wissenschaftlich zu erfassen und zu erklären, deshalb bereits obsolet wären im Sinne von: »hat man alles schon vor 2000 Jahre gewusst«. Denn zum einen muss man heute bereits davon ausgehen, dass ›das Alter‹ nicht mehr nur *eine* Lebensphase ist, sondern dass mindestens eine weitere Phase hinzugekommen ist: die Hochaltrigkeit. Dies und die doch dramatisch veränderten alltagssprak-

tischen und familiären Lebensumstände werfen natürlich Fragen auf, auf welche *Cicero* noch keine Antwort zu geben vermochte und auf die wir sicherlich keine einfachen Antworten finden werden. Das Thema wird uns auch über die künftige Menschheitsgeschichte hin in Forschung, Theorienbildung, Praxeologie und gesellschaftspolitischem Handeln auf allen Ebenen beschäftigen – auf der Ebene der politischen Entscheidungsträger und auf der Ebene der verantwortlichen Bürger und Bürgerinnen jeden Alters in jedem Gemeinwesens, denn es betrifft *jeden alternden Menschen*. Die Auseinandersetzung mit diesem Thema bietet Menschen, Frauen und Männern, die Chance, ihre Prozesse des Alterns selbst in die Hand zu nehmen, denn:
»*Wir selbst bestimmen* letztlich für uns als Einzelne und für uns als Gesellschaft, *was* Alter ist und *wie* unser Altern sein wird: eine Zeit verdüsterten Rückzugs oder kokreativer Lebensgestaltung, des Verlusts von Fähigkeiten oder des weiteren Wachsens von Kompetenzen, nicht zuletzt der *intergenerationalen Kompetenz*, das Miteinander von Alt und Jung zu gestalten.« (*Petzold* 1971)
Wir haben es also in großem Maße selbst in der Hand, zu einer *persönlichen Lebenskunst* zu finden, zu einem – hoffentlich – »*glücklichen Leben*« (*Seneca*), zu einer »*Freude an sich selbst*« (*Foucault*).
Mit *Cicero* möchten wir diesen Text abschließen:
»*Haec habui de senectute quae dicerem, ad quam utinam perveniatis, ut ea, quae ex me audistis, re experti probare possitis! – Das war es, was ich über das Alter zu sagen hätte; möget ihr zu ihm gelangen, damit ihr das, was ihr von mir gehört habt, durch die Erfahrung der Wirklichkeit gutheißen könnt*« (*de senectute 22, 85, S. 110*).

---

[1] »Durch graue Haare und Falten kann man sich nicht unversehens Achtung verschaffen, sondern durch ehrenvolles Handeln in früheren Lebenszeiten erntet man am Ende die Früchte der Achtung« (*hpü*) Alle Seitenangaben und Zitate beziehen sich auf die zweisprachige Reclam-Ausgabe des Werkes von *Cicero*, herausgegeben und übersetzt von *Harald Merklin* (1998). Sofern nicht anders angegeben (*hpü*), wird dieser Übersetzung gefolgt.

Angewandte Gerontologie
als Bewältigungshilfe für das Altwerden, das Alter und im Alter[1]

Die Gerontologie ist derzeit [1965][2] eine Wissenschaft, die sich lange vornehmlich mit medizinischen Fragen des Alterns befasst hat. Auch die Untersuchungen im gerontologischen Kontext sind eher einem naturwissenschaftlichen Forschungsideal verbunden. In der Thanatologie wiederum wird allenfalls noch über den Tod philosophiert. Der alte Mensch und der Sterbende als Person werden nicht gesehen. Wir haben es in der Gerontologie mit einer subjektlosen Disziplin zu tun, die Forschungs-»Gegenstände« untersucht und beschreibt – eine *gérontologie descriptive*. Es wird höchste Zeit, dass ihr eine handlungsbezogene Dimension beigegeben wird, eine *gérontologie appliquée*, die den Betroffenen zugute kommt; denn was soll Forschung, wenn sie nicht Forschung für Menschen ist, wenn sie Daten produziert, die niemandem unmittelbar zugute kommen. Forschungen sollen uns vielmehr Materialien bereitstellen, die uns zum Handeln befähigen. Das Wissen über das Altern und über alte Menschen muss umsetzungsfähige Formen finden, und derartige Interventionen müssen selbst wiederum beforscht werden, um sie in ihrer Wirksamkeit und ihren Auswirkungen zu überprüfen, und zwar nicht im Labor, sondern in der Lebenswirklichkeit und unter Beteiligung der Beforschten.

Warum aber gerade die alten Menschen, die Prozesse ihres persönlichen Alternsschicksals in den Blick nehmen? Warum das Sterben, den Tod? Weil dies Bereiche sind, die in Vergessenheit geraten sind. Die *ars moriendi* ist verschwunden. Der Tod wird totgeschwiegen. Über das Alter spricht man nicht. Alt sein ist ein Makel, und doch – es ist ein Teil unseres Gesamtlebens, von dem sich niemand befreien kann. Das Altern betrifft uns alle. Den Tod erleiden wir alle. Deshalb hilft es nicht, die Augen zu verschließen und die Entscheidungen zum Handeln zu verschieben, denn wenn wir den Fakten des Alterns in die Augen sehen *müssen*, sind wir meistens zum Handeln zu alt oder zu krank oder zu schwach, und wir sind umgeben von Menschen, den »Jungen«, die nicht sehen wollen

und nicht handeln wollen, *und wir werden allein dastehen.* Die Einsamkeit des Alters ist etwas Neues, ein Produkt der modernen Industriegesellschaften, ein Ergebnis von Kleinfamilien, eine Auswirkung der *Verleugnung* des letzten Lebensabschnittes und seiner *conditions inhumaines.*
Entscheidend kommt noch hinzu, dass wir nicht mehr gelernt haben, wie man altert, dass wir deshalb erneut lernen müssen, wie man alt wird, mit dem Alter umgeht. In Würde sterben zu können war ohnehin für die Menschen von jeher eine Lebensaufgabe. Ihr auszuweichen führt in eine unausweichliche Situation, eine Situation, auf die man nicht vorbereitet ist.
In einer »angewandten Gerontologie« werden Teildisziplinen entstehen müssen, die die vielfältigen Aufgaben, die mit dem Abschluss des Lebenskontinuums verbunden sind, in Angriff nehmen. Es werden neue Aufgaben in Medizin, Pädagogik, Psychoanalyse bzw. Psychotherapie und Sozialarbeit notwendig. In der Zukunft, in zwanzig oder dreißig Jahren, wird dem ganzen Bereich der Arbeit mit alten Menschen eine Bedeutung zukommen, die heute überhaupt noch nicht richtig eingeschätzt wird. Die Verkürzung der Lebensarbeitszeit, die zunehmende Langlebigkeit, der wachsende Freiraum durch den frühen Auszug der Kinder, das wachsende Selbstbewusstsein alter Menschen wird *Alternswissenschaften* notwendig machen, die Handlungsmodelle für die Praxis bereitstellen. Dabei wird eine interdisziplinäre, mehrperspektivische Vorgehensweise erforderlich werden, weil die ganze Breite menschlicher Lebensvielfalt in ihrem Sinn-Gehalt erfasst werden muss. Medizin und Psychologie, Soziologie und Pädagogik, Philosophie und Theologie werden zusammenarbeiten müssen, um zu einem angemessenen Verständnis von Altern und Alter, Sterben und Tod zu kommen. Letztlich geht es um eine anthropologische Bestimmung dieser Dimension, denn ohne eine solche erhält praktisches Handeln keine Zielrichtung.
Angewandte Gerontologie und auch *Thanatologie* dürfen nicht nur als Bewältigungshilfen wirksam werden. Sie dürfen nicht nur dazu dienen, Lebenszusammenhänge, die funktionsunfähig geworden sind, wie z. B. Familien und Nachbarschaften, durch die Dienste von Fachleuten zu ersetzen. Sie müssen dazu beitragen, dass alte und junge Menschen zu einer neuen Standortbestimmung finden,

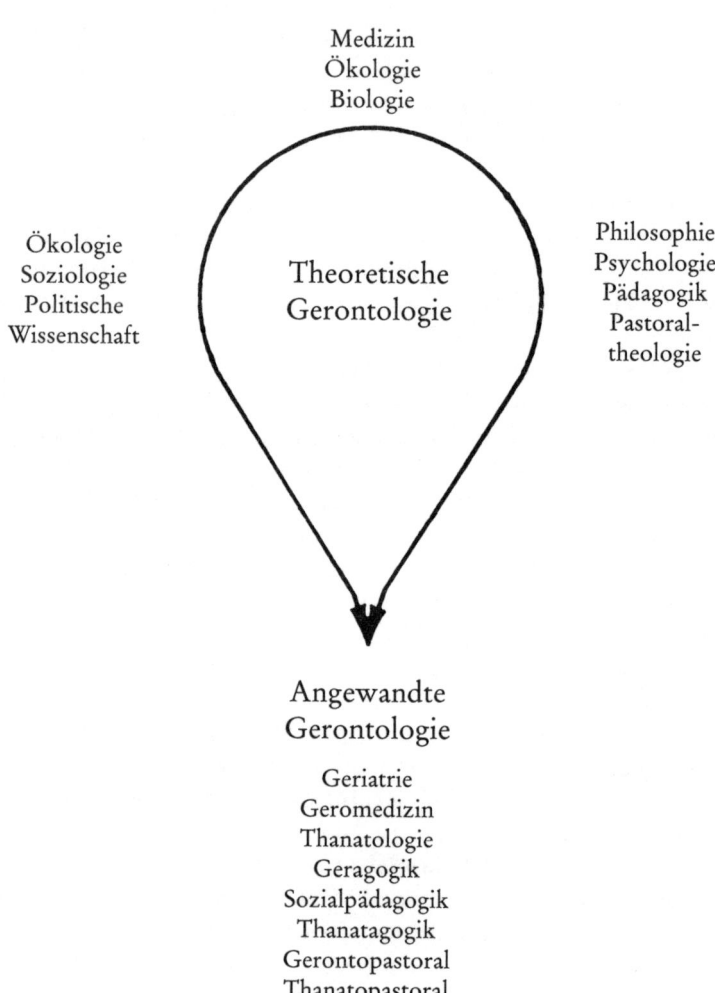

Abb.: Angewandte Gerontologie – ein integrativer, biopsychosozialer Ansatz

zu einer Neuinterpretation von Altern, Sterben und Tod in einer Zeit, in der die tradierten Interpretationen und Sinnzusammenhänge zunehmend an Tragfähigkeit verlieren, sinnlos werden und einen leeren Raum hinterlassen. Dieser wird zu leicht mit Werten aus der Welt der Jungen gefüllt, so dass der Raum des Alters, obwohl er sich heutzutage länger ausdehnt als je zuvor, beschnitten wird. Der verbleibende Rest wird häufig mit negativen Klischees gefüllt. Die *angewandten Alternswissenschaften* müssen über den Aspekt der Linderung hinaus Hilfen zur Zielfindung für diesen Lebensabschnitt geben, *Spielräume* für Kreativität und Selbstentfaltung bereitstellen, damit die Segnungen der Alterssicherung, die unsere Sozialstaaten bereitstellen, und die damit gegebenen Chancen für einen fruchtbaren lebendigen Lebensabschnitt genutzt werden können. Das Alter könnte auf diese Weise eine im wirklichen Sinne *humane Lebenssituation* werden im Kontrast zu den unwürdigen Lebensumständen, die wir allenthalben vorfinden und die geradezu nach einer Humanisierung des Alters verlangen. Unsere Vorstellungen über das Altern gehen natürlich in unsere Arbeit mit alten Menschen ein, und insofern ist es sinnvoll, wenn man sich seine eigenen Konzepte deutlich macht. Wir sehen das *Altern als einen hochkomplexen Prozess der Veränderung über die Lebenszeit hin auf der biologischen, psychischen, sozialen, ökologischen und geistigen Ebene*. Diese Ebenen sind für jedes Individuum und jeden Kontext anders gewichtet. Sie haben eine subjektive Dimension von seiten des Alternden selbst, der sich als alt, noch nicht alt oder gar jung erlebt, und sie haben eine subjektive Seite von möglichen Betrachtern her, die jemanden als alt einstufen, was sehr häufig wiederum dessen Sicht beeinflusst, und wir haben eine quasiobjektive Sicht. In einem gewissen Maße ist es das chronologische Alter, jedoch auch dieses wird sozial bewertet und subjektiv erlebt. Das biologische Alter, wie es *Lecomte du Noye* durch die *cicatriazation* einer Wunde bestimmen wollte oder *Benjamin* und *Murray* durch physiologische Parameter, ist auch nur quasiobjektiv, weil auch Blutdruck, Muskelkraft, Sehfähigkeit von dem Kontext des jeweiligen Menschen abhängig sind, vom »Lebensraum« im Sinne *Lewins,* von den sozialen Interaktionen wie von den Wohnbedingungen. Und sicherlich sind auch genetische Einflussgrößen anzunehmen. Wenn der Alternsprozess in der skizzierten Komplexität und Spezifität gesehen wird, ist damit für eine angewandte Gerontologie schon viel gewonnen. Sie muss mehrdimensional handeln, interdisziplinär kooperieren und höchst individualisierte Betreuungsmaßnahmen praktizieren. Sie muss vor allen Dingen die Alternskonzepte des jeweiligen Menschen und der jeweiligen Zielgruppe sorgfältig explorieren, um sie entsprechend einzubeziehen, gegebenenfalls unter Modifikation eigener Konzeptionen. Das Bestimmen des eigenen Standortes indes ist trotz aller Vielfältigkeit möglicher Standorte eine Grundbedingung, denn damit wird ein Referenzpunkt gegeben und eine Möglichkeit zur Entscheidung von Zielen, die über situative Determiniertheit hinaus greifen kann. Zwar ist es wahr, wie Rosalind in »As you like it« (Akt III, Sc. 2, 305–306) sagt: »time travels in diverse paces with diverse persons«; aber gerade das eröffnet auch die Möglichkeit, die Qualität »erlebter Zeit«, erlebten Alterns zu ändern und zur Veränderung des gelebten Alters beizutragen.

Von unterschiedlicher Seite her haben *Sartre* und *Marcel* die kreative Handlungsfähigkeit des Menschen hervorgehoben, seine Ausrichtung auf das, was er tut und was er denkt, und damit seine Möglichkeit, das Leben, das durch memorierte Vergangenheit und imaginierte Zukunft sowie durch persönliche und soziale Einflüsse bestimmt wird, zu strukturieren. Wenn man diese Zusammenhänge erkennt und umsetzen kann, wird man nicht nur vom Alter bestimmt, sondern man hat die Chance, zumindest *sein* Alter zu bestimmen. Wenn auch die Vision von der »Potentialität des Alters« oftmals von den Fakten der »Depotenzierung im Alter« kontrastiert wird, so kann diese Vision dennoch einen positiven Horizont eröffnen, solange sie nicht als verpflichtende Norm alten Menschen ohne Berücksichtigung ihrer Situation aufgezwungen wird. Das Alter als die Schlussphase des Lebens bietet die Möglichkeit, die im Leben erfahrene Fülle und Vielfalt auszuwerten, zusammenzufassen und zu integrieren. Die Vielfalt der Ereignisse, Informationen, emotionalen Erfahrungen bietet die Möglichkeit, ein Gefühl des Zusammenhanges, der Befriedigung, des *Sinnes* zu erlangen, ein vertieftes Verstehen seiner selbst und des Lebens – nicht als umfassendes philosophisches Elaborat, sondern als persönliche Synthese eines gelebten Lebens. Insofern ist Alter auch eine Zeit des Wachstums, in der noch einmal eine erfüllende und befriedigende Lebenszeit gelebt werden kann, die eine gute Basis für die unvermeidlichen Akte des Abschiednehmens und Loslassens gibt, die uns das hohe Senium und die damit unausweichlich eintretenden Verluste, und die uns der ultimative Verlust des Lebens abverlangt.

Die Lebenssituation alter Menschen steht nicht nur unter der Bedrohung des biologischen Verfalls, des physischen Kräfteabbaus, der cerebralen Abbauerscheinungen. Sie steht unter der Bedrohung von zwei mächtigen Feinden, wenn wir die Phänomene des Alterns unter psychologischer und soziologischer Perspektive betrachten.

Der *»Feind von außen«:* Es sind dies die gesellschaftlichen Kräfte, die dem alten Menschen den Lebensraum wegnehmen: ihn in den Ruhestand versetzen – erzwungenermaßen; die ihm sagen, du bist alt, krank, leistungsunfähig; die ihm die Arbeit wegnehmen, die ihn aus der Gemeinschaft der Jungen ausschließen, die ihn betulich infantilisieren, die ihm in kustodialen Institutionen Freiheit, Würde und Selbstbestimmtheit rauben. Der alte Mensch wird ein »Rentenempfänger«, und das ist vom Almosenempfänger nicht weit entfernt. Er hat nichts mehr zu melden, ist »altes Eisen«.

Der *»Feind von innen«:* Das sind die Selbstbilder, die der alte Mensch von sich hat, dass er kränklich sei, zu nichts mehr tauge, wohlverdiente Ruhe genießen solle, dass er zurückgezogen, schwarz angezogen, möglichst lautlos leben solle. Dies sind Klischees, die er in sich aufgenommen hat, als er noch jung war, Haltungen, die er als junger Mensch Alten gegenüber praktiziert hatte und die er nun auf sich selbst anwendet. Die negativen Altersselbstbilder der alten Menschen sind ein mächtiger Feind, der ein guter Verbündeter für den »Feind von außen« ist. Beide verstärken sich wechselseitig. Diese beiden Feinde machen die Arbeit mit alten Menschen außerordentlich schwierig, und sie erfordern, dass man nicht nur mit äußeren Hilfen z. B. materieller Art oder durch Aktivitätsangebote eingreift. Es können solche Hilfen durch den »Feind von innen«, die negativen Selbstbilder, häufig gar nicht genutzt werden. Die persönliche Einstellung, ja vielleicht die Persönlichkeitsstruktur, des alten Menschen muss verändert werden, damit er sich gegen die negativen Zuweisungen abgrenzen kann. Es zeigen diese Überlegungen nämlich nur allzu deutlich, dass die negativen Aspekte des Alterns *sozial verursacht* sind. Viele der schon aufgezählten Altersbeschwerden, bis hin zu körperlicher Immobilität und physischem Abbau, müssen als das Resultat komplexer sozialer Restriktionen angesehen werden, die über *die ganze Lebenszeit* eines Menschen schon wirksam gewesen sind. Letztlich bedeutet das, dass wir in unserer Gesellschaft die Einstellung zum Alter und zum alten Menschen gründlich revidieren müssen, so dass gar nicht erst ein

Feind von innen aufgebaut wird, sondern dass positive Leitbilder verinnerlicht werden, dass wir »innere Beistände« für die Situationen des Alterns und auch des Sterbens entwickeln. Deshalb müssen die Interventionen einer *angewandten Gerontologie* und *Thanatologie* schon in Kindheit und Jugend, schon in Elternhaus und Schule einsetzen, damit man auf die letzte Lebensstrecke im Verlaufe des Lebens vorbereitet wird und die Maßnahmen nicht erst im letzten Abschnitt einsetzen, wo sie nur noch mäßig wirksam werden können. Es gilt: »jung geübt, alt gekonnt.«
Die gängigen Maßnahmen der Altenhilfe sind *reparativer* Art. Sie versuchen, Schäden zu mindern. Im besten Falle sind sie *konservierender* Art, sie versuchen, Bestehendes zu erhalten. *Evolutive* Maßnahmen aber, die eine Entfaltung und Bereicherung des Lebens böten, findet man in der Arbeit mit alten Menschen nicht. Für eine »angewandte Gerontologie« wäre über das reparative Moment hinaus als Ziel zu formulieren, den alten Menschen *Lebenserhaltung und Lebensgestaltung im Lebenszusammenhang und Lebenskontinuum* zu ermöglichen. Dieses Ziel hat für das Altern bis in die Sterbesituation hinein Gültigkeit.
Aus anthropologischer Sicht und aus einer ethischen Position heraus können wir *übergreifende Ziele* für die Arbeit mit alten Menschen, mit Siechen und Sterbenden formulieren. Sie ermöglichen es, zu einer je spezifischen Beurteilung und Bewertung der Lebenssituation alter Menschen zu gelangen, denn diese stellt uns die Aufgaben, die bewältigt werden müssen, gibt uns *praktische Zielsetzungen,* die immer wieder sehr genau durch Situationsanalysen erarbeitet werden müssen. Wegen der Wichtigkeit übergeordneter Ziele seien einige grundlegende Zieldimensionen aufgezählt.
Intersubjektivität. Menschliche Subjektivität konstituiert sich durch die wechselseitige Zuerkennung von Würde, durch die Wertschätzung des anderen als Subjekt, als Mit-Subjekt. Wir sind Menschen immer nur als Mitmenschen, und wo unsere persönliche Subjekthaftigkeit gemindert, reduziert, zerstört wird, wo wir zu Objekten werden, verlieren wir unsere Menschlichkeit. Alten Menschen wird immer wieder die Würde genommen. Sie werden verdinglicht, nicht auf gleicher Ebene ernst genommen. Der dauernde Entzug von Intersubjektivität führt schließlich dazu, dass sie sich selbst objektivieren. Arbeit mit alten Menschen muss deshalb intersubjektive

Qualität haben, und wo diese verloren gegangen ist, muss sie wieder ermöglicht werden.
Persönlichkeitsverwirklichung. Es ist das Ziel des menschlichen Lebens, sich selbst im Lebensganzen verstehen zu lernen, und das bedeutet auch, die Welt und die Mitmenschen in persönlicher Weise zu begreifen. Es ist dies das Programm abendländischer Geistesgeschichte: »Werde, der du bist!« – »Mensch, erkenne dich selbst!« Die Informationen des Lebens strömen in der Regel in einer solchen Fülle über die gesamte Lebenszeit auf den Menschen ein, dass das Alter eine notwendige Phase der Verarbeitung und damit auch noch des Wachstums wird, deren Ziel eine *prägnante persönliche Identität* ist. Wachstum wird nur möglich, wenn nicht nur ständig aufgenommen wird, sondern auch Zeit besteht, das Aufgenommene zu assimilieren, wenn auf den Kontakt auch eine Phase der Ruhe und Verarbeitung folgt. Deshalb geht es auch in der Altenarbeit nicht nur darum, Wachstum zu fördern und Wachstumshemmnisse zu beseitigen, sondern auch darum, dass der alte Mensch die Dynamik, den Prozess seines eigenen Wachstums erfährt und eigenverantwortlich in die Hand nimmt. Maßnahmen angewandter Gerontologie müssen sich diesen Zielen »angewandter Anthropologie« verpflichtet fühlen. Ihre ethischen Grundlagen sind in der Gewährleistung von Intersubjektivität und der Integrität des Subjekts zu sehen. Praktische Maßnahmen haben nur Sinn, wenn sie an diesen ethischen Zielsetzungen ausgerichtet sind.
Wie müssen nun die Ansätze und Aufgaben einer *angewandten Alternswissenschaft* aussehen? Diese Frage wird zum jetzigen Zeitpunkt (1965) noch kaum ausreichend zu beantworten sein. Zu benennen wären folgende Bereiche: *Geragogik, Sozialgeragogik, Geromedizin/Geriatrie, Gerontotherapie, Thanatotherapie, Thanatagogik, Geronto-* und *Thanatopastoral,* da auch in der Seelsorge spezifische Fragestellungen und Aufgaben zu beachten sind. Hinzu kämen noch besondere Formen der Sozialarbeit, Physio- und Bewegungstherapie, die auf die Erfordernisse alter Menschen zugeschnitten sind. Erfahrungen, die wir in der heilgymnastischen bzw. bewegungstherapeutischen Arbeit mit alten Menschen machen konnten, zeigen nämlich die außerordentlich positive Wirkung dieser Aktivitäten für die Gesundheit und das psychophysische Gesamtbefinden der Teilnehmer bis ins siebte und achte Lebensjahrzehnt.

Wenngleich im Hinblick auf mögliche Maßnahmen und Spezialisierungen hier eine Differenzierung vorgenommen wurde und zum Teil neue Begrifflichkeiten eingeführt werden, so ist doch, bei aller Mehrperspektivität, an einer *Synergie* der verschiedenen Disziplinen und Interventionen festzuhalten. Eine für sich genommen wird nicht ausreichen, um zu einer Maßnahme zu führen, die entsprechend den oben genannten Zielsetzungen wirklich sinnvoll ist. Es wird damit die Forderung nach disziplinübergreifendem »Teamwork« zu stellen sein – keineswegs die Forderung nach dem »Allround-Gerontologen«. Wenn auch eine fachübergreifende Sicht für die einzelnen Sparten erforderlich sein wird und auf einen Grundfundus gerontologischen und thanatologischen Fachwissens zurückgegriffen werden muss, so ist doch jetzt schon absehbar, dass Geragogik oder Gerontotherapie oder Thanatotherapie sehr spezifisches Wissen erforderlich machen und deshalb auch eine Spezialisierung verlangen.

Prinzipiell ist natürlich zu fragen, warum denn Geronto- und Thanatotherapie, Geragogik und Thanatagogik notwendig seien. Die Forderung nach neuen Disziplinen oder Professionen sollte zunächst skeptisch stimmen, ist doch bislang ohne diese Spezialformen psychosozialer Arbeit ausgekommen. An Gründen wurden bisher die veränderte Situation der Vorgänge von Altern und Sterben in den modernen Industriegesellschaften, die veränderte Familienstruktur, das veränderte Bewusstsein genannt. Dienste, die von der Kleinfamilie nicht mehr übernommen werden können, werden von Institutionen übernommen. Es kann indes nicht die Aufgabe von Geronto- und Thanatotherapie sein, durch professionelle Helfer Hilfen zu ersetzen, was Freundeskreise oder Nachbarschaften leisten sollten. Es ist vielmehr die Aufgabe derartiger Disziplinen zu durchleuchten, warum gewachsene Strukturen plötzlich funktionsunfähig werden. Es wird eine Notwendigkeit sein, derartige Strukturen soweit wie möglich wieder funktionsfähig zu machen. Die angewandten Alternswissenschaften haben sich deshalb nicht nur um ihre spezifische Zielgruppe zu kümmern, sondern auch Familienarbeit zu leisten und gesellschaftliche Bewusstseinsbildung zu fördern. Aus diesem Grunde möchte ich von den neuen Konzepten, die ich hier vorzustellen versuche, das der *Geragogik* an die oberste Stelle setzen, da es den weitesten Wirkungsgrad umfasst.

1. Geragogik[3]

Ich möchte den Begriff »*Geragogik*«, in Analogie zu Pädagogik (Erziehung des Kindes) und Andragogik (Erziehung des Erwachsenen), für *die Bildungsarbeit mit alten Menschen und im Hinblick auf Fragen, die das Alter und das Altern betreffen*, vorschlagen. Diese Disziplin hat die Aufgabe, auf der Grundlage von gerontologischem Fachwissen eine breite Bewusstseinsbildung zu fördern, um dem »Feind von innen und von außen« zu begegnen. Vorurteile gilt es in ihrem Zustandekommen zu entlarven, damit sich alternative Einstellungen entwickeln können. Insbesondere für den schulischen Bereich könnten Lern- und Unterrichtseinheiten zum Thema Altern erarbeitet werden. Geragogik könnte dazu beitragen, dass Menschen sich als Alternde verstehen lernen. Sie müsste auf die Bedingungen und Situationen des Alters vorbereiten und schließlich müsste sie als Fortsetzung einer *éducation permanente* Lernangebote im Alter bereitstellen. Dabei wird es sicher um völlig andere Lernziele und Lerninhalte gehen als in der Erwachsenenbildung, die in weiten Strecken ja berufsqualifizierend ist und Leistungsziele anstrebt. Die Geragogik sollte nicht als Teil der Erwachsenenbildung betrachtet werden, denn ihre Inhalte und Ziele sind stärker lebenspraktischer Art, auf Lebenshilfe, die Bewältigung von Alternsprozessen und Alternssituationen gerichtet, auf Ziele der Persönlichkeitsentwicklung und Selbstverwirklichung, der Kommunikation und Partizipation. Außerdem sind durch altersbedingte Veränderungen des Lernens, Einschränkung der Sinnestätigkeit, Verlangsamung der Aufnahme andere methodisch-didaktische Vorgehensweisen einzuschlagen als in der Andragogik. Der alte Mensch muss in allen seinen Sinnen angesprochen werden, dann kann er bis ins hohe Senium noch aktiv und interessiert bleiben, wie wir in der Zusammenarbeit mit alten Menschen in verschiedenen Altersheimen, ja auf Pflegeabteilungen feststellen konnten. Alte Menschen sind durchaus am Tagesgeschehen interessiert, neugierig und lernbegierig, wenn sie die Möglichkeit der Partizipation am Lebensgeschehen haben.

Geragogik kann deswegen als ein neuer Ansatz zum *Lernen des Alterns für das Alter und im Alter* definiert werden. Geragogen werden in Einrichtungen der Erwachsenenbildung, in eigenen

Altenbildungszentren, in Heimen, vielleicht an Hochschulen tätig werden, und sie werden dafür mit einem Fachwissen ausgerüstet sein müssen, das auf die Dauer ein eigenes Studium oder zumindest einen Studienschwerpunkt notwendig macht, bei dem Gerontologie und Erziehungswissenschaften verbunden werden müssen. In der Geragogik werden aktive Formen des Lernens, wie sie Psychodrama oder das therapeutische Theater entwickelt haben, Gruppendiskussionen, gruppendynamische Übungen, Partnerlernen z. B. durch exchange learning, besonders fruchtbar sein. Die Rolle des Lehrenden wird nicht im Sinne eines Belehrens gefüllt, sondern im Sinne von Anregung und Beratung, Zur-Verfügung-Stellung von Information und Lerntechniken. Wir führen geragogische Gruppen in zwei Altersheimen durch, und zwar seit etwa einem Jahr. Nach anfänglichen Schwierigkeiten, bedingt durch das große Altersgefälle von Studenten und Altenheimbewohnern, erwies sich gerade dieses Moment als fruchtbar, indem ein Austausch zwischen alt und jung, ein wechselseitiges Mitteilen von Erfahrungen und Wissen einsetzte. Die alten Menschen nahmen nicht nur Angebote auf, Lichtbildvorträge, Kurse, gesellige Veranstaltungen usw., einige von ihnen wurden selber Anbieter für die anderen Heimbewohner und für die Studenten. Es wurde auch unter Beteiligung von Heimbewohnern eine kooperative Unterrichtseinheit zum Thema »Leben im Heim« für eine sechste Klasse vorbereitet und durchgeführt. Es soll über diese und weitere Erfahrungen an anderer Stelle noch ausführlicher berichtet werden.

2. Sozialgeragogik

Da in der Arbeit mit alten Menschen der Aspekt der Lebenshilfe von zentraler Bedeutung und die Situation im Alter oftmals von Hilfsbedürftigkeit gekennzeichnet ist, werden Interventionen erforderlich, die im Bereich der Sozialarbeit und Sozialpädagogik liegen. Es ist deshalb angezeigt, von Sozialgeragogik (géragogie sociale) zu sprechen, unter der die *Gesamtheit aller psycho-sozialen Interventionen verstanden werden kann, die dazu beitragen, die Lebenssituation und Lebensqualität alter Menschen zu verbessern.* Dabei sind Beratung und Gruppenberatung, Formen der offenen und institutionellen Altenarbeit als eine Art Soziotherapie zu verstehen, die auf die speziellen Bedürfnisse alter Menschen zugeschnitten ist. Eine gründliche Kenntnis der Lebenssituation, sowohl in freier Wohnung als auch im Heim, der soziologischen Zusammenhänge, der psychosozialen Verfasstheit im Alter machen die Sozialgeragogik gegenüber allgemeinsozialpädagogischem Handeln zu einer spezifischen Form des Vorgehens, für die Sozialpädagogen und Sozialarbeiter durch entsprechende Studienschwerpunkte oder Zusatzausbildungen ausgerüstet sein müssen. Insbesondere für die institutionelle Arbeit bleiben hier noch bedeutende Entwicklungsaufgaben. Die verschiedenen Sozialagenturen, mit denen alte Menschen in Berührung kommen, arbeiten nämlich häufig nebeneinander her, sind nicht aufeinander abgestimmt und verhindern damit oftmals eine effektive Hilfeleistung. So kommt es, dass Hospitalisierungen häufig zu Überweisungen ins Pflegeheim führen, weil keine sozialgeragogischen Maßnahmen zur Rehabilitation zur Verfügung stehen. Vorübergehende Heimaufenthalte führen zur Hospitalisierung. Bei Patienten, die geronto-psychiatrisch behandelt werden müssen, wiegt diese Situation besonders schwer. Familien und Angehörige erhalten keine sachkundige Unterstützung und Hilfe. Übergangseinrichtungen, die rehabilitationszentriert arbeiten, existieren überhaupt noch nicht. Was not täte, wäre eine *therapeutische Kette (chaîne thérapeutique)*, in der ein alter Mensch in einer Problemsituation sozialgeragogisch durchgängig betreut wird und in der die verschiedenen Sozialagenturen miteinander kooperieren und weiterhin ein Betreuer oder Sozialarbeiter eine Kontinuität im Kontakt gewährleistet, was besonders für hochbetagte alte Menschen sehr wichtig ist. Wir versuchen derzeit zumindest bestehende Einrichtungen in unserem Einzugsbereich: Sozialamt, Altenheim, Krankenhaus, kirchliche Altentagesstätte und Gemeindeschwestern im Sinne einer Kette zu koordinieren. Dabei erweist sich das Problem der Kommunikation und der zum Teil für die Arbeit mit alten Menschen völlig unzureichend ausgebildeten Mitarbeiter als das gravierendste Hindernis. Auch Maßnahmen, die Geschlossenheit von Heimen aufzuheben und eine stärkere Verbindung zu der näheren und weiteren sozialen Umgebung und den Familien herzustellen, gehören in den Aufgabenbereich einer Sozialgeragogik.

3. Thanatagogik[4]

Der Begriff »Thanatagogik« ist analog zu dem der Geragogik gebildet. Er umschließt *alle Fragestellungen und Aufgaben, die mit der Vorbereitung eines Menschen und seiner sozialen Bezugspersonen (Angehörige, Familie) auf den Tod und das Sterben zu tun haben, sowie alle Bildungsmaßnahmen, die Informationen zum Themenkreis Tod und Sterben für unterschiedliche Zielgruppen bereitstellen.* Auch Thanatagogik darf sich nicht auf den Abschluss des Lebens zentrieren. Im Gegenteil, ihr Hauptziel ist es, dem Menschen während seines Lebens, möglichst schon in Kindheit und Jugend, in altersangemessener Weise mit den Fragen vertraut zu machen, die sich mit Tod und Sterben verbinden. Sie hat dabei soziale Tabus und individuelles sowie kollektives Abwehrverhalten gegen sich stehen und muss deshalb methodisch-didaktische Formen entwickeln, mit diesen Phänomenen umzugehen. Die Information kann deshalb nicht allein intellektuell vermittelt werden, sondern muss die Emotionalität und die persönliche Betroffenheit einbeziehen, z. B. durch Gesprächsgruppen, Rollenspiele und Imaginationsübungen. Sich mit den Themen Tod und Sterben auseinanderzusetzen bedeutet anzunehmen, dass man selber in jedem Moment ein Sterbender ist. Eine solche Erkenntnis wird aber auch ein neues Verständnis des Lebens eröffnen. In der Begleitung Sterbender erfährt man immer wieder, dass ein alter Mensch in der Sterbesituation sagt: »Erst jetzt habe ich das Leben wirklich begriffen.« Wir möchten deshalb Thanatagogik definieren als Lernen des Sterbens im Leben, Lernen für das Sterben im Leben, das Leben lernen im Sterben. Die Erziehung für das Sterben erfordert gründliche thanatalogische und gerontologische Kenntnisse. In pädagogischer Hinsicht wird sich die thanatagogische Arbeit an der jeweiligen Zielgruppe auszurichten haben. Für alte Menschen werden andere Informationen und Darbietungsformen zu wählen sein als für Erwachsene, Jugendliche oder Kinder. Insbesondere Mitarbeiter der Altenarbeit, Personal in Krankenhäusern, Schwestern, Ärzte und Krankenhaus-Seelsorger müssten thanatagogisch weitergebildet werden.

Wir führten über ein Semester einen geragogischen und thanatagogischen Kursus durch, an dem Mediziner und Medizinstudenten, Seelsorger und Theologiestudenten sowie Schwestern aus Altenheimen teilnahmen. Dabei standen das Gespräch über den Tod, die Wahrheit bei schweren Erkrankungen, die emotionalen und psychologischen Probleme des Sterbenden und seiner Angehörigen und religiöse, ethische und philosophische Fragen im Mittelpunkt. Die Gruppe traf sich einmal die Woche für zwei Stunden über das ganze Semester hin. Die philosophischen Fragen wurden von *Gabriel Marcel,* die medizinischen von Dr. *Jean Dombois* und die psychologischen Fragen von mir betreut. Dabei wurden die Probleme nicht nur theoretisch abgehandelt. Die Teilnehmer stellten Situationen aus ihrer Praxis vor, die exemplarisch diskutiert und zuweilen in alternativer Weise durch ein Rollenspiel erprobt wurden. Immer wieder musste auch auf persönliche Todesängste, Glaubensfragen und Wertprobleme eingegangen werden. Manche biographischen Ereignisse wurden so intensiv vorgestellt und wurden von den Gruppenteilnehmern so beteiligt aufgenommen, dass der Vergleich mit einer therapeutischen Gruppe durchaus angebracht war. Es wird dieses Seminar auch im nächsten Semester angeboten werden, wobei vorgesehen ist, noch ein Wochenende mit Dr. *Vladimir Iljine* als Praxiserfahrung einzubeziehen.

Durchweg – und schon während des laufenden Kurses – zogen die Teilnehmer für ihre praktische Arbeit großen Gewinn aus dieser Form der Weiterbildung. Die anfänglichen Vorbehalte wurden gänzlich aufgelöst. Ja, es wurde die Auffassung vertreten, dass ein solcher Kursus für jeden erforderlich sei, der mit alten Menschen, Kranken und Sterbenden arbeitet. Es ist anzunehmen, dass thanatagogische Kurse in Zukunft im Bereich der medizinischen Ausbildung mehr und mehr Bedeutung gewinnen werden, dass Thanatagogik ein wichtiger Bereich einer allgemeinen Medizinpädagogik werden wird, wenn das Bewusstsein dafür wächst, wie eng medizinische und pädagogische Fragestellungen im Bereich von Prävention, Rehabilitation, Patientenbetreuung und -aufklärung verbunden sind und wie wichtig es ist, Ärzte und Schwestern für diese Aufgaben vorzubereiten.

4. Gerontotherapie[5]

Gerontotherapie ist die Behandlung, Stützung und Persönlichkeitsentwicklung alter Menschen mit Hilfe von psychotherapeutischen Mitteln. Im Bereich der Psychotherapie ist mit alten Menschen nur sehr vereinzelt gearbeitet worden, weil nach psychoanalytischer Auffassung die involutiven Prozesse des Alters eine erfolgreiche Behandlung nicht gewährleisten, wie schon *Freud* meinte. Diese Auffassung wird wahrscheinlich grundsätzlich revidiert werden müssen, weil die Praxis zeigt, dass alte Menschen sowohl psychotherapie-willig sind – denn sie haben ja auch vielfältige Belastungen und Probleme, also einen Leidensdruck – als auch, dass sie durch psychotherapeutische Arbeit Symptomfreiheit erreichen können und Veränderungen in der persönlichen Lebensführung. Hierfür ist allerdings eine Modifikation der klassischen psychoanalytischen Technik erforderlich und eine spezifische Ausarbeitung psychotherapeutischer Zielsetzungen, so dass es berechtigt, ja notwendig ist, nicht von einer Psychotherapie mit alten Menschen, sondern von einer *Gerontotherapie* zu sprechen. Das Alter hat seine eigene Psychodynamik, seine eigenen Übertragungs-, Widerstands- und Abwehrformen. Es hat wahrscheinlich spezifische Neurose-Erkrankungen und psychosomatische Reaktionsbildungen. Hier stehen wir noch ganz am Anfang weiterer Entwicklungen. Nach den Erfahrungen, die Dr. *Iljine* seit vielen Jahren in der Behandlung alter Menschen sowohl in der Institution als auch in der freien Praxis macht, kann man sagen, dass die Methode der Gruppentherapie, insbesondere in aktiven Ausprägungen, wie sie das »Psychodrama« und das »Therapeutische Theater« bieten, die alten Menschen in guter Weise anspricht. Die Haltung des Therapeuten muss also aktiv sein, wenig deutend, zuweilen erklärend, insgesamt am Intersubjektivitätsideal ausgerichtet. Der Arbeit mit Übertragungen, die als Reproduktion alter Szenen verstanden werden, kommt keine so große Bedeutung zu. Oft kann man darauf verzichten, Übertragungen bewusst zu machen. Soweit sie nicht störend für die Kommunikation sind, vernachlässigt man die Übertragungen, man lässt sie bestehen. Allerdings ist auf den Umgang mit der Gegenübertragung ein Schwergewicht zu legen, da die Mehrzahl der Therapeuten und Betreuer wesentlich jünger ist – die alten Menschen könnten oft ihre

Eltern sein. Das führt zuweilen in Schwierigkeiten, zu schroffen Abgrenzungen oder betulicher Entmündigung. Der alte Mensch wird häufig anhänglich. Er braucht Liebe, und das wird jungen Betreuern oft zuviel, sie werden abgrenzend und manchmal abschneidend, und dann steht der alte Mensch in Gefahr, durch permanente Zurückweisung gekränkt und dadurch krank zu werden. Die Frustrationen der Zuwendungsbedürfnisse durch eine reservierte, abstinente Therapeutenhaltung verstärken offenbar depressive Symptomatik. Deshalb arbeiten wir *zugewandt, aktiv und mit erlebnisfördernden Methoden (therapeutisches Malen, Musizieren, Dichten, Imagination, Bibliodrama, also kreative Medien, kreative Therapie).* Eine gewisse Passivität kann durch direktiveres Vorgehen von seiten des Therapeuten überwunden werden. Das Spielen in Rollen knüpft an frühere Fähigkeiten an und stabilisiert die Persönlichkeit. Das Handeln in Gruppen führt aus der Isolation.

Die Ziele in der Gerontotherapie sind nicht mit denen der Therapie von Kindern, Jugendlichen oder Erwachsenen zu vergleichen. Es steht selten die *restitutio ad integrum* im Vordergrund, sondern vielmehr das Umgehen mit Verlusten und Einschränkungen. Es geht um Lebensbewältigung, Umgang mit Erschwernissen des Alters und Auswertung des Lebens, um Vorgänge des Abschiednehmens und der Trauer, um Förderung der Kommunikation zwischen den Generationen und um Partizipation am Lebenszusammenhang. Es ist eigentlich unverständlich, sieht man auf die vielfältigen Belastungen des Alters, dass alte Menschen nicht mehr therapeutische Hilfen erhalten. Sie würden sie nämlich in Anspruch nehmen, wenn sie angeboten würden. Die Psychoanalyse und allgemeiner noch die Psychotherapie haben sich aber nicht um die Ausarbeitung gerontotherapeutischer Behandlungsmodelle bemüht, wahrscheinlich weil die Psychotherapeuten selbst es abwehren, sich mit Alter und Sterben zu befassen, und weil sie Angst haben vor der Fülle an belastendem Material, das sich in einem langen Leben angesammelt hat. In der Gerontotherapie wird immer wieder auch das Thema des eigenen Alterns und Sterbenmüssens und des Todes der eigenen Eltern berührt, und dies sind bedrohliche Perspektiven, die abgewehrt werden. Der Therapeut, der mit alten Menschen arbeitet, muss deshalb diese Fragestellungen für sich angeschaut haben und immer wieder in den Blick nehmen. Er muss versuchen, das Denken und

Fühlen des alten Menschen zu erfassen, um nicht die Dynamik seiner jüngeren Lebensphase in unangemessener Weise in das Alter hineinzutragen. Er muss Menschen auch gehen lassen, alt werden lassen können. Der Tod lässt sich nicht dauerhaft aufhalten, und gerade in diesem »Loslassen« von seiten des Therapeuten wird eine Hilfe für das Loslassen der Patienten gegeben. Gerontotherapie will natürlich vorhandene Symptome beseitigen oder lindern, sie will darüber hinaus aber auch dem Menschen Hilfe geben, sein Leben zu integrieren und damit als Person zu wachsen. Fragen des Lebenssinns, der Lebensziele und auch Fragen nach der Transzendenz spielen dabei eine Rolle und erfordern, dass der Therapeut sich hier um eine eigene Position bemüht. Mit dem Zunehmen von Isolation und Entfremdung, dem sich alte Menschen ausgesetzt fühlen, wird in der Zukunft das Angebot an gerontotherapeutischen Hilfen unbedingt wachsen müssen, dadurch, dass Psychotherapeuten beginnen, sich mit den Problemen des Alters zu befassen, indem sie ihre Vorurteile und ihre eigenen Ängste und Widerstände bearbeiten. Sie müssen sich dafür mit spezifischem gerontologischem Fachwissen ausrüsten und neue Konzepte zum Verständnis der Psychodynamik des Alterns und von »Altersneurosen« entwickeln. Es ist in keiner Weise einzusehen, warum es eine Kindertherapie gibt, aber für die große Gruppe der alten Menschen mit ihren vielfachen Besonderheiten kein eigener psychotherapeutischer Ansatz ausgearbeitet werden sollte.

5. Thanatotherapie[6]

Die Begleitung Sterbender ist eine alte Kunst, aber *Thanatotherapie ist ein in vielen Aspekten »junger« therapeutischer Ansatz für den Umgang mit Menschen, die von Fragen des Sterbens und des Todes betroffen sind, und die der Hilfe für die Bewältigung bzw. Verarbeitung von Verlusten, die der Unterstützung für Prozesse persönlichen Wachstums oder des Beistands und Trostes im Leid bedürfen.* Hier hat die Psychotherapie noch weniger erreicht, und wir befinden uns gänzlich auf Neuland. Außerdem ist es häufig nicht einmal mehr zutreffend, von Psychotherapie mit Sterbenden zu sprechen, denn Thanatotherapie meint oft mehr als Behandlung, sie wird eine» *Wahlverwandtschaft*«. Zwar sind psychotherapeutisches Wissen und psychotherapeutische Behandlungstechnik auch im Umgang mit Sterbenden erforderlich, nur: mit einem Menschen das Sterben zu teilen, lässt sich nicht gänzlich auf ein Handeln in der Berufsrolle begrenzen. Der Therapeut ist zu einem *Charondienst* aufgerufen. Er wird Begleiter auf der letzten Wegstrecke; und er muss sich einlassen. Dies gelingt natürlich nicht immer, und wir bedürfen auch des Schutzes der Abwehr. Aber bei Menschen, die man über längere Zeit begleitet hat, kommen Gefühlsintensitäten auf, wie sie für gute Beziehungen mit Freunden und Angehörigen kennzeichnend sind. Hier wird besonders das Faktum schwierig, dass man nicht permanent bei dem Schwerkranken und Sterbenden bleiben kann, da man in der Regel ja auch noch andere Aufgaben wahrzunehmen hat. Als hilfreich können dann Gegenstände eingesetzt werden, die der Therapeut gibt und die ähnlich wie ein Gebetbuch oder ein Rosenkranz wirken können: Sie vermitteln eine Präsenz. Ein Buch, ein Bild des Heimathauses, eine Postkarte, ein Bild des Therapeuten, ein besonders schönes weiches Kissen, ein schönes Tuch oder sogar eine Puppe können hier Verwendung finden und wie die *Übergangsobjekte* von *Winnicott* wirken, nur dass sie nicht den Weg *in das Leben,* sondern den Weg *aus dem Leben* hilfreich unterstützen. Wie Sterbe- und Grabbeigaben die Passage in das Totenreich erleichtern sollten, können derartige *Passage-Objekte* bei vorübergehender Abwesenheit des Therapeuten bzw. Begleiters Sicherheit vermitteln und das Gefühl, nicht alleine zu sein.

In der thanatotherapeutischen Arbeit kommt der Integration des Lebens und damit der *Lebensbilanz* besondere Bedeutung zu. In allen religiösen Formen der Sterbebegleitung findet man eine derartige Rückschau und Bewertung. Wir verwenden deshalb auf die Lebensbilanz sehr viel Zeit und versuchen, die Ereignisse durch die Imagination plastisch werden zu lassen, etwa unter Zuhilfenahme von Methoden *Janets, Desoilles* oder der szenischen Imagination von *Iljine*. Die Methoden des »rêve éveillée« eignen sich ohnehin in besonderer Weise für geronto- und thanatotherapeutische Arbeit. Sie können bis ins Meditative vertieft werden und somit für die Auseinandersetzung mit Fragen des Lebenssinnes und der Endlichkeit einen Zugang bieten, der über das rein Sprachliche hinausgeht. Es werden hier die Grenzen zur Seelsorge fließend.

Die »*Lebensbilanz*«, wie sie von Dr. *Iljine* als psychotherapeutische Methode entwickelt wurde, ermöglicht alten Menschen, Schwerkranken und Sterbenden, auf das Leben zurückzuschauen, dieses Leben auszuwerten. Es kommt dieser Ansatz einem natürlichen Bedürfnis des Menschen in derartigen Lebenssituationen entgegen. Die szenischen Imaginationen sollten sich aber nicht nur auf Vergangenes beschränken. Deshalb spreche ich lieber von der Lebensüberschau, dem »*Lebenspanorama*«, das Vergangenheit, Gegenwart und antizipierte Zukunft umschließt. Bilanz wird bei diesem Vorgehen nicht *Abschluss*, sondern Grundlage für eine *Neuausrichtung*, und sei sie auch nur kurz befristet. Die Überschau umfasst damit das ganze Leben, das wie eine Landschaft, ein Panorama in Szenen ausgebreitet ist und ein szenisches Verstehen erforderlich macht. Damit wird die Annahme der eigenen Endlichkeit bewusst vollzogen, und darin kann der Gewinn einer neuen Freiheit liegen. Durch das Lebenspanorama kann man versuchen, Lebensstile *(Adler)*, Alternsstile oder Sterbestile herauszuarbeiten. Das Alter und insbesondere das hohe Senium haben eine sehr verändernde Kraft, nicht zuletzt, weil sich oft auch das räumliche und soziale Umfeld gravierend gewandelt hat. Und so müssen Alterns- und Sterbestile zwar nicht losgelöst vom biographischen Hintergrund, aber doch stark bezogen auf den aktuellen Lebenszusammenhang herausgearbeitet werden. Dies wird ein wichtiger Moment besonders in der Geronto- und Thanatotherapie sein müssen, um Motivationen und Lebensvollzüge angemessen verstehen zu können und, wo notwendig, eine Möglichkeit zu ihrer Beeinflussung zu gewinnen.

6. Geronto- und Thanatopastoral[7]

Die Pastoraltheologie, zumindest die neuzeitliche, hat sich bislang [1965] mit Fragen des Alterns und Sterbens kaum befasst. Über die Sakramentenpastoral Hinausgehendes findet sich nicht. Die theologische und philosophische Tradition der *ars moriendi* ist tot. Das ist bedauerlich. Unter Rückgriff auf die alten Quellen, insbesondere der Patristik, müsste eine Neubesinnung auf die Sterbepastoral erfolgen, die das Problem der Säkularität des Sterbens, der Säkularisierung des Todes aufwirft, die die Situationen des Sterbens, wie sie

Krankenhaus und Heim bieten, in ihren Konsequenzen für die Seelsorge neu überdenkt. Für die Betreuung alter Menschen müssten gänzlich neue Modelle entwickelt werden, weil in der spätantiken und hochmittelalterlichen Pastoraltheologie das Alter keine prägnante Stellung hatte, die die Ausarbeitung eigener Konzepte notwendig gemacht hätte. Dies hat sich grundsätzlich gewandelt.
Außerdem hat sich das Verständnis von Seelsorge durch die Anforderungen der Zeit verändert. Sie hat neben den religiösen Tröstungen und der Auseinandersetzung mit Sinnfragen auch praktische Lebenshilfe zu leisten, psychologische und soziale Aspekte einzubeziehen, beratend einzugreifen usw. Und wenn der Mensch ganzheitlich gesehen wird nach Leib, Seele und Geist, scheint uns schon der Begriff *Seel-sorge (cura animarum)* eine Verkürzung. Angemessener wäre wohl eine *cura animorum*, eine Sorge um die Herzen, das Gemüt. Ich persönlich spreche deshalb lieber von *Pastoralarbeit* in Analogie zu Sozialarbeit, und in diesem Sinne sind auch Geronto- und Thanatopastoral zu verstehen. *Auf der Grundlage von gerontologischem und thanatologischem Wissen soll dem alten und sterbenden Menschen in der Pastoralarbeit ein Dialogpartner gegenüberstehen,* der sich mit ihm einerseits über Fragen des Sinnes und der Transzendenz ausspricht, ohne dass indoktrinierend dogmatische Konzepte aufoktroyiert werden. Der Seelsorger soll dazu beitragen, dass sein Gesprächspartner seinen *eigenen Standpunkt* im Hinblick auf religiöse und weltanschauliche Fragen nach dem Leben, nach dem Sterben, über ein mögliches Jenseits finden kann. Der Seelsorger sollte andererseits und darüber hinaus in der Lage sein, *den alten Menschen und seine Angehörigen in Lebensschwierigkeiten zu beraten und, wo notwendig, praktische Hilfestellungen zu geben.* Auch in der Geronto- und Thanatopastoral kommt der Lebensbilanz zentrale Bedeutung zu – sie hat ihre Tradition schon in der Praxis der »Generalbeichte«, wobei besonders darauf zu achten ist, dass mit dem Problem der Schuld, der Sünde und der Verurteilung, insbesondere der Selbstverurteilung, sorgsam umgegangen wird. Hier kommt dem Seelsorger tiefenpsychologisches Wissen sicherlich zugute.
Gerontopastoral hätte in nächster Zeit eine wesentliche Aufgabe zu leisten: die theologische Bestimmung des Alterns und des Alters in einem Entwurf christlicher Anthropologie. Erst auf einer solchen

Grundlage kann Seelsorge beim alten Menschen fundiert betrieben werden.

7. Schlussbemerkung

Es handelt sich bei der vorliegenden Darstellung der Aufgaben und Möglichkeiten einer *angewandten Gerontologie* im wesentlichen um programmatische Ausführungen, die aus einem ganz praktischen Hintergrund, der Arbeit mit alten Menschen, erwachsen sind. Diese Arbeit hat an uns die Anforderung gestellt, geragogisch und sozialgeragogisch tätig zu werden, die Anforderung, für uns selbst und für Mitarbeiter thanatagogische Konzepte zu entwickeln. Sie hat die Anforderung gestellt, bei schweren psychischen Problemen gerontotherapeutisch und thanatotherapeutisch mit den alten Menschen, ihren Angehörigen und Hinterbliebenen tätig zu werden und zuweilen im Sinne der Geronto- und Thanatopastoral seelsorgerlichen Beistand zu leisten. In all diesen Bereichen, die, wie gesagt, als *Forderung der Praxis* an uns herangetragen worden sind, sind wir mit dem Problem persönlicher Unzulänglichkeit und fehlender Informations- und Weiterbildungsmöglichkeiten konfrontiert worden. In praxeologischer Hinsicht sind wir [1965] von der gerontologischen und thanatologischen, aber auch von der andragogischen und psychotherapeutischen Literatur enttäuscht worden, so dass man vor der Situation steht, wenn man Arbeit mit alten Menschen, Kranken und Sterbenden *anders* betreiben will, situationsangemessener, dass man sich alles selber erarbeiten muss, bis hin zur Kooperation mit den verschiedenen pflegerischen und sozialen Berufen, die auf dem Felde der Altenarbeit tätig sind. Erschwert wird die Situation noch dadurch, dass uns ein *integrativer, ganzheitlicher* Ansatz im Umgang mit alten Menschen unverzichtbar erscheint, dass eine *integrative Therapie, Sozialarbeit* und *Bildungsarbeit* geleistet werden muss, die den Menschen in seiner *leiblichen Realität* ernst nimmt und seine medizinische und pflegerische Versorgung gewährleistet durch Somatotherapie; die seine *emotionale Realität* ernst nimmt und damit seine psychische Betreuung sicherstellt durch Psychotherapie, und die den Menschen in seiner *geistigen Realität* ernst nimmt und Nootherapie oder seine seelsorgerliche Begleitung – und diese nicht nur im traditionell religiösen Sinne – möglich macht. *Der Mensch ist eben körperliches, seelisches und geistiges Wesen in einer je gegebenen Lebenswelt.* Deshalb müssen wir ihn in dieser Welt und auf diesen Dimensionen aufsuchen, nicht als einen Fall, den man »erledigt«, also in einer *Objektbeziehung,* nicht als fachlich korrekt durchgeführte professionelle Aufgabe, also in einer *sachlich-funktionalen Beziehung,* sondern durch *intersubjektive* Begegnung, durch wertschätzende Beziehung von Subjekt zu Subjekt im Sinne von *Gabriel Marcel.* Es wird ein solcher Umgang mit alten Menschen und mit Sterbenden nicht nur eine positive und hilfreiche Wirkung mit sich bringen, sondern auch eine persönliche Bereicherung. Man kann durch das Bemühen um Humanisierung des Alterns Entfremdung vermindern, zu einer humaneren Gesellschaft beitragen und für sich selbst ein Stück Humanität zurückgewinnen.

---

[1] Orig.: Géragogie – nouvelle approche de l'éducation pour la vieillesse et dans la vieillesse. *Publications de L'Institut St. Denis* 1 (1965) 4–16, übersetzt unter Mitarbeit von *Chantal Bret.*

[2] Diese Situation hat sich seit Ende der sechziger Jahre sehr gewandelt. Obgleich einige Aussagen dieser Arbeit von 1965 von der Zeit eingeholt wurden, sind ihre Grundpositionen nach wie vor gültig und viele Postulate immer noch zu realisieren; auf jeden Fall bieten sie eine konzeptuelle Grundlage für die in diesem Band zusammengetragenen Arbeiten.

[3] Vgl. *H. Petzold, E. Bubolz,* Bildungsarbeit mit alten Menschen, Klett, Stuttgart 1976 und *E. Bubolz,* Bildung im Alter, Lambertus, Freiburg 1983.

[4] Vgl. *K. Huck, H. Petzold,* Death Education – Thanatagogik, in: *I. Spiegel-Rösing, H. Petzold,* Die Begleitung Sterbender, Junfermann, Paderborn 1984, 501–576.

[5] Vgl. *H. Petzold, E. Bubolz,* Psychotherapie mit alten Menschen, Junfermann, Paderborn 1979.

[6] Vgl. *H. Spiegel-Rösing, H. Petzold,* op. cit. 1984.

[7] Vgl. *K. Lückel,* Begegnung mit Sterbenden, Kaiser, München 1981.

Resilienz und protektive Faktoren im Alter und ihre Bedeutung für den Social Support und die Psychotherapie bei älteren Menschen

Lotti Müller[1], Zürich, Hilarion G. Petzold[2], Düsseldorf

Einleitung

Seit den 70er Jahren taucht der Begriff und damit das Konzept der Resilienz, der »psychologischen Widerstandsfähigkeit« mit zunehmender Häufigkeit auf, seit man sich in klinischen Zusammenhängen nicht mehr nur für die Faktoren interessiert, die Menschen krank machen, sondern auch dafür, was sie gesund hält: »protective factors« (*Rolf* et al. 1990; *Petzold* et al. 1993). Insbesondere interessiert die Frage, warum Menschen, die unter gleichen oder ähnlichen widrigen Umständen leben, die vergleichbare negative Lebensereignisse, »critical life events« (*Filipp* 1990), bewältigen mussten, nicht die gleichen Reaktionen zeigen. Warum werden die einen krank, die andern nicht? Welche Umstände verleihen letzteren die Kraft, *Probleme*, die in »Krisen« und »Herausforderungen« differenziert werden können (*Petzold* 2002h), zu meistern oder sogar gestärkt aus ihnen hervorzugehen, während andere depressiv, traumatisiert oder anderweitig psychisch überfordert, psychotherapeutisch behandelt oder psychologisch beraten werden müssen?

Diese Frage ist ein Kernproblem der longitudinalen Entwicklungspsychologie und Entwicklungspsychobiologie. Längsschnittstudien, die das Aufwachsen von Säuglingstagen bis zum Erwachsenenalter (*Rutter* 1988, 2001; *Rutter, Rutter* 1992), von der Erwachsenenzeit bis zum hohen Senium (*Lehr, Thomae* 1987; *Schroots* 1993) untersuchen, um menschliche Pathologie und Gesundheit, Selbstwerdung und Identität zu verstehen, fragen, wie sich in »Ketten widriger und schützender Ereignisse« Ressourcen und Defizite entwickeln. In diesem Kontext wurden Risiko- und Belastungsfaktoren untersucht und die »protektiven Faktoren« entdeckt. Aus der Interaktion dieser Einflussströme entstehen oder vertiefen sich die

Qualitäten »Vulnerabilität«, Verletzlichkeit, und »Resilienz«, Widerstandfähigkeit. Die Pathologieorientierung der Psychoanalyse – eines von den vielen Problemen dieses Verfahrens mit Negativkonsequenzen für eine moderne Psychotherapie – hat die Orientierung des »psychotherapeutischen Blicks« so vereinseitigt, dass in ihren Mainstreams bis in die Gegenwart eine *Salutogeneseperspektive* immer noch weitgehend ausgeblendet ist und »protektiven Faktoren« keine therapiepraktische Bedeutung geschenkt wurde, von einer praktisch-interventiven Nutzung dieser Konzepte, ihrer Integration in die Behandlungsmethodik ganz zu schweigen. Die »Integrative Therapie« als ein seit ihren Anfängen Mitte der sechziger Jahre an einer Lebenslaufperspektive, am »life span developmental approach« orientiertes Verfahren, das zu diesem Ansatz selbst seit dieser Zeit Beiträge geleistet hat, nämlich die einer interventionsgerichteten Umsetzung, stellt hier eine Ausnahme dar. Sie sah in den »Schutzfaktoren«, wie sie die »klinische Entwicklungspsychologie« (*Petzold* 1994j; *Petzold, Goffin, Oudhof* 1993; *Oerter* et al. 1999) erarbeitet hat, für die kindliche Entwicklung, für die Entwicklung im Erwachsenenalter (*Faltermaier* 1984), ja im Alter, eine Einflussgrösse von grundlegender Bedeutung für das menschliche Leben (*Petzold, Bubolz* 1979; *Müller, Petzold* 2002a, b; *Petzold, Müller* 2002). Als Psychotherapieforscher dann daran gingen, die unspezifischen und spezifischen Wirk- und Heilfaktoren in der Psychotherapie herauszuarbeiten (*Frank* 1971, 1981; *Garfield* 1973; *Petzold* 1993p), ist ihnen entgangen, dass in der Entwicklungspsychologie Schutzfaktoren gefunden worden waren, die in wichtigen Punkten mit therapiewirksamen Faktoren übereinstimmten, worauf *Petzold* (1993p; *Petzold, Goffin, Oudhof* 1993) nicht nur aufmerksam machte, er nutzte diese Erkenntnisse auch systematisch in der Integrativen Therapie von Kindern, Erwachsenen und alten Menschen (idem 1995a; *Müller, Petzold* 2002a,b). Diese Affinität führte zu der provokativen Frage, ob *therapeutische Wirkfaktoren nicht salutogene Einflüsse guter Alltäglichkeit* sind, protektive Faktoren, wie sie für *gelingende Entwicklungsprozesse in normalen Kontexten* kennzeichnend sind (*Märtens, Petzold* 1998b).
Gelingende Entwicklungsprozesse und gelingende Psychotherapie fördern – so unsere These – gleichermaßen durch protektive Faktoren Gesundheit und Wohlbefinden, Vitalität und Resilienz. Vor

diesem Hintergrund soll hier die Auseinandersetzung mit dem Konzept der »Resilienz« und »protektiver Faktoren« in ihrer Bedeutung für die Gerontopsychotherapie und die soziale Unterstützung von alten Menschen erfolgen, nachdem wir diese Thematik als erste in die Psychotherapie mit Kindern und Erwachsenen in Theorie und Praxis eingeführt und erarbeitet hatten (*Petzold, Goffin, Oudhof* 1993; *Petzold* 1995a, *Petzold, Müller* 2004).

Mit »Resilienz« bezeichnet man die psychologische bzw. die psychophysiologische Widerstandsfähigkeit, die Menschen befähigt, psychologische und psychophysische Belastungen (stress, hyperstress, strain) unbeschädigt auszuhalten und zu meistern.

Es interessieren dabei die Bedingungen, unter denen und die Prozesse, in denen sich Resilienz ausbildet sowie die Faktoren, die dazu beitragen, dass Resilienz zum Tragen kommt.da es sich dabei mit Sicherheit nicht um eine eindimensionale, leicht zu umgrenzende Qualität handeln kann, wundert es auch nicht, dass der Begriff in der Literatur und fachlichen Diskussion zum Teil noch heute unscharf abgegrenzt wird. Je nachdem, aus welchem Blickwinkel man gerade forsche, welche Hintergrundannahmen wirkten, welche Zielgruppe man ins Auge fasste, kamen unterschiedliche Ergebnisse zu Tage. Aus diesem Grund sei hier, bevor auf die altersspezifische Ausprägung von *Resilienz* eingegangen wird, eine Begriffsklärung versucht, und zwar bezüglich der *Resilienz* und des sie begleitenden Konzeptes der *protektiven Faktoren* (PF).

Aus der gesichteten Literatur zum Thema soll eine heuristische Zusammenstellung bisher gewonnener Erkenntnisse erfolgen, in Form einer Auflistung von protektiven Faktoren, die für das Alter relevant sind. Die Population der alten Menschen wird in diesem Forschungsbereich – wie in vielen andern auch – vernachlässigt, weshalb noch wenige konkrete Resultate vorliegen. Dank einer zunehmend lebensspannenorientierten Denkweise in der Psychologie (*Baltes, P.* 1978; *Rutter, Hay* 1994) und Psychotherapie (*Petzold* 1979k, 1981f, 1999p) liegen aber doch Studien zu mehreren Lebensabschnitten vor. Vereinzelte beziehen sich auf das Alter (*Wagnild & Young* 1990, 1993), so dass aus dem Gesamtwissen doch auch vorsichtig Hinweise auf Resilienz/protektive Faktoren/Risikofaktoren im Alter extrahiert werden können. Als dritter Teil folgt dann der Versuch, diese Konzepte insofern fruchtbar zu machen, als Anwendungsmöglichkeiten im klinisch-(psycho)therapeutischen Feld aufgezeigt werden sollen, denn diese Verbindung fehlt trotz relativer Brisanz des Themas weitgehend. Am ehesten wurde der Bezug zur Praxis noch im Pflegefach (insbesondere in der psychiatrischen Pflege) vorgenommen (vgl. *Jacelon* 1997), für das diese Konzepte in der Tat ebenfalls von hoher Bedeutung sind.

1. Definitionen – Begriffsklärung

Wie bereits erwähnt, bestehen bezüglich der genauen Begriffsdefinition von *Resilienz* noch keine einheitlichen Vorstellungen. In seiner ursprünglichen Bedeutung bezeichnete der Begriff der *Resilienz* die Elastizität oder Geschmeidigkeit einer Substanz (physikalisch: Prallkraft) oder eines Organs (Belastungsfähigkeit, Spannkraft). In der Psychologie geht das Konzept auf entwicklungspsychologische bzw. -psychopathologische Längs- und Querschnittuntersuchungen mit Kindern zurück, bei denen man eine besondere Widerstandskraft und Elastizität gegenüber widrigen Lebensereignissen und -umständen (adversity) entdeckte. Es wurde zunächst mit »*invincibility*« (Unbezwingbarkeit, vgl. *Anthony* 1974; *Werner, Smith* 1982) und »*invulnerability*« (Unverwundbarkeit, vgl. *Cowan & Work* 1988) umschrieben, was der Realität natürlich nicht völlig entspricht, denn »hardgrowing children cannot walk between the raindrops« (*Radke-Yarrow, Sherman* 1990), vielleicht aber die Überraschung und den Respekt der Forscher spiegelt angesichts der angetroffenen »Robustheit« (*robustness, hardyness*) dieser Kinder. Die Konzepte erhielten später vor allem wegen ihrer statischen Qualität und der möglichen Missinterpretationen (»Das wird sie schon nicht umbringen, alles halb so wild, da gewinnen sie Stehvermögen und Härte« usw.) ein geringeres Gewicht. In den 90er Jahren erhält durch diese Entwicklungen „Resilienz" eine neue Bedeutung (bis in die Wörterbücher) und wird definiert als »die Fähigkeit, sich nach Krankheit, Veränderung und Unglück schnell zu erholen« (American Heritage Dictionary 1994).
Masten (1994) definierte drei Gruppen von Resilienz-Phänomenen

(bei Kindern): 1) Personen, die trotz hohem Risiko einen guten Out-Come zeigen, 2) Personen, die sich trotz auftauchenden Stresserfahrungen weiterhin positiv anpassen und 3) Personen, die sich gut von Traumata erholen. *Fonagy* und Mitarbeiter (1994) versucht, Resilienz bindungstheoretisch zu fundieren.

Garmezy (1993), der seine Forschungen schon früh auf positive Entwicklungsprozesse lenkte, sieht das zentrale Element der *Resilienz* »in the power of recovery and in the ability to return once again to those patterns of adaptation and competence that characterized the individual prior to the pre-stress period ... ›to spring back‹ does not suggest that one is incapable of being wounded or injured. Metaphorically, it is descriptively appropriate to consider that under adversity, a [resilient] individual can bend ... yet subsequently recover« (*Garmezy* 1993, 129).

Rutter (1990), ebenfalls ein Pionier in diesem Forschungsgebiet, umschrieb *Resilienz* als den *positiven* Pol unter den verschiedenartigen Reaktionen von Individuen auf Stress, wobei der *negative* Pol die *Vulnerabilität* sei, die individuelle Verwundbarkeit/Anfälligkeit. Die individuelle Reaktion auf ›adversity‹ (Widrigkeiten) fällt nach *Rutter* irgendwo zwischen diesen Polen des Kontinuums Vulnerabilität/Resilienz aus. Sie ist determiniert durch das dynamische Wechselspiel von protektiven Faktoren und interaktiven *Prozessen* (*Rutter* 1985, S.600). Diese interaktiven Prozesse müssen als additive Interaktionen einer Konstellation von Variablen gesehen werden und zwar als *Prozesse über die Zeit*, nicht als eine Art »Chemie«, die zu einem bestimmten Stress-Zeitpunkt vorhanden ist (ibid.). Mit andern Worten: Jemand ist nicht einfach »resilient« gegenüber bestimmten (oder gar allen) belastenden Ereignissen, sondern auch nur (jedesmal) dann, wenn er zu gerade diesem Zeitpunkt bzw. in dieser Lebensphase, in gerade diesem Umfeld und Kontext auf dem Hintergrund seiner *Bewältigungsbiographie* über genügend geeignete *protektive* internale und externale Faktoren und Abwehrkräfte verfügt und diese auch mobilisieren kann.

Natürlich stellt sich hier die Frage, was an Konzepten wie *Vulnerabilität* genetisch disponiert und was lebensgeschichtlich erworben ist, und Ähnliches gilt für das Konzept der *Resilienz*. Hier wären Sprachregelungen sinnvoll, denn im Hintergrund finden sich konzeptgeschichtlich Vorstellungen von konstitutioneller Schwäche (faiblesse, dégénération, vulnerabilité) oder Stärke (vitalité), die z. T. bis in die Anfänge der Psychiatrie (*J. C. Reil, P. Janet*) zurückgehen und mit dem Problem einer biologisch bzw. biomedizinischen oder psychologischen bzw. psychosozialen Betrachtungsweise verbunden sind, die in einer modernen *biopsychosozialen Sicht (Petzold* 1974j, 304, 2003a, 2001a; *Engel* 1977, 1997; vgl. *Brown* 2000) nicht mehr polarisiert werden müssen. Bei begrifflichen Unschärfen trifft man häufig auf unterschiedliche wissenschaftliche Diskurse und auf Begriffstraditionen, die ungeklärt sind.

Rutter betont mit seinem Ansatz die *prozesshafte Perspektive* der Resilienz, welcher eine andere Sichtweise gegenübersteht: Resilienz als »Trait« (vgl. *Jacelon* 1997). *Wagnild & Young* (1993) z. B. sehen Resilienz als »a personality characteristic that moderates the negative effects of stress and promotes adaptation«. Resilienz als Trait, als Charakterzug oder Persönlichkeitsmerkmal zu sehen, hat den Vorteil, dass sie etwas leichter beforschbar ist, leichter messbar, leichter abgrenzbar. Tatsächlich haben denn auch einige Studien zu Resilienz diesen Ansatz gewählt (z. B. *Beardslee & Podorefsky* 1988 und *Garmezy* 1993 für Kinder und Jugendliche; *Rabkin* et al. 1993 für AIDS-Kranke Erwachsene; *Wagnild & Young* 1990, 1993 für ältere Frauen), um die physischen und psychischen Bedingungen von Resilienz aufzufinden. Doch selbst wenn man die Suche nach Resilienz auf die Suche nach »Traits« reduziert bzw. auf Faktoren, die Resilienz ausmachen, untersucht man nicht immer dasselbe: Handelt es sich vorwiegend um eine Kompensations- und Anpassungsleistung, die im Falle von Belastung zum Zug kommt? Oder muss, weil bei der Entstehung von psychischen Störungen meist Stress bzw. Distress beteiligt ist, die Frage ins Zentrum gestellt werden, wodurch jemand vor überlastendem Stress – traumatic stress, hyperstress, aber auch dayly hassles – geschützt wird? Oder geht es um die Umstände, welche Stress zu einer *Herausforderung* machen statt zu einer *Überforderung*? Je nach dem, welchen Fokus ein Forscherteam wählte, wurde dann das Konzept der Resilienz auch sehr unterschiedlich operationalisiert. Dennoch sind aus diesen Studien auch übereinstimmende oder zumindest sich unterstützende Ergebnisse hervorgegangen.

Das Auffinden von Merkmalen oder auch Merkmalskombinationen, die *Resilienz* definieren sollen, ist sicher nützlich, wenn auch nicht ausreichend, um die Phänomene, die unter dem Begriff Resilienz verstanden werden, zu erklären. *Petzold* (1995a) spricht bei diesen Phänomenen von »*Resilienzfaktoren*«, wie sie in »*Resilienzprozessen*« differentiell – d. h. je nach Belastungssituation und persönlicher Lebenslage – zur Wirkung kommen. Damit stellt er die »Faktoren« (ähnlich wie schon bei den »Protektiven Faktoren und Prozessen, idem et al. 1993) konsequent in ein prozessuales Geschehen, in dem sie gleichsam als »Dimensionen« in den *hochkomplexen Interaktionen mit der Umwelt* zum Tragen kommen.« Er nennt folgende Dimensionen:

»1. Eine hereditäre Disposition zur Vitalität, die eine gewisse Unempfindlichkeit gegenüber Belastungsfaktoren gewährleistet,
2. die Fähigkeit, Belastungen oder Risiken effektiv zu bewältigen,
3. die Fähigkeit, sich nach traumatischen Erfahrungen schnell und nachhaltig zu erholen,
4. die Fähigkeit, Situationskontrolle und Kompetenz/Performanz unter akutem Stress und in Konfliktsituationen aufrechtzuerhalten,
5. die Fähigkeit, sich an Belastungssituationen so anzupassen, dass die Möglichkeiten bestehen, in ihnen zu überleben, ohne dass psychische oder psychosomatische Schädigungen feststellbar werden,
6. die Möglichkeit, Belastungserfahrungen zu kommunizieren und aufgrund von Netzwerkorientierung und guter interaktiver Kompetenz und Performanz Schutzpersonen zu mobilisieren« (aus Petzold 1995a, 194).

Bei dieser Zusammenstellung muss allerdings das *intrapsychische* Konzept eines »protectiv factor/resilience cycle« von *Petzold* berücksichtigt werden (s. u.).

Die Prozess-Perspektiven scheinen weiter zu greifen als die Trait-Perspektive. Denn selbst wenn jemand über die von ForscherInnen gefundenen Traits, die Resilienz ausmachen sollen, verfügt, heißt das noch nicht, dass er einem neuen kritischen Lebensereignis unter neuen soziökologischen und ökonomischen Umständen bzw. Lebenslagen (*Petzold* 2000h), familialen, amikalen und kollegialen Netzwerksituationen (*Hass, Petzold* 1999) gewachsen ist.
Dennoch haben die traitähnlichen Persönlichkeitsmerkmale eine

wichtige Bedeutung, denn sie können als Potenzial für Resilienz angesehen werden. Außerdem wird weitere Forschung im Bereich der Neurobiologie (*Schandry* 2003) zu klären haben, ob und inwieweit als Resilenzphänomene gekennzeichnete *traits* nicht mit spezifischen *Genexpressionen* bzw. *Genregulationen* in Zusammenhang zu bringen sind, die ja auch mit lebensgeschichtlichen Ereignissen verbunden sind (*Bauer* 2002; *Petzold* 2002j). D.h.: es kann immer nützlich sein, wo Resilienzphänomene erkennbar werden, sie zu pflegen, zu unterstützen, um so Widerstandsfähigkeit zu fördern, wo immer das einem Individuum in seinem Umfeld möglich ist. Mit einer Konzeption von »Resilienz als Prozess« geht – was für eine mögliche Auswertung und Übertragung in die Praxis besonders wichtig ist – auch die Überzeugung einher, dass Resilienz **erlernbar** sei (vgl. *Flach* (1988): »Resilienz ist eine Kraft, welche die meisten von uns mit Denken und Üben entwickeln können« (1988). Dass dies hereditäre Aspekte von Resilienz – und die gibt es natürlich auch – nur im Sinne einer *positiven Moderation* betreffen kann, liegt auf der Hand.

Doch auch die Sicht auf Resilienz als *Prozess* ist nicht etwa einheitlich. *Fine* (1991) z. B. beschreibt Resilienz als einen Zwei-Phasen-Prozess mit den Phasen *Stressreduktion* und *Reorganisation*, ähnlich wie *Flach* (1988) mit den Phasen *Desintegration* und *Reintegration*. Andere (*Rutter, Petzold*) postulieren einen komplexeren Prozess (s. o.), was wahrscheinlich eher zutrifft. *Foster* (1997) operiert mit dem Konstrukt CAR (Coping, Adaptation, Resilienz), wobei er letztere definiert als »positive changes in maintaining active or latent coping and adaptation capacities through various mechanisms (such as healing, restitution, refinement and enhancement) that may not be immediately apparent but become evident over time«. Zusammen mit Coping und Adaptation bildet Resilienz hier ein Konstrukt, das im theoretischen Rahmen eines »Stressor-Response-Paradigmas« (*Scheuch* 2002; *Scheuch, Schröder* 1990; *Schwarzer* 1993, 1997) zu sehen ist. Das Strukturmodell dieses Konzeptes sieht fünf Bereiche vor, von denen jedem unterschiedliche Foki und Komponenten zugeordnet sind: 1. demographische Funktionen, 2. sozioökonomische Funktionen, 3. Ressourcen, 4. adaptive Erfahrungen und Zugänge und 5. derzeitige adaptive Anstrengungen. *Foster* fand robuste Beziehungen (in Form von Risikofaktoren) zwischen diesen Bereichen und ihren Komponenten zu psychopathologischen Krankheitsbildern und weist auf die Möglichkeit hin, davon Interventionen abzuleiten.

Als »Synthese« bisheriger Konzepte versuchte *Polk* (1997) ein neues Modell der Resilienz zu entwickeln, ein vierdimensionales Konstrukt, das Resilienz als Energiefluss (ein Gemisch aus Mensch- und Umwelt-Energie) darstellt, in dem sich – in zunehmender Komplexität – Muster aus vier Bereichen, dem dispositionalen, relationalen, situationalen und philosophischen (Einstellungen, Überzeugungen) Bereich, synergetisch zu einem einheitlich (unitary) sich entfaltenden Muster von Resilienz verbinden (ibid. S. 8). Abgesehen davon, dass der vorwissenschaftliche bzw. metaphorische Energiebegriff hier wenig hilfreich ist, sind die Einflussgrößen, die *Polk* vorschlägt, wohl zutreffend benannt, aber auch unspezifisch. Überzeugender scheint es, mit *Heuft* et al. (2000, 46 ff.) zwischen einer *konstitutionellen Resilienz (und analog dazu konstitutionellen Vulnerabilität) und der Resilienz-Entwicklung (bzw. Vulnerabilitätsentwicklung)* zu unterscheiden, womit der Dynamik dieser Konzepte Rechnung getragen wird, aber noch nichts über die »Konstitutionalität« gesagt wird, die entwicklungsgenetisch (*Plomin* 1994, 2000) aufgeklärt werden müsste. Beide Größen sind in diesem Modell von *internalen* und *externalen* Faktoren geprägt und hängen von Rahmenbedingungen ab, die auf der einen Seite protektiv oder aber als Risikofaktoren wirken können (*Heuft* et al. 2000, 46). In Bezug auf das Risiko psychischer Erkrankung folgt daraus, dass eine *hohe Vulnerabilität* zusammen mit *ungünstigen Rahmenbedingungen* und einer *geringen Resilienz* ein hohes Krankheitsrisiko darstellt, während umgekehrt eine geringe Vulnerabilität in Kombination mit günstigen Rahmenbedingungen ein geringes Krankheitsrisiko bedeuten. Dazwischen gibt es – nur schon definitionsbedingt, denn was heißt z. B. »geringe Vulnerabilität« genau im Einzelfall – so viele Variationsmöglichkeiten, dass es äußerst schwierig ist, davon Ableitungen zu machen, Dynamiken vorauszusagen usw. Doch wird immerhin einem monokausalen Verständnis von Pathogenese gegengesteuert. In Bezug auf die hier im Fokus stehende Population der älteren Menschen ist zu diesem Modell noch hinzuzufügen, dass die Vulnerabilität im Alter erhöht ist, und zwar in einer sehr direkter Weise, was die körperliche Gesundheit betrifft und – in Wechselwirkung damit – auch die psychische Gesundheit betreffend. Natürlich findet sich auch durch die Einbrüche in den sozialen Netzwerken alter Menschen (*Petzold* 1994c) eine nicht zu unterschätzende »soziale Vulnerabilität«, die bei dem belastenden Einfluss von Verlusten auf das Immunsystem auch somatische bzw. psychosomatische Auswirkungen haben kann (*Bauer* 2002).

Mit diesem Modell von *Heuft* und Mitarbeitern in wesentlichen Teilen kompatibel scheint auch die Definition von »Resilienz« von *Staudinger* und *Freund* (1998) als »(1) die Aufrechterhaltung normaler Entwicklung trotz vorliegender Risiken und Beeinträchtigungen und (2) die Wiederherstellung normaler Funktionsfähigkeit nach erlittenem Trauma. Dabei wird zwischen Ressourcen oder protektiven Faktoren, die die Aufrechterhaltung bzw. Wiederherstellung normaler Funktionsfähigkeit unterstützen und Risikofaktoren, die diese gefährden, unterschieden« (S. 77). Resilienz in diesem Sinne ist also nicht ein Persönlichkeitsmerkmal, sondern eine *relationale Konstellation von Person-Umwelt-Bedingungen*. Konditionen für ihre Realisierung sind entweder *endogen* (ohne sichtbare Intervention von außen) oder *exogen* (interventionsbedingt). In ihren Arbeiten zur Resilienz legt *Staudinger* großen Wert auf diesen relationalen Charakter des Konstruktes (*Staudinger* & *Greve* 2001). Was »normales Funktionieren« konkret bedeutet, müsste spezifiziert werden und auch, welche Vergleichsparameter zugrundegelegt werden (auch der Status vor dem »bedeutenden Ereignis« könnte ja einen Bezug geben, gerade was die Ausprägungen spezifischer Genregulationen anbelangt, s. u.). Die Autoren postulieren für das Alter eine »dritte Art der Resilienz« (neben 1 und 2 vgl. oben), nämlich die des Verlustmanagements (*Staudinger* et al. 1995). Als spezielle und im Alter gehäuft auftretende Form von Widrigkeiten erfordern *irreversible Verluste* eine besondere Fähigkeit zu deren Bewältigung – so die Begründung. Dies mag zwar richtig sein, doch lässt sich diese Fähigkeit durchaus unter die Resilienzvarianten (1) und (2) subsumieren. Sorgfältig müsste darauf geachtet werden, ob die als Resilienz beobachteten und gewerteten Phänomene wirklich als eine positive Adaptierung gesehen werden können, denn es könnte sich auch um Numbing-Reaktionen im Sinne einer Abstumpfung oder Vergleichgültigung handeln, womit neurobiologisch gesehen das Depressionsrisiko oder das der psychosomatischen Reaktionsbildung (*Bauer* 2002; *Schiepek* 2003; *Rüegg* 2003) steigen kann, eben weil keine Verarbeitung oder positive Adaptierung bzw. eine funktionale Reorganisation neuronaler Verschaltungsmuster (*Hüther*, *Rüther* 2003), die u. E. eine wichtige Grundlage für eine *funktionale Resilienz* bilden, stattgefunden hat.

Die beiden Betrachtungsweisen von Resilienz als Trait oder als Prozess sind nicht einfach nur gegenläufig oder widersprüchlich, sie können sich sogar ergänzen. Zu der Schlussfolgerung kommt auch *Jacelon* (1997), wenn sie meint, Resilienz könne als Prozess **oder** als Trait angesehen werden, man müsse sich nur bewusst sein, wovon man gerade spricht: von den günstigen Bedingungen für Resilienz oder von der Art, wie sie sich entwickelt und abspielt. Es empfiehlt sich aber dennoch, diese beiden Perspektiven nicht mit dem gleichen Begriff zu belegen, und die Komplexität des Geschehens spricht dann doch eher für die prozessuale Perspektive, deren Ergebnisse, nämlich *stabile Muster der Resilienz*, natürlich auch Resultate neuronaler Bahnungen und psychobiologischer Schemata sein können. Die Bedingungen, die dazu im fördernden bzw. puffernden Sinn beitragen, sind unserer Auffassung nach eher im Konzept der »protektiven Faktoren« unterzubringen. So kann man Resilienz mit *Dyer & McGuiness* (1996) sehen als einen Prozess, der stark von protektiven Faktoren beeinflusst ist. Protektive Faktoren werden von ihnen verstanden als spezifische Kompetenzen, die dafür notwendig, sind, dass sich der Prozess der Resilienz ereignen kann. Die erforderlichen Kompetenzen existieren ihrer Meinung nach in drei Bereichen: als individuelle, interpersonale und familiale Kompetenzen.

Auf den multidimensionalen Charakter des Konstruktes Resilienz weisen auch die Arbeiten von *Kaufman* et al. (1994) oder *Luthar* (1991) hin. Sie kommen zu dem Ergebnis, dass manche Personen in einem Bereich durchaus resilient sein können, während sie in anderen gleichzeitig verletzlich bleiben, z. B. sich äußerlich zwar erfolgreich anpassen, aber doch verdeckte psychische Störungen entwickeln können.

Weil das Phänomen der Resilienz so komplex ist, fordern *Luthar* und MitarbeiterInnen – und darin gehen wir mit ihnen einig –, dass die ForscherInnen aus ihren Ergebnissen keine globalen Aussagen machen und mit ihre Schlussfolgerungen präzise unter Angabe des untersuchten Bereichs begrenzen sollen (2000, 555). Andererseits kann man sich natürlich mit *Kaplan* (1999) – welcher der Meinung ist, das Konzept habe ›seinen Dienst getan‹, man könne es nun wieder verabschieden – zu Recht fragen, wie groß die Brauchbarkeit eines Konzeptes ist, wenn praktisch von Fall zu Fall definiert werden muss, was darunter verstanden wird, welcher Wirkungsbereich gemeint ist und wie man die Variablen verstanden und operationalisiert hat.

Die verschiedenen Lösungsansätze, wie Resilienz operationalisiert wurde oder wie weitere Variablen bei den Studien berücksichtigt wurden (z. B. die Verbindung von hohem Risiko und dem Vorhandensein bzw. nicht Vorhandensein von hohen Kompetenzen) geben der Frage Berechtigung, ob da nicht zum Teil fundamental verschiedene Phänomene untersucht wurden (*Luthar* et al. 2000). Diese Lage erfordert von ForscherInnen, dass sie bei ihren Studien immer die verwendeten Begriffe definieren und die Gründe angeben, warum dieses oder jenes Konzept verwendet wurde. Dass Resilienz gelegentlich sogar als ein Konstrukt von dubiosem wissenschaftlichen Wert beschrieben wurde (*Liddle* 1994; *Tolan* 1996), wundert also kaum. Problempunkte sind u.a. die Mehrdeutigkeit der Definition und Terminologie, die Instabilität des Phänomens Resilienz und die Nützlichkeit als wissenschaftliches Konstrukt. Bei aller Zustimmung für die Kritikpunkte, sind wir doch der Meinung, dass mit dem Konzept der Resilienz ein psychologisches Verstehen und psychotherapeutisches Handeln um einen wichtigen Aspekt bereichert wird und – bei sorgfältiger Verwendung der zugehörigen Begriffe – viel für Theorie und Praxis der Psychotherapie gewonnen werden kann.

1.1 Das integrative Modell eines »protective factor ➝ resilience cycle«

Auch der Term ›protektiv‹ bzw. ›protektiver Faktor‹ wurde und wird unterschiedlich verwendet. So waren ursprünglich – bei *Rutter* oder *Garmezy* zum Beispiel – damit Effekte in Interaktionen gemeint, in denen Individuen mit bestimmten Attributen – und nur diese – relativ unberührt von hohem/tiefen Grad von Widrigkeiten blieben. Andere Forscher beziehen sich mit dem Ausdruck ›pro-

tektiv‹ auf direkt ameliorative Effekte, die sowohl bei hohem wie auch bei tieferem Risikograd verbessernd wirken (vgl. *Luthar* et al. 2000, 546).
Ebenso ist der Umgang mit dem Begriff Risiko/Risikofaktor nicht eindeutig. *Richter & Weintraub* (1990) schlagen vor, dass man zwischen statistischem und tatsächlichem Risiko differenziert. *Bartlett* (1994) oder *Gordon & Song* (1994) unterscheiden subjektive versus ›objektive‹ Bewertung von Risiko(faktoren). Beide Konzepte wollen betonen, dass nicht jeder sogenannte Risikofaktor für jeden tatsächlich ein Risiko darstellt. Und dies nicht etwa, weil jemand resilient ist, sondern weil der Risikofaktor aufgrund anderer Kontextbedingungen keine unmittelbare Gefahr darstellt.
Aus einer integrativen Sicht kommen Risiko- und Belastungsfaktoren in *Interaktion* mit Schutzfaktoren und Ressourcen für Menschen (Individuen und Gruppen) in spezifischen Lebenslagen (zumeist prekären oder desaströsen, vgl. *Petzold* 2000h) und dem dort stattfindenden interpersonalen Geschehen zum Tragen. Die Person (mit ihren subjektiven mentalen Prozessen, appraisals/valuations) und der Kontext (mit den in ihnen zur Wirkung kommenden *kollektiven mentalen Repräsentationen*, vgl. *Moscovici* 2001, *Petzold* 2003b) sind dabei Größen, die entscheidend dafür sind, was im Einzelfall als *protektiv* oder was als *belastend* angesehen wird und wirkt. Das macht eine differentielle und situationsspezifische Verwendung dieser Begriffe erforderlich. Das *interaktive Moment* und damit der prozessuale Charakter muss deshalb bei jeder Konzeptbildung im Blick behalten werden, denn selbst wenn man Resilienz als »trait« betrachtet, kommen Traits doch in konkreten Lebensprozessen von »Menschen-in-Situationen«, von »Subjekt-in-Kontext/ Kontinuum« zum Tragen. Bei der theoretischen Auseinandersetzung mit dem Resilienzproblem ist einerseits das Beiziehen kontexttheoretischer Überlegungen (idem 2000h; *Hass, Petzold* 1999), entwicklungs- und persönlichkeitstheoretischer Konzepte (*Petzold* 2003a), von Stress-Coping-Modellen (*Schwarzer* 1993) und Social Support- und Ressourcentheorien (*Röhrle* 1994, *Petzold* 1997p) erforderlich und andererseits eine biopsychologische und neurowissenschaftliche Perspektive, um konzeptuellen Schmalführungen zu entgehen.
Entwicklung in einer »life span developmental perspective« wird in

einem *biopsychosozialen* Verständnis (*Petzold* 1974j, 304, 2001a; *Engel* 1977, 1997) gesehen als der »fortschreitende Lebensprozess eines Menschen mit seinem ›Konvoy‹ unter den Einflüssen interagierender ›Ereignisketten‹, Ketten von widrigen Ereignissen (chains of adverse events), ›Ketten schützender Ereignisse‹ (chains of protective events) und ›prolongierter Mangelerfahrungen‹ (chains of deficits). Diese sich wechselseitig beeinflussenden positiven, negativen, defizitären Stimulierungskonstellationen (z. B. gute, schlechte, fehlende Beziehungserfahrungen im sozialen Netz und Konvoy) bestimmen die Neurobiologie dieses Menschen, seine Genregulationen, seine Ausbildung neuronaler Netzwerke und Netzwerkverbindungen, seine kognitiven Landkarten, d. h. neuronales, kognitives, emotionales, volitives, sozial-kommunikatives Lernen und damit seine *Vitalität* und *Vulnerabilität*, Gesundheit/ Wohlbefinden und Morbidität/Unwohlsein, ja seinen gesamten Lebensvollzug nachhaltig (*Petzold* 2000h).

Protektive Faktoren sind als externale, entwicklungsfördernde Einflüsse zu sehen, die von Säuglingszeiten an über die gesamte Kindheit und Jugend für den Entwicklungsprozess charakteristische Genexpressionen fördern, z. B. in »sensiblen Phasen« (z. B. der prosodisch-interaktiven oder sprachsensiblen Phase) dafür sorgen, dass die »Genregulation« in dem Umwelt und Genetik verschränkenden Entwicklungsprozess ungestört verläuft. Im weiteren Lebensverlauf puffern sie Überlastungsprozesse so ab, dass keine strukturschädigenden Belastungen – etwa durch Hyperstress, traumatischen Stress – eintreten, sondern sich Widerstandskräfte (Resilienzen) bilden, bzw. sie wirken in unbelasteten Situationen des normalen Lebens fördernd, so dass sich positive Entwicklungsdynamiken entfalten können. (ibid.)

Hyperstress kann nicht nur Gene, die neuronales Wachstum fördern, behindern (vgl. die Arbeiten von *Sapolski* 1996; *Bauer* 2002; *Schiepek* 2003; *Rüegg* 2003), er kann auch zu Sensibilisierungen (*kindling*) des limbischen Systems führen und zu einer erhöhten Alarmbereitschaft der Amygdala beitragen (z. B. bei einer posttraumatischen Belastungsstörung, PTBS; *Petzold, Wolf* et al. 2000, 2002). Schmerzerfahrungen (Operationen, Gewalterfahrungen) können die Genregulation des Schmerzgedächtnisses fehlkonditionieren, so dass eine übersteuerte Schmerzreagibilität die Folge ist. Die neurobiologische Entwicklungsforschung hat für die Ausbildung von Schmerzerkrankungen, Depressionen, Borderline-Persönlichkeitsstörungen eine Fülle von Forschungsergebnissen für diese Zusammenhänge erbracht (*Bauer* 2002). Vor diesem Hintergrund kann die vorgängige Definition erweiternd formuliert werden:

„*Protektive Faktoren/-prozesse* sind externale Einflüsse (z. B. soziale Unterstützung, materielle Ressourcen) und internale Einflüsse (z. B. kognitive und emotionale Kompetenzen, Wissensressourcen), die im – *Entwicklungsgeschehen* und *Lebensverlauf* ein optimales Funktionieren der Genregulation und der Nutzung neuronaler Netzwerke (d. h. auch der damit verbundenen kognitiven, emotionalen, volitionalen Muster/Schemata) gewährleisten. Sie puffern neurophysiologisch und immunologisch belastende/überlastende Außeneinflüsse (z. B. Hyperstress) ab bzw. unterstützen Bewältigungsleistungen (*coping*) und/oder das Finden/Gestalten neuer Lösungen (*creating*), so dass sich keine dysfunktionalen Bahnungen ausbilden, sondern vielmehr Genregulationen und neuronale Netzwerkverbindungen ausgeprägt werden (d. h. auch damit entstehende kognitiv-emotional-volitionale »Landkarten« und Prozessmuster/Narrative), durch die eine besondere *Belastungsfähigkeit* (*robustness*) oder effektive *Bewältigungsmuster* (*coping ability*) bzw. eine besondere Gestaltungskompetenz (*creating potential*) gewonnen wird. Ein solches komplexes Ergebnis protektiver Einwirkungen kann aus neurobiologischer Sicht als ›*Resilienz*‹ bezeichnet werden, die dann als ein internaler ›protektiver Faktor‹ zur Verfügung steht und die Effekte schon vorhandener internaler und hinzukommender externaler Schutzfaktoren und Ressourcen verstärkt.« (2000h).

Den Prozessen, in denen externale und internale Schutzfaktoren und Resilienzen zusammenspielen, ist besondere Aufmerksamkeit zu schenken. Wir sehen aufgrund unserer klinischen Beobachtungen und Forschungen einen »*protective factor* ➤ *resilience cycle*«, zirkuläre bzw. spiralförmig progredierende Prozesse mit kleinen kontextbedingten Variationen bei *krisenhaften Belastungen*, aber auch – zusammen mit ihnen oder ohne solchen Konnex oder in Sequenzen mit wechselnden Schwerpunkten – bei den Herausforderungen (challenges) von *Entwicklungsaufgaben (Havighurst* 1948, 1963). Auf beides kann mit Coping- oder Creating-Mustern bzw. in einer Kombination von beidem reagiert werden, wie in der folgenden Mustersequenz ersichtlich:

»Belastung/Überlastung ➙ externale protektive Faktoren ➙ erfolgreiches coping/buffering ➙ Resilienz/internaler Schutzfaktor ➙ Optimierung der Nutzung externaler Ressourcen und protektiver Prozesse ➙ Resilienzen« ➙ Entwicklungsaufgaben ➙ externale protektive Faktoren ➙ erfolgreiches creating ➙ usw.

In dieser Sicht von *Resilienzen* auf der **neurobiologischen Ebene** werden sie als funktionales Äquivalent des Konzeptes »internaler protektiver Faktor« aufgefasst. Neurobiologische Vorgänge führen natürlich zu Einflüssen auf der *psychologischen* bzw. **mentalen Ebene** und wirken damit auch auf *Kompetenzen,* d. h. in kognitiven, emotionalen und volitiven Prozessen (*Petzold* 2001i; *Petzold, Sieper* 2003) und auf die behaviorale *Performanz,* z. B. im sozial-kommunikativen Geschehen. Optimales Fungieren des *Gyrus Cinguli* in seiner Interaktion mit dem präfrontalen Cortex und dem limbischen System, zentral für die Selbst- und Identitätsprozesse des Menschen, wohlreguliertes Fungieren der *Amygdala,* wesentlich für die »emotionale Intelligenz« bzw. »sinnliche Reflexivität« (*Heuring, Petzold* 2003), die ungestörte Arbeit der präfrontalen Zentren, das alles ermöglicht vielfältige protektive Prozesse im seelischen Geschehen: angemessene und positive kognitive Ereigniseinschätzung (*appraisal*/Frontalhirn), angemessene bzw. positive emotionale Ereignisbewertung (*valuation*/limbisches System), angemessene und nachhaltige Willensunterstützung (*volition*/cingulärer Gyrus). Selbstsicherheit, Selbstvertrauen, Souveränität, erlebte und integrierte Selbstwirksamkeit, positive Kontrollüberzeugungen (*Flammer* 1990) können dann als »internale Schutzfaktoren« bzw. Resilienzqualitäten auf der *psychologischen Ebene* verstanden werden.
Externale protektive Faktoren und *Ressourcen* sind als Begrifflichkeiten nicht scharf abzugrenzen, weil sie weitgehend unabhängig voneinander in unterschiedlichen wissenschaftlichen Bereichen –

Entwicklungspsychologie und sozialpsychologische und psychotherapeutische Ressourcentheorie – entwickelt wurden (vgl. *Petzold* 1997p), so dass vielfach Begriffe bzw. Konzepte funktional äquivalent sind, sich aber auch immmer wieder Unterschiede finden. Es empfiehlt sich deshalb, die Diskurse nicht zu vermengen, sondern jeweils auf das entwicklungspsychologische oder ressourcentheoretische Herkommen zu verweisen und die Funktionalität des Begriffes jeweils spezifisch zu fassen.

In jedem Fall müssen *externale* protektive Faktoren und Ressourcen immer auf zwei Ebenen betrachtet werden:
1. auf der Ebene »objektiver Verfügbarkeit« und
2. auf der Ebene der »subjektiven Wahrnehmung und Bewertung«.

Perceived resources müssen – das heben wir aus integrativer Perspektive hervor – kognitiv eingeschätzt (*appraisal*) und emotional bewertet (*valuation*) werden.

Diese aus der Social-Support-Forschung bekannte und empirisch gut abgesicherte Unterscheidung zwischen »objektiven« und »wahrgenommenen« Gegebenheiten müssen sowohl in der Ressourcen- als auch in der PF-Diagnostik und folglich auch in interventionsgerontologischen Maßnahmen (*Lehr* 1979; *Petzold* 1965, 1979k) wie Psycho- und Soziotherapie, Pflege und Geragogik zum Tragen kommen. Bei »externalen protektiven Faktoren« werden Wirkungen und Wirkungsbedingungen näher erforscht werden müssen, z. B. unter folgenden Fragestellungen:
1. Steht ein ›significant caring other‹ mit einem Beziehungsangebot zur Verfügung?
2. Wird das Beziehungsangebot wahrgenommen?
3. Wird es kognitiv als hilfreich eingeschätzt (appraisal)?
4. Wird es emotional als stützend und wohltuend bewertet (valuation)?
5. Wird es bei ›kritischen Lebensereignissen‹ in Anspruch genommen?
6. Was verhindert eine Inanspruchnahme (Scham, Angst, Schuldgefühle, mangelndes Selbstwertgefühl, Wunsch, niemandem zur Last zu fallen etc.)?
7. Wie wirkt ein protektiver Faktor, unter welchen Kontextbedingungen bei welchen »events«?

Beim ›significant caring other‹ unter den Bedingungen des Verlustes eines wichtigen Netzwerkmitgliedes durch Tod könnten folgende protektiven Momente angenommen werden:
1. *Trost und Beruhigung* beim Umgang mit Verlust und Trauerreaktion. Körperliche Berührung und Nähe bewirkt auf der *neurophysiologischen Ebene* eine »down regulation« von Übererregungsreaktionen der Amygdala und einer Übersteuerung der Stressachse (*Weiss* et al. 1997; *Petzold, Wolf* et al. 2000; *Yehuda* 1997), beruhigt ein ›hyperarrousal‹. Trauer-, Schmerz-, Leidreaktionen als »expressed emotions« triggern in anderen Hominiden Trost- und Unterstützungsreaktionen (»Trostarbeit« ist in diesem Sinne wichtiger als »Trauerarbeit«, vgl. *Petzold, Josić, Ehrhardt* 2003)
2. *Beistand und Zuwendung* verhindern auf der *psychologischen Ebene* ein Überwältigtwerden von Verlassenheitsängsten (Hominiden ›wissen‹ auf einer sehr tiefen, evolutionspsychologisch zu betrachtenden Ebenen, dass sie allein und verlassen verloren sind. Erlebter Beistand puffert Beunruhigung und Angst, bietet Sicherheit und Halt.
3. *Erfahrene Unterstützung* durch die Bezugsperson bietet auf der *lebenspraktischen Ebene* konkret Hilfen bei der Bewältigung praktischer Probleme, was gerade bei älteren Menschen eine bedeutsame Angelegenheit sein kann.
4. *Sinnerleben:* Im gemeinsamen bzw. gemeinschaftlichen Gespräch (*Petzold* 2001b) kann sinnstiftende Verarbeitung belastender Ereignisse durch unterstützende oder mit mitbeteiligte Personen des persönlichen und professionellen Netzwerkes (*Hass, Petzold* 1999) neuen, tragenden *Sinn* (*Petzold* 2001k, *Petzold, Orth* 2004) schaffen.

Durch diese vier, von ›significant caring others‹ bereitgestellten Qualitäten können vorhandene Resilienzen aktiviert oder neue Resilienzen gebildet werden.
Auf der Grundlage solcher Konzeptualisierung wird in interventiver Hinsicht gegenüber dem in der Psychotherapie bzw. Gerontopsychotherapie verherrschenden Paradigma der *expressiv-kathartischen Trauerarbeit* ein Paradigma der *beruhigend-integrierenden Tröstung* gestellt, wie es etwa für die »philosophische Therapeutik«

eines *Seneca, Epiktet oder moderner narrativer Traumatherapie* (*Petzold* 2001m) charakteristisch ist. Letztlich müsste jeder protektive Faktor in ähnlicher Weise auf die Wirkungsebenen durchgeprüft werden unter den Fragen:
What happens on the brain level? Was wird auf der psychologischen, was auf der alltagspraktischen Ebene bewirkt? Und schließlich: Was kann bei welchen persönlichen Situationen, in welchen Lebenslagen und bei welchen Belastungen von den zugänglichen protektiven Faktoren interventiv eingesetzt werden?
Der Integrative Ansatz ist, das wird hier deutlich, in seiner Konzeptualisierung interventionsorientiert. Vor dem umrissenen Hintergrund definieren *Petzold* und Mitarbeiter aus integrativtherapeutischer Perspektive:

»**Resilienzen** sind Widerstandskräfte, die aufgrund submaximaler, **bewältigbarer** Belastungssituationen, welche ggf. noch durch protektive Faktoren abgepuffert wurden, ausgebildet werden konnten. Sie haben eine Art ›psychischer Immunität‹ gegenüber erneuten, ähnlich gearteten Belastungssituationen oder kritischen Lebensereignissen zur Folge und erhöhen damit die **Bewältigungskompetenz** des Subjekts bei Risiken und bei ›stressful life events‹.« *(Petzold* et al. 1993a). Da Resilienz für unterschiedliche Belastungen differentiell ausgebildet wird, sprechen wir im Plural von Resilienzen.

Für *Petzold* resultieren Resilienzen aus Bewältigungs- und Adaptionsprozessen, die differentiell auf den erwähnten Ebenen durch Erfahrungen von praktischen Hilfen und eine unterstützende Ressourcenlage herausgebildet werden konnten. Sie regulieren vorhandene, genetisch disponierte und lebensgeschichtlich erworbene oder verstärkte Vulnerabilitäten herab (-) und fördern eine Stressantwort, die bei Belastungen nicht entgleist und keine dysfunktionalen Hyperarrousals auslöst. Sie bestärken Vitalität (+) und Kreativität (+), so dass es zu erfolgreichen Bewältigungsleistungen kommt, die wiederum Resilienzen bekräftigen. So entsteht ein zirkuläres Modell:
Protektive Faktoren bewirken, indem sie Belastungen und Vulnerabilität puffern, die Ausbildung von *Resilienzen* , die dann bei erneu-

ten Belastungen dem Subjekt als »internale protektive Faktoren« zur Verfügung stehen und bei weiteren erfolgreichen Bewältigungsleistungen bekräftigt werden, was eine effektivere Nutzung externaler Schutzfaktoren wahrscheinlich macht.

Vor diesem Hintergrund können **Protektive Prozesse** und die in ihnen wirksamen **Schutzfaktoren** (*protective factors*) wie folgt bestimmt werden:

»**Protektive Faktoren** sind einerseits – internal – Persönlichkeitsmerkmale und verinnerlichte positive Erfahrungen, Bewältigungsleistungen und Selbstwirksamkeitserlebnisse, die zu Resilienzen geführt haben, andererseits – external – spezifische und unspezifische Einflussgrößen des soziökologischen Mikrokontextes (Familie, Freunde, significant caring adults, Wohnung), des Mesokontextes (Subkultur, Schicht, Quartier, Region) und des Makrokontextes (übergreifende politische und soziökonomische Situation, Zeitgeist, Armuts- bzw. Krisenregion), die im **Prozess ihrer Interaktionen** miteinander und mit vorhandenen Risikofaktoren Entwicklungsrisiken und Schädigungen für das Individuum und sein soziales Netzwerk weitgehend vermindern. Sie verringern Gefühle der Ohnmacht und Wertlosigkeit und gleichen den Einfluss adversiver Ereignisse und Ereignisketten aus bzw. kompensieren ihn. Sie fördern und verstärken aber auch als *salutogene* Einflussgrößen die Selbstwert- und Kompetenzgefühle und -kognitionen und Bewältigungsperformanz des Subjekts sowie die Ressourcenlage und ›supportive Valenz‹ soziökologischer Kontexte (Familie, Schule, Nachbarschaft, Arbeitssituation), so dass persönliche Gesundheit, Wohlbefinden und Entwicklungschancen über ein bloßes Überleben hinaus gewährleistet werden.« (revid. nach *Petzold* et al. 1993, 185)

Risiko- und Belastungsfaktoren, protektive Faktoren und Resilienzen können nicht »dekontextualisiert« betrachtet werden, das dürfte deutlich geworden sein. Sie kommen in komplexen sozialen Prozessen und Kontexten zum Tragen und müssen deshalb in den Kontext übergeordneter Theorien gestellt werden. Mit integrativer Perspektive können hier Theorien und Forschungen zur »sozialen Unterstützung« (*Nestmann* 1988; *Röhrle* 1994; *Hass, Petzold* 1999) herangezogen werden, sowohl als Erklärungsmodelle als auch für Modelle der Hilfeleistung. Letztlich sind Referenztheorien und -modelle erforderlich, die entwicklungspsychobiologische Perspektiven (clinical life span developmental approach, *Oerter* et al. 1999), persönlichkeitstheoretische Dimensionen, kontexttheoretische Überlegungen (*Vygotsky, Gibson*), gesundheits- und krankheitstheoretische Konzepte einbeziehen (*Petzold* 2003a; *Lorenz* 2004). Weiterhin müssen stigmatheoretische Überlegungen (*Goffman* 1963, *Hohmeier, Pohl* 1978) und Mechanismen, die mit negativen Altersstereotypen (*Filipp, Mayer* 1999) verbunden sind, berücksichtigt werden, da hier erhebliche Belastungen und Risiken liegen können. Exemplarisch sei hier kurz das Integrative Modell des »Social Support« vorgestellt (s. S. 129).

Ausgegangen wird von der allgemeinen Lebenssituation des Menschen, bei der das Maß seiner sozialen Integration, d. h. die Stabilität seines sozialen Netzwerks in qualitativer und quantitativer Hinsicht (*Petzold* 1979c; *House* et al. 1988) und die Konsistenz seiner »social world«, seiner Wertewelt und -gemeinschaft (*Petzold, Petzold* 1991b) von ausschlaggebender Bedeutung für die allgemeine »supportive Valenz« seiner Lebenswelt ist, aber – nicht zuletzt unter biographischer und prospektiver Sicht – auch für die Stabilität seiner Persönlichkeit (von *Selbst, Ich, Identität* vgl. *Petzold* 2001p) und für ihre sozialen Fähigkeiten (Kompetenzen) und Fertigkeiten (Performanzen), ihre Coping- und Creatingstile.
Interventionen werden deshalb immer auf eine Förderung der sozialen Integration durch Stabilisierung der Lebenssituation und auf eine Stützung der Persönlichkeit, ihrer historisch gewachsenen Identität und ihrer Zukunftsentwürfe gerichtet sein. Ein weiterer Faktor für supportive psychosoziale Interventionen ist das Netz sozialer Sicherungen, das z. B. das öffentliche Gesundheitswesen mit seinen sozialen Hilfsagenturen (Beratungsstellen, Kliniken, Diensten usw.) und helfenden Berufen als externale Schutzfaktoren bereitstellt. Hier liegen die wesentlichen Bedingungen für interventive Erfolge und Misserfolge bei Hilfen zur Bewältigung von Krisen, Stress bzw. Überforderungserlebnissen. Das Vorhandensein sozialer Sicherungen und das Wissen um diese wird für die Betroffenen im Hinblick auf ihre Kontrollüberzeugungen, ihre Erwartun-

1.2 Soziale Unterstützung als Rahmen für Protektive Prozesse und Resilienzen

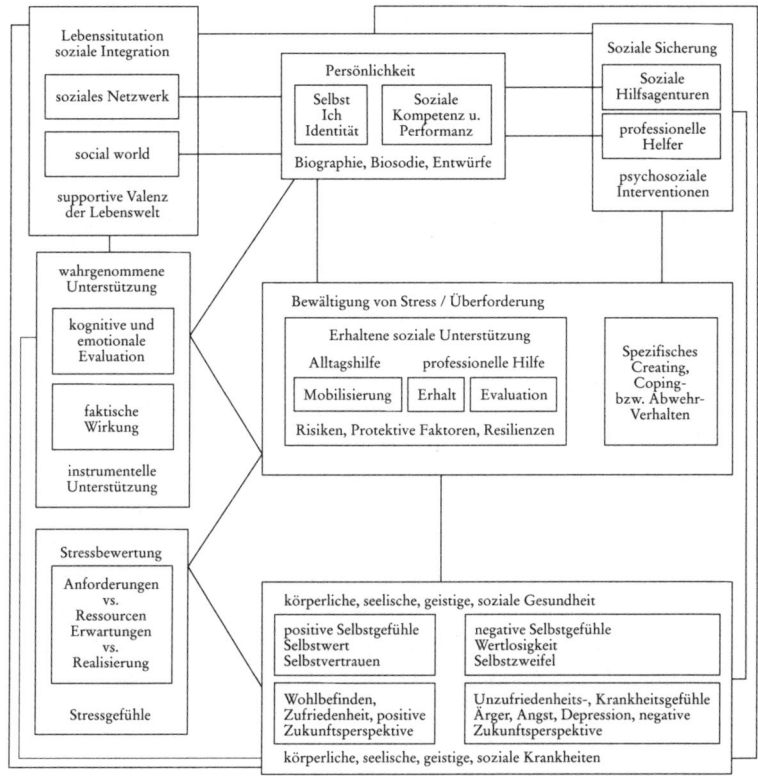

Abb.: »Soziale Unterstützung«, »soziale Situation der Person« (Lebenslage), psychosoziale Intervention und Krankheit, Gesundheit, Wohlbefinden

gen und ihre persönliche Stabilität von Einfluss sein. Neben das Wissen um Alltagshilfe von Familie und Freunden tritt das Wissen um die Möglichkeiten professioneller Hilfe als »informationeller Support«, der zu den Dimensionen instrumenteller/materieller und emotionaler Support hinzutritt (*Schwarzer, Leppin* 1989) und im Verein mit protektiven Faktoren (*Petzold* et al. 1993, 173 ff.) die Copingbemühungen, das Creating- oder das Abwehrverhalten der

Betroffenen unterstützt. Supportive Angebote und Schutzfaktoren werden in Krisensituationen genauso wahrgenommen und bewertet wie die Stressoren, und wahrscheinlich wird man in der Soziotherapie (*Petzold, Schay, Ebert* 2003) vermehrt auf die Spezifität in der Relation von Stressereignis und Supportform zu achten haben bzw. auf die Angemessenheit in der Kombination emotionalen, materiellen und informativen Supports. Die Stressbewertung etwa einer Diskrepanz von *Anforderungen* (z. B. finanzieller und emotionaler Art bei einer Alleinerziehenden, idem 2000h) und *zuhandenen Ressourcen* und protektiven Faktoren, von Erwartungen auf Hilfe und realiter eintretender oder ausbleibender Hilfeleistungen, werden wiederum eingeschätzt und bewertet (*appraisal, valuation*) und mit vorhandenen Creating- und Copingmöglichkeiten aufgrund vorgängiger Krisenerfahrungen abgeglichen, was zum Wiedergewinn von Kontrolle und Beruhigung oder aber abhängig von vorhandenen Beziehungen und zuhandenen protektiven Faktoren zu Stressemotionen, Überforderungsgefühlen führt und die Wahrnehmung und emotionale Evaluation von supportiven Massnahmen beeinflusst. Dies zuweilen derart, dass instrumentelle Unterstützung, etwa in Form von Geld oder Sachmitteln, gar nicht gewertet werden kann, keine emotionale Entlastung bringt oder faktische Wirkungen – z. B. Fortfall von Schuldendruck durch Schuldenregulierung – schmälert. Emotionalen und kognitiven Bewertungen kommt deshalb beim Bereitstellen von Support durch psychosoziale Interventionen ganz erhebliche Bedeutung zu, ja die Ermöglichung einer positiven Sicht der Hilfsmaßnahmen wird zu ihrer Akzeptanz und ihrem Gelingen wesentlich beitragen. Das »*emotional management*« von Stressemotionen durch entlastende Interventionen aus dem Repertoire der Integrativen Therapie (*Petzold* 1991h, 2004a) wird hier eine wichtige Funktion haben.

Gelingen aufgrund guter Empathie und integrationaler Kompetenz gut »zugepasste« (match, good for fit), Support und Empowerment vermittelnde Interventionen, können protektive Faktoren und Ressourcen bereitgestellt und genutzt werden, werden Gesundheit und Wohlbefinden gefördert, wird Krankheit vermieden oder bewältigt, dann werden Resilienzen gebildet, es treten positive Selbstgefühle vermehrt auf und werden negative Selbstgefühle vermindert (*Petzold* 1992b). Es werden – je nach Passung – Vulnerabilitäten verstärkt oder abgeschwächt, Resilienzen aufgebaut, Coping- und Creatingmöglichkeiten gefördert oder eingeschränkt, Ressourcen oder protektive Faktoren hinzugewonnen oder verloren. Die Rückwirkung auf die allgemeine Lebenssituation und soziale Integration einerseits und auf die Stabilität der Persönlichkeit andererseits erweist sich gleichfalls je nach Gelingen oder Misslingen der Maßnahmen und Hilfeleistungen zur Unterstützung der Bewältigungsleistungen als positiv oder negativ.

Im Rahmen eines solchen integrativen Modells von sozialer Unterstützung, das Interventionsformen wie (Geronto)Psychotherapie, (Geronto)Soziotherapie, Geragogik einbezieht (idem 1965), können Konzepte wie protektive Faktoren und Resilienzen für Theorienbildung, Forschung und Praxis intensiver fruchtbar werden.

2. Protektive Faktoren/Resilienzfaktoren – generelle und bereichsspezifische Überlegungen

Protektive Prozesse und die in ihnen zur Wirkung kommenden so genannten »protektiven Faktoren« können also einerseits zur Ausbildung und Förderung von »Gesundheit, Wohlbefinden, Leistungsfähigkeit« (health, wellness, fitness) führen, sie können aber auch zur Ausbildung von »Resilienz« (gekennzeichnet durch spezifische Resilienzfaktoren) beitragen, indem sie schädigende Einflüsse (Risiko- und Belastungsfaktoren) kompensieren oder abpuffern. Hierzu können generelle, bereichsübergreifende und bereichsspezifische Materialien gesichtet werden.

Internale protektive Faktoren sind – wie oben erwähnt – funktionell von den Merkmalen, die als sogenannte Traits bei resilienten Menschen gefunden oder ihnen zugewiesen (nicht alle Publikationen sind ja empiriegegründet) wurden, gelegentlich kaum zu unterscheiden. Weil sie damit als Impulse für Interventionen wichtig sein können, sei hier eine (unvollständige) Aufstellung versucht, die z.T. störungsspezifische, empirische und heuristische Ergebnisse zusammenträgt.

2.1 Protektive Faktoren – generelle Perspektiven

Beim Vergleich der Ergebnisse von Trait-Untersuchungen zeigt sich, dass einige Faktoren gefunden werden konnten, die offenbar unabhängig vom Alter Resilienz ausmachen (vgl. zum Kindesalter *Garmezy* [1993]; *Petzold, Müller* [2001]), zur Adoleszenz *Beardslee & Podorefsky* [1988] und Erwachsenenalter *Rabkin* et al. [1993]): so wurden
- eine eher überdurchschnittliche Intelligenz,
- breit gestreute Interessens- und Aktivitätsgebiete,
- ein aktiver, engagierter Lebensstil,
- self-reliance (Glaube an sich und seine eigenen Fähigkeiten),
- Unabhängigkeit,
- eine positive Lebensanschauung,
- Flexibilität im Umgang mit Veränderung, sowie
- gute Beziehungen zu engen Vertrauten

offenbar in jedem Lebensalter als Merkmale resilienter Menschen registriert.

Oft gefunden – und auch für verschiedene Lebensalter zutreffend – wurden auch die Faktoren
- Reflexionsfähigkeit,
- die Fähigkeit zur Exzentrizität (bei Jugendlichen, *Beardslee* & *Podorofsky* 1988) und
- starke externe Unterstützung (bei Kindern z. B. in Form von engen Beziehungen zu einzelnen zugewandten und/oder vorbildhaften Erwachsenen oder in Gemeinschaften (z. B. peer groups).

Der Beziehung zu vorbildhaften Personen messen auch *Dyer, McGuiness* (1996) höchste Bedeutung bei. Die Gegenwart mindestens einer Person im Leben, die fürsorglich und emotional zugänglich erlebt wurde, das Modell, das diese Person für das Individuum abgab und dessen inneren Werte prägte, sei geradezu Voraussetzung für die Ausbildung von Resilienz. Bei der externen Unterstützung ist allerdings zu sagen, dass ein solcher Support nicht immer und in jeder Situation als protektiv erlebt wird, sondern unter Umständen sogar beeinträchtigend wirkt (*Staudinger* et al. 1995; *Staudinger, Greve* 2001), abhängig etwa von der Qualität, der Quantität der *erhaltenen* und *erlebten* (*Petzold, Petzold* 1993, 470) Unterstützung, die zu differenzieren sind, weiterhin von den Eigenschaften des unterstützenden Netzwerks oder auch von Persönlichkeitsmerkmalen der zu unterstützenden Person. Es dürfen also keine vorschnellen Generalisierungen erfolgen.

2.2 Protektive Faktoren – bereichsspezifische Perspektiven

Außer bei *Wagnild* & *Young* (1990) konnten wir leider keine Arbeit finden, die sich speziell damit befasste, protektive Faktoren im Alter zusammenzustellen. Viele Studien aber behandeln ein spezifisches Thema unter dem Aspekt Alter, so dass wir doch zu verschiedenen psychischen Störungen und allgemeinen Themen einige Resultate auflisten können, ähnlich wie bei es auch für somatische Leiden gemacht wird.

- Gleichmut
- Beharrlichkeit
- Selbstvertrauen
- Neugierde
- Flexibilität, Anpassungsfähigkeit
- soziale Kompetenz
- soziale Aktivität
- Unabhängigkeit
- Kontrolle über das Umfeld
- Ressourcenvielfalt
- Bedeutsamkeit und existentielle Einzigartigkeit jeden Lebens
- Einstellung, dass das Leben einen Sinn hat
- physische Robustheit
- guter Zugang zu medizinischer Versorgung.

a) *Mortalität und Krankheit bzw. Langlebigkeit und Gesundheit*
Auf den ganzen Bereich der protektiven Faktoren bezüglich somatischer Krankheiten kann hier ausführlicher nicht eingegangen werden. Da jedoch körperliche Gesundheit immer auch auf die Psyche wirkt – und im Alter kann dies zum Teil noch gravierendere Wechselwirkungen haben, indem z. B. mit einer somatischen Einschränkung ein Verlust von sozialen Kontakten einhergehen kann – sollen hier doch auch solche Verbindungen erwähnt werden.
- *Seeman* und *Chen* (2002) suchten Risiko- und protektive Faktoren für chronisch kranke ältere Menschen im Vergleich mit nicht-chronisch Kranken. Ergebnisse: für *alle* war *regelmäßige körperliche Aktivität* ein protektiver Faktor in Bezug auf Veränderungen der physischen Funktionstüchtigkeit! In den diagnosespezifischen Ergebnissen zeigte sich, dass für die cardiovaskulären Störungen der Faktor ›größerer emotionaler Support‹ mit höheren baseline levels einherging und mit weniger Verlust von Funktionstüchtigkeit, der Faktor ›größere soziale Konflikte‹ war speziell bei den Bluthochdruck- und Diabetes-PatientInnen mit einem größerem funktionellen Abbau verbunden, und für die Krebskranken waren besonders ›instrumentale Selbstwirksamkeits-Überzeugungen‹ protektiv. Soziale und psychologische Faktoren waren bei den Versuchspersonen ohne chronische Krankheiten ohne Einfluss auf funktionelle Abbauprozesse.

- *Altersoptimismus* und *positive Selbstwahrnehmung* wurden von *Levy* et al. (2002) als Faktoren gefunden, die auch mit Langlebigkeit in Verbindung stehen.
- *Positive Emotionen in jungen Jahren* korrelierte mit Langlebigkeit in einer Untersuchung von *Danner, Snowdon, Friesen* (2001).

b) *Stress bzw. Stressreduktion/-pufferung*
Als spezifizierungsbedürftiges Konzept wirkt Stress bei vielen Belastungssymptomen und psychischen Störungen mit. Stresspuffernde Faktoren können daher auf verschiedene Störungen einen indirekten Einfluss nehmen.
- *Soziale Interaktionen* und *physische Aktivität* haben laut *Unger* et al. (1997) und *Petzold, Berger* (1986) sowohl einen stresspuffernden Effekt als auch einen direkten schützenden Effekt gegenüber funktionellem Abbau.
- Eine Reihe von stresspuffernden Faktoren stellt *Stevens* (2000) zusammen: *internaler locus of control, soziale Unterstützung, soziales Interesse, Wehrhaftigkeit, physische Fitness, Sinn für Humor, Alkoholkonsum, Typ A Charakteristik, Optimismus.*
- Das *Halten von Haustieren* (*Schlappak* 1990; *Otterstedt* 2001; *Olbrich* 1997; *Greiffenhagen, Bruck* 2000; *Corson, Corson* 1980)
- In einer biologisch-evolutionären Sichtweise verweist *Parsons* (1996) auf die Rolle von *Genen* für einen stressreduzierenden Metabolismus. Die Förderung stresspuffernder Genregulation (*Bauer* 2002; *Petzold* 2003) durch soziale Aktivität und gute zwischenmenschliche Kontakte ist als wesentlich anzusehen.

c) *Depression bzw. Wohlbefinden*
Der Copingstil wird mehrfach mit protektiven Einflüssen bezüglich Depression in Verbindung gebracht:
- Ein *Wechselspiel zwischen den beiden Coping-Arten* ›Assimilation‹ und ›Akkommodation‹ ist nach *Rothermund, Schmitz* 1997 ein protektiver Faktor.
- Von *Kubat* und *Bahro* (2001) wurde eine *gute Akkommodationsfähigkeit* als protektiver Faktor gefunden (vgl. auch *Brandtstädter, Rothermund, Schmitz* 1997). Dies bestätigt eine These, dass der akkommodative Bewältigungsstil im Alter zunimmt

bzw. in vielen Fällen funktionaler wird als der assimilative (*Staudinger, Greve* 2001; *Brandtstädter & Renner* 1990).
- Etwas komplexer sehen dies *Staudinger* et al. (1999). Nicht ein bestimmter Stil sei protektiver als ein anderer, sondern die *selektive Flexibilität*, die jemand in der Anwendung von verschiedenen Bewältigungsstilen zeigt, sei der entscheidende Punkt.
- Die so genannt regressiven Bewältigungsmuster (›Verantwortung abgeben‹, ›Sinnverlust‹, ›laufen lassen‹) nehmen nach *Staudinger* et al. (1999) mit zunehmendem Alter leicht zu, doch kann das unter Umständen (z. B. angesichts irreversibler Einschränkungen) funktional sein. ›Humor‹, ›nicht aufgeben‹ und ›Wunsch nach Information‹ zeigen einen positiven Zusammenhang mit Alterszufriedenheit (dies wird von *Staudinger* et al. als Indikator für Resilienz verstanden), ›sich abfinden‹, ›Sinnverlust‹ und ›Verantwortung abgeben‹ dagegen einen negativen. Es erscheint also wenig sinnvoll, bestimmte Bewältigungsstile als regressiv zu bezeichnen. Z.B. der Copingstil ›laufen lassen‹ scheint im Falle von körperlichen Risiken protektiv zu sein, während der – an sich oft protektive Stil – ›nicht aufgeben‹ und ›Wunsch nach Information‹ im gleichen Fall dysfunktional werden kann. Ob ein Bewältigungsstil protektiv ist oder nicht, hängt also auch von der Art der Belastung, den Kontextbedingungen und der Ressourcenlage ab: irreversible Verluste/Einschränkungen sind anders zu bewältigen als vorübergehende und/oder beeinflussbare.
- Menschen mit körperlicher Behinderung und aktueller sozialer Isolation leiden häufiger an depressiven Störungen (*Schneider* et al. 1999). Ebenso – und sogar deutlicher – wurden diese Menschen eher als psychogen erkrankt eingestuft, je mehr Lebensabschnitte sie erlebt hatten, in denen die subjektive Belastung gegenüber supportiven Elementen überwog. Im Weiteren erhöhte emotionale Labilität das Risiko, psychogen zu erkranken, während diejenigen zu den weniger risikoreichen Personen gehörten, die mit *kognitiver Umbewertung* auf Probleme reagieren (ibid. 229). Bei den Bewältigungsstrategien zeigten sich ohnehin deutliche Unterschiede zwischen depressiven PatientInnen und psychisch Gesunden: Probleme aktiv anzugehen, optimistisch zu sein, Unabänderliches anzunehmen, sich auf frühere Er-

fahrung zu besinnen, Situationen kognitiv umzubewerten und den Humor zu behalten kennzeichnet gesundes Verhalten.

Es wird spätestens hier deutlich, dass es sich bei den »protektiven Faktoren« nicht um einfache Korrelationen handelt. Ihre Wirksamkeit ist stets von mehreren Variablen/Rahmenbedingungen abhängig: Sie kommen abhängig von der »Lebenslage«, den Ressourcen, der Netzwerksituation, der Wohnverhältnisse (Privatwohnung/ Heim) differentiell zum Tragen (*Bäcker, Naegele* 1992; *Petzold* 2000h).

- *Staudinger, Freund* (1998) fanden beispielsweise, dass eine größere Anzahl an selbstdefinierenden Bereichen *für Personen mit niedrigem Einkommen angesichts gesundheitlicher Beeinträchtigungen* eine protektive Funktion hatte. Hier wurde differenziert geforscht und die Ergebnisse sind entsprechend komplex und kaum generalisierbar.
- Ebenfalls bei *Staudinger* und *Freund* (1998): Selektives Investment, d. h. die Konzentration des Lebensinvestments auf einige wenige Bereiche wirkte *sowohl bei niedrigerem Einkommen als auch bei schlechterer Gesundheit* kompensierend.
- *Strawbridge* et al. (1998) prüften in einer Untersuchung, ob Religiosität gegenüber Stressfaktoren, welche Depression mitbewirken können, eine puffernde Qualität habe. Die Untersuchung wirft viele Fragen auf. Haben religiöse Menschen »konservativere« Lebensstile, die stressärmer sind? Sind ihre »Verhältnisse« geordneter, so dass es weniger leicht zu *Erosion* von *»persönlicher Tragfähigkeit«* (*Petzold* 2000h) kommt? Dass Religiosität nicht schlicht als »gesund« attribuiert werden darf, zeigen alle Untersuchungen zu Religion und Depression. Das Ergebnis: Religiosität schützt bei nicht-familiären Stressoren gegen Depression, verstärkt jedoch u. U. die Anfälligkeit für Depression (bzw. geht eher damit einher), wenn familiäre Krisen zu bewältigen sind (*Andritzky* 1999).
- *Coleman* et al. (1993) erwähnen einen *hohen Selbstwert*, eine *größere Bedeutung von ›significant others‹* (also bedeutsame Personen innerhalb oder außerhalb der Familie) als protektiv gegen Depression. Im Gegenzug fanden sie als Prädiktoren für Depression und niedrige Selbsteinschätzung eine ›negative Ein-

stellung zum Alter‹, ›Hilfsbedürftigkeit im Haushalt‹ sowie ›wahrgenommene Inaktivität‹ (d. h. viel zu Hause sein).
- *Flexibilität des Selbst*, die ihrerseits protektiv gegen Depression wirken soll, wird erreicht durch: a) instrumentale und kompensatorische Aktivitäten b) akkommodative Veränderungen und Wiederanpassungen von persönlichen Zielen und Strebungen und c) durch immunisierende Mechanismen (*Brandtstädter & Greve* 1994).
- *Dyer, McGuinness* (1996) geben folgende protektive Faktoren bezüglich Depression an: *Entschlossenheit/Zielstrebigkeit, eine wertschätzenden Gleichmut* gegenüber dem eigenen Lebensweg, *prosoziale Haltung* (welche ggf. Support in Notfällen zur Folge haben kann), *hardiness* (ein Konzept von *Kobasa* [1979], welches jene Menschen auszeichnet, die mit Mühsal und Härte konstruktiv umgehen können – was natürlich nichts anderes ist als eine weitere, etwas anders akzentuierte Definition von Resilienz und deshalb nicht als Faktor für Resilienz vorgebracht werden kann).

d) *kognitiver Abbau, Kompetenzeinbußen*
- *Bildung* wirkt einem kognitiven Abbau kompensatorisch entgegen, bzw. zögert ihn hinaus, wirkt aber nicht protektiv (*Christensen* et al. 1997).
- *Intelligenz* und *Erfahrungsschätze* können als »endogene«, *kognitives Training* als »exogene« Resilienzfaktoren gegenüber kognitivem Abbau angesehen werden (vgl. *Staudinger, Greve* 2001).

e) *Ethnie*
Zu Recht weist *Jacelon* (1997) darauf hin, dass unterschiedliche Populationen (nach Ethnie, Religion, Alter, Geschlecht, problem-/krankheitsspezifisch) noch zu wenig differenziert beforscht worden sind.
- Es sei hier erwähnt, dass *Muecke* (1992) in ihrer Untersuchung von Resilienz bei Flüchtlingen vermutete, dass das, was bei dieser Gruppe medizinisch als Krankheit angesehen werden musste, vielleicht auch ein Stadium in einem Resilienzprozess repräsentierte.
- *Wallace* und *Bergeman* (2002) zeigten auf, dass in einer Popula-

tion von 10 afrikanischen Amerikanern die Religiosität und Spiritualität als wichtige Reserve-Kapazität angegeben wurde. Auch dieses Ergebnis könnte ethniespezifisch sein und müsste in einem ethnischen Vergleichsdesign repliziert werden.

f) *Genderspezifische Untersuchungen*
- *Wagnild & Young* (1990) haben Resilienz-Eigenschaften in ihrer Untersuchung bei älteren Frauen gefunden, welche sich erfolgreich an schwer wiegende Verluste angepasst hatten (vgl. Auflistung am Anfang dieses Kapitels).
- Als einen protektiven Faktor für Frauen gab *Kline* (1975) Rollen-Inkonstanz an. Frauen, die über ihre Lebensspanne hinweg verschiedene Rollen angenommen und ausgefüllt hatten (Berufsfrau, Hausfrau, Mutter usw.), waren im Alter zufriedener (weniger depressiv). So hat sich gezeigt, daß für alte Frauen Rollen*inkonstanz* über das Leben hin einen bedeutenderen protektiven Faktor darstellt als Rollenkonsistenz, da Sozialisationseinflüsse die Frauen zu ständiger Rollenanpassung zwingen, wodurch sie Flexibilität und Anpassungsfähigkeit für das Alter gewinnen können (*Kline* 1974; vgl. *Höpflinger* 1994).
- Ausgehend von einer »noch ungeklärten Befundlage zum Zusammenhang von Lebensereignissen und entwicklungsbedeutsamen Veränderungen im höheren Lebensalter« wurde von *Saup* (1998) versucht, rückblickend bei Frauen, die sich explorativ bzw. resignativ verändert hatten (nach eigenen Aussagen), Unterschiede in der *Lebensereignisbiographie* zu finden. »Explorativ alternde Frauen hatten durchschnittlich eine größere Anzahl von Lebensereignissen in den Bereichen ›außerfamiliäre Sozialkontakte‹ sowie ›Lebensstil und Freizeitgestaltung‹. Bei den resignierenden Frauen war dagegen die Anzahl krankheitsbezogener Ereignisse höher.« Das sieht nach einem trivialen Resultat aus (Frauen, die mehr Belastungsereignisse zu verkraften haben, verändern sich in Richtung Resignation), doch zeigt es u. a., dass man Lebensereignisse nicht einfach numerisch gegeneinander aufrechnen kann. Andere Ergebnisse aus dieser Studie waren: Die explorativen Frauen setzen sich im Durchschnitt signifikant länger mit Lebensereignissen auseinander als die resignativen, vor allen Dingen mit nicht-belastenden Lebensereig-

nissen. Stark belastende Lebensereignisse wurden – allerdings nicht signifikant (!) – von den resignativen Frauen etwas länger »bearbeitet«. Auch hatten explorativ Alternde eine durchschnittlich größere Dichte von Lebensereignissen – allerdings v.a. mehr *nicht* belastenden Ereignisse –, während von den belastenden Lebensereignissen die resignativ Alternden deutlich mehr zu verbuchen hatten. Resignativ Alternde waren zum Zeitpunkt der Befragung von mehr belastenden Lebensereignissen begleitet als explorativ Alternde, obwohl diese sich im Schnitt aktuell mit mehr Lebensereignissen auseinandersetzten. Es müsste jedes Erbegnis aber daraufhin analysiert werden, ob die Lebensereignisse wirklich belastend waren, oder ob sie vielleicht gar Ressourcencharakter hatten.

- *Van den Heuvel* et al. (1996) fanden, dass vor allem bei Frauen mit kognitiven Beeinträchtigungen ein starker *internaler locus of control* einen protektiven Faktor gegen depressive Symtome darstellt (sie untersuchten generell den moderierenden Einfluss von locus of control und Neurotizismus auf den Zusammenhang zwischen kognitiven Einschränkungen und depressiven Symptomen.

Zum Teil sind **Risikofaktoren**, die »Gegenkraft« zu den protektiven Faktoren, in die obige Aufstellung eingeflossen. In manchen Studien stehen sie im Zentrum.
- So bei einer Untersuchung von *Antoni & Goodkin* (1988) aus der Psychosomatik. Im Zusammenhang mit Krebs bei Erwachsenen wurden folgende Risikofaktoren gefunden: prämorbider Pessimismus, Hoffnungslosigkeit, somatische Angstsymptome, passiver und angepasster Persönlichkeitsstil.
- *Fuchs* (1999) verglich Depressive mit an Paraphrenie Erkrankten und konnte diverse Risikofaktoren für späte Paraphrenie bestätigen: eine ›niedrigere Ausbildungsstufe‹, ›vorhandene Hörbehinderung‹, eine ›Familiengeschichte mit paranoider Störung‹. Bei den Depressiven war der ›Grad physischer Behinderung‹ signifikant höher. Bei beiden Gruppen könnten biographische Daten zu einer besonderen Vulnerabiltät beigetragen haben: bei den Paranoiden ›Entwurzelung‹, ›Erniedrigung‹, ›soziale Randständigkeit‹, ›Enttäuschungen‹ und ›fragile Beziehungen‹. Dies

alles soll eine misstrauische Haltung gegenüber der Umwelt gefördert haben. Bei den Depressiven scheinen ›frühe Verlusterlebnisse‹ – entsprechend damit zum allgemeinen Stand der Forschung zur Ätiologie der Depression – besonders häufig vorzukommen. Eine ständige latente Bedrohung durch ›antizipierte Trennung‹ könnte bei ihnen ein Vulnerabilitätsfaktor sein.

- *Oswald* et al. (2002) suchten Risikofaktoren zum einen betreffend Selbständigkeit im höheren Alter: Dies waren ›Apoplex‹, ›Depression‹, ›unterdurchschnittliche subjektive Bewertung der Befindlichkeit‹ und ›spezifische Gedächtnisdefizite‹. Als Demenzrisiken deklarierten sie diverse kognitive Leistungsdefizite und das Vorliegen einer Frühsymptomatik! (Ob das als *Risikofaktor* definiert werden soll oder als Symptom, muss diskutiert werden). Risikofaktoren bezüglich Mortalität stellten ›Rauchen‹, ›diabetes mellitus‹, ›unterdurchschnittliche subjektive Bewertung der Gesundheit‹ und ›unterdurchschnittliche körperliche Leistungsfähigkeit‹ dar. Aber: Weder Multimorbidität noch einzelne typische Erkrankungen stellen ausschließliche Unselbständigkeits-, Demenz- oder Morbiditätsrisiken dar. Da verschiedene Faktoren auf mehreren Ebenen die Selbständigkeit, die Demenz und die Morbidität beeinflussten, schließen *Oswald* et al. (2002) daraus, dass ein **multimodales** Trainingsprogramm diesen unerwünschten Prozessen etwas entgegenhalten könnte. Konkret schlagen sie vor: Gedächtnistraining (Kognition), Kompetenztraining (soziale und persönliche Faktoren), Psychomotorik (physischer Aspekt).

3. Ausblick für die interventive Praxis

Die voranstehend dargestellten Materialien können interventionsgerontologisch, in der Psycho- und Soziotherapie, in der Beratung, Netzwerk- und Supportarbeit sowie der interdisziplinären Diagnostik mit älteren Menschen zur Anwendung kommen und im interdisziplinären Behandlungsteam bei interdisziplinären Interventionen von Nutzen sein. Es besteht daher die Notwendigkeit, die Befunde von protektiven Faktoren und Resilienzen aus der longitudinalen Entwicklungsforschung, hier der des Alters, einer »developmental gerontology«, mit der psychotherapeutischen Theorienbildung und Praxeologie zu verbinden, so dass eine hinlängliche Konsistenz zwischen Entwicklungszielen und Therapiezielen erreicht wird, Ziel-Ziel und Ziel-Mittel- Konflikte vermieden werden und therapiewirksame Faktoren und protektive Faktoren interventionsrelevant abgestimmt werden und zum Einsatz kommen können.

Generell ist zu sagen, dass die vielfältigen »protektiven Faktoren«, die »Resilienz« fördern und die verschiedenen Momente, die Resilienz ausmachen und dafür verantwortlich sind, ob und wie Resilienz entstehen und aufrecht erhalten werden kann, es nicht erlauben, eindimensionale Schlussfolgerungen zu ziehen und einfache Rezepte zur Unterstützung oder gar der Ausbildung von Resilienz bei alten Menschen abzuleiten. Die Umsetzung der vorhandenen Erkenntnisse und Konzepte in die Praxis erfordert meist eine gewisse Reduktion von Komplexität, womit immer die Gefahr von Vereinfachungen und Generalisierungen gegeben ist. Gerontotherapie oder sozialgerontologische Interventionen treffen häufig auf Menschen in »prekären Lebenslagen«, zuweilen sogar in desaströsen (*Petzold* 2000h), in denen die Helfer mit Problemen (als krisenhaften Belastungen, Störungen mit Krankheitswert und/oder Entwicklungsaufgaben und Herausforderungen), mit **R**essourcen/ **R**essourcenmangel und mit **P**otentialen/**P**otentialdefiziten (**PRP**) des Patienten/der Klientin konfrontiert werden. Aus dem **PRP**-Status (*Petzold* 1997p) ergeben sich **Ziele** der Behandlung, Betreuung, Unterstützung. Die Ziele werden mit der Klientin erarbeitet und besprochen und in »informed consent« angegangen. Das wiederum verlangt nach **Methoden** und **Techniken**, und auch diese erfordern informierte Zustimmung (bei schweren Demenzen u.ä. der zuständigen Angehörigen oder Pflegschaft).

Im Rahmen der Diagnosestellung und Interventions- bzw. Behandlungsplanung kommt dann dem Erfassen von Ressourcen, faktisch und potenziell belastenden und protektiven Faktoren, vorhandenen Resilienzen eine wichtige Rolle zu, um erfolgreiche Behandlungen durchführen zu können. Die initiale Diagnostik wird dabei beständig im Behandlungsprozess durch eine »prozessuale Diagnostik« (*Petzold* 1993p; *Petzold, Steffan* 2001a; *Petzold, Osten* 1998; *Osten* 2000, 2003) ergänzt werden müssen. In diesem Geschehen werden protektive Faktoren und Resilienzen für den jeweiligen Patienten deutlich und auch die Möglichkeiten, sie zu berücksichtigen. Eine differentielle und flexible Nutzung dieser Konzepte wird also notwendig sein, ganz wie dies auch für den Einsatz von therapeutischen Wirkfaktoren in der modernen Psychotherapie erforderlich ist (*Smith, Grawe* 1999; *Petzold* 1993p, 2002b). Der wissenschaftlich immer noch sehr offene Status der Konzepte protektiver Faktoren und Resilienz verlangt hier ein sorgfältiges und zugleich flexibles Vorgehen. Wenn im Folgenden dennoch der Versuch unternommen wird, Wege aufzuzeigen, Wissensstände in die Praxis und Methodik gerontotherapeutischer Arbeit zu integrieren, sollen die vorgeschlagenen Maßnahmen/Interventionen als *Möglichkeiten* verstanden werden, Resilienz zu fördern, protektive Faktoren aufzufinden und zu nutzen, als Maßnahmen, die im therapeutischen Prozess Akzente auf »Salutogenese« (*Antonovsky* 1979; *Lorenz* 2004) und protektive Prozesse setzen. Es kann so angestrebt werden, dass »vorhandene externale Ressourcen und Schutzbedingungen mobilisiert oder neu erschlossen und bereitgestellt werden, dass internale protektive Mechanismen (›innere Beistände‹, soweit sie vorhanden sind), gestützt und bekräftigt werden oder durch die Therapie erarbeitet werden können.« (*Petzold* 1995a, 198). Verinnerlichte »significant caring others« sind als »innere Beistände« (*Petzold* 1985l) protektive Faktoren von immenser Bedeutung, genauso wie verinnerlichte bedrohliche und belastende Personen als »innere Feinde« (idem 1985a) gewichtige internale Risikofaktoren sind (wie Täter-Intrusionen in PTSD-Flashbacks zeigen). Diagnostik und Therapie hat diesen Faktoren Rechnung zu tragen. Abgesehen von den Arbeiten von *Petzold* und seinen MitarbeiterInnen trifft man in Therapieberichten und theoretischen Arbeiten zur »Psychotherapie in der Lebensspanne«, der Arbeit mit Kindern (*Petzold, Ramin* 1987; idem 1995a), Jugendlichen (*Petzold, Schay, Ebert* 2003) Erwachsenen (idem 1993p, 2001a, 2003a) und alten Menschen (*Petzold, Bubolz* 1979; *Müller, Petzold* 2003) verhältnismäßig wenig auf das Konzept der psychologischen Widerstandsfähigkeit und der protektiven Faktoren, obwohl es ein für die Psychotherapie sehr relevantes Thema darstellt (*Petzold, Goffin, Oudhof* 1993). Im klinischen Kontext hat – vor allem im systemischen Paradigma – immerhin mehr und mehr auch ein – zumeist sehr unspezifischer – ressourcenorientierter Ansatz Fuß gefasst, der in eine ähnliche Richtung zielt wie resilienzfördernde Arbeit und das Nutzen von protektiven Faktoren. Voraussetzung für die Nützlichkeit jeder dieser Interventionen im *Einzelfall* ist sicher eine sorgfältige, differentielle Diagnostik (*Osten* 2000; *Petzold, Osten* 1998) und eine mehrdimensionale Abklärung vorhandener Ressourcen (*Petzold* 1997p) und Rahmenbedingungen wie die Netzwerk-/ Konvoysituation und Lebenslage (idem 2000h; *Hass, Petzold* 1999). Eine solche Bestandsaufnahme gehört daher an den Anfang jeder Behandlung oder Beratung, ganz gleich ob diese nun in einer psychotherapeutischen Praxis oder in einer psychiatrischen oder psychosomatischen Einrichtung stattfindet.

Neben individuell ›maßgeschneiderten‹ Interventionen können aber auch unspezifische Behandlungsprogramme aufgebaut oder -elemente eingesetzt werden, die dazu geeignet sind, einen allgemeinen Beitrag zur Gesundheitsförderung zu leisten, indem sie einen oder mehrere protektive Faktor unterstützen, die »jedem nützen« und zumindest keine Nebenwirkungen haben (*Müller, Petzold* 2002a; *Märtens, Petzold* 2002). Dieses Vorgehen könnte und sollte auch außerhalb von klinischen Einrichtungen an Bedeutung gewinnen, wenn man nämlich auch die Prävention als gesundheitspolitische Aufgabe in Betracht stellt. In Alters- und Pflegeheimen, in denen die Gefahr unentdeckter und undiagnostizierter Depressionen hoch ist, ließen sich vorbeugende Maßnahmen in den Alltag einbauen. Das Gleiche gilt für den Bereich der Heimpflege und der ambulanten Versorgung sowie für die somatischen Spitäler. Da der Zusammenhang zwischen physischer Beeinträchtigung und Depression sehr stark ist, müssen gerade für die Gruppe der körperlich Belasteten Präventivmaßnahmen bereitgestellt werden. In somatischen Spitälern muss erfasst werden, ob noch weitere Risikofaktoren vorliegen und welche protektiven Faktoren vorhanden, verkümmert, zu stützen, mobilisierbar sind (vgl. *Fuchs* 1999; *Schneider* et al. 1999). Ein rechtzeitiges Erkennen und Behandeln von RisikopatientInnen für psychische Dekompensation oder die Ausbildung psychischer Störungen im Krankenhaus könnte eine Verlegung in die psychiatrische Klinik vermeiden helfen oder eine Posthospital-Depression verhindern.

Aus der obigen Zusammenstellung protektiver Faktoren ist ersichtlich, wie vielschichtig beschützende Einflüsse wirken, auf wie vielen

Ebenen sich protektive Faktoren lokalisieren lassen: Genetische und psychophysiologische Parameter, körperliche Aktivität, positive Kognitionen und Emotionen, Verhalten, soziales Umfeld usw. Davon lassen sich resilienzfördernde Maßnahmen für Krankenhäuser und Wohneinrichtungen ableiten, und es wird klar, dass hier alle Disziplinen eines interdisziplinären Behandlungsteams ihren Teil dazu beitragen können, Schutzfaktoren zu nutzen: Stressreduzierende Entspannung (*Voutta-Voss* 1997) oder regelmäßige körperliche Aktivität z. B. im Lauftraining durch die Bewegungstherapeutin (*van der Mei* et al. 1997), soziale Kontakte in der Gruppentherapie, Tierhaltung als milieutherapeutische Intervention der Pflege, Unterstützung beim Aufbau oder der Erhaltung eines tragfähigen sozialen Netzwerkes durch den Sozialdienst (*Petzold* 1994e). Sinn- und troststiftende Gespräche »Philosophische Therapeutik« (idem 2001m) oder narrative Biographiearbeit (idem 2003g; *Olbrich* 1997) haben genauso wie kreativtherapeutische Arbeit mit Poesie-, bildnerischen Medien, Theatertherapie, Musiktherapie (*Petzold* 1985a; *Müller, Petzold* 1997) eine hohes protektives und identitätsstiftendes Potential (*Nitsch-Berg, Kühn* 2000). Ein koordiniertes Case Management und eine zielorientierte Behandlungsplanung sind dabei allerdings notwendigerweise zu gewährleisten. Je genauer die Abklärung betreffend Ressourcen, Potentiale, »Probleme«, protektiven Faktoren und Risikofaktoren vorgenommen wird, desto gezielter lassen sich die zu fördernden Komponenten bzw. Bedingungen von Resilienz ausmachen und desto präziser kann auch der methodische Ansatz gewählt werden. Dabei gilt es, in einer sorgfältigen Therapiezielplanung (*Petzold, Leuenberger, Steffan* 1998; *Osten* 2003), Schwerpunkte und Prioriäten zu setzen. Indes kann durchaus auch an mehreren »Ecken« gleichzeitig angesetzt werden, da sich die Interventionen gegenseitig fördern können. Natürlich ist aber dabei die Belastbarkeit des Patienten sorgfältig im Auge zu behalten.
Der Fokus kann zum Beispiel auf folgenden Interventionen liegen:
- Gemeinsames Analysieren und Überdenken evtl. Anpassen von Bewältigungsstrategien;
- Anpassung von Zielen;
- Auseinandersetzung mit negativen Altersstereotypen
- Bewerten bzw. neubewerten von Vergangenheit; Biographiearbeit,

- sinnstiftende Gespräche; narrative Gruppen
- seelsorgerische Betreuung;
- kognitives Training/Gedächtnistraining
- Willensförderung
- identitätsfördernde Maßnahmen;
- selbstwertunterstützende Aktivitäten;
- selbstwirksamkeitsfördernde Tätigkeiten (internaler Lokus of control)
- autonomiefördernde Maßnahmen;
- Ressourcenaktivierung durch kreativitätsfördernde Massnahmen
- stresspuffernde Interventionen (z. B. Entspannungstherapie; Information geben)
- körperliche Betätigung
- Netzwerkarbeit
- Förderung intergenerationaler Kompetenz.

Welche Interventionen angemessen sind, welche protektive Faktoren sie beinhalten und welche von ihnen bei welchen PatientInnen in welcher Lebenslage anschlagen, um Resilienzen zu bekräftigen und Potenziale zu aktivieren bzw. zu erschließen bedarf der aufmerksamen Beobachtung. Für den frei praktizierenden Psychotherapeuten erfordert die Umsetzung derartiger Interventionen eine gute Vernetzung mit somatisch versierten Fachleuten und mit KollegInnen anderer Therapiemethoden. In vielen Fällen dürfte eine kombinierte, bimodale oder trimodale Vorgehensweise, welche das sinnstiftende Gespräch mit kreativitäts-, entspannungs-, bewegungs-, kommunikationsfördernden und erlebnisaktivierenden Methoden verbindet, vorteilhaft sein.

Zu guter Letzt gilt es mit *Rotter* (1985) auch zu bedenken: die Förderung von Resilienz liegt nicht darin, stressreiche Situationen und Belastungen zu vermeiden, sondern darin, einer Stresssituation so begegnen zu können, dass Selbstvertrauen und soziale *Kompetenzen*/Fähigkeiten und *Performanzen*/Fertigkeiten (*Petzold, Engemann, Zachert* 2004) gefordert und gefördert werden. Dabei jemandem Unterstützung zu bieten, durch Gespräche, gemeinsame Reflexion, kognitive Umbewertung (*Schneider* et al. 1999), konkrete Hilfestellungen, Aktivitäten und Übungsvorschlägen, müsste Aufgabe einer Psychotherapie mit älteren, alten und hochbetagten Menschen sein, die nicht mehr restituierend-kurativ, nicht nur auf Erhalt von Fähigkeiten, sondern durchaus auch auf die Entwicklung neuer Möglichkeiten gerichtet sein soll (*Petzold* 1979k, 1985a, 2004a). Von besonderer Bedeutung ist in der Gerontotherapie nicht nur die Beachtung von **Kompetenzen** (Fähigkeiten, Wissen), sondern besonders die Zentrierung auf **Performanzen** (Fertigkeiten, Können), was einen aktiven, auf praktisches Tun gerichteten Therapiestil erfordert. Alles, was durch die *Performanz* geht (*Petzold, Engemann, Zachert* 2003) zeigt bei AlterspatientInnen, besondern wenn sie sensorische, motorische und mnestische Einschränkungen haben, besondere Nachhaltigkeit, wie sich aus der gerontotherapeutischen Wirksamkeitsforschung ersehen lässt (*Müller, Petzold* 2003).

Nicht nur unter psychotherapeutischer Perspektive, auch für die Pflegefachpersonen lassen sich die Konzepte der protektive Faktoren und Resilienz nutzen: »Pflegefachpersonen arbeiten mit KlientInnen in Situationen, die die Ressourcen der Personen erfassen. Da sich die Umgebung, in welchem Pflege vorgesehen ist, von innerhalb des Spitals hin zur Gemeinde verschiebt, wird die Resilienz der Individuen mit denen wir es zu tun haben, an Wichtigkeit zunehmen. Die Aufenthaltsdauer in Spitälern/Kliniken nimmt gleichzeitig mit den zur Verfügung stehenden finanziellen Ressourcen ab, wodurch Pflegende zunehmend aufgerufen sind, ihre PatientInnen/ KlientInnen dabei zu unterstützen, auf Gesundheitsprobleme schnell zu reagieren. Wenn Methoden entwickelt würden, um Klientenresilienz zu messen und Interventionen um Resilienz zu verbessern, dann könnten Pflegende die Ergebnisse dieser Messungen in die Pflegeplanung miteinbeziehen. Pflegende könnten Resilienz fördern bei Menschen, bevor sie krank werden und auf Interventionen fokussieren, welche die Resilienz bei ihren KlientInnen während der Krise unterstützt« (*Jacelon* 1997, 128).

Es fehlt also im Moment sicher noch an Instrumenten, die Resilienz »messen« bzw. in einem Profil »abbilden« oder »protektive Faktoren« klientenspezifisch erfassen und für ihre interventive Brauchbarkeit nutzbar machen. Bei der Vielzahl der KlientInnen-Situationen und -persönlichkeiten, der Störungsbilder mit ihrem variierenden Schwerpunkten wird man nicht mit objektiven und standardisierten Erhebungsinstrumenten rechnen können. Explorative Interviews, qualitative Erkennungsmethoden sind hier eher ange-

sagt. Wir haben hierfür einen Fragebogen angehängt, der – im Interviewmodus verwendet – vielleicht ein Beitrag sein kann, protektive Faktoren und Resilienzen in interventionsrelevanter Weise zu erfassen.
Die Auswertung und Nutzung des auf diese Weise generierten Materials erfordet die »doppelte Expertenschaft« (*Petzold* 1991i; *Orth, Petzold* 2003) der am Explorationsprozess Beteiligten: die der Therapeutin mit ihrem klinischen und gerontologischen Wissen sowie ihrem methodischen Instrumentarium und die Expertise der Patientin für ihre Lebenssituation, ihre Belastungen und Stärken, für das, was sie stützt, sie schützt in ihrem Leben – und für diese ist sie die wichtigste Expertin – und was sie geschützt hat und weiter schützen könnte. In diesem diagnostisch-therapeutischen explorativen Interview kann dem Patienten/der Patientin deutlich werden, über welche Ressourcen sie verfügt, was sie an protektiven Faktoren hat oder braucht. Sie kann vielleicht erfassen, dass die Therapeutin oder der Betreuer ein wichtiger Schutzfaktor ist. Therapeutinnen und Therapeuten wird dabei häufig *wieder einmal* klar, dass sie für viele alte Menschen ein wichtiger protektiver Faktor sind – für einige vereinsamte und verlassene vielleicht der wichtigste.

4. Anhang

Der Fragebogen liefert eine Grundlage für die Erstellung eines Ressourcen-/Defizitprofils psychologische Widerstandsfähigkeit betreffend und soll Hinweise zu deren Förderung geben. Er kann dadurch zur Nutzung/Unterstützung vorhandener protektiver Faktoren beitragen bzw. zu therapeutischen Interventionen, die die Ausbildung von Resilienz stützen.
Der Fragebogen kann auch als Grundlage und *Leitfaden* für ein Tiefeninterview zum Thema Resilienz und protektive Faktoren dienen. In dieser Funktion erfolgen die Fragen, je nach Auffassungskapazität und Konzentrationsfähigkeit des Klienten/der Klientin, in entsprechender narrativ-erläuternder Form und werden skalierte Fragen narrativierend aufgelöst oder kommen zum Fortfall (z. B Frage 28).

PMFR – Petzold/Müller – Fragebogen zur Erfassung von Resilienz und protektiven Faktoren im Alter

Testversion © Europäische Akademie für Psychosoziale Gesundheit, Hückeswagen
Univ. Prof. Dr. mult. Hilarion Petzold, Lic. phil. Lotti Müller

<u>Demographische Angaben</u>
Jahrgang: ......
Geschlecht: ☐ m ☐ w
zuletzt besuchte Schule /Studium: ....
....
erlernter Beruf: ....
ausgeübte Berufe: ....
....
zuletzt ausgeübter Beruf: ....
Glaubenszugehörigkeit: ....
Muttersprache(n): ....
....
Kinder (Zahl): ......
Enkel (Zahl): ......
andere wichtige Angehörige im gegenwärtigen Lebenszusammenhang:
....
....
wichtige gegenwärtige Freunde/Lebensfreundschaften:
....
....

1. Hatten Sie früher Angst vor dem Altwerden? ☐ ja ☐ nein

2. War das Altwerden/Alt-Sein für Sie
☐ schwieriger als ☐ weniger schwierig als ☐ besser als ☐ etwa so wie erwartet?

3. Finden Sie, Sie haben das Altern bisher
☐ sehr gut ☐ gut ☐ nicht so gut ☐ schlecht bewältigt?

4. Fühlen sie sich körperlich gesund? ☐ ja ☐ halbwegs ☐ nein
Bemerkungen: ....
....
....

5. Erleben Sie Alter mehrheitlich als
☐ eine Herausforderung ☐ als »ein Kreuz« ☐ als eine Chance
☐ eine Niederlage ☐ als eine Freude ☐ als Abwertung ☐ als Ernte
☐ als Ehre ☐ als Kränkung?

6. Gab es in Ihrem Leben Krisen / sehr schwierige Momente oder Lebenslagen?
☐ wenige ☐ viele ☐ sehr viele

7. Wie haben sie diese gemeistert? Was hat Ihnen dabei (am meisten) geholfen? (*Mehrfachnennungen bis **drei** möglich*)
☐ praktische Hilfe
☐ moralische Unterstützung
☐ finanzielle Mittel

☐ Rat von anderen
☐ Zeit zum Nachdenken
☐ mit jemandem darüber reden können

☐ Freunde
☐ Familie
☐ professionelle Beratung oder Hilfe

☐ Religion/Kirche
☐ Glaube/Gebet
☐ Vernunft
☐ Lebenserfahrung
☐ Humor
☐ Haustier(e)

8. Haben Sie eine (Charakter-)Eigenschaft, von der Sie sagen könnten, sie hätte Ihnen bei der Bewältigung von schwierigen Lebenssituationen geholfen? ☐ ja ☐ nein
....
....
....

9. Haben Sie ihre Art, Probleme zu lösen
☐ von ihren Eltern gelernt ☐ selber erarbeitet
☐ in die Wiege gelegt bekommen ☐ »durch Schaden gelernt«

10. Woraus beziehen Sie im allgemeinen Kraft/Trost/Hoffnung in schwierigen Lebenssituationen? ....
....
....
....

11. Welchen Rat würden Sie jemandem geben, der/die das Alter fürchtet? ....
....
....
....

12. Sind Sie gerne so alt wie Sie sind?
☐ ja ☐ geht so ☐ nein
Bemerkungen: ....
....
....

13. Was wünschten Sie sich, wenn Sie etwas an Ihrer Lebenssituation verändern könnten? ....
....
....
....

14. Haben Sie als junge(r) Erwachsene(r) oder als Kind anders über das Alter gedacht als heute? ☐ ja ☐ nein

15. Wenn ja, wie?: ....
....
....
....
....

16. Gab/gibt es Personen, die für Sie ein positives/negatives Altersvorbild waren? ....
....

positiv: wodurch? ....
....

negativ: wodurch? ....
....

17. Vermissen Sie etwas (eine Fähigkeit, eine Möglichkeit), das Ihnen früher offenstand und jetzt unmöglich geworden ist? ....
....
....

Bei Mehrfachnennungen: Was am meisten? ....
....
....

18. Haben sie viele engere Freunde/Freundinnen, nahe Personen gehabt über das Leben hin?
☐ keine ☐ wenige ☐ viele ☐ sehr viele
Bemerkungen: ....
....

19. Gibt es zur Zeit eine oder mehrere enge Vertrauensperson / FreundIn in Ihrem Leben?
☐ ja ☐ nein
Bemerkungen: ....
....

20. Leben Sie in einer Ehe/Lebenspartnerschaft? ☐ ja ☐ nein
Wenn ja: seit wie vielen Jahren? ......
Wenn nein, gab es eine Zeit, in der das zutraf? ......
Wenn ja, über wie viele Jahre? ......

21. Ist Ihnen Ihr Beziehungsnetz hilfreich? ☐ ja ☐ nein
Wenn nein, warum nicht? ....
....
Wenn ja, warum? ....
....
....

22. Erleben Sie ihr Beziehungsnetz als emotional stützend? wohltuend?
☐ ja ☐ nein
Wenn nein, warum nicht? ....
....
....
Wenn ja, warum? ....
....
....

23. Nehmen Sie ihre FreundInnen in schwierigen Zeiten in Anspruch?
□ ja □ nein
Wenn ja, wie? ....
....
Wenn nicht, woran liegt das? ....
....

24. Haben Sie Angst vor dem Sterben?
□ oft □ manchmal □ selten □ nie

25. Haben Sie Angst vor dem Tod?
□ oft □ manchmal □ selten □ nie

26. Sind Sie in einer Glaubensgemeinschaft/Kirche? □ ja □ nein
Wenn ja, gibt Ihnen das Trost? ....
Was bedeutet Ihnen diese Glaubensgemeinschaft sonst? ....
....
....

27. Was tröstet Sie in Hinblick auf Sterben/Tod? ....
....
....

28. Schätzen Sie sich ein: sind sie als Typ (einstufen zwischen den Polen auf 10er Skala)

optimistisch	1 2 3 4 5 6 7 8 9 10	pessimistisch
flexibel/ anpassungsfähig	1 2 3 4 5 6 7 8 9 10	unflexibel gewohnheitsliebend
selbständig	1 2 3 4 5 6 7 8 9 10	unselbstständig
selbstbewusst	1 2 3 4 5 6 7 8 9 10	unsicher
kontaktfreudig	1 2 3 4 5 6 7 8 9 10	einzelgängerisch
stressanfällig	1 2 3 4 5 6 7 8 9 10	stressresistent
physisch robust	1 2 3 4 5 6 7 8 9 10	kränklich, anfällig

psychisch robust/ widerstandsfähig	1 2 3 4 5 6 7 8 9 10	psychisch wenig belastbar
neugierig/ wissensdurstig	1 2 3 4 5 6 7 8 9 10	nicht neugierig
sinnvolles Leben gehabt	1 2 3 4 5 6 7 8 9 10	nicht so sinnvolles Leben
entschlossen/ zielstrebig	1 2 3 4 5 6 7 8 9 10	unentschlossen, suchend
humorvoll	1 2 3 4 5 6 7 8 9 10	ernst, weniger humorvoll

29. Wie haben Sie dieses Interview/Gespräch erlebt?
☐ angenehm   ☐ nicht angenehm   ☐ belastend   ☐ befreiend
☐ anregend   ☐ klärend
Bemerkungen: ....
....
....
....

---

[1] Gerontopsychiatrisches Zentrum Hegibach, Psychiatrische Universitätsklinik, Zürich; Stiftung Europäische Akademie für Integrative Therapie, Rorschach
[2] Europäische Akademie für psychosoziale Gesundheit (EAG), Hückeswagen; Zentrum für Psychosoziale Medizin (Leitung Dr. Anton Leitner), Donau-Universität Krems

Integrative Geragogik – gestalttherapeutische und integrative Methode in der Bildungsarbeit mit alten Menschen

1. Zur Situation der alten Menschen und der Altenbildung

Bildungsarbeit mit alten Menschen ist erst in neuerer Zeit von einer breiteren Öffentlichkeit als Aufgabe und Notwendigkeit erkannt worden *(Sitzmann* 1970, 1971; *Ruprecht* 1972, *Petzold, Bubolz* 1976; *Petzold, Petzold* 1991, *Becker* et al. 1999). Das »Elend der alten Leute« *(Schenda* 1972) ist durch eine Reihe engagierter Publikationen aufgezeigt worden *(Beauvoir* 1972; *Sieber* 1972; *Amery* 1971) und hat den Anstoß zu Maßnahmen und Projekten gegeben, die darauf gerichtet sind, die Situation der alten Menschen zu verbessern. Dabei konnte auf eine ausgedehnte Forschungsarbeit der medizinischen, psychologischen und soziologischen Gerontologie zurückgegriffen werden *(Lehr* 1972; *Tews* 1971; *Schneider* 1974; *Birren* 1974; *Botwinick* 1975; *Oesterreich* 1975; *Bellak/Karasu* 1976, *Duffy* 1999, *Jansens* et al. 1999, *Maercher* 2002). Im pädagogischen und sozialpädagogischen Bereich allerdings sind nur wenige Arbeiten zu verzeichnen. Überlegungen zu einer Theorie der *Geragogik (Petzold* 1965; *Mieskes* 1970; 1971) stehen erst in den Anfängen und bedürfen weiterer Ausformulierung, Präzisierung und empirischer Forschung *(Vath* 1973; *Petzold/Bubolz* 1976; *Rennkamp* 1976). Auch die Praxis einer Altenbildung, die auf mehr als auf Unterhaltung und Betreuung abzielt, hat noch keine lange Tradition *(Eck/Imboden-Henzi* 1972; *Kallmeyer* et al. 1976; vgl. jetzt *Becker* et al. 1999).

Für die Bildungsarbeit mit alten Menschen wirft das Methodenproblem in der Praxis große Schwierigkeiten auf. Der alte Mensch in seinem sozialen Umfeld, mit seiner langen und differenzierten Lerngeschichte und seiner besonderen körperlichen, emotionalen und mnestischen Situation kann nicht mit den Strategien der herkömmlichen Erwachsenenbildung *(Siebert* 1972; *Knoll* 1972; 1974) erreicht werden. Er verlangt einen umfassenden theoretischen und

methodischen Ansatz, der breit genug ist, der komplexen Wirklichkeit der verschiedenen Gruppen von alten Menschen gerecht zu werden. In der Theorie der Erwachsenenbildung wird von *Frese* (1976) auf systemtheoretischer Grundlage ein Versuch vorgelegt, der derartigen Anforderungen entsprechen könnte, wenn er durch das Konzept einer »lebenslangen Sozialisation« ergänzt und durch eine Entwicklung von Methoden und Handlungsstrategien noch stärkeren Praxisbezug erhalten könnte. Erwachsenenbildung als Erwachsenensozialisation *(Brim/Wheeler,* 1974; *Griese* 1976) in einem konkreten gesellschaftlichen und ökonomischen Bezug bietet auch einen entsprechenden theoretischen Ansatz für die Altenbildung. Auch im Alter steht der Mensch in einem kontinuierlichen Sozialisationsprozess, ganz gleich, ob er nun Wachstum oder Abbau zum Inhalt hat. Das Methodenproblem erhält eine besondere Bedeutung durch die Tatsache, dass der alte Mensch in einer Situation steht, die durch eine »Reduktion in allen Bereichen« gekennzeichnet ist. Neben dem unabänderlichen Abbau physischer Kräfte geht ein Verlust an sozialen Rollen, an Status, Einkommen und Einfluss einher, Einbußen, die man insgesamt als Verlust »sozialer Potenz« bezeichnen kann *(Petzold/Bubolz* 1976, 134).
Mit dem Eintritt in das Rentenalter, die Aufnahme in ein Altersheim oder die Übersiedlung in ein Altenviertel *(Rose/Peterson* 1965) erfolgt eine multiple Deprivation: die sozialen Kontakte nehmen ab, das soziale Netzwerk *(social atom, Moreno* 1947) verarmt, die sensorische und perzeptuelle Stimulierung wird reduziert. Die Folgen einer solchen Situation zeigen sich in einem rapiden Abbau der kognitiven, emotionalen und physischen Funktionen. Die Disuse-Hypothese *(Berkowitz/Green* 1965) und *Rohrachers* Theorie der Aktivitätshypertrophie und der Inaktivitätsatrophie (1965), nach denen Funktionen, die nicht gebraucht werden, sich zurückbilden, sind durch neurophysiologische Untersuchungen hinreichend belegt *(Olechowski* 1969).
Der Verlust von Funktionen in allen Bereichen ist für den alten Menschen in erster Linie ein »soziales Schicksal« *(Thomae* 1968), wie die gerontologische Forschung gezeigt hat. Der Rollen- und Stimulierungsverlust durch die negativen Altersstereotype und die Zuweisung von Altersrollen in unserer Gesellschaft führt bei vielen Menschen zu einer »*Hospitalisierung im Alltagsleben*«.

Da das Problem der alten Menschen ein gesamtgesellschaftliches Problem ist *(Breloer* 1976), das neben ökonomischen und politischen Aspekten *(Verres-Muckel* 1974; vgl. jetzt *Schirrmacher* 2004; *Birg* 2001) auch in den in unserer Gesellschaft vorherrschenden anthropologischen Konzeptionen begründet liegt, müssen politische Aktivitäten und eine praxisorientierte Arbeit geleistet werden, die die verschiedenen Zielgruppen unter den alten Menschen mit ihren spezifischen Bedürfnissen zu erreichen und zu aktivieren suchen. *(Petzold, Petzold* 1991)
Jede Arbeit mit alten Menschen hat komplexen Charakter. Sie hat neben den Fakten, die durch die Reduktion im körperlichen, emotionalen und kognitiven Bereich gesetzt sind, neben den Defiziten, die als Folge von multipler Deprivation entstanden sind, neben den Stereotypen und Rigiditäten, die aus Rollenentzug und Zuweisung von Altersrollen resultieren, mit Schwierigkeiten zu kämpfen, die die äußeren Faktoren finanzieller Art, Wohnsituation, fehlende oder vorhandene Familienbindungen aufwerfen. Sie hat mit den Vorurteilen der Gesellschaft gegen alte Leute zu tun und mit dem Misstrauen alter Menschen gegen Maßnahmen, die ihre Situation beeinflussen. Den situativen Einflüssen kommt eine so hohe Bedeutung zu, dass Arbeit mit alten Menschen, ganz gleich, ob sie nun aus geragogischer, sozialgeragogischer oder psychotherapeutischer Zielsetzung geschieht, immer auch *Soziotherapie* sein muss *(Petzold* 1997p).

2. Zur Begründung der Bildungsarbeit mit alten Menschen

Für die Bildungsarbeit mit alten Menschen sind von mir 1965 und 1985 drei Argumente ins Feld geführt worden, die nach wie vor gültig sind:

2.1 Das gesellschaftspolitische Argument

Der beständig wachsende Anteil der alten Menschen in unseren Gesellschaften erfordert ihre Integration in das politische und soziale Geschehen, das sie ohnehin als Wählergruppe mitbestimmen.

2.2 Das ökonomische Argument

Da das Bruttosozialprodukt von einer immer kleiner werdenden Gruppe junger Menschen aufgebracht werden muss, wird es notwendig werden, den alten Menschen so weit aktiv und selbstversorgend zu erhalten, dass eine möglichst minimale Belastung der öffentlichen Haushalte bei einer optimalen Versorgung der Alterspopulation gewährleistet ist *(Birg* 2001).

2.3 Das humanitäre und sozialhygienische Argument

Die »Deprivation und Hospitalisierung alter Menschen im Alltagsleben«, der Verlust an Rollen und sozialer Potenz führt zu einer Verarmung der Persönlichkeit und schränkt die Möglichkeiten der Selbstverwirklichung ein, sofern nicht neue oder alternative Wege beschritten werden können. Deshalb stellt sich die Humanisierung der Lebenssituation alter Menschen als ethisches und humanitäres Postulat *(Petzold* 1965; *Petzold/Bubolz,* 1976, 37 ff.).

3. Der Lebenszusammenhang als agogisches Leitprinzip

Ziele, Inhalte, Methoden und Medien für die Bildungsarbeit mit alten Menschen müssen aus dem Lebenszusammenhang der jeweiligen Zielgruppe gewonnen werden. Da es *die* Population der alten Menschen nicht gibt, sondern sehr unterschiedliche Gruppierungen vorhanden sind, ist die Entwicklung fest umrissener Curricula nicht möglich. Da für alte Leute überdies keine von äußeren Instanzen gesetzten Lernziele, z. B. Zertifikate, Diplome, vorgegeben sind, können auch von hier keine Lernziele abgeleitet werden. Die Lernzielformulierung und ihre inhaltliche Bestimmung wird deshalb von drei Variablen bestimmt: 1. von anthropologischen Konzepten, 2. von der jeweiligen Lebenssituation und 3. von den individuellen Bedürfnissen und Interessen. Diese dritte Variable ist von den ersten beiden abhängig und wird durch die persönliche Lebens- und Lerngeschichte bestimmt. Die anthropologischen Prämissen umfassen u. a. die Ganzheit des Menschen mit der Konsequenz, dass sowohl auf der *kognitiven, emotionalen, volitiven leiblichen, sozialen* Ebene gearbeitet werden muss; zum anderen die Veränderlichkeit des Menschen, woraus sich eine Berücksichtigung der biologischen und emotionalen Gegebenheiten der letzten Lebensphase ableitet, weiterhin die Zielsetzung des menschlichen Daseins, die wir mit den Begriffen Selbsterhaltung, Selbstverwirklichung und Transzendierung charakterisieren wollen, und schließlich die Endlichkeit des menschlichen Daseins, ein Thema, das in der Bildungsarbeit mit alten Menschen eine zentrale Position einnimmt *(Petzold, Hack 1985)*.

Der zweite Aspekt, die individuelle Lebenslage, umfasst die wirtschaftliche Situation des alten Menschen, seine finanziellen Möglichkeiten, seine Wohnverhältnisse, weiterhin sein soziales Bezugssystem, familiäre Bindungen, nachbarschaftliche Kontakte, Freunde und Bekannte und schließlich seine körperliche und geistige Verfassung. Bildungsarbeit mit alten Menschen muss die angesprochenen Faktoren berücksichtigen und in die Planung und Durchführung konkreter Angebote einbeziehen. Der dritte Aspekt der individuellen Interessen und Bedürfnisse wird zu einem wesentlichen Teil von der Lern- und Lebensgeschichte bestimmt. Die vorgängige Lebenssituation bedingt die motivationalen Strukturen. Bildungswünsche und Bedürfnisse sind von der vorausgegangenen Bildung und, damit verbunden, von der ökonomischen und sozialen Situation abhängig *(Tews 1975; Verress-Muckel 1974)*. In die Bedürfnisse und Interessen wirken sowohl die Umstände der äußeren Lebenslage als auch der Standort des Individuums in seinem Lebenskontinuum hinein. Man kann deshalb davon ausgehen, dass die der Person inhärente Entwicklungsdynamik, die äußeren Einflüsse und die aktuale Bedürfnis- und Interessenlage *ein* System aufeinander bezogener Elemente darstellen, die in ihrer Gesamtheit die Grundlage für pädagogisches Handeln bestimmen.

In der Altenbildung muss das zu »spontanen«, d. h. situationsbezogenen und zielgruppenorientierten Curricula führen, die mit den Teilnehmern in »Ko-respondenz« (vgl. *Petzold* 1978) erarbeitet werden und deshalb auch die größte Chance haben, deren Motivation zu treffen. Dabei können als Globalziele Selbsterhaltung, Selbstverwirklichung und Transzendierung im Lebenskontext dienen und Grobziele und Feinziele im Rahmen von vier möglichen

Kategorien erarbeitet werden: 1. kognitiver Bereich, 2. affektiver Bereich, 3. somatomotorischer Bereich, 4. sozialer Bereich *(Petzold/ Bubolz,* 1976, 52).

Die aufgezeigten Lernzielkategorien machen deutlich, dass die herkömmlichen pädagogischen und andragogischen Ansätze nicht ausreichen. Sie ermöglichen Arbeit im kognitiven Bereich, d. h. die Vermittlung von Kenntnissen, das Umgehen mit Fakten, Strukturen, Prinzipien, Zusammenhängen, die Analyse und das Verstehen von Prozessen. Schon im affektiven Bereich sind ihre Möglichkeiten eingeschränkt. Die emotionale Erziehung *(Oerter* 1975; *Ipfling* 1974) hat noch zu wenig praktikable Modelle entwickelt, um Sensibilität, Expressivität, emotionale Flexibilität zu fördern. Im somatomotorischen Bereich, wo es um Erhaltung und Entwicklung von Elastizität, Spannkraft, Entspannungsfähigkeit geht, hat allenfalls die rhythmische Erziehung und die Gymnastik einiges zu bieten. Besser steht es im sozialen Bereich, wo durch die Gruppendynamik Methoden zur Förderung der sozialen Kompetenz entwickelt wurden.

Da die Lebenssituation des alten Menschen und seine persönliche Verfassung zahlreiche soziale, medizinische und psychotherapeutische Probleme aufwerfen, ist Bildungsarbeit mit alten Menschen ohne Einbeziehung geromedizinischer, psychotherapeutischer und soziotherapeutischer Konzepte, Mitarbeiter und Institutionen kaum durchzuführen, ohne an der Realität des alten Menschen vorbeizugehen.

Ein Verfahren, das psychotherapeutische, soziotherapeutische und pädagogische Elemente verbindet, das Interventionsmöglichkeiten auf der kognitiven, affektiven, volitiven, somatomotorischen und sozialen Ebene bietet, stellen der integrative Ansatz mit seiner Theorie »komplexen Lernens« *(Sieper, Petzold* 2003) und Identitätsentwicklung *(Nitsch-Berg, Kühn* 2001), den »kreativen Medien« *(Petzold, Sieper* 1996, *Petzold, Orth* 1990) und den Gestaltmethoden dar. Er eignet sich sowohl von seinen anthropologischen Prämissen als auch von seiner Methodologie und Praxis in hervorragender Weise für die Aufgabenstellung der Geragogik: *Lernen des Alterns, Lernen für das Alter, Lernen im Alter (Petzold* 1965, dieses Buch S. 194 ff.).

4. Prinzipien integrativer und gestalttherapeutischer Arbeit

Es seien hier theoretische Prinzipien und Prämissen im Hinblick auf ihre Relevanz für die Arbeit mit alten Menschen aufgeführt.

4.1 Das Ganzheitsprinzip – der Mensch als personales System

Nach Auffassung der Gestalttherapie und der Integrativen Therapie wird der Mensch als lebendiges, organismisches System mit einer körperlichen, seelischen und geistigen Dimension gesehen *(Perls, Petzold)*, die insgesamt eine »differenzielle Ganzheit« bilden. Für die Arbeit mit alten Menschen folgt aus dieser anthropologischen Annahme, dass immer die körperliche Dimension (z. B. durch Atem- und Bewegungstherapie), die seelische Dimension (durch emotionszentrierte Verfahren) und die geistige Dimension des Menschen (z. B. durch meditative Verfahren der Besinnung, Betrachtung und Versenkung) angesprochen werden müssen *(Petzold, Orth 2004)*. Bei allen Verfahren zur Förderung der Lebensbewältigung und der Lebensgestaltung geht es um die Wahrung dieser Ganzheit, die die Identität des Menschen und Lebenssinn konstituiert.

4.2 Das Kontext/Kontinuum-Prinzip – der Mensch und sein Umfeld

Der Mensch ist Figur vor seinem jeweiligen Hintergrund. Er ist in ein physikalisches und soziales Umfeld, in ein Gefüge umliegender Systeme eingebunden und gewinnt aus der Interaktion mit ihnen im Zeitkontinuum des Lebens seine Identität. In der Arbeit mit alten Menschen ist der Kontext, der Lebenszusammenhang in der Zeit, die handlungsleitende Kategorie. Der Verlust an sozialen Beziehungen, die Einschränkungen des physikalischen Lebensraumes führen zu einem Verlust von Funktionen und Handlungsmöglichkeiten, d. h. zu einem Verlust von Identität; vgl. Disuse-Hypothese: Funktionen, die nicht gebraucht werden, verkümmern *(Berkowitz/ Green, 1965; Rohracher 1965; Olechowski 1969)*. Identität wird deshalb ein zentrales Thema *(Nitsch-Berg, Kühn 2001, Petzold 2001p)*.

4.3 Selbstregulation des Organismus

Die Gestalttherapie geht davon aus, dass der menschliche Organismus die Fähigkeit besitzt, sich in seinem Umfeld selbst zu regulieren, soweit das Umfeld nicht störend oder zerstörend in den Regulationsvorgang eingreift. Das bestimmende Prinzip in der organismischen Selbstregulation ist das der homöostatischen Balance. Diese ist umfeldabhängig und im Verlauf des Lebens altersbedingten Veränderungen unterworfen. So hat die Disengagement-Theorie des Alterns *(Cumming/Henry,* 1961) den Rückzug als einen natürlichen, in der Regulation des Körpers verankerten Prozess angesehen. Bei genauerer Betrachtung aber ergibt sich, dass das Disengagement zu einem beträchtlichen Teil – wenn auch nicht vollständig – ein unfreiwilliges, von der Gesellschaft erzwungenes ist (vgl. *Schneider* 1974; *Petzold/Bubolz,* 1976), dass der Verlust an Aktivität die Selbstregulation empfindlich stört und einen Rückzug zur Selbstbesinnung und Integration unmöglich macht. Der alte Mensch muss deshalb lernen, wieder wahrzunehmen, was für ihn *fördernd* und was *toxisch* ist *(Greenwald* 1973), er muss ein Gespür (awareness) dafür gewinnen, was ihn in seiner Selbstregulation blockiert oder wie er sich selbst blockiert dadurch, dass er gesellschaftlichen Rollenerwartungen und nicht seinen Bedürfnissen folgt.

4.4 Personal Growth – persönliches Wachstum

In der neueren Entwicklungspsychologie und Sozialisationstheorie *(Kruse, Schmitz-Scherzer* 1945)werden die Konzepte der Entwicklung und Sozialisation nicht nur auf Kindheit und Jugend begrenzt, sondern auf den gesamten Lebensverlauf ausgedehnt *(Griese* 1976). Das Verständnis des Alterns muss daher in einer Theorie der menschlichen Entwicklung und Sozialisation gründen. Die Gestalt- und Intergrative Therapie gibt mit ihrem Konzept des persönlichen Wachstums einen solchen theoretischen Rahmen. Nach *Perls* ist »Wachstum der Prozess der Festigung des Selbst und der Entwicklung seiner Potentiale durch die Aufnahme *(integration)* und Verarbeitung *(assimilation)* von materieller, emotionaler und geistiger Nahrung in seinem Feld« (1969, 4). Der Begriff des Wachstums in der Gestalttherapie und der humanistischen Psychologie ist also nicht biologistisch zu verstehen, und er ist weiter gefasst als der Sozialisations- und psychologische Entwicklungsbegriff. Wachstum wird verstanden als »ganzheitlicher Prozess, als Entfaltung der menschlichen Potentiale auf der geistigen, seelischen und körperlichen Ebene durch die Integration von Realität aus der *Umwelt* (Materialien, Impulse, Informationen) und der *Innenwelt* (Gedanken, Erinnerungen, Phantasien, Bedürfnisse). Mit fortschreitendem Alter zentrieren sich die Wachstumsvorgänge auf der geistigen und seelischen Ebene. Es erfolgt eine Zunahme an Wissen und Erfahrungen, an emotionaler Reife. Auch der Körper bleibt in diesen Wachstumsprozess einbezogen – auch wenn ein biologischer Abbau geschieht. Mimik und Gestik werden ausgestaltet und gewinnen an persönlicher Charakteristik. Schaut man auf die Altmeister des Yoga oder der japanischen Budokünste *(Petzold, Bloem, Moget 2004)*, so sieht man, dass mit fortschreitendem Alter eine immer größere Beherrschung und Einfachheit der Bewegung, Anmut und Kongruenz von innerer und äußerer Haltung gewonnen werden« *(Vööbus* 1956, 15).

Wachstum als »Prozess der Veränderung in der Zeit« ist abhängig von dem jeweilig relevanten soziophysikalischen Umfeld. Stabilisierung und Zugewinn von Identität im Sinne einer Erhaltung des Systembestandes durch adaptive Strategien und einer Entfaltung der Systempotentiale durch evolutive Strategien sind also abhängig von dem endogenen Faktor der organismischen Ausstattung, den jeweiligen Umweltbedingungen und der aus beiden Faktoren resultierenden jeweiligen psychischen und physischen Verfassung des Menschen. Veränderungen im organismischen System (z. B. Krankheit, Abbauerscheinungen) und im Umfeld (z. B. Verlust von Rollenerwartung, Abnahme sozialer Verstärker) führen zu Krisen im Sinne einer Labilisierung des Systems mit der Möglichkeit der Gefährdung seines Bestandes, d. h. der Gefährdung seiner Identität. Wachstum kann also nur erfolgen, wenn die Organismus-Umfeld-Relationen und die Funktionen des Organismus selbst nicht gestört sind. Störungen aber sind in der Altersituation sehr häufig vorhanden. Der Entzug von Stimulierung und die Einschränkung des sozialen Umfeldes bieten eine Situation, in der Wachstumsprozesse stagnieren oder Abbau eintritt und wo auf diese Weise die integrativen Leistungen des Alters unmöglich gemacht werden. An die Stelle eines natürlichen Disengagements tritt ein erzwungener Rückzug. Disengagement als die Fähigkeit, sich ohne Verbitterung, Resignation und Passivität zurückzuziehen, um einen Freiraum für die Auseinandersetzung mit der eigenen Person und dem eigenen Leben zu finden, kann für sich selbst schon als Ergebnis eines Wachstumsprozesses angesehen werden. Die durchaus feststellbare »Tendenz zum Disengagement im Alter« steht dem gestalttherapeutischen Konzept des fortwährenden Wachstums nicht entgegen. Wenn die Erlebnisse und Erfahrungen eines Lebens integriert werden sollen, so ist ein gewisser Rückzug und eine Ausrichtung nach innen *(Henry* 1964; *Martin* 1970) notwendig. Die »Integration der Innenwelt« *(Vööbus* 1956) wird durch die Aktivierung von Frühererinnerungen, dem sogenannten Altgedächtnis, vom sechsten Lebensjahrzehnt aufwärts noch angeregt. Sie bedarf jedoch auch der Außenstimulierung, der Kommunikation, des Ausdrucks und der Selbstdarstellung. So haben für die Erklärung des Wachstumsprozesses im Alter Aktivitäts- und Disengagementtheorie gleichermaßen Gültigkeit. Sie finden eine Entsprechung im gestalttherapeutischen Konzept von *Kontakt* und *Rückzug (Latner 1973; Polster* 1974). Wachstum wird nur möglich gemacht, wenn nicht nur ständig aufgenommen wird, sondern auch Zeit besteht, das Aufgenommene zu assimilieren, wenn auf den Kontakt auch eine Phase der Ruhe und Verarbeitung folgt. Darum geht es – nicht nur darum, Wachstum zu fördern und Wachstumshemmnisse zu beseitigen, sondern auch darum, dass der Mensch die Dynamik, den Prozess seines eigenen Wachstums kennen lernt und eigenverantwortlich in die Hand nimmt, um ein sinnerfülltes Leben führen zu können *(Petzold, Orth* 2004).

5. Konzepte zur Methodik integrativer und gestalttherapeutischer Arbeit

Was sind nun die Möglichkeiten, Identität *(Petzold* 2001p, *Nitsch-Berg, Kühn* 2001) zu erhalten und durch die Förderung von Wachstumsprozessen Identität zu entfalten? Auch hier seien einige Konzepte und Prinzipien aufgeführt.

5.1 Stimulierung und Excitement

»Leben ist Erregung, Erregung, die zu einem Teil zum inneren Energiepotential unseres Organismus gehört und zum anderen, größeren Teil durch Stimulierung aus dem Außenfeld hervorgerufen wird. Stimulierung bewirkt *Kontakt* mit dem Umfeld, bewirkt Erregung, Energie und Leben« *(Perls* 1969).
Stimulierung ist lebensnotwendig. Entzug von Stimulierung führt, wie die Hospitalismusforschung bei Kleinkindern und die Deprivationsexperimente gezeigt haben, zu schwerwiegenden physischen und psychischen Störungen (vgl. *Weinstein* 1968). Gerade der alte Mensch ist in der Situation, dass sein Erregungsniveau durch den Entzug sozialer, sensorischer und perzeptueller Stimulierung erheblich reduziert wird und er in seinen Fähigkeiten (competence), Fertigkeiten (performance) und Möglichkeiten (potentials) Einbußen hinnehmen muss (v gl. *Petzold/ Bubolz,* 1976; *Nahemow/ Lawton,* 1973), was Verlust an Identität bedeutet.
In der gestalttherapeutischen und integrativen Arbeit mit alten Menschen wird deshalb auf Methoden der körperlichen, emotionalen und kognitiven Stimulierung besonderen Wert gelegt. Dabei geht es nicht nur um ein optimales Stimulierungsniveau in quantitativer Hinsicht *(Helson* 1964; *Wohlwill* 1964), sondern auch der qualitative Aspekt ist wesentlich, weil durch den Monotonieeffekt einseitiger bzw. homogener Stimulierungen ein Verlust an Kompetenz und Performanz eintritt, wie es sich gerade bei Heimbewohnern gut beobachten lässt. *Multiple Stimulierung (Petzold* 1975) auf körperlicher, emotionaler und kognitiver Ebene vermittels breit gestreuter Angebote an Aktivitäten vermag hier Involutionsprozessen entgegenzuwirken.

5.2 Kontakt, Begegnung, Beziehung, Bindung

Kontakt ist die Grundlage von Stimulierung und Erregung. Kontakt vollzieht sich an der Grenze vom Organismus zum Umfeld. »Die Kontakt-Grenze, an der Erleben geschieht, *trennt* den Organismus *nicht* vom Umfeld; sie begrenzt ihn vielmehr, bewahrt und beschützt ihn und ermöglicht *gleichzeitig* die Berührung mit dem Umfeld« *(Perls/Hefferline/Goodma*, 1951, 229). In dieser Berührung, in diesem Kontakt, aktualisiert sich das *Ich.* Auf die physikalische Welt bezogen, heißt das: das Ich aktualisiert sich im wahrnehmenden und handelnden Kontakt mit den Dingen. Auf die soziale Welt bezogen heißt das: Das Ich aktualisiert sich in der *Begegnung* mit dem Du, den Anderen in der Kommunikation mit anderen Menschen durch *Begegnungen*, die sich zu *Beziehungen* und *Bindungen* vertiefen können *(Petzold* 2003a, Bd. 3).

Die Arbeit mit alten Menschen zielt daher darauf ab, Kontakt-, Beziehungs-, ggf. Bindungsmöglichkeiten bereitzustellen und die auf Grund der sozialen Situation häufig eingeschränkten Kommunikationsmöglichkeiten zu fördern. Außerdem müssen die Kontakte zur physikalischen Umwelt erweitert werden. Club- und Gruppenarbeit, Gruppenreisen und Exkursionen, die gezielt im Hinblick auf Erlebnisaktivierung konzipiert werden, sind hier einzusetzen.

5.3 Awareness – bewusste Wahrnehmung

Damit Stimulierung, Erregung, Kontakt für die Persönlichkeit zum Tragen kommen können, ist *awareness* erforderlich, bewusste klare Wahrnehmung dessen, was in mir und um mich herum vorgeht. Awareness bedeutet das bewusste In-Kontakt-Sein mit der inneren und äußeren Realität im »Hier und Jetzt«. Nur wenn ich wahrnehme, *was* meine Situation ist und *wie* ich mich in ihr erlebe, habe ich die Möglichkeit, sie selbständig zu strukturieren und verändern zu können. Für viele alte Menschen ist es kennzeichnend, dass sie ihre Situation nicht mehr adäquat wahrnehmen. Die Zuweisung von Rückzugsrollen *(Tews* 1975) und die negativen Erwartungen der Gesellschaft determinieren den alten Menschen so weit, dass sich sogar sein Selbstbild verändert *(Lehr* 1972). Gestalttherapeutisches Awarenesstraining, Interaktions- und Kommunikationstraining und strukturierte Lernerfahrungen der *confluent education* bzw. Integrativen Pädagogik zur Förderung des Selbstwertgefühls sind hier Mittel der Wahl (vgl. *Petzold/Brown,* 1977, *Nitsch-Berg, Kühn* 2001).

5.4 Verantwortung als Fähigkeit zu antworten

Awareness zu haben und der Selbstregulation Raum zu geben heißt, Verantwortung für die eigenen Bedürfnisse und für die Strukturierung der Altersrealität im Sinne einer »kreativen Veränderung« *(Petzold* 1975) oder »kreativen Anpassung« *(Perls* 1951) zu übernehmen. Verantwortung ist in der Gestalttherapie ein zentrales Konzept, wobei von *Perls* (1969) *responsibility* mit *response-ability* gleichgesetzt wird, mit der Fähigkeit, auf eine Situation adäquat zu reagieren; adäquat bedeutet hier: den eigenen Bedürfnissen und den Gegebenheiten des Umfeldes entsprechend.

Verantwortung ist ein kommunikativer und interaktionaler Prozess, der Auseinandersetzung im Sinne von »Ko-respondenz« *(Petzold* 1978) erfordert. Viele alte Menschen sind der Auseinandersetzung müde. Sie sind durch zahllose negative Erfahrungen von ihrer Ohnmacht überzeugt. In ihrem Leben gewinnen Passivität und Resignation die Oberhand, und die Fähigkeit zu antworten, das Leben in Ko-respondenz mit dem Umfeld zu gestalten, geht ihnen verloren. Hier wird es Aufgabe der Gestaltarbeit, die Fähigkeit zur Selbstregulation zu stärken, Fehleinschätzungen zu korrigieren und *self support* aufzubauen.

5.5 Selbstsupport und Umweltsupport

Perls (1969, IV) hat Erwachsenwerden charakterisiert als »einen kontinuierlichen Prozess, Umweltsupport zu überwinden und Selbstsupport zu entwickeln, was mit einer wachsenden Reduzierung von Abhängigkeiten gleichbedeutend ist«. In diesem Konzept werden gleichzeitig die Grenzen gestalttherapeutischer Altenarbeit aufgezeigt. Die Situation alter Menschen ist ja gerade dadurch gekennzeichnet, dass ein Verlust an Selbstsupport und eine größere Abhängigkeit von Umfeldunterstützung in gesundheitlicher, sozioemotionaler und ökonomischer Hinsicht eintritt. Diese Abhängigkeit, die oftmals die Form des Ausgeliefert-Seins annimmt, ist in erster Linie ein gesellschaftliches Problem und liegt nur zu einem geringen Teil in endogenen Faktoren (Involution, Disengagement) begründet. Da aber wenig Aussicht besteht, die Einstellung dieser Gesellschaft zum alten Menschen kurzfristig zu ändern, ist es notwendig, Umweltsupport zur Verfügung zu stellen, der nicht depotenziert oder infantilisiert, wie dies vielfach geschieht (vgl. *Breloer* 1976; *Specht* 1976). Zwar ist »Lebenshilfe« als eine wesentliche Aufgabe der Geragogik herausgestellt worden *(Petzold/ Bubolz,* 1976), und *Tews* (1975) setzt die Begriffe Altenbildung und Lebenshilfe sogar gleich, jedoch müssen die Maßnahmen so weit wie möglich auf eine »Hilfe zur Selbsthilfe« abzielen. In der gestalttherapeutischen und integrativen agogischen Arbeit entdeckt der alte Mensch, dass er zu viel mehr fähig ist, als er angenommen hat und als die Umwelt ihm gemeinhin zutraut. Er gewinnt neuen Selbstsupport, nicht zuletzt dadurch, dass er lernt, sich zu solidarischen Aktionen zusammenzuschließen oder Hilfe (environmental support) anzunehmen, ohne dabei in Passivität und regressive Dependenz zu verfallen.

5.6 Integration

Der dritte Lebensabschnitt ist, mehr noch als jeder andere, unter den Begriff »Integration« gestellt (vgl. *Marcel/Petzold,* 1976). Die Erfahrungen seines Lebens haben die »Tendenz zur guten Gestalt«, sie streben auf eine Zusammenfassung und Rundung hin. *Charlotte Bühler* (1959; 1972) kennzeichnet den Lebensabschnitt des Alters als die »Phase der Selbstbewertung und des Rückblicks auf das eigene Leben«, aus der Gefühle der Befriedigung oder der Resignation resultieren, so dass der alte Mensch am Ende seines Lebens in einer Situation steht, die ihm nach *Erikson* (1974) die *Integrität* der eigenen Person ermöglicht oder ihn der *Verzweiflung* überantwortet. Ziel jeder pädagogischen und therapeutischen Arbeit ist *Integration*, d. h. das ganzheitliche intellektuelle und emotionale Auseinandersetzen mit den Ereignissen des Lebens, um unerledigte Situationen zu schließen und Fremdes aufzunehmen und sich zu eigen zu machen. Durch die Fähigkeit zur Integration ist es uns überhaupt möglich zu wachsen, die Welt in uns hineinzunehmen,

ohne uns an sie zu verlieren, ohne unsere Identität aufzugeben. Im Gegenteil: durch den integrativen Prozess wächst unsere Identität in Richtung auf die »gute Gestalt der Person«, vermögen wir uns in der Welt zu transzendieren. Die integrative Leistung in der dritten Lebenshälfte soll die Möglichkeit eröffnen, dass der Mensch den Sinn seiner Existenz erfährt, dass er *erlebt*, dass menschliches Leben seinen Sinn in sich finden kann *(Marcel/Petzold,* 1976).
In der Arbeit mit alten Menschen nimmt die Frage nach dem Lebenssinn *(Petzold, Orth* 2004) eine hervorragende Stellung ein. Der gestalt- und integrativtherapeutische Ansatz vermag hier von seinem anthropologischen Ansatz und seiner Methodik, insbesondere durch die Verwendung meditativer Verfahren, ausgezeichnete Hilfen zu bieten, wenn es in einen entsprechenden institutionellen Rahmen eingebettet ist.

6. Zur Praxis der Integrativen Geragogik mit alten Menschen

Bildungsarbeit mit alten Menschen erfordert einen institutionellen Rahmen, wie er am besten durch ein Altenzentrum, ein Volkshochschulprogramm oder durch Bildungszentren in der Trägerschaft der Kirchen oder Verbände der freien Wohlfahrtspflege geboten werden kann. In die Programme derartiger Zentren können auch die Alters- und Pflegeheime eingebunden sein. Dies wird besonders notwendig, wenn Kranken oder Hochbetagten die Gelegenheit gegeben werden soll, an den Angeboten teilzunehmen. Da die Gestaltung der Programme mit dem institutionellen Setting und der Zielgruppe variiert, können keine festen Regeln für das Vorgehen aufgestellt werden. Ich selbst konnte Erfahrungen in der »offenen Altenarbeit« in Altenzentren und Altenwohnheimen durch Projekte sammeln, die ich mit meinen Studenten an der Fachhochschule für Sozialarbeit in Düsseldorf durchführte *(Duwe/Braun* 1975); weiterhin durch Bildungsprogramme, die ich im Rahmen einer städtischen Volkshochschule durchgeführt habe, und durch geragogische Arbeit in Pflegeheimen und auf einer geriatrischen Station.
Die Arbeit mit den Kranken und Hochbetagten hatte dabei natürlich eine ganz andere Ausrichtung, was Lernziele, Inhalte und Me-

thoden anlangte, als die Veranstaltungen im Rahmen der Zentren und der Volkshochschule. In den letztgenannten Einrichtungen haben wir es vorwiegend mit aktiven, motivierten alten Menschen zu tun, die aus der oberen Mittelschicht stammen, in ihrem Leben immer aktiv und geistig rege waren, wohingegen in Alten- und Pflegeheimen die körperlichen und geistigen Fähigkeiten der Bewohner meist erheblich eingeschränkt sind und wir vielfach Populationen aus der Unterschicht und unteren Mittelschicht vorfinden, die vierzig Jahre und länger keine Bildungsveranstaltungen mehr besucht haben. Die geragogischen Bemühungen in dieser »*institutionellen Altenarbeit*« gestalten sich demnach wesentlich schwieriger. Es müssen oftmals Prinzipien und Methoden aus der Behindertenpädagogik eingesetzt werden (vgl. *Petzold/Mathias* 1977).

7. Integrative Geragogik als »offene Altenarbeit«

Wir wollen uns nicht mit Angeboten befassen, die alte Menschen im Rahmen von Einrichtungen der Erwachsenenbildung besuchen können und die einen allgemeinen, weiterbildenden Charakter haben, z. B. Literaturkurse, geographische Vorträge usw., sondern wir wollen uns spezifisch mit »integrativer Seminararbeit zu Lebensproblemen im Alter« *(Petzold* 1977) befassen. Integrative Seminararbeit geschieht grundsätzlich in Gruppen unter Einbeziehung des jeweiligen Erfahrungspotentials der einzelnen Teilnehmer, der »funktional gebrauchten Sachkompetenz« von Experten, z. B. den Dozenten, und von Medien, die der Gruppe zur Verfügung gestellt werden oder die sie sich beschafft bzw. herstellt. Die Gruppe soll ihre Interessen und ihre Möglichkeiten selbst entdecken, ihren Rhythmus und ihre Arbeitsintensität selbst bestimmen. Diese Prinzipien, die wir auch in der gestaltorientierten Erwachsenenbildung *(Stolz,* in: *Petzold/Brown* 1977), in gruppendynamischen Konzepten oder im themenzentrierten interaktionalen Ansatz von *Ruth Cohn* (1975) finden, lassen sich in der Bildungsarbeit mit alten Menschen nicht immer ohne Schwierigkeiten realisieren. Soziale Ängste, Hemmungen, Vorurteile und eine Lernsozialisation, die rezeptive Haltung, Autoritätsabhängigkeit und den »Konsum« von Bildungsgütern vermittelt hat, kommen bei alten Menschen zum Tragen.

So ist eine der wichtigsten Aufgaben in der Initialsituation darin zu sehen, den »neuen Lernstil« zu vermitteln. Die Erwartungshaltung an den Dozenten muss nach und nach abgebaut werden. In der Praxis verfahre ich vielfach so, dass ich in einem Kurzreferat das »neue und das alte Konzept des Lernens« miteinander vergleiche. Dabei verwende ich schon erlebnisaktivierende Techniken, indem ich die Teilnehmer über ihre eigenen Lernerfahrungen befrage und auf diese Weise ein Gruppengespräch in Gang bringe: »Wir sind heute abend zu einer Veranstaltung gekommen, die das Thema »Neue Wege des Lernens im Alter« behandeln will. Bevor ich näher auf das Thema eingehe, möchte ich Ihnen vorschlagen, dass einige von Ihnen kurz etwas über die Art und Weise erzählen, wie in Ihrer Jugend Lehren und Lernen vor sich ging. Wir haben dann ein gutes Vergleichsmaterial zu der Form, wie hier in der Volkshochschule gelehrt wird. Ich möchte Ihnen dann noch weitere Formen des Lehrens und Lernens vorstellen.« Mit etwas Ermutigung bekommt man auf diese Weise von den Teilnehmern recht anschauliche Berichte, die z. T. so amüsant sind, dass in der Gruppe gelacht wird und »en passant« eine gewisse Gruppenkohäsion entsteht. Der Dozent bringt sich sehr persönlich mit eigenen Erfahrungen ein und schafft auf diese Weise ein positives Imitationsmodell. Im Anschluss an diese Sequenz erläutere ich am Geschehen selbst, was Lernen durch »Ko-respondenz«, die »aktive Mitarbeit aller«, bedeutet. Viele Teilnehmer haben gesprochen, interessante Aspekte sind deutlich geworden, ein angeregtes Klima ist entstanden, man hat sich durch die kurzen biographischen Berichte näher kennengelernt und eine gemeinsame Basis gefunden.

> *Herr A.:* »Tja, bei uns ging das noch hart zu. Nach dem Gebet am Morgen eine halbe Stunde Kopfrechnen, Addieren, Multiplizieren, Teilen.«
> *Frau L.:* »Ja, das Kettenrechnen wurde bei uns auch ganz groß geschrieben. Wir mussten das Ergebnis immer auf ein Blatt schreiben, und wer nicht mitgekommen war, bekam eine Kopfnuss.«
> *Herr W.:* »Heute wird ja nicht mehr geschlagen, aber bei uns, da gehörte der Rohrstock noch zu den besten Erziehungsmethoden – und geschadet hat's uns nicht, muss ich sagen.«

Berichte über Auswendiglernen, Schuldisziplin und besondere Ereignisse folgen. Der Leiter ermutigt bei besonders interessanten Begebenheiten zu ausführlicher Beschreibung. So erzählt z. B. eine damals 85-jährige Teilnehmerin vom Besuch des Kaisers in ihrem Mädchengymnasium. In einer Pause komme ich wieder auf das Thema des Kurses zurück und mache deutlich, wie wichtig und wertvoll diese persönlichen Erinnerungen und die Lebenserfahrung für die gesamte Gruppe seien. Gerade die Wertschätzung ihrer Lebenserfahrung ist für die alten Menschen wichtig und verstärkt ihre Motivation zu einer gruppenzentrierten Arbeit. Sobald sich in dieser Phase der Gruppenleiter zurückzieht und seine stimulierende Funktion reduziert, kommen Unsicherheit und Hilflosigkeit auf. Die Teilnehmer sind noch nicht in der Lage, den Lernprozess eigenverantwortlich in die Hand zu nehmen. Sie sind zu sehr daran gewöhnt, geleitet zu werden. Außerdem wird in der Regel vermieden, sich zu exponieren. So kann es vorkommen, dass ein Gespräch ins Stocken gerät und sich eine ratlose Stille ausbreitet. Hier wird es notwendig, dass der Dozent eingreift, um keinen Unmut über das neue Verfahren aufkommen zu lassen, weil dieser leicht generalisiert wird und die Motivation zum Experimentieren zerstört werden kann. Manchmal wird es auch notwendig, so genannte »Sprechväter« zu bremsen, die stundenlang erzählen können und die Gruppe durch ihre Monologe passivieren. Wir können für die integrative Gruppenmethode folgende Aspekte herausstellen, die für eine effektive Arbeit notwendig sind.

7.1 Kontakt

Der Leiter versucht, mit den Teilnehmern in einen direkten Kontakt zu treten und den Kontakt zwischen den einzelnen Mitgliedern aufzubauen. Dafür ist es notwendig, dass ein persönlicher, »intersubjektiver« Bezug und eine angstfreie Atmosphäre hergestellt werden.

7.2 Stimulierung

Auf das Stimulierungskonzept der Gestalttherapie wurde schon eingegangen. Durch Warm-up-Techniken wird Unterhaltung und Beteiligung angeregt. Die Verwendung von »kreativen Medien« *(Petzold, Orth* 1990, *Petzold, Sieper* 1996), z. B. Film, Video- und Tonbandaufzeichnungen, Farben, Collagen (vgl. die Arbeiten in diesem

Buch) und Übungen aus der Psychodrama- und Encounter-Tradition *(Stevens* 1975; *Otto* 1970) sowie Interaktionsspiele *(Vopel* 1975/77) sind hier geeignet.

7.3 Support

Vom Leiter wird ein stützendes und freundliches Klima geschaffen. Äußerungen, Aktivitäten werden akzeptiert und nicht kritisch bewertet. Teilnehmer werden vor Spott und Kritik in angemessener Form in Schutz genommen. Jede Aktivität, die zum Gruppen- und Lernprozess beiträgt, wird ermutigt.

7.4 Gezielte Verselbständigung

Die Teilnehmer werden dazu angehalten, was sie selbst tun können, auch auszuführen. Es wird ihnen erklärt und erlebbar gemacht, dass sie viel mehr tun können, als sie selbst glauben. Der Dozent verweigert in manchen Situationen seine Hilfe. Dieses als »skillfull frustration« bekannte Prinzip der Gestalttherapie *(Perls* 1969,32) ist allerdings mit Vorsicht einzusetzen und setzt einen guten Support voraus, da bei alten Menschen zuweilen eine verminderte Belastungsfähigkeit oder erhöhte Kränkbarkeit vorhanden sein kann.

7.5 Verdeutlichung durch Erlebnisaktivierung

Der Dozent ist immer bemüht, Themen für das Erleben plastisch zu machen. Er verwendet hierzu audiovisuelle Hilfsmittel (Tonband, Videoaufzeichnungen), Interaktionsspiele, Imaginations- und Visualisierungstechniken. Dies wird in der Arbeit mit alten Menschen besonders wichtig, weil bei manchen die visuellen, auditiven und mnestischen Fähigkeiten, insbesondere das Kurzzeitgedächtnis, eingeschränkt sind. Deshalb erweist sich die Darstellung auf verschiedenen Ebenen, der verbalen, der visuellen, darstellerischen, mimisch-gestischen, als ausgesprochen förderlich für den Lernprozess, die Reaktions- und die Gedächtnisleistungen *(Litowtschenko* u. a., 1976; *Welford* 1958; *Wargo* 1966; *Bliss* et al., 1965; *Swink* 1966).

7.6 Persönlicher Bezug

Je besser es gelingt, die Thematik mit vorgängigen Erfahrungen der Teilnehmer zu verbinden, so dass sie »an Bekanntes anknüpfen« können, desto stärker ist die Motivation zur Mitarbeit. Gerade für den alten Menschen ist es wichtig, dass er vom »Neuen nicht überrollt wird«, dass er sieht, dass sein Wissen und seine Erfahrungen etwas wert sind und durchaus noch Gültigkeit haben. Der persönliche Bezug ist aber nicht nur im Hinblick auf den Einzelnen wichtig, sondern auch für das Interaktionsklima in der Gruppe. Die Beiträge einzelner Teilnehmer müssen das Interesse der anderen finden, damit sie sich angenommen und sicher fühlen können. Das erfordert den Aufbau einer intersubjektiven Haltung in der Gruppe, für die die *intersubjektive Haltung* des Geragogen die Grundvoraussetzung bildet *(Petzold* 2003a, Bd. 3).

7.7 Kooperation, Solidarität, Ko-respondenz

Besonders bei alten Menschen, die lange Zeit alleine gelebt oder sich im Altenheim in ihrem Zimmer isoliert haben, ist Kooperation sehr schwierig und kann erst nach und nach aufgebaut werden. Sie wird gefördert durch Erfahrungen von Solidarität. Sich mit einem Gruppenteilnehmer solidarisieren und ihn dadurch stützen, gemeinsam etwas erreichen, schafft Erfolgserlebnisse und Gemeinschaftsgefühl, die auch inaktive Gruppenmitglieder nach und nach mobilisieren. Es ist deshalb notwendig, Situationen zu schaffen, in denen *Ko-respondenz,* d.h. die gemeinsame persönliche Auseinandersetzung aller Beteiligten mit ihrer und in ihrer Situation, möglich wird (vgl. *Petzold* 1977, 31; 1978). Die gestalttherapeutischen Techniken der direkten Kommunikation und die lebendigen Formen der Interaktion sind in dieser Hinsicht sehr förderlich *(Nitsch-Berg, Kühn* 2001).

7.8 Vielfältigkeit der Angebote

Aufgrund des ganzheitlichen anthropologischen Ansatzes der *Integrativen Therapie,* der didaktischen Kategorie des Lebenskontextes und der vier Lernzielbereiche wird integrative Seminararbeit nicht nur an Hand eines Themas durchgeführt. Sie stellt immer ein komplexes Programm bereit, in dem Angebote der körperlichen und geistigen Ertüchtigung, der Förderung von Kommunikation und des persönlichen Austausches möglich werden. Es ist naheliegend, dass in einem Seminar mit dem Thema »Mietbeihilfe« somatomotorische Lernziele kaum einbezogen werden können, wohl aber kognitive, affektive und soziale. Wir betrachten es deshalb als eine wichtige Aufgabe des integrativen Geragogen, den Menschen zu seiner Ganzheit hinzuführen, ihm einen neuen Zugang zu seiner Körperlichkeit zu eröffnen, ihm seine emotionalen und sozialen Fähigkeiten wieder bewusst und verfügbar zu machen und ihm zu zeigen, dass seine kognitiven Leistungen durch den Alternsprozess kaum eingeschränkt sind, wenn entsprechende Lernhilfen gegeben werden (vgl. *Lowy* 1976; *Litowtschenko* et al. 1976).

Zutrauen zu den eigenen Fähigkeiten und Auseinandersetzung mit der eigenen Existenz stehen deshalb im Zentrum eines integrativen geragogischen Programms. Diese Lernziele können über Gesprächsgruppen mit Selbsterfahrungscharakter angegangen werden.

8. Offene Altenbildung

Ein Beispiel aus einem VHS-Seminar zum Thema »Was ist der alte Mensch heute noch wert?« soll die Praxis integrativer Arbeit in der offenen Altenbildung verdeutlichen.

Die Teilnehmer der Gruppe (acht Personen) hatten schon in verschiedenen Kursen mit Methoden der Integrativen Geragogik gearbeitet. Im Unterschied zu anderen Themen (Mietbeihilfe, Alter und Gesundheit, Wohnen im Alter, vgl. *Petzold* 1977) ließ das Thema eine konfliktorientierte Ausrichtung erkennen. Die Teilnehmerzahl war entsprechend geringer, eine Feststellung, die ich immer wieder machen konnte, wenn konfliktzentrierte Themen ausgeschrieben wurden, wie z. B. »Alt und Jung-Probleme zwischen den Generationen«, »Alter und Sterben« usw.

Da sich die Teilnehmer z. T. aus den anderen Kursen schon gut kannten, hatte die Gruppe eine relativ kurze Anlaufphase. Wir begannen die Arbeit an unserem Thema mit einer Collage. Ich hatte

Stöße von Illustrierten, Klebstifte, Scheren und große Kartons mitgebracht. »Bitte nehmen Sie die Materialien und versuchen Sie, Bilder, Worte, Überschriften zu sammeln, die Ihnen für das Thema wichtig erscheinen.« Die Teilnehmer machten sich zunächst zögernd an die Arbeit, wurden aber bald von den Materialien stark angesprochen und involviert. Sie arbeiteten länger als eine Stunde ganz konzentriert an den Collagen – eine enorme Leistung für Menschen, die älter als 70 Jahre sind. Die Bilder, die entstanden, waren vielfältig und aussagestark. Ein Teilnehmer hatte Fotos von einem Autofriedhof, Autowracks und Trümmerbilder zu einer Landschaft voller Zerfall und Zerstörung zusammengetragen. Ein anderer hatte das Foto eines gutaussehenden Reklameopas in die Mitte gestellt und darum Schnapsreklame und Witzzeichnungen gruppiert. In die Ecke des Bildes waren gemütliche Sessel und Fotos geklebt. Überschrift: Heitere Behaglichkeit. Eine Teilnehmerin ist – wie sie sagte – »in einen Blumenrausch verfallen«. Sie hat ihren Karton mit Blumenbildern beklebt und dazwischen Großmütter mit Kindern eingestreut. Eine andere Teilnehmerin hat eine Komposition aus modernen Maschinen und Gestalten alter Menschen geschaffen. – Wir sehen uns jedes Bild gemeinsam an und kommen ins Gespräch. Jeder Teilnehmer versucht, den Bezug seines Bildes zum Thema zu erläutern. Er wird von den anderen gefragt, und es entsteht ein engagierter Prozess der »Ko-respondenz«.

Frau L.: »Herr K. (Collage »Alter Herr mit Witzen«), da haben Sie sich aber einen attraktiven Siebziger ausgesucht, der passt so richtig zu Ihnen und ein Spaßvogel sind Sie auch. Das Bild ist wenigstens nicht so düster wie der Autofriedhof von Herrn M.«

Herr M.: »Meinen Sie! Ich finde das Bild gar nicht so lustig. Ein rüstiger Reklameopa und alle die Witze drum, so macht man sich auch über uns alte Leute lustig!«

Herr K.: »Wenn Sie's so betrachten, ist mein Bild schon doppeldeutig. Ich hatte das zwar nicht beabsichtigt, aber Sie haben schon recht. Na ja, so hat schon jeder seine Vorstellung von einem heiteren sonnigen Alter!«

Herr M.: »Ich nicht!«

Frau F.: »Mein Gott, sind Sie bitter. Ich bin auch nicht für ein Blumenarrangement, aber ganz so finster ist alles ja auch nicht.«

Herr M.: »Blumenpracht! Das erinnert mich an Kränze und Grabschmuck.«

Frau L.: »Daran habe ich auch gedacht, als ich mein Bild machte. Und es hat mich nicht bedrückt. Blumen verwelken und blühen wieder. Ich finde Ihre negative Haltung nicht sehr sinnvoll.«
Herr M.: »Ich bin nicht negativ, ich bin Realist.«
Frau S.: »Aber ein bissiger!«
Herr M.: »Mag schon sein!«
Leiter: »Herr M., welches Bild gefällt Ihnen denn besonders?«
Herr M.: »Mein eigenes gefällt mir nicht besonders, aber das von *Frau S.* ›Die Technik und der alte Mensch‹ gefällt mir gut. Irgendwie schlägt uns die Technik da nicht tot.«
Frau L.: »Für mich ist das alles schon bedrohlich!«
Leiter: »Können Sie das genauer sagen?«
Frau L.: »Ich komme bei vielen technischen Dingen nicht mehr mit.«
Leiter: »Wem geht das hier noch so?«
Von den acht Teilnehmern heben sechs die Hand.
Frau S.: »Aber das geht ja nicht nur uns so. Meinen Sie, die jungen Leute hätten über alles den Überblick?«
Herr K.: »Nur lastet man das denen nicht so an, und uns wirft man das als Hilflosigkeit vor.«
Frau S.: »Man ist so hilflos, wie man sich fühlt. In dem Bild von den Trümmern und dem Autofriedhof, da ist für mich mehr Verbitterung als Realität und mehr Aggressivität als Hilflosigkeit. Gerade Sie (Frau S. wendet sich zu Herrn M.) sind doch alles andere als ein hilfloser alter Mann, wenn ich all die Aktivitäten sehe, die ich von Ihnen kenne!«
Herr M.: »Hilflos bin ich nicht. Zum ›alten Eisen‹ werden wir ja *gemacht,* das verbittert mich.«
Frau F.: »Ich lasse das aber mit mir nicht machen! Ich bin mir und anderen durchaus noch etwas wert. Nur einfach anders als früher. Meiner Tochter und meinem Enkel bin ich sogar noch sehr wichtig.«
Frau L.: »Aber viele alte Menschen haben keine solche Aufgabe mehr.«
Leiter: »Das ist richtig, und Sie wissen auch, dass unser Kreis hier eine besonders aktive Gruppe ist.«
Frau S.: »Das stimmt schon, aber man müsste eben noch mehr alte Menschen mit diesen Möglichkeiten bekannt machen.«

Die Gruppe beginnt zu überlegen, was man tun könnte, um noch mehr alte Menschen an den Angeboten der VHS zu interessieren. Es wird den Teilnehmern im Prozess der Ko-respondenz immer deutlicher, dass die Einstellung der Gesellschaft zum alten Menschen durch das Verhalten und durch das Selbstbild der alten Menschen noch verfestigt wird. In diesem Zusammenhang referiert der

Leiter kurz einige Ergebnisse der sozialpsychologischen und soziologischen Alternsforschung *(Tews* 1971; *Lehr* 1972; *Schneider* 1974, *Jansens* et. al. 1999), zu Stereotypen im Selbstbild und Fremdbild von alten Menschen, insbesondere über das Fremdbild bei Jugendlichen und Erwachsenen in unterschiedlichen Bereichen *(Lehr/Esser/Raithelhuber* 1971; *Viebahn* 1971; vgl. jetzt umfassend *Filipp, Mayer* 1999).

> *Herr M.:* »Wenn man sich selbst zum alten Eisen macht, macht man es den anderen auch leicht, einen aufs Abstellgleis zu schieben!«

Hier wird die Sitzung beendet. Beim nächsten Zusammentreffen schlägt der Leiter zu Beginn vor, gemeinsam noch einmal die Collagen aufgrund der Erkenntnisse der voraufgegangenen Stunde zu verändern. Der Vorschlag findet gute Aufnahme. In das Autofriedhof- und Trümmerbild von Herrn M. werden Blumen eingeklebt.

> *Frau L.:* »Ich weiß noch, wie nach dem Krieg der Huflattich auf den Trümmern blühte. Die ganzen Schuttberge voll von Huflattich, das hat mir damals viel Hoffnung gegeben.«
>
> *Herr M.:* (klebt ein paar Bilder junger Leute auf) »Ich bin wohl ein Zyniker, aber es gibt viel mehr Wracks unter den jungen als unter den alten Leuten, meine ich, und darauf sollten wir uns etwas zugute halten.«

Dann nimmt er ein paar Bilder von Autowracks und klebt sie in das Blumenbild von Frau L., und diese sagt: »In Ordnung, dann ist es etwas weniger idyllisch und irgendwie richtiger.«
Die Arbeit des Seminars hatte unmittelbare Konsequenzen dadurch, dass die Teilnehmer der Gruppe ihre Collagen und weitere Materialbilder, die im Verlauf des Kurses gefertigt wurden, in den Räumen der VHS ausstellten, ihre Überlegungen und Ergebnisse auf Anregung des Leiters in Form von Wandzeitungen erläuterten und andere alte Leute zu einem Gesprächsabend über die Ausstellung einluden. Dieser hatte ein ausgesprochen positives Echo.
Dies ist ein Beispiel für eine Gruppe mit sehr aktiven Teilnehmern von gutem Bildungsniveau und einer lebendigen Vergangenheit (Herr M. war Werkmeister und Betriebsratsvorsitzender, Frau S. war Leiterin einer kommunalen Bücherei, Frau L. war Lehrerin, Herr K. war Chemiker etc.). Integrative Seminararbeit ist aber auch mit weniger differenzierten und aktiven Teilnehmern durchzuführen.

9. Institutionelle Altenbildung

Hierzu ein Beispiel aus einem Altenbildungsprogramm, das in einem Altenwohnheim durchgeführt wurde. Die Bewohner des Wohnheims waren im Schnitt über 70 Jahre alt, aber nicht pflegebedürftig, sondern noch recht rüstig und zumeist aus einfacheren Verhältnissen. Sie waren weder der Gruppe der Kranken noch der Hochbetagten zuzurechnen. Im Unterschied zu den Gruppen im Rahmen der offenen Altenarbeit war eine erhebliche Reduktion der Aktivität und eine klare Tendenz zum Disengagement erkennbar. Der durch zahlreiche Untersuchungen *(Tuckmann/Lorge* 1952; *Pan* 1952; *Fink* 1957; *Weinstock/Bennet* 1968; 1969) sowie in den Ausführungen von *Lehr* (1970) und *Nahemow/Lawton (1973)* aufgezeigte Hospitalisierungseffekt durch sensorische, perzeptuelle und soziale Deprivation *(Petzold/Bubolz,* 1976) fiel uns besonders ins Auge, da wir gleichzeitig Programme im Rahmen der offenen Altenarbeit durchführten. Wir hatten den Kursus unter dem Rahmenthema »Freizeit im Altern« ausgeschrieben. Die Mehrzahl der Heimbewohner war von Mitarbeitern des Projektes (Studenten der Sozialarbeit) persönlich besucht und informiert worden. Zum ersten Abend waren 30 Teilnehmer, die Hälfte der Bewohner, gekommen. Wir haben die Großgruppe in drei Zehnergruppen aufgeteilt. Diese Aktion erzeugte schon große Unruhe und eine gewisse Angst, die aber schnell aufgelöst werden konnte, als die Leiter erklärten, dass sie einen besseren Überblick erhielten und auch mehr Zeit für jeden Einzelnen hätten.

Schon in der ersten Sitzung machten sich Hör- und Sehprobleme sehr störend bemerkbar und insbesondere die Tatsache, dass die Teilnehmer nicht gewohnt waren, in Gruppen zusammenzusein, es sei denn, es handelte sich um einen Vortrags-, Film- oder Fernsehabend. Allein die Sitzordnung »im Kreis« löste Unsicherheit aus. Der Leiter stellte sich vor und bat darum, dass jeder etwas über seine Freizeitaktivitäten und Freizeitwünsche berichten solle. Die Reaktion war so zögernd, dass jeder Teilnehmer geradezu »ausgefragt« werden musste.

Frau B.: »Am liebsten Radio, das Fernsehen machen meine Augen nicht mehr mit, wissen Sie ...«

Herr S.: (spricht einfach dazwischen) »Ich sehe am liebsten fern, aber man müsste hier zwei Fernsehräume haben. Es ist so nichts.«
Leiter: »Sie haben Frau B. gerade unterbrochen.«
Herr S.: »So, dann entschuldigen Sie.«
Frau B.: »Das macht nichts, ich war sowieso fertig!«
Leiter: »Und Sie, Frau F.?«
Frau F.: »Ich bin zufrieden!«
Leiter: »Was machen Sie in Ihrer Freizeit?«
Frau F.: »Ich setze mich gerne auf den Balkon. Was soll ich sonst schon machen?«
Leiter: »Und Sie, Herr A.?«
Herr A.: »Ich gehe freitags immer in den Altenclub Skat spielen.«
Leiter: »Und sonst?«
Herr A.: »Fernsehen.«
Leiter: »… und …«
Herr A.: »Ja, spazierengehen, manchmal!«

Die Antworten blieben in diesem Stil. Als weitere Varianten kamen noch hinzu: »Manchmal die Kinder und Bekannte besuchen.« Auf die Frage, welche Freizeitbeschäftigung sie sich wünschten, wenn sie frei wählen könnten, kamen Antworten wie: »Bin zufrieden«, »Was sollen wir alten Leute noch groß machen«, »Ich weiß nichts«, »Das ist mir egal«, »Mal spazierengehen«, »Radio hören«. Eine Teilnehmerin: »Ich würde gerne auf eine große Reise gehen.«

Leiter: »Wohin denn?«
Frau B.: »Nach Bayern. Da waren wir früher oft im Urlaub, als mein Mann noch lebte.«
Leiter: »Wer würde sonst noch gerne reisen?« – »Dazu sind wir zu alt.« – »Ich würde gerne einmal einen Ausflug im Bötchen auf dem Rhein machen.« – »Das würde mir zuviel werden.« – »Ja, wenn ich zehn Jahre jünger wäre, dann würde ich sogar noch eine Weltreise machen« (lacht).
Leiter: »Ich möchte Ihnen vorschlagen, sich einmal vorzustellen, Sie seien zehn Jahre jünger.«
Herr A.: »Das kann ich nicht, ich bin jetzt 84 Jahre. Junger Mann, werden Sie mal so alt.«
Leiter: »Das ist schon ein hohes Alter. Da müssen Sie mit 74 noch sehr rüstig gewesen sein.«
Herr A.: Das kann ich Ihnen sagen. Da habe ich noch meinen Garten bewirtschaftet.«
Leiter: »Da haben Sie sicher auch noch Reisen gemacht?«

Herr A.: »Habe ich auch, da bin ich immer zu meiner Tochter in den Westen gefahren, wissen Sie, ich wohnte damals bei Leipzig.«
Leiter: »Vielleicht kann jeder mal an seine letzte größere Reise denken!«
Bald kommt ein lebhaftes Erzählen in Gang. Die alten Leute leben sichtlich auf. Am Ende der Stunde kommen Äußerungen wie: »Das war ein schöner Nachmittag.«
»Hoffentlich kommen Sie bald wieder! Ja, so richtig reisen müsste man mal wieder!«
Zur nächsten Stunde bringe ich einen Film über deutsche Städte und Burgen mit, der begeistert aufgenommen wird. In der Nachbesprechung verwende ich Visualisierungstechniken. »Vielleicht können Sie alle einmal die Augen schließen und sich die Szenen aus dem Film vorstellen, die Ihnen am besten gefallen haben!«

Herr K.: »Rothenburg ob der Tauber, da war ich früher mal gewesen mit meiner Frau – nicht, Hedi (die Frau ist mit anwesend), das war eine schöne Reise!« Die Frau nickt versonnen. – Die Teilnehmer beginnen wieder von ihren Reiseerfahrungen zu berichten. Dabei fordere ich immer wieder auf, die Augen zu schließen, und bitte die alten Leute, sich die Szenen so deutlich wie möglich vorzustellen. Eine Teilnehmerin berichtet von Schloss Burg a. d. Wupper. »Das ist gar nicht weit von hier, da würde ich gerne noch mal hinfahren!«
Herr F.: »Das könnten wir doch mal zusammen machen. Wir alle zusammen!«
Leiter: »Eine Gruppenreise zu organisieren, müsste schon möglich sein.«

Gegen einige Zweifel wird konkret an die Planung gegangen. Ich bringe etwas Literatur zur Geschichte des Schlosses und der Grafen von Kleve, Jülich und Berg mit. Herr A. und Frau F. erklären sich bereit, das Material durchzusehen und für die anderen Teilnehmer einen Vortrag vorzubereiten, wenn ihnen zwei Studenten aus dem Projekt dabei behilflich sind. So kommt ein schöner Vortrag zustande und die Abbildungen aus den Büchern werden über Episkop als Anschauungsmaterial verwendet. Herr K. und Herr L. haben sich mit den Städtischen Verkehrsbetrieben und der Bundesbahn in Verbindung gesetzt und sich nach den Bedingungen einer Gruppenreise erkundigt. Sie erhalten durch die Heimleitung noch einige Hilfestellung und können ein günstiges Angebot bekommen. Vor-

trag und Reisevorbereitungen werden für die beiden Parallelgruppen mitgemacht, so dass an einem Samstag die Fahrt mit 25 Teilnehmern durchgeführt werden kann. Sie wurde ein voller Erfolg, nicht zuletzt, weil sie von den alten Leuten selbst geplant und vorbereitet wurde. Für das alles war eine Zeit von drei Monaten notwendig. Daraus mag ersichtlich werden, wie schwierig die Aktivierung alter Menschen in der Heimsituation ist. Dennoch kann man sagen, dass derartige geragogische Bemühungen eine lohnenswerte Aufgabe sind und zu Erfolgen führen.
Je größer die körperlichen und geistigen Einschränkungen in der Zielgruppe sind, desto mehr Angebote müssen gemacht werden. Filme, Spiele, Singkreise, Kurzvorträge von Personen mit zugkräftigem Status (Ärzte, Leiter des Sozialamtes, Dozent der Fachhochschule u. ä.) sind besondere Attraktionen. Im Unterschied zu herkömmlichen Bildungsangeboten wird jede Veranstaltung so aufgebaut und gegliedert, dass die alten Menschen nicht in der passiven Konsumentenrolle bleiben, sondern dass die Angebote als Anregung benutzt werden, über die im Anschluss diskutiert wird. Dabei liegt der Schwerpunkt darauf, dass die Teilnehmer untereinander ins Gespräch kommen und das Geschehen nicht auf ein Frage- und Antwortspiel mit dem Referenten beschränkt bleibt. Auf diese Weise wird Geragogik mehr als Unterhaltung, Freizeitbeschäftigung oder Beschäftigungstherapie, obwohl sie diese Aspekte oft miteinbezieht.
Die verdienstvollen Arbeiten von *Kubie/Landau* (1953), *Merrill* (1967) u. a., die Material für Aktivitäten mit alten Menschen in der Heimsituation bieten, können durch den integrativen geragogischen Ansatz bereichert werden, wenn Aspekte der sozialen Interaktion, der Förderung der Eigenaktivität, der emotionalen Mobilisierung einbezogen werden. Gerade das Erreichen dieser Zielsetzung aber bietet große Schwierigkeiten, wie wir in einer Reihe von Projektarbeiten an der Fachhochschule für Sozialarbeit in Düsseldorf feststellen konnten *(Duwe/Braun* 1975). Die Literatur über institutionelle Altenarbeit ist immer noch nicht sehr reichhaltig. Publikationen über die geragogische Arbeit mit kranken Alterspatienten oder Hochbetagten sind praktisch kaum zu finden, wohl weil Bildungsbemühungen in diesen Gruppen von vornherein als sinnlos angesehen werden. Diese Arbeit ist in der Tat aufwendig und

schwierig. Oftmals wird es nicht möglich sein, eine Gruppenarbeit durchzuführen, z. B. bei bettlägerigen Patienten. Dennoch sollte versucht werden, wo immer möglich, Gruppensitzungen zustande zu bringen. In einem Altenpflegeheim mit hochbetagten und kranken Klienten haben wir die Angebote so organisiert, dass sich kleine Gruppen bis zu sechs Personen in den Zimmern von Bettlägerigen versammelten. Die Gruppensitzungen fanden einmal wöchentlich für eine Stunde statt. Im Laufe der Arbeit konnte erreicht werden, dass die Teilnehmer zu einer zweiten Sitzung ohne Betreuer zusammenkamen, sich unterhielten, einander vorlasen und gemeinsam Platten hörten. Auch die Zahl der wechselseitigen Besuche nahm zu. Der Schwerpunkt der Arbeit war darauf gerichtet, die Lebensqualität der Heimbewohner zu verbessern und sie noch ein wenig am Tagesgeschehen teilnehmen zu lassen. So wurde mit den Patienten, die noch einigermaßen rege waren und durch Rundfunk, Fernsehen und Zeitungen die Ereignisse verfolgten, eine Arbeitsgruppe gebildet, die für jede Woche die wichtigsten Geschehnisse zusammenstellte. Die Teilnehmer der Gruppe, die sich noch selbständig bewegen konnten (sechs von neun), machten dann die Runde bei den übrigen Heiminsassen und teilten ihnen die »neuesten Meldungen« mit. Bei Zimmerbelegungen von z. T. vier Patienten konnte dann immer eine kleine Gesprächsrunde in Gang kommen. Die »Nachrichtenoffiziere« – so der Ausdruck, der von einem Heimbewohner geprägt wurde – erhielten durch ihre Arbeit Zuwendung und Selbstbestätigung; sie wurden dadurch in ihrer Motivation bestärkt. Eine andere Maßnahme war das Zeigen von Lichtbildern – Filme waren z.T. für die zerebral gestörten Patienten (Arteriosklerosen, Apoplexiefolgen) nicht mehr erfassbar. Die Bilder wurden relativ lange stehengelassen, in den Einzelheiten erklärt, und es wurde versucht, mit den Patienten eine Unterhaltung oder Verständigung herbeizuführen. Die Möglichkeiten der Beschäftigungstherapie *(Kubiel/Landau* 1953; *Nathanson/Reingold* 1969; *Lejeune* 1971; *Böger/Sokol* 1974; *Paterno* 1975) können eingesetzt werden, wobei die erlebnisintensivierenden Methoden der Integrativen Pädagogik Verwendung finden. So haben wir z. B. bei Flechtarbeiten mit afrikanischem Schilfgras versucht, eine *komplexe Materialerfahrung* einzubeziehen.

Leiter: »Dieses Gras, mit dem wir jetzt arbeiten, hat viele tausend Kilometer von hier am Ufer eines Sees in Afrika gestanden.«
Frau B.: »Das kommt aber von weit her. Das muss wohl sehr teuer sein.«
Frau W.: »Das ist nicht teuer, davon gibt es riesige Mengen.«
Leiter: »Ja, ganze Seen sind mit diesem Gras bedeckt und darin leben unzählige Wasservögel«
Frau K.: »Wir haben einmal einen Film gesehen, das war im Fernsehen, mit lauter Flamingos auf einem solchen See.«
Leiter: »Können Sie sich vorstellen, wie die Flamingos durch das hohe Gras staken?«
Frau S.: »Ja, das muss ganz lustig aussehen.«

Wir sprechen noch ein bisschen über Afrika, über Tiere im Zoo, und beginnen dann mit der Flechtarbeit. Ich lasse die einzelnen Halme betasten, ihre Biegsamkeit wahrnehmen, ihre Bruchgrenze austesten. Der Tastsinn alter Menschen funktioniert meist noch besser als ihr Gesichts- und Gehörsinn. Es macht ihnen Spaß, die Halme bis zur Grenze ihrer Belastbarkeit zu biegen. Ich schlage folgendes Spiel vor: »Biegen Sie die Halme so weit, dass sie im nächsten Moment brechen, und sagen Sie dann: *jetzt*.« So wird eine ganze Menge Halme zerbrochen, und die Teilnehmer werden immer vertrauter mit dem Material. Es werden dann die ersten Anleitungen zum Flechten gegeben. Von Anfang an werden die alten Leute ermutigt, nicht auf Schönheit zu achten, sondern so zu flechten, wie es ihnen Spaß macht. Die Geschicklichkeit kommt nach und nach. Ist dann etwas entstanden, so wird es in der Gruppe herumgereicht, betastet, begutachtet, besprochen. Nach einiger Zeit beginnen wir, Strohpuppen herzustellen. Bunte Bänder und Stoffrestchen werden als zusätzliche Materialien angeboten. Einige der Teilnehmerinnen sprechen während der Arbeit vor sich hin. Sie werden ermutigt, mit ihren Puppen zu sprechen (vgl. dieses Werk Bd. 2). So kommt es zu Dialogen, wie wir sie aus der klassischen Gestalttherapie kennen.
Dadurch, dass die Selbstgespräche nicht als Absonderlichkeiten abgetan, sondern positiv verstärkt werden, treten sie dem alten Menschen klarer ins Bewusstsein. Wir beginnen dann, mit den Puppen kleine Spiele zu improvisieren. Dabei ist es ganz erstaunlich, dass zum Teil sehr abgebaute Patienten sich in diese Spielaktion

gut einfinden können und viel Freude damit haben. Je stärker die Mitarbeiter der Einrichtungen in die Arbeit miteinbezogen werden konnten und je besser es gelang, die noch einigermaßen bewegungsfähigen und organisierten Patienten zu aktivieren und im Programm sinnvoll einzusetzen, desto besser und intensiver konnte die Arbeit durchgeführt werden.

Nach unseren Erfahrungen ergaben sich aber die intensivsten und hilfreichsten Kontakte in Einzelgesprächen, in denen sich der Betreuer dem alten Menschen persönlich zuwandte. Nachdem anfängliches Misstrauen abgebaut worden und man über die übliche »Besuchsatmosphäre« hinweggekommen war, waren Gespräche über das Leiden, über den Tod, über das Alter möglich, mit einer Klarheit, die man den Patienten gar nicht zugetraut hätte. Bei den kranken Patienten musste der Kontakt oft auf einer nonverbalen Ebene bleiben, z. B. durch Spiel mit Händen, Blicken, das Zeigen und Erklären von bebilderten Büchern. Das Glück, das diese Patienten durch die Einzelgespräche offensichtlich erfuhren, und die Wärme und Dankbarkeit, die sie den Betreuern entgegenbrachten, waren für alle, die am Projekt mitarbeiteten (Studenten der Sozialarbeit), eine Bestätigung, dass Bildungs- und Betreuungsprogramme in Heimen für Pflegebedürftige und Hochbetagte nicht nur eine humanitäre Notwendigkeit, sondern eine lohnende Aufgabe sind.

10. Integrative Mitarbeiterfortbildung und Supervision im Bereich der Altenarbeit

Um eine sinnvolle und effektive Altenarbeit zu gewährleisten, ist nicht nur ein institutioneller Rahmen erforderlich, sondern es müssen auch Mitarbeiter vorhanden sein, die über besondere Kompetenzen verfügen, mit alten Menschen pädagogisch, soziotherapeutisch und psychotherapeutisch umzugehen und die spezifisch in intergenerationaler Kompetenz geschult sind. Das Mitarbeiterproblem ist für die derzeitige, ohnehin nicht rosige Situation der Altenarbeit das schwerwiegendste. In den Fachhochschulen für Sozialpädagogik und Sozialarbeit sind die Fächer Altenbildung und Altenarbeit kaum vertreten, Schwerpunkte sind immer noch selten, aber es sind inzwischen Studiengänge aufgebaut worden (*Becker* et al. 1999) für Geragogik im Diplomstudiengang für Erziehungswissenschaften. Es finden sich nur sporadische Angebote im Rahmen der Studiengänge für Erwachsenenbildung und Sozialpädagogik [1977]. Die Schulen für Altenpflege bieten über den medizinisch-pflegerischen Bereich wenig in ihren Unterrichtsprogrammen an, was einem umfassenden Konzept für die Arbeit mit alten Menschen dienen könnte. In der Vorbereitung für einen Sozial- oder Pflegeberuf mit alten Menschen muss nicht nur die Vermittlung einschlägiger gerontologischer, sozialgerontologischer und psychologischer Forschungsergebnisse auf einer theoretischen Ebene erfolgen, sondern es ist unbedingt notwendig, diese Kenntnisse im Erleben der Auszubildenden zu verankern, so dass ein integrativer Lernprozess erreicht wird, der kognitives, emotionales, volitives und soziales Lernen verbindet. Dies kann durch das gestalttherapeutische Unterrichtsverfahren der Integrativen Pädagogik erreicht werden, wodurch der Lernprozess zu einem Selbsterfahrungsprozess wird. Die Informationen, die im Unterricht geboten werden, werden in Rollenspielen aktualisiert, sie werden durch Erfahrungen und Erlebnisse der Teilnehmer der Lerngemeinschaft ergänzt und unterrichtsbegleitend in der Praxis erprobt. Die durch diese Verfahren ermöglichte »Selbsterfahrung am Stoff« bietet dem zukünftigen Mitarbeiter in der Altenarbeit die Möglichkeit, seine spätere Zielgruppe besser zu verstehen, als dies auf einer ausschließlich theoretischen Ebene möglich wäre. Durch Rollenspiele und Rollentausch werden die Teilnehmer der Lerngemeinschaft in die Rolle alter Menschen versetzt und erspüren auf diese Weise ganz existenziell, was es heißt, behindert, entmündigt, überprotegiert zu sein. Durch Imaginations- und Visualisierungstechniken gelingt es, die Erlebnisweise des alten Menschen deutlich zu machen. Dies hat zur Folge, dass im Rahmen der gestaltorientierten Ausbildung immer wieder auf den Prozess des Alterns verwiesen wird, dadurch dass die Affektebene, die analog zum sach- und aufgabenorientierten Lernen läuft, einbezogen wird. Dieser Vorgang ist in einem pädagogischen Setting allein nicht mehr zu handhaben, sondern erfordert Selbsterfahrung. Die Mitarbeiter in der Altenarbeit sind in der Regel wesentlich jünger als die Zielgruppe, mit der sie zu tun haben. Das wirft für beide Seiten Probleme auf, die im Sinne eines

Sozialtrainings mit einer Bearbeitung von Vorurteilen und eigenen Problemen gegenüber dem Alter, dem Sterben angegangen werden müssen. In der gestalttherapeutischen Selbsterfahrungsgruppe, die wir für die Mitarbeiter eingerichtet hatten, war es nicht nur möglich, die Ängste vor dem eigenen Altern und Sterben zuzulassen, um sie zu integrieren, sondern auch die Belastungen zu thematisieren, die der beständige Umgang mit »Menschen am Rande des Todes« für den Mitarbeiter bedeutet.

Wer die zentralen Probleme des eigenen Alterns, Sterbens, des Umgangs mit Leidenden und Pflegebedürftigen nicht angegangen ist, wer die Dimensionen des Generationskonfliktes nicht kennt und erfahren hat, ist in seiner Effektivität bei der Arbeit mit alten Menschen erheblich eingeschränkt. Da Vorurteile und Ängste in bezug auf das Alter in unserer Kultur mitsozialisiert werden, so dass feste Altersstereotype und spezifische Rollenerwartungen entstehen, die von klein auf gefestigt werden und sogar die Selbsteinschätzung des alten Menschen bestimmen *(Lehr* 1972; *Filipp, Mayer* 1999), ist es praktisch nicht möglich, derartige Einflüsse aus dem Umgang mit alten Menschen herauszuhalten, wenn sie nicht in einem Selbsterfahrungsprozess erfahren und abgebaut oder in eine andere Richtung gelenkt werden. Sowohl in der Altenarbeit als auch in der Psychiatrie und Behindertenpädagogik hat es der Mitarbeiter mit dem Abbau und der Zerstörung menschlicher Identität zu tun, eine Realität, die für jeden gesunden Menschen bedrohlich ist und in ihm Abwehr- bzw. Kompensationsreaktionen hervorruft. Gestalttherapeutische Gruppenarbeit zielt dadurch, dass sie die Awareness für derartige Prozesse weckt, auf ein Durcharbeiten des individuellen Alternsprozesses und der Einstellungen zum Alter ab, um neue Erfahrungen zu ermöglichen, deren Wirkung für den praktischen Umgang mit alten Menschen fruchtbar wird. Ein Schwerpunkt der Selbsterfahrungs-Gruppe ist die Arbeit an Projektionen, die an alten Menschen festgemacht werden. Als besonders geeignet erweisen sich hierfür gemischte Selbsterfahrungsgruppen, an denen auch alte Menschen teilnehmen. In derartigen Gruppen wird von beiden Seiten erfahren, dass Grenzen vorhanden sind, was Leistungsfähigkeit, Aufnahmefähigkeit, Kommunikationswillen und Ermüdung anlangt. Es wird aber auch deutlich, dass der alte Mensch durchaus nicht unmündig ist, dass er im Gegenteil über Erfahrungen verfügt, durch die er dem jüngeren Mitarbeiter zuweilen überlegen ist. Auch dieses Faktum muss mit seinen positiven Seiten, aber auch mit den Schwierigkeiten herausgearbeitet werden, die dadurch in der Praxis entstehen. Die gestalttherapeutischen Methoden des »Gestaltdramas« mit dem leeren Stuhl, der »direkten Kommunikation« *(Petzold* 1973) und des gestalttherapeutischen Awareness-Trainings *(Stevens* 1975) bieten hier wichtige Hilfen. Der Teilnehmer erfährt *bewusst,* was es in ihm auslöst, wenn er einen alten Menschen anschaut, wenn er einen alten Menschen berührt, wenn ihn ein alter Mensch berührt. Verdrängte Regungen von Abscheu und Ekel kommen hier genauso zutage wie Ängste, Respekthaltung, Zärtlichkeit. Im Zentrum der Selbsterfahrung steht: *sich selbst als Sterbenden zu erfahren (Spiegel-Rösing, Petzold* 1985), sich mit dem eigenen Tod auseinanderzusetzen. Nur wenn das geschieht, kann der Mitarbeiter in der Altenarbeit mit innerer Freiheit an den alten Menschen herangehen. Hierfür ist ein Aufarbeiten der eigenen Erfahrungen mit dem Sterben, Beerdigungen, dem Tod von Kindheit an notwendig.

Die Gestalt-Selbsterfahrungs-Gruppe macht die sozialisierten Einstellungen zum Alter und zum Tode in einer Weise plastisch, durch die nicht nur Einsichten vermittelt werden, sondern durch die die emotionale Dimension erfasst wird, so dass unmittelbare Verhaltensänderungen möglich werden.

11. Gestaltsupervision

In jeder psychotherapeutischen, soziotherapeutischen und pädagogischen bzw. geragogischen Arbeit ist Supervision ein unbedingtes Erfordernis *(Petzold, Petzold* 1999; *Müller, Petzold* 2004). In der Arbeit mit alten Menschen wird eine regelmäßige Kontrolle und Begleitung besonders notwendig, weil die Mitarbeiter erheblichen emotionalen Belastungen ausgesetzt sind und weil durch eine ständige Reflexion der Praxis erst konsistente Konzeptionen für psychotherapeutische, soziotherapeutische und geragogische Altenarbeit erarbeitet werden müssen.

Gestalttherapeutische Supervisionsarbeit hat die folgenden Schwerpunkte:

11.1 Bearbeitung von Problemen des Mitarbeiters

Der ständige Umgang mit Alternden, Pflegebedürftigen und sterbenden Menschen stellt für den Mitarbeiter eine erhebliche Belastung dar. Er muss beständig mit der Bedrohung durch den Tod umgehen, indem er sie abwehrt oder verarbeitet. Er wird beständig mit der Disfiguration der menschlichen Identität konfrontiert und kommt dadurch auch mit der Bedrohung der eigenen Identität durch das Altern in Kontakt. Er erlebt immer wieder die Eingegrenztheit seiner Bemühungen, die Vergeblichkeit von Ansätzen zur Veränderung und die Enttäuschung von Erwartung. Solange umfassende strukturelle Veränderungen in den Institutionen der Altenarbeit und eine angemessene Vorbereitung auf das Altern nicht möglich sind, wird dieser »Frustrationspegel« relativ hoch liegen. Für den Mitarbeiter ergeben sich daraus Probleme im Hinblick auf die Arbeits- und Lebenszufriedenheit, für die er Hilfestellungen braucht. Er muss lernen, für das Setting und die Zielgruppe angemessene Erwartungen zu entwickeln, um dann auch Erfolge sehen zu können. Supervision hat also u. a. die Aufgabe, Verarbeitungshilfen zu geben und Entlastung bereitzustellen. Das integrative Supervisionsmodell *(Petzold* 1998a) verwendet hier personzentrierte »Fokalarbeit«, um den differenzierten Umgang mit Emotionen *(Petzold* 2003a, Bd. 2) zu ermöglichen, rationale Einsicht in Problemkonstellationen zu vermitteln und auf diese Weise »komplexes Lernern« *(Spieper, Petzold* 2003), Veränderungen in der Haltung (Einstellung) und im Verhalten zu erreichen.

11.2 Probleme von Klienten

Die heterogene Population, mit der sich der Mitarbeiter der Altenarbeit konfrontiert sieht, der unterschiedliche Problemhintergrund und Lebenskontext der einzelnen Klienten wirft immer wieder Fragen auf, für die keine Standardlösungen angeboten werden können, sondern für die von Fall zu Fall Handlungsstrategien entwickelt werden müssen. In der Supervision werden Berichte von Prozessen vorgetragen und mit dem Supervisor durchgearbeitet, wobei, falls es sich um eine Gruppensupervision handelt, die Gruppe einbezogen wird. In dieser Arbeit verwendet die Integrative Supervision dramatisches Spiel: Interaktionssequenzen werden durchgespielt und auf diese Weise beobachtbar und für alle Beteiligten plastisch. Der Mitarbeiter imaginiert seinen Klienten auf dem leeren Stuhl, tritt zu ihm in Dialog und erlebt dabei, welche Gefühle und Einstellungen er zu ihm hat. Im Rollentausch mit dem Klienten tritt er in dessen Rolle ein. Er erhält dadurch ein besseres Verständnis und eine intensivere Einfühlung, die es ihm ermöglicht, in späteren Realsituationen angemessener zu reagieren. Die »gesammelte Kompetenz der Gruppe« in der Gruppensupervision bietet dabei ein hohes Potential, was einerseits die Situationsdiagnose und andererseits das Entwickeln von Problemlösungsstrategien anlangt. Die Supervisionsgruppe versammelt kompetente Fachleute, denn jeder der teilnehmenden Mitarbeiter hat einen spezifischen Erfahrungsschatz, der für die Supervisionsarbeit fruchtbar gemacht werden kann. Integrative kognitive Supervision bewirkt auf diese Weise Erkenntnisse, emotionale Erfahrungen und entwickelt Verhaltensstrategien in einer Weise, die vom Supervisanden unmittelbar in seinen Praxisbereich übertragen werden können.

11.3 Probleme der Beziehung

Die im voranstehenden als Gegenstand der Supervisionsarbeit angesprochenen Problemfelder schließen immer Fragestellungen ein, in denen es um die therapeutische oder pädagogische Beziehung geht. Die Schwierigkeiten von Klienten und die persönlichen Probleme von Mitarbeitern sind häufig genug Beziehungsprobleme. Das Umgehen mit Übertragung und Gegenübertragung, mit Projektionen und Identifikationen, die Regulierung von Nähe und Distanz, Affiliation und Reaktanz, d. h. das Reagieren auf Zuwendung, Anhänglichkeit und Aggression in der Interaktion zwischen Betreuer und Klient wird in der Supervisionsarbeit thematisiert. Dabei werden wiederum nicht nur verbale Interventionen eingesetzt, sondern auch nonverbale Rollenspiele, Imaginationstechniken und psychodramatisches Doppelgänger- und Spiegelverfahren *(Leutz* 1974; *Petzold* 1979, *Petzold* 2004). Gerade in der Arbeit mit alten Menschen wird der Mitarbeiter oft unsicher, wie er sich verhalten soll, wie er mit den Wünschen nach Zuwendung durch vereinsamte Klienten und mit dem oftmals vorfindlichen Misstrauen oder gar mit Feindseligkeit umgehen soll. Man kann mit dem alten Menschen nur sinnvoll arbeiten, wenn man mit ihm eine Beziehungsebene findet, die angemessen ist, die weder überprotektiv noch überfordernd ist, die den alten Menschen nicht depotenziert, aber ihn auch nicht mit Problemen, bei denen er Hilfe braucht, allein lässt. Die wenigsten Menschen haben ausreichende Erfahrung im Umgang mit alten Menschen aus ihrem Alltagsleben, weil alte Menschen heute weitgehend aus dem Familienverband ausgegliedert leben. So entstehen oftmals Hilflosigkeiten, die überspielt werden oder zu unangemessenen Verhaltensweisen führen und die ohne eine Reflexion und emotionale Bearbeitung in der Supervision die Ausbildung von Verhaltensstereotypen zur Folge haben, wie wir sie in den meisten Einrichtungen der Altenarbeit finden: Der alte Mensch wird entmündigt, infantilisiert, versorgt und, wenn er den Konzepten »wohlmeinender Betreuung« nicht entspricht, als querulatorisch abgestempelt und mit Sanktionen belegt.

11.4 Supervision des Mitarbeiterteams

Die Struktur des Mitarbeiterteams, d.h. die emotionalen Beziehungen und die Interaktionen der Mitarbeiter untereinander bestimmen, besonders in der geschlossenen Altenarbeit, die Effizienz. Teams, die nicht kooperationsfähig sind und in denen die Mitarbeiter sich nicht gegenseitig Entlastung und Hilfestellung geben können, die in sich zerstritten sind, tragen ihre »negative Dynamik« in das Arbeitsfeld. Sie geben ihrer Zielgruppe die Möglichkeit, dass einzelne Mitarbeiter gegeneinander ausgespielt werden, sie erzeugen ein Klima von Unzufriedenheit oder Unsicherheit. In der Integrativen Supervision kommt deshalb der Beziehungsklärung der Mitarbeiter untereinander besondere Bedeutung zu. In »direkter Kommunikation« werden Konflikte ausgetragen und wird reflektiert, inwieweit ein »gemeinsamer Stil« vorhanden oder möglich ist. Die Eindeutigkeit und weitgehende Übereinstimmung der Mitarbeiter, was ihren Interventionsstil anlangt, ist für eine erfolgreiche Altenarbeit in der Institution eine wichtige Variable. Nur wenn eine solche Einheitlichkeit, die nicht mit Uniformität verwechselt werden darf, vorhanden ist, kommt es bei der Gruppe alter Menschen, die betreut wird, nicht zu Verhaltens- und Rollenunsicherheiten. Ein

Mitarbeiterteam, das über ein angemessenes Problemlösungsverhalten verfügt, bietet weiterhin ein Imitationsmodell für die alten Menschen, die vielfach nicht gelernt haben, Schwierigkeiten im Zusammenleben kooperativ zu lösen. Die häufigen Querelen sind oft dadurch bestimmt, dass der alte Mensch in eine völlig neue Situation eintritt, für die er im Repertoire seines bisherigen sozialen Verhaltens selten Erfahrungen vorfindet, auf die er zurückgreifen könnte.

11.5 Probleme der Institutionen

Die bisher angesprochenen Problempunkte, mit denen sich Supervision *(Petzold, Schigl* et al. 2003) befasst, können niemals losgelöst von den Problemen der Institution, ihrer Struktur und ihren äußeren Bedingungen (Finanzierung, Personalschlüssel, räumliche Möglichkeiten, Bettenzahl, geographische Lage) betrachtet werden. Alle diese Faktoren haben sowohl auf die Klienten als auch auf die Mitarbeiter bestimmenden Einfluss. Supervision muss deshalb auch immer als *Systemsupervision* erfolgen. In der gestalttherapeutischen Supervisionsgruppe werden die emotionalen Beziehungen der Mitarbeiter zur Institution deutlich gemacht, werden die Schwierigkeiten, die durch Institutionsstrukturen entstehen, rational durchleuchtet und werden Strategien entwickelt, wie die institutionelle Situation grundsätzlich oder innerhalb des vorgegebenen Rahmens verändert werden kann, so dass Störfaktoren beseitigt oder handhabbar gemacht werden.

Die Supervisionsarbeit in den genannten Bereichen verbindet deshalb immer Selbsterfahrung, Praxisreflexion, Praxisberatung und Theorievermittlung bzw. die Erarbeitung theoretischer Konzepte aus der Praxissituation. Da eine konsistente Theorie der Altenbildung, der Soziotherapie und der Psychotherapie mit alten Menschen erst allmählich erarbeitet wird und eine allgemein-verbindliche Theorie vielleicht auch nicht erarbeitet werden kann, kommt der Supervisionsgruppe in der Altenarbeit die hervorragende Bedeutung zu, praxisbezogene Theorie aus dem jeweiligen Situationskontext für den jeweiligen Situationskontext durch *Ko-respondenz* der beteiligten Mitarbeiter und dem Supervisor zu erarbeiten.

Für die Supervision der Mitarbeiter in der Altenarbeit gelten insgesamt die gleichen Prinzipien, die für einen integrativen, gestalttherapeutisch und systemtheoretisch fundierten Supervisionsansatz schlechthin gelten:

»Supervision *ist* ein interaktionaler Prozess, in dem die Beziehungen zwischen personalen und sozialen Systemen (z. B. Personen und stitUtionen) bewusst, transparent und damit veränderbar gemacht werden mit dem Ziel, die personale, soziale und fachliche *Kompetenz* und *Performanz (Petzold, Engemann, Zachert* 2004) der supervisierten Personen durch die Rückkoppelung und Integration von Theorie und Praxis zu erhöhen und weiterhin eine Steigerung der Effizienz bei der supervisierten Institution im Sinne ihrer Aufgabenstellung zu erreichen. Diese Aufgaben selbst müssen reflektiert und gegebenenfalls den Erfordernissen der ›relevanten Umwelt‹ entsprechend verändert werden.«

»Supervision *erfolgt* in dem gemeinsamen Bemühen von Supervisor und Supervisanden, vorgegebene Sachelemente, vorhandene Überlegungen und Emotionen in ihrer Struktur, ihrer Ganzheit, ihrem Zusammenwirken zu erleben, zu erkennen und zu handhaben, wobei der Supervisor auf Grund seiner personalen, sozialen und fachlichen Kompetenz als Feedback-Instanz, Katalysator, Berater in personaler Auseinandersetzung fungiert, ganz wie es Kontext und Situation erforderlich machen.«

In den von mir initiierten oder begleiteten Projekten der Altenbildung bzw. Soziotherapie mit alten Menschen haben sich Selbsterfahrung und Supervision als hervorragende Instrumente erwiesen, die personale, soziale und fachliche Kompetenz der Mitarbeiter zu erhöhen und Fehlentwicklungen in den Institutionen zu verhindern. In der Praxis der Altenarbeit sollten deshalb Verfahren der Selbsterfahrung und Supervision, besonders der integrativen und systemtheoretisch fundierten und empirisch evaluierten Supervisionsarbeit, vermehrt Einsatz finden *(Petzold* 1988a; *Müller, Petzold* 2004; *Petzold, Schigl* et al. 2003).

Exchange Learning – ein Konzept für die Arbeit mit alten Menschen[1]

Unter Mitarbeit von Dörte Laschinsky und Michael Rinast

Im Folgenden sollen Überlegungen zu einem Konzept alternativen Lernens und praktische Erfahrungen mit diesem Konzept in der Arbeit mit alten Menschen vorgestellt werden. Die Autoren haben in unterschiedlichen Settings mit Möglichkeiten des »Exchange Learnings« experimentiert. Gemeinsamkeiten bestanden in dem grundsätzlichen Interesse an der Arbeit mit alten Menschen, der theoretischen und praktischen Auseinandersetzung mit Fragen der Sozialgerontologie, Geragogik und Gerontotherapie *(Petzold* 1965; *Petzold/Bubolz,* 1976; 1979; *Rinast* 1977) sowie an der Beschäftigung mit alternativen Formen der Therapie und Pädagogik, insbesondere dem *integrativen Ansatz* der Gestalttherapie und Gestaltpädagogik – Verfahren, die in der Tradition der humanistischen Psychologie *(Maslow, May, Rogers),* der dialogisch ausgerichteten Philosophie *(Bakhtin, Buber, Levinas, Marcel, Merleau-Ponty),* in der auf Herrschaftsfreiheit abzielenden Gesellschafts-Theorie *(Kropotkin, Landauer, Goodman)* wurzeln (vgl. *Petzold/Sieper,* 1976). Erfahrungen wurden in konkreten Projekten gesammelt: mit Studenten des Psychologischen Instituts der Universität Hamburg, die an einem Seminar über »Arbeit mit alten Menschen« teilnahmen *(Laschinsky, Rinast),* mit Studenten der Fachhochschule für Sozialarbeit Düsseldorf, die über mehrere Semester an Seminaren und Projekten zur Arbeit mit alten Menschen teilnahmen *(Petzold,* vgl. *Duwe/Braun,* 1975) sowie mit Projektarbeiten in deutschen und französischen Altersheimen *(Petzold* 1965; 1977). Weitere Erfahrungen mit Exchange Learning in der Altenarbeit, d. h. dem wechselseitigen Austausch von Kenntnissen und Erfahrungen zwischen Alten und Jungen, aber auch Alten und Alten, wurden bisher in niederländischen und skandinavischen Projekten gemacht *(Martensson* 1976).

Der Praxisorientierung der Initiatoren sowie der Tatsache, dass es sich zum Teil um *Selbsthilfe-Projekte (Petzold, Schobert* 1991) handelte, ist es zuzuschreiben, dass bislang ausführlichere Darstellungen noch nicht vorliegen. Auch die vorliegende Arbeit kann nicht mehr leisten, als Konzepte vorzustellen und Erfahrungen zu berichten, mit dem Ziel, zu weiteren Initiativen und Projekten anzuregen, weiteren Experimenten in dieser Richtung zu ermutigen.

Agogische Konzepte wie das Exchange Learning müssen – ganz gleich, ob sie im Rahmen der Schulpädagogik, der Andragogik oder Geragogik zum Tragen kommen – auf dem Hintergrund der historischen, ökonomischen und politischen Situation gesehen werden, wenn sie der Gefahr technokratischer Verkürzung entgehen sollen. In gleicher Weise muss die Rolle, Stellung und Situation alter Menschen im Rahmen des gesellschaftlichen Kontextes reflektiert werden. Eine solche Reflexion kann, je nach dem Standpunkt, von dem her sie vorgenommen wird, unterschiedliche Akzente und Ausrichtungen haben. Deshalb einige Ausführungen zum Kontext.

1. Zum Kontext: Theoretische Konzepte zum »Exchange Learning«

Die Entwicklung der Erziehung ist in den Industriestaaten durch eine zunehmende Zentralisierung in immer größeren Einheiten *(Goodman* 1975), seien es Schulen, Universitäten, Berufsbildungseinrichtungen oder Erwachsenenbildungseinrichtungen, gekennzeichnet. Zumindest in einigen dieser Bereiche macht sich Unmut bemerkbar. Die Institutionen werden zu groß, zu anonym, zu unüberschaubar. Der Fortschritt in der fachlichen Qualität etwa der Schulen ist ein Fortschritt im technischen Sinn geblieben; das Wissensvermittlungsangebot wurde sicherlich erheblich verbessert, aber die Beziehung zwischen den Lernenden untereinander und zwischen den Lernenden und dem Lehrenden hielt nicht Schritt.

Man kann Strömungen in der Bildungspolitik nicht direkt mit Strömungen in der Sozialarbeit vergleichen, indirekt aber doch. Die auf alte Menschen bezogene Sozialarbeit ist häufig, ebenso wie die schulische Erziehung, auf große Einheiten orientiert, auf schöne, sterile oder normiert »gemütliche« Zentren, in denen ebenso sterile oder normiert freundliche bis betuliche Kurse abgehalten werden. Sie ist weiterhin orientiert auf Ein-Weg-Kommunikation bzw. auf ein Hilfe-Geben von der Institution her. In beiden Fällen bleiben

die alten Menschen in einer abhängigen Rolle, die weder ihrer Lebenserfahrung noch ihrem Selbstgefühl angemessen ist. Diese Rolle kann auch nicht durch realitätsferne Spiele aufgelockert werden, die etwa Kommunikation als Thema haben, aber vom Alltag der Betroffenen weit entfernt sind. Es ist eine schon recht eigenartige Situation, dass innerhalb anonymer Institutionen Gruppenarbeit als spektakuläre Neuerung eingeführt werden muss als Gegenmittel gegen eben den Einfluss der institutionalisierten Anonymität.
Die Struktur der großen, zentralen Schulen mit angeglichenem Unterrichtsplan ist die sinnvolle Organisationsform zur Fabrikgesellschaft. Die industrielle Revolution wäre undenkbar gewesen ohne die fachliche Vorbereitung der zukünftigen Arbeiter, aber auch nicht ohne die emotionale Vorbereitung. Dieses »soziale Lernen von Disziplin« *(Foucault)* und die Ausdehnung der staatlichen Kontrollen und Normierungen, von denen das Schulsystem völlig reglementiert ist, dringt allmählich (1979) auch in den Bereich der Erwachsenenbildung ein – lange Zeit Freiraum für kreative pädagogische Initiativen – und hat auch schon für die sich gerade entwickelnde Altenbildung zur Verwaltung der Bildungsinteressen alter Menschen geführt *(Breloer* 1976). Das so wichtige Prinzip des *»life-long learning«* steht in Gefahr, durch das einer missverstandenen *»éducation permanente«* ersetzt zu werden. »Erziehung bis ans Ende!« Fortschreibung des Gefälles vom Lehrer zum Schüler, ist keine Perspektive für Bildungsarbeit mit alten Menschen.
In Bezug auf die Verschulung der Gesellschaft haben *Goodman* oder *Illich* ihre Kritik angemeldet. Beide gehen dabei auf eine alte Tradition zurück, die oft vergessen worden ist im Streit zwischen den beiden Fortschrittsreligionen Kapitalismus und Marxismus. Sie beginnt mindestens mit *L. Tolstoi,* mit seinem Versuch, eine menschlichere Schule zu gründen, in Jasnaja Poljana eine Alternative zu schaffen gegen die Lernfabrik. In dieser ›anarchistischen‹ Tradition, zuweilen etwas verschämt als »kritischer Humanismus« bezeichnet, weil der eigene Name immer wieder als Synonym für Terror und Desperadotum benutzt wird, stehen auch andere Kritiker der staatlichen Bildungsgewalt und der staatlichen Reglementierung an sich: *Kropotkin, Thoreau, Mühsam, Erich Fromm.*
Zwei Tendenzen in dieser Denktradition sind für das Bildungs-

bzw. Sozialarbeitskonzept wichtig: zum einen die These *Kropotkins*, dass alle höheren Säugetiere und selbst Menschen einen »Trieb«, oder besser, eine Verhaltenstendenz zur *gegenseitigen Hilfe* besitzen; zum andern eine These, die *Goodman* auf eine Kurzform gebracht hat: »*Wir glauben gerade nicht, dass der Mensch gut ist. Deshalb misstrauen wir allen Vertretern von Interessen, allen Führern und Bürokratien*«. Beide Tendenzen schließen einander nicht aus. *Kropotkins* »gegenseitige Hilfe« war die Antithese zum Sozialdarwinismus und zum Recht des Staates, mit Gewalt für gesittetes Verhalten zu sorgen. Das Misstrauen gegen wohlmeinende Vertreter der Interessen anderer, gegen die Delegierten und Verwalter, am deutlichsten von *Bakunin* beschrieben, war wohl berechtigt.

1.1 Exchange Learning

Nicht erst durch die Schriften von *Illich* erlebt die Zentralismuskritik eine Renaissance innerhalb der Bildungsdiskussion. In der Protestbewegung der 60er-Jahre lief neben der Suche nach neuen Lebensformen auch eine theoretische Rezeption der Klassiker des »kritischen Humanismus«. Dem Unbehagen an der Gewalt der Konsumgesellschaft konnte die traditionelle »Linke« keinen Ausdruck verleihen, sie vertrat ja auch die Ideale des ewigen Fortschritts, des Wirtschaftswachstums, der Naturzerstörung und der Zerstörung kleiner, überschaubarer Einheiten. Halle-Neustadt war nicht die Antwort auf das Märkische Viertel. Im Zuge der Versuche, gegenkulturelle Ansätze zu entwickeln, sei es in der Jugendzentrenbewegung oder in den Nachbarschaftshilfe-Zentren, stießen viele auf die Ideen der alten, schon totgesagten Theoretiker. Vieles konnte von *Tolstois* Gedanken übernommen werden, auch von *Kropotkin, Thoreau, Reich, Goodman,* zum Teil mussten die Kritiken gar nicht umgeschrieben werden, weil sich die Zustände eher verdeutlicht hatten. Befürchtete *Tolstoi* noch die entmenschlichten Lernfabriken – wir müssen sie nicht mehr befürchten, sondern fürchten.

Gegen die Entfremdung der großen Zentrale wurde die kleine Einheit gesetzt, die überschaubar ist und persönlichen Kontakt erlaubt. Dem Spezialwissen der Fach-Blinden, dem die Uninformiertheit der Laien ein Partner war, sollte durch Fertigkeitenaustausch ein Gegengewicht entgegengesetzt werden. Als Antwort auf die Entwurzelung und Atomisierung entstand das Konzept des Lernens im eigenen Biotop, d. h. im Stadtteil, in der Nachbarschaft, in der Straße. Da diese Ansätze Gegenkulturansätze *(Goodman* 1975; *Roszak* 1972) waren, drangen sie kaum in das Bewusstsein der Öffentlichkeit. Zum Teil ist das auch ihrer Tendenz der Abschirmung gegen die Gesellschaft zuzuschreiben, wie dies bei einigen interessanten Projekten der Reformpädagogik deutlich wird.

1.2 Ziele des Exchange-Learning-Konzeptes

»Exchange Learning« richtet sich an Personen, die bereits Fähigkeiten, Kompetenzen und Performanzen besitzen, andere Fertigkeiten erwerben wollen, sich aber vielleicht nicht trauen, die Schwellenangst vor Zentren oder Beratungsstellen zu überspringen. Es betont den direkten zwischenmenschlichen Kontakt, der in der spezifischen Lern-Lehr-Situation gewährleistet ist. Die »intersubjektive Begegnung« ist ein konstitutiver Bestandteil dieses »Bildungs«-ansatzes (vgl. *Moreno, Levinas, Buber, Marcel).* Es erfolgt keine Wissensvermittlung durch einen Experten an eine Gruppe von Laien, sondern die Partner sind sowohl Experten als auch Laien, abwechselnd in den Rollen oder doch in einer »Zone optimaler Proximität« *(Vygotsky).* Diese Konstellation ermöglicht ein selbstwertstärkendes Lernen. Die durch den »Laienstatus« oft erzwungene Regression wird vermieden.

Für die Durchführung von Exchange-Learning-Projekten sind weder kostspielige Zentren noch Heere von Bürokraten erforderlich. Solche Projekte lassen sich ohne großen Aufwand »in situ« *(Moreno* 1924), in den Lebensräumen der Betroffenen, entweder von diesen selbst als Bürgerinitiativen und Selbsthilfeprojekte oder nach einer Initialzündung durch Professionelle durchführen. Für eine Lehr-Lern-Angebotsbörse genügt eine Pinnwand im Lebensmittelladen, in der Kneipe, im Mietshaus. Als »Unterrichtsräume« benötigt man normalerweise lediglich die Wohnungen der Akteure. Wenn aus den Aktivitäten und dem Kontakt der Wunsch entspringt, sich auch in größeren Gruppen zu treffen, eventuell ein Mini-Zentrum zu gründen, ist das möglich, aber für die Durchführung des Projektes nicht unabdingbare Voraussetzung.

Im direkten Kontakt der Zweier- oder Kleingruppensituation ist es leichter, Lerntempo und Lerninhaltsveränderungen zu bestimmen und den Fähigkeiten und Wünschen der Menschen anzupassen. Es entsteht Austausch, Polylog, *Ko-respondenz*, Begegnung und Auseinandersetzung auf gleicher Ebene *(Petzold* 1978). Weil die Austauschtreffen im Lebensbereich der Betroffenen stattfinden, ist die Möglichkeit gegeben, sie in den Alltag zu integrieren. Der Versuch, die Entfremdung zu verringern, wird nicht zu einer neuerlichen Entfremdung (etwa die realitätsferne Situation, die man in vielen Gruppen und Institutionen findet).

1.3 Spezifikation für die Gruppe »Alte Menschen«

Der vier großen W in der anarchistischen Tradition, *Wachheit, Wertschätzung, Würde* und *Wurzeln,* scheinen in dem Exchange-Konzept andeutungsweise verwirklichbar zu sein. Sie müssen verwirklicht werden in jeder Sozialarbeit mit alten Menschen. Für diese »W« sprechen funktionale Erwägungen.

Wachheit ist ein Mittel gegen ungewünschten Rückzug, wird erzeugt und erhalten durch den Gebrauch von Fertigkeiten und Fähigkeiten. Wachheit ist beim Lernen in der kleinen Einheit des »Exchange Learnings« eher gewährleistet als im Großkurs, wegen der direkten Ansprache und der Möglichkeit, sich ständig aufeinander einzustimmen. Das Fehlurteil von der Lernunfähigkeit alter Menschen, sonst leicht schon durch unangemessenes Lerntempo erzeugt, kann nicht entstehen. Wachheit heißt in unserem Kontext auch, dass Rückzug möglich bleibt, wenn er wirklich gewünscht wird. Es geht nicht um Aktivierung um jeden Preis, sondern um die Zurückweisung gesellschaftlich verfügten, »erzwungenen Disengagements« *(Petzold/Bubolz* 1976, 116).

Wertschätzung findet sich sicher auch in zentralen Institutionen, bei den Helfern, sogar bei den Bürokraten. Doch zu leicht schleichen sich Verhaltensweisen ein, die den älteren Partner letztlich entwerten. Sei es die Anrede »*Oma Sowieso*« oder ein Verhalten auf der Basis der unbesehenen, betulichen Naiv-Theorie der Verkindung älterer Menschen (vgl. hierzu *Lehr* 1977). Durch die Abwesenheit des Helfer-Geholfener-Gefälles im Exchange Learning ist zumindest eine Reduktion derartiger Entwertungen möglich.

Mit *Würde* ist in diesem Zusammenhang gemeint, dass gerade alte Menschen ein sehr deutliches Bewusstsein ihres Selbstwertes haben: jedenfalls, wenn es ihnen noch nicht durch lange Reihen von Versagenserlebnissen oder durch Infantilisierungen zerstört worden ist. Im Exchange Learning geht es um eben diese Würde, wenn jeder Partner weiß (nicht »glaubt«), dass er dem anderen etwas Wichtiges gibt, lehrt, beibringt; dass er als Mensch um seiner selbst willen geachtet wird *(Marcel* 1965).

Und es geht um *Wurzeln,* einen Begriff, der in einer Gesellschaft, in der Mobilität ein hohes Ideal ist, nicht beliebt ist und der etwas antiquiert erscheinen mag. Aber er ist nicht antiquierter als der Begriff »Würde«. Exchange Learning findet im Lebensraum der Teilnehmer statt, in der Straße, im Quartier, im Dorf. Gerade alte Menschen scheinen einen engen Bezug zu dieser kleinen Lebenseinheit zu haben, der sich als hemmend erweisen kann, wenn Angebote zu weit weg liegen. Der Bezug wird im Alter vielfach durch umständliche Verkehrsverbindungen und lange Wege akzentuiert, liegt aber wohl noch etwas tiefer. Das Bewusstsein,»dies ist meine Straße, da hacken sie schon wieder einen Baum ab«, ist die Grundlage für ökologisches und politisches Handeln in jeder Form. Alte Menschen werden in dieser Gesellschaft zur Randgruppe gemacht – sie ist inzwischen riesig geworden. Im Quartier, im Mietshaus sind sie es nicht, selbst wenn sie oft isoliert scheinen. Dort sind sie Bestandteil des Lebensgefüges, oft der letzte, der Bestand hat. Jahrzehntelang gewachsene Beziehungen in alten Stadtteilen sind es wert, erhalten und intensiviert zu werden. In den neuen Vierteln mit den vielgeschossigen Entfremdungssilos müssen sie erzeugt werden, soweit das in derartigen »Öko«-systemen möglich ist.

Der Zusammenhang zwischen »Exchange Learning« und Begriffen wie *Intermediate Technology* oder Nachbarschaftshilfe deutet sich an: Der gemeinsame Nenner ist »das menschliche Maß«. Um das geht es sowohl in *E. F. Schumachers* »small is beautiful« wie in *Bookchins* »listen Marxist!« und »die Grenzen der Stadt« und im gesamten Werk *Goodmans* (vgl. *Blankertz* 1984). Als Antwort auf die Atomisierung und gleichzeitige Vermassung, diese Garanten totalitärer Systeme, kann Exchange Learning ein, zugegeben, winziger Schritt in Richtung auf Vergemeinschaftung *(Landauer/Rocker)* sein.

1.4 Zur Rolle der Sozialarbeiter und Geragogen

Im Konzept des »Exchange Learning« ist kein Platz für Lebensaufgaben, die man sich aufbaut und dann verwaltet. Die Professionals haben allenfalls die Aufgabe, Initiatoren, Starter zu sein, die am Anfang Hilfestellung leisten, Organisationstipps geben, ermutigen etc. »*When the fire is burning – quick, start another!*« Der Inhalt der Selbstbestimmung und -organisation im Exchange Learning bedarf der Form der Selbstorganisation. Solche Projekte sterben am ersten Tag ihrer Verwaltung. Es besteht sicher das Risiko, dass viele Ansätze versanden, einfach nicht weitergehen. Institutionalisierung würde das Versanden vielleicht etwas verzögern, allerdings um den Preis erneuter Verhärtung, in deren Rahmen lebendiges, selbstbestimmtes Lernen kaum möglich ist.

2. Praktische Erfahrungen

2.1 Exchange Learning zwischen Studenten und alten Menschen

Rinast und *Laschinsky* haben das Konzept des Exchange Learning in einem Seminar eingesetzt, das Studenten in die Arbeit mit alten Menschen einführen sollte. In einer früheren Veranstaltung zum gleichen Komplex hatten wir die Erfahrung gemacht, dass das Thema »alte Menschen« für viele Studenten offenbar schwierig ist. Sie hatten sich, wie wohl die meisten Menschen in unserer Gesellschaft, mit dem Thema »Altern« kaum auseinandergesetzt. Es ist für sie offensichtlich verunsichernd und bedrohlich. Daneben fühlten die meisten sich äußerst unwohl bei dem Gedanken, Anleiter/Gruppenleiter für ältere Menschen zu sein. Welche Kompetenzen hatten sie denn der größeren Lebenserfahrung der alten Menschen entgegenzusetzen? Diese Frage fanden wir durchaus berechtigt. Über sie sind wir zur Verknüpfung des Exchange-Learning-Konzeptes mit der Altenarbeit gekommen. Schließlich war es für uns erstaunlich, wie wenig Kontakt die Studenten zu alten Menschen hatten, wobei wir es sicher mit den noch am ehesten an Altersfragen Interessierten zu tun hatten, da das Seminar freiwillig war. Die meisten hielten nur Kontakt zu ihren Eltern oder Großeltern.

Aus diesen Gründen beschlossen wir, einen Schwerpunkt unseres Seminars (neben der Erarbeitung theoretischer Grundlagen des Alterns) auf das Kennenlernen alter Menschen unter gleichberechtigten Bedingungen zu legen. Wir erklärten den Studenten, was wir uns unter Exchange Learning im Rahmen des Seminars vorstellten: Jeweils drei bis vier Studenten sollten sich gemeinsam drei bis vier ältere Menschen (über 60) suchen, mit denen sie sich für eine festgelegte Zeit von etwa zehn Wochen ein- bis zweimal wöchentlich treffen und irgendwelche Fertigkeiten austauschen sollten. Diese Idee fand bei den Studenten ein sehr positives Echo.

Im Verlaufe des Semesters stellten sich aber doch einige Schwierigkeiten ein, die kurz beschrieben werden sollen, weil sie vermutlich teilweise auf andere Gruppen in der Altenarbeit übertragbar sind.

Zunächst waren die meisten Studenten der Meinung, dass sie eigentlich gar keine rechten Fähigkeiten besäßen, an denen alte Menschen interessiert sein könnten. In einer längeren Seminarsequenz (Fragespiel: Was kannst du? Selbstreflexion, Diskussion in Kleingruppen) konnten diese Bedenken weitgehend ausgeräumt werden; die meisten waren anschließend freudig erstaunt, wieviel sie doch können.

Als Nächstes lösten sich die Kleingruppen auf, die sich gemeinsam alte Menschen suchen wollten. Einige Teilnehmer verließen das Seminar, weil ihnen die gestellte Aufgabe zu zeitintensiv, wahrscheinlich auch zu bedrohlich war. Andere meinten, dass es einfacher und nutzbringender sei, nicht in Gruppen, sondern paarweise zu arbeiten, so dass jeder alte Mensch und jeder Student in der eher knapp bemessenen Zeit dem anderen etwas Sinnvolles vermitteln könnte. Diese Überlegungen schienen uns berechtigt, und wir stimmten ihnen zu, wenngleich dadurch zwei Seminarziele entfielen. Wir wollten nämlich ursprünglich durch die Gruppenarbeit alte Menschen zusammenbringen, die sich vorher nicht gekannt hatten, und sie anregen, nach Ende des Semesters untereinander nach demselben Prinzip weiterzumachen. Und wir hatten gehofft, dass das gruppenweise Vorgehen unter den Studenten zu einem Abbau ihrer Ängste gegenüber Älteren führen würde.

Die Angst, überhaupt zu einem fremden alten Menschen Kontakt aufzunehmen, war bei den meisten Studenten sehr groß und konnte im Seminar durch Rollenspiele zum Thema »Kontaktaufnahme«

und den Erfahrungsaustausch in kleinen Gruppen und im Plenum nur teilweise abgebaut werden.

Schließlich hatten aber doch die meisten Teilnehmer einen älteren Partner gefunden, mit dem sie in den Austausch von Fähigkeiten eintraten. Das sah im Allgemeinen so aus, dass die Paare sich einmal wöchentlich für zwei bis drei Stunden trafen, entweder nur bei den älteren Menschen oder, soweit diese noch beweglich genug waren, auch in den Wohnungen der Studenten. Zum Teil wurden die Termine abwechselnd für die beiden Exchange Fertigkeiten verwendet, zum Teil wurde beides an einem Abend, etwa je $1–1^{1}/2$ Stunden, ausgetauscht. Die meisten Studenten wollten sich auch nach Semesterende noch eine Weile mit ihren älteren Partnern weiter treffen, weil ihnen die Treffen gut gefielen.

Ein Student brachte z. B. einer alten Dame so viel (oder besser: wenig) Englisch bei, dass sie gerade die wichtigsten Ansagen auf Flughäfen verstehen konnte, denn sie wollte in absehbarer Zeit zu ihrer Tochter nach Kanada fliegen. Sie zeigte ihm dafür, wie man Socken stopft und Hosen flickt. Ein anderer Student hatte zwei alte Damen gefunden, deren Küche gerade von Gas auf Strom umgestellt worden war und die sich damit unglücklich und unsicher fühlten. Er erklärte ihnen, wie Strom überhaupt funktioniert, wie sie mit dem Herd umgehen mussten, welche Töpfe und Pfannen man zweckmäßigerweise benutzt und wie man stromsparend kochen kann. Sie gaben und erklärten ihm herrliche, alte Wildgemüse-Rezepte wie Sauerampfersuppe oder Kartoffelsuppe mit Brennnesseln usw. Diese Rezepte wurden dann von allen dreien auf dem neuen E-Herd gekocht und gemeinsam verspeist. Andere lernten Plattdeutsch gegen Gitarrengrundgriffe bzw. gegen Englisch, Stricken gegen Nähen, Massage gegen Yoga-Übungen usw.

Auch während das Exchange Learning lief, gab es noch verschiedene Schwierigkeiten, von denen die häufigsten etwa waren: Wie schaffe ich es, nach der vereinbarten Zeit mich auch zu verabschieden und zu gehen; nicht Einkaufshilfe zu werden, wenn ich keine Zeit habe; mich nicht voll reden zu lassen mit Geschichten, die mich nicht interessieren; meine eigenen Bedürfnisse zu artikulieren? Diese Punkte wurden im Allgemeinen im Seminar in Form von Rollenspielen durchgearbeitet, wobei sich meistens herausstellte, dass sie nicht allein mit den alten Menschen zu tun hatten, sondern dass es generelle Kontakt-Distanz-Schwierigkeiten der Studenten waren, die erst durch eine Haltung »auf alte Menschen muss man viel Rücksicht nehmen, sie besonders vorsichtig behandeln« zum Problem wurden. Gelegentlich kam es auch vor, dass die Studenten ungeduldig wurden, wenn die alten Menschen etwas nicht schnell begriffen, was ihnen aber auch erst dadurch zum Problem wurde, dass sie sich diese Ungeduld anfangs nicht eingestehen mochten, »weil man alten Menschen gegenüber nicht ungeduldig sein darf«. Bei der Durcharbeitung im Seminar war uns wichtig, dass sie sich diese Ungeduld erlaubten, um dann nach Ursachen und Veränderungsmöglichkeiten zu suchen. Dabei wurde z. B. klar, dass eine der Studentinnen mit ihrer alten Partnerin viel zu schnell sprach, oder in einem anderen Fall, dass ein englischer Text für die etwas kurzsichtige alte Dame viel zu klein gedruckt war.

Wir hatten im Theorieteil des Seminars die physiologischen Veränderungen des Alterns durchgesprochen und auch, dass Konzentrations- und Hörverluste durch langsames und deutliches Sprechen, Sehverluste durch größere Buchstaben ausgeglichen werden können. Durch die Exchange-Learning-Situation konnten die Studenten diese Veränderungen an ihren älteren Partnern unmittelbar erleben und auch, dass z. B. ein größer geschriebener Text wirklich enorme Auswirkungen auf die Motivation und Lernfähigkeit hat. Die physiologischen Aspekte wurden ihnen so viel klarer und sind ihnen auch besser im Gedächtnis geblieben.

Aber nicht nur diese Theorie-Praxis-Verknüpfung war etwas sehr Positives. Im Verlauf der Kontakte bauten sich auch die Hemmungen alten Menschen gegenüber zusehends ab, und die zunächst häufig fürsorgliche, vorsichtige und damit auch etwas entmündigende Haltung wich zusehends einer mehr partnerschaftlichen Einstellung und einer differenzierteren, gewachsenen Fürsorge. Und eine der wichtigsten Erfahrungen war sicher, dass die Zusammenarbeit mit den alten Menschen den meisten Studenten nach Überwindung der Anfangsschwierigkeiten offensichtlich Spaß gemacht hat.

Rückblickend können wir sagen, dass das Seminar aus unserer Sicht ein Erfolg war, und dass das Exchange-Learning-Konzept in der Arbeit mit alten Menschen erfolgreich eingesetzt werden kann. Wir meinen, dass es gegenüber den herkömmlichen Konzepten der »versorgenden« Altenarbeit einige Vorteile aufzuweisen hat.

2.2 Exchange Learning in der Projektarbeit mit alten Menschen

Erste Ansätze, Exchange Learning in der Projektarbeit mit alten Menschen zu verwenden, wurden 1965 von *Iljine* und *Petzold* in den russischen Altersheimen in Villemoisson und Saint Geniève des Bois unternommen. Dabei ergaben sich zwei Schwerpunkte: Exchange Learning zwischen alten Menschen und Exchange Learning zwischen Altersheim-Bewohnern und Theologie-Studenten. Anstoß für diese Arbeit waren Therapiegruppen für alte Menschen von V. N. *Iljine* und ein Seminar von *Gabriel Marcel* über das Altern, das zur Ausarbeitung von Konzepten für die Bildungsarbeit, die Soziotherapie und die Psychotherapie mit alten Menschen führte. Der Begriff der »Géragogie« als »Lernen des Alterns, für das Alter und im Alter« wurde geprägt *(Petzold* 1965; *Marcel/ Petzold,* 1971). Ausgangspunkt der praktischen, agogischen Arbeit waren die anthropologischen Überlegungen von *Gabriel Marcel* über den existentiellen Grund der Menschenwürde, über die Intersubjektivität, die Leiblichkeit, die Koexistenz und die Hoffnung *(Marcel* 1965; 1969; *Troisfontaines* 1968). Die therapeutische Arbeit war von den Konzepten *Iljines* bestimmt *(Iljine* 1962; 1972; *Petzold* 1979). Jede Agogik oder Therapie hat als Grundlage die intersubjektive Situation, die Begegnung zweier Menschen auf der Subjektebene. Nur in dieser Begegnung kann wirklicher Austausch, kann wirkliches Lernen zwischen Gleichberechtigten geschehen. Auf der fundamentalen Ebene der Begegnung von Mensch zu Mensch ist jedes Gefälle ausgeschlossen, wird deutlich, dass wir Menschen sind, weil wir miteinander *koexistieren*. Wir sind füreinander Bereicherung, wir sind aufeinander angewiesen, wir können nur miteinander leben, wir können nur miteinander und füreinander hoffen. Vereinzelung bedeutet den Zerfall menschlicher Gesellschaft. Die Entfremdungstendenz der modernen Industriegesellschaften besteht gerade in der Vereinzelung. Von ihr sind alte Menschen besonders hart betroffen. Sozialgerontologische und geragogische Maßnahmen müssen deshalb darauf gerichtet sein, Kommunikation an die Stelle der verstummenden Dialoge und Polyloge, Gemeinsamkeit an die Stelle von Vereinzelung, Miteinander an die Stelle der Einsamkeit zu setzen. Die Beschneidung der persönlichen Freiheit durch die

Außenrealitäten muss einer neuen Freiheit, zu altern, und dem Mut, die Möglichkeiten des Alters zu nutzen, Platz machen. Die Gedanken der russischen Philosophen *Nikolai Berdjajew* über die Freiheit, über Herrschaft und Knechtschaft, von *Mikhail Bakhtin* über ein »vielstimmiges Sprechen« – ich sprach von »Polylog« – *(Petzold 1971)* und von *Pjotr Kropotkin* über die wechselseitige Hilfe gaben weitere Inspiration für die Projektarbeit mit alten Menschen.
Das erste Projekt knüpfte an eine »Tradition wechselseitiger Hilfeleistung« an. Im russischen Altersheim in Villemoisson, bei dem auch das orthodoxe theologische Priesterseminar untergebracht war, kümmerten sich die Studenten dieses Seminars – zum größten Teil in der Emigration geborene Exilrussen – um die alten Leute im Heim, halfen bei Besorgungen und täglichen Verrichtungen. Junge Menschen, die im Alter zwischen 19 und 30 Jahren für eine kirchliche Institution tätig werden wollen, deren Traditionsbasis in einem entfernten Land liegt, stehen vor der ungeheuren Schwierigkeit, zu einer solchen Tradition einen lebendigen Bezug zu finden. Aus dieser Situation entstand das Bedürfnis nach Information, die nicht nur aus Büchern abgesättigt werden konnte. So ergaben sich Gespräche mit alten russischen Männern und Frauen, die die Zarenzeit noch miterlebt hatten, die Augenzeugen der Ereignisse der Revolution waren, die als Soldaten und Offiziere in der Weißen Armee gekämpft hatten, die als Bauern, Gutstöchter, Landarbeiter Teile des russischen Milieus um die Jahrhundertwende waren, Menschen, die in der Folge dann das Schicksal 40jähriger Emigration ertragen hatten. Dieser lebendige Unterricht über zeitgeschichtliche Ereignisse in Zweierbeziehungen und kleinen Gruppen gab den alten Menschen eine Möglichkeit, einen Wissensschatz zu vermitteln, dessen Wert ihnen erst im Verlaufe der Gespräche klar wurde.
Die jungen Leute wiederum berichteten vom Zeitgeschehen, von ihrer Art zu leben. Diese Information fand bei einem großen Teil der Heimbewohner eine erstaunliche Resonanz. Der Austausch mit den jungen Menschen, der Kontakt mit ihren Haltungen, Einstellungen und Werten wurde von der Mehrzahl der Altersheimbewohner ausgesprochen offen und positiv aufgenommen. Es gab allerdings auch einige, die eine strenge, normierende Haltung einnahmen. Dies führte zu Auseinandersetzungen zwischen jungen und alten Leuten und zwischen den alten Leuten untereinander. Einige

»Freunde der jungen Leute« versuchten, um Verständnis zu werben. Das hatte zu einem großen Teil Erfolg, führte aber auch einige Male zu schweren, nicht zu behebenden Zerwürfnissen, die sich sehr negativ auf die Motivation aller Beteiligten auswirkten. Die Folge war, dass in den Exchange-Learning-Aktivitäten Fragen des politischen Tagesgeschehens, der Emigrationsproblematik und des religiösen Lebens über längere Zeit ausgeklammert wurden.

Einiges Interesse verdient das Exchange Learning im Sektor »Sprachen«. Einige Studenten haben Russisch und Kirchenslawisch von alten Leuten im Austausch gegen Französisch gelernt. Es ist für denjenigen, der mit dem Emigrantenmilieu nicht vertraut ist, eine sehr schwer vorstellbare Tatsache, dass Menschen 40 Jahre in einem Land leben können, ohne dessen Sprache ausreichend zu erlernen. Dies gilt nicht nur für die Schriftsprache. Drei Exchange-Learning-Paare konnten hier ausgezeichnete Erfahrungen machen. Die Partner, ein alter russischer Mönch, eine Priesterwitwe und ein ukrainischer Bauer, sprachen nur sehr mäßig Französisch und hatten nur einen begrenzten Wortschatz. Durch systematische gemeinsame Lektüre konnte ihnen nicht nur eine Sprache erschlossen werden, sondern auch ein neuer Zugang zum Gastland Frankreich. Jahrzehntelange Isolation eines faktischen und geistigen Gettos konnte auf diese Weise aufgebrochen werden. Das Exchange Learning und die wechselseitige Hilfeleistung blieb aber nicht auf die Interaktion zwischen jungen und alten Menschen begrenzt, sondern führte auch zu einer Intensivierung der wechselseitigen Hilfeleistung unter den alten Menschen selber. Dies bezog sich besonders auf den Umgang mit dem Träger der Heime und mit Behörden, wo erfahrenere Heimbewohner weniger gewandte im Austausch gegen andere Hilfeleistungen unterstützten.

Altersheime sind in der Regel faktische Lebensgemeinschaften auf unfreiwilliger Basis, von Menschen, die zuvor in einem kleineren, selbstbestimmten Rahmen gelebt hatten. Dies führt häufig zu der Ablehnung der »Lebensgemeinschaft Altersheim«, zu Isolierung trotz massierten Beieinanderwohnens, zu gespannter oder lethargischer Stimmung. Durch Ermutigung zum Exchange Learning und regelmäßigen Sitzungen mit dem »Therapeutischen Theater« *(Iljine)*, in die auch das Pflege- und Hauspersonal einbezogen wurden, gelang es, in den Heimen ein kommunikatives Klima zu schaffen, eine Aussöhnung mit der faktischen Situation zu erreichen, so dass die Heimsituation zu einer Wohngemeinschaft wurde und die Beziehung des Personals zu den Klienten den Charakter einer therapeutischen Gemeinschaft gewann *(Petzold/Vormann, 1980)*, in der das Interesse für das Wohlergehen des anderen und nicht Heimroutine im Vordergrund stand. Die Pflegekräfte begannen, sich für das persönliche Schicksal der Heimbewohner zu interessieren, weil es ihnen nicht in Klagegeschichten, sondern im Spiel erlebnisnah vermittelt wurde. Die alten Menschen wiederum kamen der Lebenssituation des Personals näher, indem sie konkreter als bisher erfuhren, dass die Schwestern und Betreuerinnen auch einen privaten, für sie wichtigen Lebensbereich haben und deshalb nicht nur und ausschließlich für die Heimbewohner da sein können. Übertriebene Anspruchshaltungen und die aus ihrer Frustration entstehenden Spannungen konnten auf diese Weise relativiert und abgebaut werden. Zentral aber war, dass die alten Menschen untereinander und füreinander mehr Offenheit, Interesse und Engagement entwickelten, dass wechselseitige Hilfeleistung und wechselseitiges miteinander und voneinander Lernen möglich wurde. Ich habe die Wohngemeinschaftsarbeit an anderer Stelle ausführlich dargestellt (1980) und möchte für diesen Kontext nur noch ein Projekt vorstellen, in dem das Konzept des *Exchange Learning* und *Exchange Helping* in Verbindung mit Methoden dramatischer Therapie eingesetzt wurde: eine Therapeutische Wohngemeinschaft in der rue Vaugirad. In zwei einander gegenüberliegenden großen Wohnungen wohnten acht alte Menschen (3 Männer, 5 Frauen) zwischen 68 und 86 Jahren alt. Diese zunächst aus pragmatischen Gründen einer besseren Versorgung aufgrund einer kirchlichen Initiative eingerichtete Wohngruppe fasste Menschen zusammen, die an Altersdepressionen, gelegentlichen Verwirrtheitszuständen und körperlichen Behinderungen litten, dabei aber noch rüstig genug waren, um mit einiger Betreuung zurechtzukommen. Eine Heimunterbringung war aufgrund des Umstandes, dass es sich um eine ethnische Minderheit handelte (Russen, Ukrainer), schwierig. Kurze Zeit nach der Einrichtung der Wohngruppe, die zunächst keine therapeutische, sondern eher kustodial-versorgende Ausrichtung hatte, traten unter den Bewohnern derart massive Spannungen auf, dass an die Auflösung des Projekts gedacht wurde. Versuchsweise wurde dann mit Gesprächsgruppen begonnen, die zweimal wöchentlich stattfanden und in Arbeit mit dem therapeutischen Theater *(Petzold* 1979) übergingen mit dem Effekt, dass viele der kleinen Alltagsquerelen beseitigt werden konnten, die Gruppe sich gegenüber dem Träger im Hinblick auf die Verbesserung der Einrichtungen durchsetzen konnte und auch darin, dass ein nicht tragbarer Mitbewohner in ein Heim verlegt wurde. Der wechselseitige Austausch und die wechselseitigen Hilfeleistungen wurden intensiviert, was besonders für zwei erheblich gehbehinderte Mitbewohner zu einer wichtigen Verbesserung ihrer Lebenssituation führte. Ein schwieriges Thema wurde in diesem Prozess wechselseitiger Sorge umeinander die Fragen nach *Abgrenzung, Nähe und Distanz, Hilfeleistung, Ausbeutung und Überforderung.* Hier die richtige Mitte zu finden, war für alle Beteiligten schwierig. Insbesondere wurde darauf geachtet, dass der immer wieder aufkommenden Tendenz, bei schwierigen Situationen auf die Außenbetreuer (Pfarrer, zwei Schwestern, Therapeuten, Haushaltshilfe) zu rekurrieren, nicht nachgegeben wurde. Wo immer uns eine Situation von den Bewohnern selbst lösbar erschien, wurde sie an die Gruppe zurückgegeben, zuweilen durch bloßen verbalen Hinweis, das könne doch selbst erledigt werden, ein anderes Mal durch Ratschläge, aber auch indem die Situation im Therapeutischen Theater durchgespielt und auf mögliche und gewünschte Lösungen hin untersucht wurde.

In den beschriebenen Projekten hat meines Erachtens die starke Rückbindung der wechselseitigen Hilfeleistung an Denker der eigenen Tradition *(Tolstoi, Kropotkin)* einerseits und die von orthodoxen Russen so hochgeschätzte Aufforderung zur wechselseitigen Liebe des Johannes-Briefes (»Ihr Kindlein, liebet einander«, 1 Joh 4, 7) anderseits, wobei je nach persönlichem Standort die Gewichtungen natürlich verschieden waren, offenbar auch zu einem besseren Aufnehmen des Exchange Learnings geführt. Dieses fand seine Grundlage im *Exchange Helping.* Wechselseitiges Lernen wurde als eine Form wechselseitiger Hilfeleistung gesehen. Es sollte dieser Aspekt gerade in lernorientierten Projekten in der Altenarbeit nicht unterschätzt werden. Wechselseitiges Lernen ist immer auch eine wechselseitige Hilfestellung zur Bewältigung der für viele alte Menschen doch schwierigen Lebenssituationen.

Das Exchange-Learning-Konzept wurde von *Petzold* in der Folgezeit in der offenen Altenarbeit, in Altentagesstätten und Altenclubs verwandt, insbesondere in den Jahren 1969–1973 in den Altenbildungs-Programmen der von *Petzold* geleiteten Volkshochschulen Meerbusch-Büderich und Büttgen, sowie in der von *J. Sieper* geleiteten Volkshochschule der Stadt Dormagen. Ein Beispiel, wie im Rahmen solcher Volkshochschul-Projekte alte Menschen sich gegenseitig in der Bewältigung des Alltags helfen können und miteinander und voneinander lernen können, z. B. sich Mietbeihilfe zu beschaffen, mit dem Wohnungsamt und dem Sozialamt umzugehen, ist von *Petzold* (1977) beschrieben worden. Gerade im Rahmen der Volkshochschul-Arbeit lassen sich Exchange-Learning-Projekte zwischen alt und jung gut initiieren und verwirklichen. Im Rahmen der Volkshochschule Büttgen haben Schüler zusammen mit älteren Bürgern heimatgeschichtliche Projekte betrieben. So wurde die Lage alter Fluren aufgezeichnet, wobei die Schüler das Know How einfacher Kartierungen einbrachten, die älteren Bürger über die Lage der Grundstücke, ihre Eigentümer, die Besitzverhältnisse berichteten. Ein weiteres Exchange-Learning-Projekt konnte im Bereich der Mundart und des Volksgutes durchgeführt werden. Einige alte Bürger erklärten sich bereit, mit einer Jugendgruppe Sprichwörter, Bauernweisheiten und mundartliche Redewendungen (»Platt«) gegen Wissen über Schlagersänger, Filmstars, Jugendidole auszutauschen.

Die Exchange-Gruppe wurde ein voller Erfolg. Beide Parteien hatten sich zögernd an das Projekt gemacht. Die Alten glaubten, die jungen Leute hätten kein Interesse für das, was sie anzubieten hätten. Die Jungen glaubten, »'nen Opa kann doch Beatmusik nicht interessieren«. Weit gefehlt. Die an der Gruppe beteiligten älteren Bürger kamen zu dem Schluss, dass sie sich gegen die neuen Tänze und die neue Musik, die »Negermusik«, so abgeschirmt hätten, weil sie ohnehin ausgeschlossen seien: »Wenn man von etwas nichts versteht und wenn das ganz die Domäne der Jungen ist, wo man draußen vorbleiben muss, dann ist es doch kein Wunder, wenn man kritisch wird oder die Sache schlecht macht, auch wenn man sie gar nicht genau kennt.« – »Ich muss schon sagen, diese modernen Beattänze, ich hab' ja immer was dagegen gehabt, aber jetzt zuckt's mir auch in den Füßen. Ich kann die jungen Leute gut verstehen, dass

sie zu dieser Musik gerne tanzen.« Von Teilnehmern der Jugendgruppe kamen Äußerungen wie diese: »An den alten Sprüchen ist tatsächlich was dran, wär' schade, wenn das alles verlorenginge« und »Platt kalle macht unheimlich Spaß, einfach stark ist das!«
Bei diesem und bei anderen Exchange-Learning-Projekten, wo die wechselseitige Hilfe, d. h. eine gewisse Notwendigkeit, nicht im Hintergrund stand, ergab sich folgende Schwierigkeit, die in der Struktur der Situation zu liegen scheint: eine Kollision unterschiedlicher Interessen oder Interessenstärken. Die Partner im Exchange-Learning arbeiten in der Regel ja nicht am »gleichen Stoff«. Es geht vielmehr um zwei verschiedene Gebiete, für die jeweils Zeit eingeplant werden muss. Soll genausoviel Zeit für Mundart und Spruchweisheiten eingesetzt werden wie für die Beatmusik? Wer hält seine Sache für wichtiger? Wieviel will jeder von wem? Haben alle Beteiligten das Gefühl, für ihren Einsatz einen entsprechenden Gegenwert zu bekommen? Diese und ähnliche Fragestellungen kennzeichnen Konfliktfelder, aus denen immer wieder Probleme entstanden. Sie konnten häufig nur mit Hilfe des Initiators, also durch »Beratung von außen«, gelöst werden. Das Fazit ist, dass viele Exchange-Learning-Projekte nach der Initiierung »eingehen« und auf diese Weise ein Selektionsprozess stattfindet. Nur lebensfähige Projekte bleiben bestehen. In praxi heißt das aber, nur Initiativen, in denen zwischen den Exchange-Partnern eine gute intersubjektive Beziehung aufgebaut werden konnte oder das wechselseitige Aufeinander-Angewiesensein im Sinne des Exchange Helpings eine so starke Klammer ist, durch die man sich zusammenrauft, bleiben bestehen. Gerade die schwierigen Personengruppen, Menschen mit geringer kommunikativer Kompetenz in isolierter Situation und mit sehr eingeschränktem Interessenbereich, werden aus Exchange-Learning-Projekten herausfallen.
Durch die Möglichkeit einer Außenberatung, wie dies im Rahmen der Volkshochschule gegeben war, konnten zahlreiche Konflikte und Schwierigkeiten ausgeräumt werden, die ansonsten zu einem Bruch geführt hätten. In einer offenen Gesprächsrunde für Exchange-Learner, die 14-täglich stattfand, konnten Partner, die sich gegenseitig halfen oder miteinander lernten, kommen und über offene Fragen sprechen. Da es sich um ein offenes Angebot handelte, kamen zunächst nur sehr motivierte Leute. Die positiven Effekte

der Gesprächsrunde sprachen sich aber bald herum, so dass sich die Situation innerhalb eines halben Jahres wandelte: zuerst waren wir 4 oder 6 Leute, dann zwischen 12 und 16. Natürlich konnten in einer solchen Runde nicht alle Probleme besprochen werden. Das war auch gar nicht nötig. Beim Zuschauen, wie zwei Exchange-Partner ihre Schwierigkeiten austrugen, war für die anderen modellhaftes Lernen gegeben. Im Laufe der Zeit wurden folgende Grundregeln für wechselseitiges Lernen und Helfen herausgearbeitet:

1) Die Partner im Exchange Learning müssen eine wechselseitige Wertschätzung füreinander haben;
2) sie müssen einander ernst nehmen;
3) sie müssen sich zu Regelmäßigkeit und Beständigkeit verpflichten;
4) sie müssen ihre Grenzen wechselseitig respektieren;
5) Geben und Nehmen sollte ausgeglichen sein;
6) sie müssen den Mut zur Offenheit besitzen, Schwierigkeiten müssen angesprochen werden;
7) sie sollen sich Hilfe von anderen Exchange Learnern holen, wenn sie alleine nicht mehr miteinander klarkommen.

Mit dieser letzten Forderung wird eine interessante Entwicklung deutlich: die Berater-Funktion wird in das Exchange-Learning/Exchange-Helping-Projekt selbst verlegt. Konfliktberatung fand nicht mehr ausschließlich durch den professionellen Berater, Supervisor, hier durch den Autor, statt, sondern institutionalisierte sich als Möglichkeit wechselseitiger Hilfeleistung unter den Exchange Learnern (vgl. *Petzold, Schobert* 1991). Zeitlich fiel diese Entwicklung zusammen mit einer Veränderung des Gruppengeschehens in der Beratungsgruppe: ihrer wachsenden Kohäsion und der immer größeren Beteiligung der Gruppenmitglieder bei der Lösung vorgetragener Konflikte. Besonderen Auftrieb gab die Erfahrung, dass die Gruppe auch eigenständig arbeiten konnte. Als der Berater durch eine längere Abwesenheit die Gruppe dreimal nicht leiten konnte, entschloss sie sich, in der Zwischenzeit ohne ihn zu tagen. Diese Treffen gelangen recht gut. Auf einem wurde für eine sehr prekäre, akute Konfliktsituation eine gute Lösung gefunden. Dazu beigetragen, dass die Gruppe auch als »leaderless group« gut funk-

tionierte, hat sicherlich die Tatsache, dass die Gruppe nach gestalttherapeutischen Prinzipien geführt worden war.
Das Prinzip der Arbeit im *Hier und Jetzt*, d. h. die Zentrierung auf das, was zwischen den Teilnehmern tatsächlich vorgeht *(Naranjo* 1978), das Prinzip der *direkten Kommunikation,* nach dem auf jede Äußerung unmittelbar und offen reagiert wird, das Prinzip, für sich und seine Bedürfnisse Verantwortung zu übernehmen, auf das *Perls* (1969) so großen Wert gelegt hat und aus dem *Ruth Cohn* das »Chairman Prinzip« der »themenzentrierten Interaktion« formulierte *(Cohn* 1975), sind hier zu nennen. Auch die gestalttherapeutischen Regeln der sprachlichen Kommunikation (sprich per ich und nicht per man oder wir, verwandle »ich kann nicht« in »ich will nicht« etc.; vgl. *Passons* 1976; *Rahm* 1979) sind hier zu nennen. Diese einfachen Regeln wurden in der Gruppe teils formuliert und an die Tafel geschrieben, teils durch Imitationslernen übernommen, ohne dass daraus ein rigides Reglement wurde.

Exchange-Learning-Projekte im Rahmen der Erwachsenenbildung sollten immer eine zügige Verselbständigung anstreben. Das bedeutet nicht, dass sie aus der Volkshochschule oder der jeweiligen Bildungseinrichtung ausgegliedert werden müssen. Wichtig ist nur, dass sie im institutionellen Rahmen einen Freiraum haben, dass sie weitgehend selbstverwaltet sind und die Initiativen von den Beteiligten getragen werden. Nur auf diese Weise gelingt es, über die Institution hinaus in den Lebensraum der Betroffenen vorzudringen; und nur auf diese Weise können sich schichtenübergreifende Initiativen entwickeln, die nicht nur das traditionelle Bildungspublikum der Volkshochschulen erreichen. Nach unseren Erfahrungen werden bei einfachen Leuten, deren Lerninteressen schon während der Erwachsenenzeit brachgelegen haben, Ansätze zum Exchange Learning über Exchange Helping laufen.

Eine weitere Möglichkeit, das Exchange-Learning/Exchange-Helping-Konzept in der Arbeit mit alten Menschen einzusetzen, fanden wir im Rahmen der Fachhochschule für Sozialarbeit Düsseldorf-Eller. Im Rahmen von Projektarbeit und Seminaren zum Thema Gruppentherapie und Arbeit mit alten Menschen in den Jahren 1972–1975, in studentischen Initiativgruppen und durch Projekte für Graduierungsarbeiten wurde es möglich, Exchange-Situationen zwischen Studenten und alten Menschen herzustellen. Begünstigt wurde dies durch die Tatsache, dass sich unmittelbar neben der Fachhochschule ein Altersheim befindet. Eine sehr konkrete Exchange-Learning-Situation ergab sich für Studenten, die ihre Graduierungsarbeit über Gruppen- und Institutionsarbeit mit alten Menschen schrieben. Das Erheben von Daten, Interviews und Befragungen führte dazu, dass den Heimbewohnern Zweck und Methodik der Arbeit erklärt werden musste. Einige von ihnen zeigten besonderes Interesse und baten um genauere Information, boten dabei gleichzeitig an, aktiv bei der Sammlung von Daten mitzuarbeiten und auch Beobachtungen über ihr Alltagsleben anzustellen. Von derartigen Gruppen »aktiver« alter Leute wurden andere Heimbewohner beeinflusst, so dass anfängliches Misstrauen bald abgebaut werden konnte, zumal eine Arbeitsgruppe auch ein Freizeitprogramm in dem Heim einführte *(Duwe/Braun* 1975).

Eine Exchange-Learning-Situation besonderer Art ergab sich, als die Teilnehmer an einem Seminar über Arbeitsfelder der Gruppenarbeit in das benachbarte Altenheim gingen, um sich über die Lebenssituation und das Lebensgefühl der Heimbewohner durch unmittelbare Kontaktnahme zu informieren. Diese Aktion führte zu dem Wunsch der angesprochenen Heimbewohner, auch mehr über das studentische Leben zu erfahren. Gegenbesuche im Studentenwohnheim und in zwei studentischen Wohngemeinschaften waren die Folge, weiterhin ein Besuch der Gruppe in der Fachhochschule und die Teilnahme an einer Vorlesung und einer Seminarveranstaltung. Das Resultat dieses Kontaktes war, dass eine Gruppe von 4 Heimbewohnern während des gesamten Semesters regelmäßig am Seminar teilnahm, und zwar aktiv durch Diskussionsbeiträge und ein gemeinsam ausgearbeitetes Referat. Die teilnehmenden alten Leute waren von ihrem beruflichen Hintergrund Werkmeister, Bahnbeamter, Hausfrau, kaufmännische Angestellte. Ermutigt durch diese Resonanz, haben wir mit einer studentischen Interessengruppe eine Arbeitsgemeinschaft zum Thema »Die Rolle der Frau, die Rolle des Mannes im 20. Jahrhundert« begonnen. Wir haben dazu über Aushänge in Altentagesstätten und Altersheimen eine Gruppe von 7 alten Menschen zusammenbekommen, in der Regel solche, die schon mit Studenten der Fachhochschule Kontakt gehabt hatten. Die Studenten hatten sich die Aufgabe gestellt, das vorhandene theoretische Material zu sichten und in Referaten so zu verarbeiten und vorzustellen, dass eine Mitarbeit der alten Menschen möglich wäre. Die älteren Teilnehmer haben dann zu dem Seminar ihr eigenes Erleben beigesteuert, die Art und Weise, wie sie sich als Mann oder Frau um die Jahrhundertwende, zu Anfang dieses Jahrhunderts, nach dem ersten Weltkrieg, im dritten Reich, nach dem zweiten Weltkrieg erlebt hatten bzw. wie sie die Männer und Frauen ihrer Umgebung, ihre eigenen Eltern erlebt hatten. Diese lebendigen Erfahrungsberichte haben den Beteiligten einen besseren Einblick gebracht und mehr vermittelt als mancher Meter Fachliteratur.

In ähnliche Richtung ging ein Projekt, das wir im Programm für die älteren Mitbürger der Volkshochschule Meerbusch-Büderich durchgeführt haben, unter dem Titel »Alte Berufe – neue Berufe«. Ein Schäftemacher, ein Spengler, ein Zirkelschmied berichteten von ihrem Handwerk, von ihrer Lehr- und Gesellenzeit. Auf der anderen Seite berichteten eine Programmiererin, ein Fernsehtechniker und eine Designerin von ihren Berufen und Berufsfeldern. Es kam ein sehr reger Austausch zustande, der dazu führte, dass die an der Veranstaltung teilnehmenden alten Leute die Besichtigung eines Rechenzentrums organisierten – die Programmiererin übernahm die Führung –, eine Fernsehwerkstatt besuchten und dann der Zirkelschmied und der Spengler die Gruppe zu sich nach Hause einluden (14 Teilnehmer). Hier wurden bei Kaffee, Kuchen und bei einem Schwätzchen alte Werkstücke, Fotos, das Gesellen- und Meisterstück gezeigt. Betont werden muss, dass die VHS bei all diesen Aktivitäten nur die »Initialzündung« gegeben hat und die weiteren Initiativen von den Teilnehmern selbst angeregt und teilweise auch organisiert wurden.

2.3 Abschließende Überlegungen

Für Exchange-Learning-Projekte ist kennzeichnend, dass die alten Menschen nichts von ihrer Selbstverantwortlichkeit abgeben. Sie werden so in keiner Weise entmündigt, sondern erfahren im Gegenteil ich-stärkendes Lernen. Es wird nicht etwas für sie getan oder veranstaltet, sondern sie selbst sind aktiv, einmal in der Rolle des Produzenten/-Lehrenden, aber auch in der des Rezipienten, denn sie bestimmen bzw. suchen sich aus, was sie genau lernen wollen. Sie

merken, dass sie etwas weitergeben können, was gewünscht wird, dass sie eine sinnvolle Aufgabe erfüllen. Und sie lernen neue, in diesem Fall jüngere Menschen mit anderen Erfahrungen und Ansichten kennen.
Die letzten Punkte gelten genauso als Vorteile für die jüngeren Partner. Darüber hinaus brauchen die Jüngeren sich nicht in einer Leiterrolle zu fühlen, die ihnen oft peinlich ist und sie verunsichert. Sie sind gleichberechtigt – nicht weniger, denn sie haben ja auch etwas anzubieten, aber auch nicht mehr, und das erspart Kompetenz-Ängste. Sie haben einen sichtbaren oder spürbaren Gewinn aus dem Kontakt, so dass es kaum zu rein karitativen Versorgungshaltungen gegenüber den alten Menschen kommen wird.
Wir meinen nach unseren Erfahrungen, dass das Konzept des Exchange Learning möglichst breiten Eingang in die Arbeit mit alten Menschen finden sollte. Da es in die Kategorie »Hilfe zur Selbsthilfe« fällt und insofern kostensparend ist, müsste es auch bei staatlichen Institutionen auf einiges Interesse stoßen. Es kann praktisch an allen Stellen, an denen alte Menschen zusammenkommen oder leben, sinnvoll eingesetzt werden (vgl. *Petzold, Schobert* 1991).
Nehmen wir als ein Beispiel typische Altentagesstätten. Hier sind zum Teil Laienhelfer, zum Teil bezahlte Kräfte damit beschäftigt, ständig etwas für die alten Menschen zu organisieren: Spielnachmittage, Bewegungsstunden, Ausflüge, Vorträge, alles häufig genug nach dem Motto »... na, meine Lieben, dann wollen wir mal ...«. Wenn statt dessen die Alten untereinander oder auch mit den bis dahin als Laienhelfer Tätigen Fertigkeiten austauschten, würde dieser betont fröhliche, verkindlichende Ton verschwinden und ebenso der aufopfernde Touch, der häufig die Arbeit von Laienhelfern (auch von Profis) begleitet. Das müsste – nach einer gewissen Zeit der Umstellung – für die alten Menschen wesentlich angenehmer sein und zu mehr Eigeninitiative führen.
Ebenso könnte das Exchange Learning in der Gemeindearbeit eingesetzt werden. Durch Gemeindeschwestern nur in der Anfangsphase angeleitet, könnten Jüngere und Ältere oder auch Ältere untereinander sich gegenseitig etwas beibringen und sich dabei kennen lernen. Besonders günstig könnte das Konzept auch in Altersheimen wirken, wenn es gelingt, die häufig recht apathisch geworde-

nen Bewohner dazu zu bewegen, sich auf ihre besonderen Fähigkeiten zu besinnen und diese zum Austausch mit anderen anzubieten. Auch in Alten- oder Mehr-Generationen-Clubs könnte Exchange Learning eine neue Alternative sein. Und in Stadtteilen, in denen viele alte Menschen isoliert vor sich hin wohnen, könnten z. B. vorübergehend Sozialarbeiter eingesetzt werden, deren Aufgabe es wäre, Über Anschläge in Hausfluren, Läden und Kneipen alte Menschen zu ersten Treffen zu aktivieren, ihnen das Exchange-Learning-Konzept nahezubringen und sie eventuell in der Anfangsphase beratend zu begleiten.

Langfristig können damit etliche Sozialarbeiter und Laienhelfer eingespart bzw. an anderen Brennpunkten eingesetzt werden.

Der Einsatz des Exchange-Learning-Konzeptes in der Altenarbeit wird sicher einiges Umdenken bei den Betroffenen erfordern. Wir geben uns nicht der Illusion hin, dass es so ohne weiteres *en passant* in den verschiedenen Institutionen eingeführt werden kann, sondern meinen, dass es dazu des Einsatzes von besonders geschulten Kräften bedarf. Das könnte etwa eine Gruppe von Psychologen sein, die sich über Gemeinden, Altentagesstätten, Altersheime, Sozialbehörden usw. sowohl an alte Menschen direkt als auch an die Helfer (Multiplikatoren) wenden, um sie mit dem Konzept vertraut zu machen.

Die alten Menschen werden sicher in den meisten Fällen, ähnlich wie unsere Studenten, zunächst davon ausgehen, dass sie keine besonderen Fähigkeiten/Fertigkeiten besitzen, an denen andere interessiert sind, und sich vermutlich z. T. auch nicht vorstellen können, wozu ein solches gegenseitiges Lernen/Lehren in ihrem Alter noch gut sein kann. Hier wird es wesentlich darauf ankommen, die Zweifel und Bedenken zunächst zuzulassen, nicht zu überspielen oder herunterzuspielen, und dann nach und nach über neue Erfahrungen in kleinen Gruppen das Selbstvertrauen der alten Menschen zu verstärken und so eine Motivation für Eigeninitiative zu schaffen.

Fast noch schwieriger scheint uns, die bisherigen Laien oder Profihelfer von der Sinnhaftigkeit des Konzeptes zu überzeugen und zumindest die erstere Gruppe womöglich miteinzubeziehen. Diese Menschen ziehen ja aus der Betreuungsarbeit, so wie sie bisher läuft, durchaus Gewinne für sich, sonst würden zumindest die Laienhelfer sie nicht machen. Diese Gewinne umfassen unter anderem sicher auch das Gefühl, Macht zu haben und Hilflosen helfen zu können. Für beides ist im Exchange Learning kein Platz.

Bei diesen Betroffenen wird es wichtig sein, die Machtansprüche nicht negativ zu bewerten, sondern als normal-menschliches Phänomen zu akzeptieren und ihnen dann vor allem zu helfen, ihre Bedürfnisse und Fähigkeiten klarer zu erkennen, wodurch im Allgemeinen übertriebene, irrationale Machtansprüche von selbst weniger werden oder verschwinden. Im günstigsten Fall kann man den Menschen dieser Gruppe vielleicht vermitteln, dass es sich lohnt, die Macht, die sie haben, nicht *über* die Alten auszuüben, sondern sie *mit ihnen gemeinsam* für anstrebenswerte Ziele einzusetzen. Es ist vielleicht sehr optimistisch, aber unserer Meinung nach nicht illusorisch, zu hoffen, dass sich durch die ich-stärkende Wirkung und die Erfahrung, wieviel *gemeinsam* möglich ist, aus dem Exchange Learning eine Politisierung der alten Menschen und ihrer Partner ergeben könnte. So könnten eines Tages aus Exchange Learnern »graue Panther«[2] werden – eine Perspektive, die uns gut gefallen würde.

---

[1] Aus: Integrative Therapie 3 (1979) 224–245.
[2] Die »grey panthers« sind eine politische Bewegung alter Menschen in den USA. Ähnliche Ansätze gibt es auch in Deutschland.

»Sich selbst im Lebensganzen verstehen lernen«
Erlebnisaktivierende Methoden in einem integrativen Ansatz zur Vorbereitung auf das Alter[1]

Die Auseinandersetzung mit dem eigenen Leben, seinem Verlauf und seinen Rahmenbedingungen, die Rückschau und die Antizipation im Lebensvollzug, der lebendige Kontakt mit den Menschen eines »vollständigen« sozialen Kontextes, mit Kindern und Alten, das Erfahren und Miterleben der Grenzpunkte menschlicher Existenz, Geburt und Tod – all das führt dazu, sich selbst im Lebensganzen verstehen zu lernen und eine prägnante Identität (Petzold 2001p) auszubilden.

Die Partizipation an den Lebensvollzügen anderer Menschen und die daraus erwachsende Sensibilität und Bewusstheit (awareness, *Perls* 1980) für die eigene *Lebensspanne* ist idealiter mit der Vorbereitung auf das Alter gleichbedeutend. Die »Diskontinuitäten« im Lebensverlauf (*Benedict* 1938), die Quantelung der Zeit und der Verlust von Sozialisationserfahrungen mit dem Alter, die für unsere Situation kennzeichnend sind, führen zu einem Vakuum, es sei denn, man nimmt die Lebensspanne in den Blick, wie dies für den Integrativen Ansatz charakteristisch ist (Petzold 1999b).

In den Kulturen, in denen »öffentliches« Geborenwerden und Sterben noch zu den Alltäglichkeiten des Lebens gehörten, wurde das Leben mit Selbstverständlichkeit »*als Ganzes*« gesehen, so dass sich eine spezifische Vorbereitung auf das Alter erübrigte. Heute muss sie von Sozialagenturen mitgetragen werden. Den Einrichtungen der Erwachsenenbildung, den Schulen, den innerbetrieblichen Fortbildungsprogrammen, den Medien und der kirchlichen Bildungsarbeit wird hier besondere Bedeutung zukommen.

1. Altersvorbereitung als Ausdruck von Entfremdung

Wie die meisten Maßnahmen der Prävention ist Vorbereitung auf das Alter selbst Ausdruck von Entfremdung *(Petzold* 1980a). Altern und Sterben sind Stücke, die in unserer Gesellschaft nicht mehr öffentlich aufgeführt werden. Sie sind hinter die Vorhänge von Sonderbühnen verbannt worden *(Petzold* 1981 b), man hat sie sich aus den Augen geschafft, denn sie sind zu angstauslösend geworden. In den spätkapitalistischen Industriegesellschaften, die von Leistungsoptimierung und Profitmaximalisierung gekennzeichnet sind, hat der alte Mensch und der Hochbetagte zumal keinen wirklichen Platz mehr. Er kann seine Arbeitskraft nicht mehr verkaufen, und seine Erfahrungen, die ihm in früheren Zeiten und primitiveren Sozietäten Status und Rollen gaben, sind durch den rapiden Umschlag des Wissens weitgehend wertlos geworden. Die »Rollenlosigkeit« *(Burgess* 1960) des alten Menschen vertreibt ihn von der Bühne, und seine Rolle, alt zu sein, die Stücke von Desintegrationen und Desozialisation *(Woll-Schumacher* 1980) und die letzte Szene des Todes sind zu bedrohlich und anstößig geworden, als dass man sie sich ansehen will.

Die Auflösung der Mehrgenerationenfamilien und die Exilierung alter Menschen in Heime führt dazu, dass wir keine Vorbilder mehr haben, die uns zeigen, wie man alt wird.

Die Anforderungen eines leistungs- und konsumorientierten Lebens nehmen den Menschen in den »besten Jahren« die Zeit, sich mit älteren Angehörigen auseinanderzusetzen. Das Auflösen des natürlichen Zusammenlebens mehrerer Generationen, der Wohnkontexte von alt und jung und der Krankenhaustod nehmen den Kindern die Erfahrung von Altern und Sterben. Die Zentrierung auf Produktion und Progress *ad infinitum* spiegelt die Vision der unbegrenzten Möglichkeiten der Wirtschaft, der Wissenschaft, der Medizin, des Fortschritts in einem Maße vor, dass der Einbruch des Alterns plötzlich erfolgt, dann nämlich, wenn die bis zu den Grenzen ausgeschöpfte Leistungsfähigkeit einfach nichts mehr hergibt *(Beauvoir* 1972).

Maßnahmen und Programme der Vorbereitung auf das Alter, die sich nicht die Frage stellen, *warum* wir »Geroprophylaxe« *(Thomae* 1975; 1976) betreiben müssen, die sich nicht mit den Ursachen befassen und *diese* zu verändern und zu beseitigen suchen, verschleiern gesellschaftliche Missstände und stabilisieren die herrschenden Verhältnisse und die hinter ihnen stehende *Macht (Foucault* 1973; 1978). Die Tatsache, dass Vorbereitung auf das Alter *Ausdruck von Entfremdung* ist, wurde bisher kaum gesehen, geschweige denn ernstgenommen. In den gängigen Vorbereitungskursen auf das Alter wird den Betroffenen konsumfertige Information angeboten, werden fragwürdige Bewältigungshilfen gegeben in überwiegend kognitiv ausgerichteten Programmen, die der *Not des Alterns,* den emotionalen Belastungen, den Phänomenen der Abwehr und Verdrängung wenig Rechnung tragen, wie den oft noch vorhandenen Kompetenzen und Potenzialen. Das Ausmaß der Entfremdung wird daran deutlich, dass nicht nur der *»Feind von außen«,* die gesellschaftlichen Verhältnisse, die dem alten Menschen Rollen und Status nehmen, seine »soziale Potenz« und ökonomische Ressourcen reduzieren, wirksam wird, sondern, dass die Betroffenen selbst durch die lebenslang internalisierten negativen Altersstereotype *(Filipp, Mayer* 1999) sich »zum alten Eisen« rechnen, sich im »verdienten Ruhestand« sehen. Dieser *»Feind von innen« (Petzold* 1965; 1979b) garantiert die Stabilität der Verhältnisse.

Die Chancen, derartige Negativ- und Rückzugsrollen zu verändern, sind gering, denn sie sind »eingefleischt« – man denke an Körpersprache, Habitus und Kleidung alter Menschen – und sie werden von außen bekräftigt. Auf jeden Fall müssen Maßnahmen der Altersvorbereitung, die eine »Humanisierung des Alterns« intendieren *(Petzold* 1965; 1979b), nicht nur die Bedingungen der *Außenwelt,* sondern auch die der *Innenwelt* verändern; sie müssen alternative Erfahrungen vermitteln, und das über die gesamte Lebensspanne hin, und sie müssen die Betroffenen an diesen Maßnahmen beteiligen. Nur so wird sich Entfremdung, d. h. das Fremdwerden des Menschen gegenüber seinem Leib, seinen Mitmenschen, seiner Lebenswelt und seiner Lebenszeit, verhindern lassen, und nur so kommen wir zu einer *»Ethik der Altersvorbereitung«* , die an den Adressaten orientiert ist und nicht nur an den Bedürfnissen und Interessen der Altersvorbereiter und der hinter ihnen stehenden Institutionen.

2. Identität in Kontext und Kontinuum

Identität konkretisiert sich im Schnittpunkt von Kontext und Kontinuum. Sie steht in der Zeit, einem jeweils gegebenen Hier-und-Jetzt, das *perspektivisch* ist und memorierte Vergangenheit, persönliche Biographie sowie antizipierte Zukunft, persönlichen Lebensentwurf, umfasst. Das Konzept der Identität ist von Ambiguität *(Merleau-Ponty* 1966) gekennzeichnet; es ist doppelgesichtig und umfasst die Verschränkung von Innen und Außen, Von Individuellem und Gesellschaftlichem, von Rollenzuschreibung, von Rollenverkörperung *in der Zeit.* Identität gewinnt ein Mensch, indem er sich im leibhaftigen Wahrnehmen und Handeln als der erkennt, der er ist (Identifikation), *und* indem ihn die Menschen seines relevanten Umfeldes als den erkennen, als den sie ihn sehen (Identifizierung) *(Petzold/Mathias* 1983, *Petzold* 2001p).
Identifikation und *Identifizierung* geschehen in der Zeit. Konvergieren sie z. B. dadurch, dass Rollenzuschreibung und Rollenverkörperung ohne Schwierigkeit vollzogen werden können, wird eine hohe Prägnanz der Identität erreicht. Fallen sie auseinander oder sind sie konträr, so ist die Identität gestört oder gemindert. Der Leib als »individuelle Geschichte« *(Marcel1978),* als persönliche »Leibzeit« *(Petzold* 1981 g) und der Kontext als »kollektive Geschichte«, in den die individuelle eingebunden ist, konstituieren die Identität. Identität (I) entsteht als Leistung des Ichs (Selbsterkennen, Konstitution von Selbstbildern und Bewertungsprozessen) im Verarbeiten von Informationen aus Leib (L) und sozialem und ökologischem Kontext (Kn) im Zeitkontinuum (Kt). Die Bedeutung des Zeitkontinuums für das Identitätserleben kann gar nicht hoch genug veranschlagt werden. Menschen, die ihre Vergangenheit verloren haben, die sich mit großen Teilen ihrer Lebensgeschichte nicht mehr identifizieren können, weil sie zu belastend oder zu negativ waren, leiden in der Regel genauso an Störungen ihrer Identität wie Menschen, die den Zukunftshorizont verloren haben, deren Lebensentwurf sich nicht realisieren kann, deren Hoffnungen für die Zukunft zusammengebrochen sind. Sich in seinem Lebensganzen verstehen zu können, in jedem Hier-und-Jetzt Gelebtes und Erwartetes zur Verfügung zu haben, ist eine Voraussetzung für ein klares Selbsterleben, eine prägnante Identität *(Petzold/Mathias,* 1983).

Das Konzept der Identität lässt sich weiter fundieren und für die Praxis *psychosozialer Interventionen* fruchtbar machen, wenn man die Bereiche ausdifferenziert, die Identität begründen und *tragen.* Es lassen sich fünf »Säulen des Supports« von Identität herausstellen, die gerade für die Vorbereitung auf das Alter bedeutsam sind.

2.1 Leiblichkeit

Ein Grundpfeiler der Identität ist der gesunde, funktionstüchtige Körper, die Integrität der Leiblichkeit. Sie zu erhalten und den Erfordernissen des jeweiligen Lebensalters anzupassen, stellt eine zentrale Aufgabe der Geroprophylaxe dar. Gesundheitsvorsorge, richtige Ernährung, ausreichende körperliche Bewegung und Maßnahmen der Erhaltung von Kondition sind hier Gegenstand der Intervention. Dass Alter gleichbedeutend mit körperlichem Verfall und Infirmität ist, ist eine Fehlmeinung, die durch die gerontologische Forschung, insbesondere durch Arbeiten zur Leibes- und Bewegungsbildung im Alter, widerlegt werden konnte (vgl. *Liesen/ Hollmann* 1976; *Petzold/Berger* 1979; idem 2003a).

Da der Leib nicht nur *»my body«*, sondern auch *»social body«* ist, da er private und öffentliche Realität hat (z. B. im Bereich der nonverbalen Kommunikation) und er damit wie das Identitätskonzept eine Verschränkung von individuellen und gesellschaftlichen Aspekten darstellt *(Coenen* 1979), ist er für destruktive Einflüsse aus dem gesellschaftlichen Raum besonders sensibel und anfällig, z. B. im Hinblick auf die Bewertung und Regulierung der Sexualität zwischen alten Menschen *(Schneider* 1980).

2.2 Soziales Netzwerk

Die sozialen Bezüge eines Menschen, sein »soziales Atom« *(Moreno* 1947), stellen ein weiteres tragendes Element für die Identität dar. Im Hinblick auf die hinlänglich fundierte Tatsache, dass Altern »soziales Schicksal« ist *(Thomae* 1976; *Lehr* 1979), gewinnen sie besondere Bedeutung. Die Verarmung der sozialen Mikrostruktur im Alter, der Verlust von Rollen, von Interaktionspartnern, von Mitmenschen, führt zu schwerwiegenden Einbrüchen in der Identität

(Petzold 1979d, 1994e). Auch im Bereich des sozialen Netzwerkes bzw. sozialen Atoms zeigt sich die Doppelgesichtigkeit des Identitätskonzeptes: Ich identifiziere mich in den Interaktionen mit meinen Mitmenschen. Ich identifiziere sie; ich trage damit zu ihrer Identität bei und werde konstitutiv für den sozialen Organismus – und ich werde selbst von ihnen identifiziert. Maßnahmen zur Vorbereitung auf das Alter müssen beiden Aspekten Rechnung tragen. Sie müssen kommunikative Felder für Identifizierungen und Identifikationen bereitstellen. Sie müssen Kontaktfähigkeit fördern sowie zur Einhaltung und gegebenenfalls Regeneration des sozialen Netzwerks beitragen, um Minderungen der Identität entgegenzuwirken *(Hass, Petzold* 1999).

2.3 Arbeit, Leistung, Freizeit

Arbeit und Leistung, aber auch Freizeit bieten dem Menschen nicht nur Möglichkeiten, sich in seinem Tun zu identifizieren, Lebenssinn aus der Arbeit zu schöpfen, sondern geben auch Möglichkeiten der Identifizierung für die Außenwelt: Ich werde durch meine Arbeit und Leistung erkannt und anerkannt. Die Verschränkung von Identifikation und Identifizierung im Bereich von Arbeit und Leistung als eine der Konstituenten von Identität macht noch einmal mehr die Abhängigkeit des Identitätskonzeptes von gesellschaftlichen »Außeneinflüssen« deutlich. Der gesellschaftlich verfügte Entzug von Arbeit durch die Zwangspensionierung bedeutet einen massiven Eingriff in die Identität eines Menschen. Der Wegfall des Arbeitsbereiches ist in der Regel auch mit einer Reduzierung des sozialen Netzwerkes verbunden. Die kommunikative Funktion von Arbeit, die Bedeutung der Arbeitswelt für den *Lebensraum (Lewin* 1963) eines Menschen kann gar nicht hoch genug veranschlagt werden. Deshalb kann sich Vorbereitung auf das Alter im Hinblick auf diese »Säule der Identität« nicht nur auf das Vermitteln von Freizeit-Skills beschränken oder auf das Einleben in Ersatzrollen, die letztlich kein Ersatz sind, sondern es werden politische Initiativen erforderlich, in denen die identitätsstiftende Bedeutung von Arbeit ernst genommen wird und die das »Recht auf Arbeit« auch für Menschen im Pensionistenalter nachhaltig vertreten (vgl. *Heinl/ Petzold* 1980).

2.4 Materielle Sicherheiten

Ökonomische Absicherung und ökologisches Eingebundensein (im Haus, im Quartier), Wohnung, Nahrung, Kleidung, Komfort tragen zum Identitätserleben eines Menschen entscheidend bei. Massive Einbußen an diesen Gütern »gehen an die Existenz«, bedrohen die Identität. Wohnung und Einkommen ermöglichen nicht nur Identifikationsmöglichkeiten, sie tragen auch zur Identifizierung bei (Wohnung und Auto als Statussymbol). Wie massiv z. T. die Reduzierungen an materiellen Sicherheiten sind, zeigen die Untersuchungen zur Armut im Alter *(Bujard/Lange,* 1979). Auch hier heißt Vorbereitung auf das Alter politische Intervention von Jungen und Alten zur Sicherung und Verbesserung der Lebenssituation alter Menschen.

2.5 Werte

Die Säule der Werte trägt die Identität – oftmals, wenn andere Säulen schon umgestürzt oder geborsten sind. Werte entstehen in der Konvergenz gesellschaftlicher und individueller Wertsetzungen. Gesellschaftlich vermittelte Werte müssen individuell angenommen und verwirklicht werden, damit sie tragfähig sind. Das Bereitstellen identifikationswürdiger Werte stellt sich damit als persönliche und gesellschaftliche Aufgabe. Vorbereitung auf das Alter muss die Auseinandersetzung mit Werten, die das Leben tragen können, fördern; sie muss dazu beitragen, dass Menschen sich Werte zu eigen machen können *(Laschinsky/Petzold/Rinast* 1979, dieses Buch S. 194 ff.). Es dürfte deutlich geworden sein, wie stark ein derartig aufgefächertes Identitätskonzept Ziele und Inhalte für geroprophylaktische und sozialgerontologische Interventionen bestimmt und auch, wie groß die gesellschaftlichen Implikationen (mit all ihren ökonomischen, politischen, zeitgeschichtlichen Hintergründen) sind, schließlich wie unmöglich es ist, politische Fragestellungen auszuklammern. Wenn man sich weiterhin vergegenwärtigt, dass diese *»fünf Säulen der Identität«* im Zeitkontinuum stehen, dass sie zugleich Ausdruck individueller und kollektiver Geschichte sind, so wird deutlich, dass eine monolithe und ahistorische Betrachtungsweise sich für Maßnahmen der Vorbereitung auf das Alter verbietet.

Das jeweilige Hier-und-Jetzt von Interventionen muss deshalb »*perspektivisch*« gesehen werden; es muss die Reflexion der Vergangenheit genauso einbeziehen wie die Antizipation der Zukunft, womit die Aussage unterstrichen wird, dass Vorbereitung auf das Alter bedeutet: »Sich im Lebensganzen verstehen lernen«. Das Gewinnen eines perspektivischen Hier-und-Jetzt *(Petzold* 1971; 1981c; 1981g), in dem sich Lebensbewältigung, Lebensgestaltung, Lebensentfaltung zu einer jeweils gegebenen Zeit und in einem jeweils gegebenen Raum vollziehen – unter Einbezug aller Erfahrungen, Pläne und Bedürfnisse-, wird damit gleichbedeutend mit dem Gewinn einer stabilen Identität. Sie allein hat die Chance, in der *Desozialisation,* in den Einbußen durch involutive Prozesse des Alters und durch Restriktionen der Gesellschaft zu bestehen und zu überdauern. Sich im Lebensganzen identisch fühlen zu können, ist gleichbedeutend mit dem Erfahren von *Sinn (Petzold, Orth* 2004) als der Dimension und Qualität, die allein in räumlichen und zeitlichen und sozialen Zusammenhängen, in Kontext und Kontinuum, aufscheinen kann *(Luhmann* 1971; *Petzold* 1978).

3. Vorbereitung auf das Alter als Auseinandersetzung mit dem Lebensganzen (life span)

Vor dem Hintergrund der bisher skizzierten Konzepte erweist sich eine Vorbereitung auf das Alter, die nicht nur Ausdruck und Reproduktion von Entfremdung sein will, als eine komplexe Aufgabe, die ein Bündel von Maßnahmen, *komplexe* und *integrative Interventionen (Heekerens* 1984; *Petzold* 1979c, 149–160; *Lehr* 1979) erfordert und die in jedem Fall einen *komplexen Bewusstheitsprozess* sowohl bei den Mitarbeitern der entsprechenden Bildungs- und Sozialagenturen als auch bei den Betroffenen, den alternden Menschen, erforderlich macht. Interventionen, die allein auf die Erhaltung des Bestehenden oder die Restitution von Verlorenem oder die Bewältigung unwiederbringlicher Verluste *(coping)* abzielen, reichen nicht aus. Es müssen auf der individuellen und kollektiven Ebene Ressourcen erschlossen und Neuentwicklungen *(creating, Petzold* 1997p) eingeleitet werden – z.B. durch Strategien persönlicher Lebenskunst und durch politische Arbeit repräsentiert und gesichert werden. Die Fragen, die mit der Vorbereitung auf das Alter verbunden sind, sind nicht nur methodischer und didaktischer Art, sind nicht nur Einzelfallhilfe oder Aufgabe sozialer Gruppenarbeit, sind nicht nur psychotherapeutische und soziotherapeutische Intervention, sondern sind vordringlich gesellschaftspolitischer Art. Sie erfordern Initiative und Engagement, um die Integrität von Einzelpersonen, Familien, Kontexten und Gruppen zu gewährleisten. Derartig komplexe Aufgabenstellungen können nicht von einer Disziplin oder Sozialagentur wahrgenommen werden. Vorbereitung auf das Alter muss ein disziplinübergreifendes, kooperatives Unterfangen werden, an dem die verschiedensten Institutionen des Bildungs-, Gesundheits- und Sozialbereiches mitwirken müssen. Wenn man auch die Vorbereitungsmaßnahmen schwerpunktmäßig einem weit gefassten Konzept von *Geragogik,* verstanden als *»Lernen des Alterns, für das Alter und im Alter« (Petzold* 1965; *Petzold/Bubolz* 1976), zuordnen kann, so wird damit eher der komplexe Charakter dieser neuen Disziplin deutlich, als dass damit das Bild eines abgegrenzten, »überschaubaren« Feldes agogischer Theorie und Praxis gezeichnet wird. Diese Vielfältigkeit muss bei aller Notwendigkeit zur »Reduktion von Komplexität« *(Luhmann* 1968) im Blick behalten werden.

Wenn ich mich an dieser Stelle auf die Verwendung erlebnisaktivierender *Methoden* in geragogischen Maßnahmen zur Altersvorbereitung beschränke, so müssen doch die bisher skizzierten anthropologischen bzw. persönlichkeitstheoretischen und politischen Implikationen mitberücksichtigt werden, denn der Einsatz agogischer, soziotherapeutischer und psychotherapeutischer Methoden ohne einen solchen Hintergrund birgt die Gefahr der Ablenkung von den *eigentlichen Ursachen* der *»conditions inhumaines«* in unserer Gesellschaft durch sozialtechnologische Entlastungen. Vorbereitung auf das Alter könnte sonst zu einer schlechten Kosmetik degenerieren, die den Verfall mäßig kaschiert und die erforderlichen grundsätzlichen Veränderungen verhindert.

Vorbereitung auf das Alter ist kontinuierliche Lebenslaufbewältigung. Sie setzt bei der Bewältigung der jeweils gegebenen Situation an, greift in die Vergangenheit, um die persönliche Geschichte und ihre determinierende Kraft für die Zukunft zu erkennen und zu handhaben, und setzt sich mit dem gewünschten, ersehnten, befürchteten und geplanten Zukunftshorizont auseinander, und zwar sowohl mit den bewussten als auch mit den unbewussten Antizipationen auf dem Lebensweg *(Petzold, Orth* 2004). Im Wesentlichen ergeben sich für die *Antizipation* wahrscheinlicher und sicherer Ereignisse in der Zukunft die folgenden Perspektiven.

3.1 Antizipation von Kräfteabbau

Der Verfall der physischen und psychischen Leistungsfähigkeit mit fortschreitendem Alter und die Bedingungen, die involutive Prozesse akzelerieren oder verlangsamen, müssen erfahrbar und durchschaubar gemacht werden. Insbesondere wird es wichtig zu vermitteln, dass Abbau und Verfall wesentlich außenverursacht sind und durch entsprechende Lebensführung nachhaltig beeinflusst und gemindert werden können. Die Verdrängung des Kräfteverfalls, der uns alle in der Zukunft bedroht und von uns als massive narzisstische Kränkung erfahren wird, verhindert, dass eine adäquate Geroprophylaxe betrieben werden kann. Information, die allein die kognitive Ebene anspricht, reicht hier nicht aus. Sie kann nicht assimiliert werden und zum Tragen kommen, weil die Abwehr der narzisstischen Kränkung stärker wirkt als die Rationalität.

3.2 Antizipation von Infirmität

Noch stärker fällt dies bei der Antizipation von Infirmität ins Gewicht. Ist der Kräfteabbau für die *Zukunft sicher zu erwarten,* so besteht die Infirmität als *Möglichkeit,* die uns, wenn wir genauer hinschauen, mit Entsetzen erfüllen kann. Auch hier gilt es, die Zusammenhänge von Altern und Krankheit in einer Weise zu vermitteln, dass deutlich wird, wie sehr unsere *Lebensführung jetzt* mögliche Infirmität im Alter bestimmt *(Zimmermann* 1977; *Schirrmacher* 2004)). Eine bewusstere Lebensführung, eine Sensibilisierung für das, was mir gut tut oder was für mich toxisch ist, wird damit in das Zentrum der Altersvorbereitung gerückt. Es geht nicht darum, mit dem Schreckensgespenst möglicher Infirmität zu operieren. Die Forschungen zur kognitiven Dissonanztheorie haben hinlänglich gezeigt, dass derartige Strategien wenig fruchten; die Ausblendung jedoch ist keine Alternative. In dem Moment, in dem ich für meine Lebensgestaltung »jetzt« *Verantwortung* übernehme und versuche, der »Weisheit des Leibes« zu folgen *(Perls* 1980), vermindern sich die unbewussten Antizipationen künftiger Krankheit und das Ausmaß der Verdrängung, das selbst krankheitsfördernd ist.

3.3 Antizipation des Todes

Antizipation des Todes bedeutet die Auseinandersetzung mit dem einzig sicheren Faktum unserer Existenz, deren vielfältige Möglichkeiten für uns letztlich nicht gänzlich verfügbar sind. Das Faktum, dass wir leben und dass wir sterben müssen, ist unbewusst ständig *präsent.* Es gewinnt aber, solange es nicht bewusst erlebt wird, nur einen verdeckten und nicht immer guten Einfluss auf unsere Lebensgestaltung. Die Abwehr der Realität, dass Leben zugleich Sterben heißt *(Keleman* 1978), liefert uns an das Sterben aus und beraubt uns der Möglichkeit, unser Leben bewusst und aktiv so zu gestalten, dass wir am Lebensende aus einem Gefühl der Geschlossenheit und Integrität Abschied nehmen können, weil das Leben trotz aller Schwierigkeiten und Mühen so gut war *(Erikson* 1966; *Petzold/Marcel* 1976, *Spiegel-Rösing, Petzold* 1985; *Petzold* 1999l, 2003j).

3.4 Antizipation des Verlustes von Arbeit

Antizipation des Verlustes von Arbeit, Berufsrollen, Aufgabenbereichen wird im Hinblick auf unsere Ausführungen über die Bedeutung von Arbeit für die Identität des Menschen, für den Bereich zwischenmenschlicher Kommunikation usw. *(Heinl/Petzold,* 1980) ein zentrales Thema für die Vorbereitung auf das Alter. Auch hier geht es um die erlebnisnahe Auseinandersetzung mit dem Thema, das nur auf diese Weise Relevanz für die Gestaltung gegenwärtigen Lebens gewinnen kann.

3.5 Antizipation von Leer- und Freiräumen

Die mit dem Verlust von Arbeit geschaffenen Leerräume können nicht ohne weiteres als Freiräume umgemünzt werden. Die entstehende Leere muss ernst genommen werden. Ihre Antizipation muss die Verluste deutlich erlebbar machen, um Motivationen für die Auseinandersetzung mit diesem Problembereich zu setzen und die Entwicklung von Freiräumen *jetzt* in Angriff zu nehmen. Das Füllen eines plötzlich aufgetretenen Vakuums gelingt meistens nicht. Das Ummünzen wird oft genug zu einer Notlösung mit Falschgeldcharakter. Berücksichtigt man den Identitätsbegriff mit seinen Dimensionen Leib, Kontext und Kontinuum, so werden Maßnahmen, die nicht aus einer *Kontinuität* gewachsen sind, in ihrer Fragwürdigkeit entlarvt. Menschen, die nie gelernt haben, Leerräume zu füllen, weil sie kaum Freiräume hatten oder durch die Belastungen des Arbeitsprozesses und mangelnde Hilfen nicht in der Lage waren, erfüllende Freizeit zu gestalten, sind einfach überfordert, wenn sie dann im Alter *plötzlich* Freizeitaktivitäten entwickeln sollen. Es bleibt vielfach nur die Fortschreibung von Konsumhaltungen, wie z. B. das passive Sich-Hingeben an das Freizeitmedium Fernsehen.

Die bildungspolitischen und gesellschaftspolitischen Implikationen in den genannten Bereichen von Antizipation sind deutlich. Interventionen auf der Makroebene allein aber werden nicht ausreichen. Es muss die *Bewusstheit* der Menschen verändert werden, die auf das Alter vorbereitet werden sollen. Es muss nicht nur *Wissen* vermittelt, sondern *Betroffenheit* bewirkt werden. Es müssen Prozesse sozialen und *emotionalen Lernens (Sieper, Petzold* 2003) in Gang gesetzt werden. Nur wenn persönliches Erleben aktiviert werden kann, werden Maßnahmen zur Vorbereitung auf das Alter nicht nur konsumiert als verordnete Programme, als eine weitere Dienstleistung unserer Wohlstandsgesellschaft. Es gilt, die Betroffenen *aktiv* in die Planung und Durchführung der Maßnahmen einzubeziehen, und es ist besonders notwendig, mit ihnen zu erarbeiten, *warum* Vorbereitung auf das Alter überhaupt notwendig wird und welche Entfremdungsmechanismen derartige Interventionen erst erforderlich machen *(Petzold* 1980b; 1981a).

4. Integrative Intervention in der Altersvorbereitung durch erlebnisaktivierende Methoden

Die erlebnisaktivierenden Methoden, die im Rahmen der Vorbereitung auf das Alter angewandt werden, entstammen zum größten Teil den psychotherapeutischen und pädagogischen Ansätzen der »Humanistischen Psychologie« *(Völker* 1980). Es sind vor allem das »Psychodrama« *Morenos* (1959), das »Therapeutische Theater« *Iljines* (1972) sowie »Gestalttherapie und Gestaltpädagogik« *(Perls* 1980; *Petzold/Brown* 1977), die sich als besonders geeignet erweisen, weil in ihnen *kognitives, affektives* und *soziales Lernen* verbunden werden können – und genau darauf kommt es in der Erwachsenenbildung und in der Arbeit mit alten Menschen an *(Petzold/ Bubolz* 1976; 1979). Von ihren anthropologischen und methodologischen Grundlagen sind diese Verfahren *»integrativ« (Petzold* 2003a; *Petzold, Sieper* 1996). Sie beziehen die ganze Wirklichkeit des Menschen, seine Leiblichkeit, seine Emotionalität und seine geistigen Strebungen sowie seine soziale Realität ein. Kennzeichnend ist weiterhin, dass sie psychotherapeutische, soziotherapeutische und agogische *Interventionen* und *Kulturarbeit (Petzold, Orth* 1990) verbinden. Weil es in Maßnahmen zur Vorbereitung auf das Alter um den *ganzen Menschen* in seinem *Kontext* geht, darum, ihm zu helfen, sich in seinem Lebensverlauf zu regulieren und zu verwirklichen, sind eindimensionale Ansätze fehl am Platz. Aus diesem Grunde haben wir die genannten Verfahren zu einem Ansatz *»integrativer Intervention«* (vgl. Abbildung S. 332) verbunden: Integrative Psychotherapie, Soziotherapie und Agogik *(Petzold* 1974; *Rahm* 1979; *Petzold/Sieper* 1977, 1996). Je stärker das affektive Erleben und die Gemeinschaftlichkeit einbezogen werden können, desto eher kann die Antizipation, der Vorgriff auf eine noch nicht eingetretene und deshalb schwer zugängliche Realität, vollzogen werden. Es geht darum, Zukunft konkret zu machen, sie aus dem Bereich der rein gedanklichen Vorwegnahme herauszunehmen und gegenwärtigem Erleben zugänglich zu machen. Dabei ist es von Vorteil, mit den angewandten Methoden die Kompetenzen zu fördern, die im Alter selbst zu einer erfolgreichen Bewältigung der Lebenssituationen notwendig sind. Hierhin gehören in erster Linie *soziale* und *kommunikative Kompetenz* und *Performanz*, Fähigkeit und Fertigkeiten, Kontakte zu knüpfen und sich in sozialen Kontexten zu bewegen; weiterhin *personale Kompetenz/Performanz*, d. h. die Fähigkeiten der Selbstwahrnehmung und Fertigkeiten der Selbstregulation, die Bereitschaft, für sich Verantwortung zu übernehmen, die Möglichkeit zu kreativem Selbstausdruck. Die genannten Verfahren lassen sich zu einem Ansatz »integrativer Intervention« *(Petzold* 2003a; *Orth, Petzold* 2004) verbinden, da sie eine ähnliche anthropologische Basis haben und da es sich um Gruppenmethoden handelt, die Selbstwahrnehmung und Expressivität fördern. So wird nicht nur im Hinblick auf *Ziele* und *Inhalte*, sondern auch durch die angewandten *Methoden* eine differenzierte und umfassende Vorbereitung auf das Alter ermöglicht. Im Folgenden sollen einige Beispiele aus der konkreten Arbeit vorgestellt werden.

4.1 Psychodramatisches Rollenspiel

Die Verfahren »dramatischer Therapie« *(Petzold* 1980d, 1982a), wie sie von *Moreno, Iljine, Perls* entwickelt und verbreitet wurden, haben in der Arbeit mit alten Menschen, in der Erwachsenenbildung und bei Maßnahmen zur Vorbereitung auf das Alter Verwendung gefunden *(Petzold/Sieper* 1973; *Petzold* 1979k). Dramatisches Spiel ermöglicht, erwartete, erhoffte, befürchtete Situationen im Hier-und-Jetzt einer Arbeitsgruppe zu inszenieren. Rollen werden verteilt *(Heuring, Petzold* 2004), Handlungen skizziert, Situationen können realisiert werden. Die Gruppenteilnehmer sehen sich in Szenen gestellt, die sie mit großer Plastizität erleben lassen, was es heißt, alt zu sein, keinen Beruf zu haben, krank zu werden, viel Freizeit zu haben, mit Enkelkindern umzugehen usw.
Mit der Übernahme von Rollen wird nicht nur die Rollenflexibilität geschult, ein Training für bestimmte Rollen geleistet, es erfolgt in einer Nachbesprechung eine kritische Reflexion typischer Altersrollen. So können Altersstereotype *(Filipp, Mayer* 1999) in ihrer normierenden, restriktiven Kraft entlarvt werden. Die internalisierten Vorstellungen der Gruppenteilnehmer über alte Menschen kommen zum Vorschein, und es kann deutlich gemacht werden, dass ein Festhalten an derartigen Klischees dazu führt, dass man im Alter zum Opfer des eigenen negativen Selbstkonzeptes wird.

Zentrale Zielsetzung derartiger Inszenierung von »Szenen aus dem Leben alter Menschen« besteht darin, den »*Feind von innen*« *(Petzold* 1965; 1979k) konkret erfahrbar zu machen. Im Alter selbst ist es nämlich unendlich schwieriger, eine Distanzierung von derartigen abträglichen und dysfunktionalen Selbstkonzepten zu erreichen. Deshalb muss ihre »Implantierung« schon in jungen Jahren durch Maßnahmen der Altersvorbereitung verhindert werden. Rollenspiele ermöglichen für Lerngruppen, »alternative Szenen« zu entwickeln, d. h. aktiv selbst nach anderen Möglichkeiten der Lebensgestaltung zu suchen als die üblicherweise vorgegebenen. Verbunden damit werden Fähigkeiten der sozialen Kooperation, der Solidarisierung, der Rollendistanz und Empathie entwickelt. Auch der Ausblick auf möglicherweise bedrückende Perspektiven im Alter wird durch die Gruppenarbeit erleichtert. Man sieht, dass die Dinge zu einem Teil durch Eigenaktivitäten mitbestimmt werden können und dass man nicht *allein* mit den erwarteten Problemen dasteht, sondern dass sich auch die anderen Gruppenteilnehmer vor ähnlichen Schwierigkeiten sehen. Dieses Gefühl des »gemeinsamen Schicksals« reduziert die Angst und die Mechanismen der Abwehr und Verdrängung. Es erhöht die Bereitschaft, sich mit diesen Fragestellungen auseinanderzusetzen.

Von besonderer Effizienz für die psychodramatische Arbeit mit Antizipationen ist die Technik der »Zukunftsprojektion« *(Yablonski 1978; Petzold* 1979k). Der Protagonist wird aufgefordert, mit der Phantasie in die Zukunft zu reisen, indem er vom gegenwärtigen Datum ausgehend Jahr um Jahr (bei größeren Zeitspannen 5-Jahresabschnitte) in die Zukunft vorausschreitet. Auf eine Intervention des Gruppenleiters beschreibt der Klient, wo er in der Zukunft mit seinen Phantasien angekommen ist. Die geschilderte Szene wird eventuell im Spiel mit der Gruppe psychodramatisch konkretisiert, und dann wird noch weiter in die Zukunft vorgestoßen. In der Regel werden drei bis fünf Stationen durchlaufen. In den jeweils geschilderten Bildern wird vielfach projektives Material erkennbar. Themenentwicklungen werden deutlich, in denen sich Wünsche, Pläne, Befürchtungen artikulieren. Diese werden im Spiel für die Gruppe und den Protagonisten deutlich und durchschaubar und in der Phase des Durcharbeitens bzw. der Integration reflektiert.

Beispiel

In einer Volkshochschulgruppe zum Thema »Vorbereitung auf die Pensionierung« (14 Teilnehmer, 8 Frauen, 6 Männer, davon einer 27 Jahre, 9 zwischen 50 und 60, 4 über 60) haben wir mit der Technik der Zukunftsprojektion folgende Episode festgehalten: Eine 52-jährige Teilnehmerin, Sachbearbeiterin in einer Bank, erklärt sich bereit, mit der Zukunftsprojektion zu experimentieren.

> *Leiter:* »Setzen Sie sich ganz entspannt hin, schließen Sie die Augen. Stellen Sie sich vor, Sie reisen in die Zukunft. Sie durchwandern die Jahre, ausgehend vom heutigen Tag. Lassen Sie Ihre Gedanken frei fließen zum Sommer dieses Jahres ..., zum Herbst ..., zum Winter ..., zum nächsten Jahresanfang ..., dann weiter in die folgenden Jahre. Fünf Jahre vom heutigen Tag. Schauen Sie einmal, wo Sie angekommen sind!«
>
> *Teilnehmerin:* »Ich sehe mich in meiner Wohnung. Morgens beim Frühstück. Ich mache mich für die Arbeit fertig.«
>
> *L:* »Hat sich etwas gegenüber heute verändert?«
>
> *T:* »Eigentlich nicht. Es sind mehr Blumen da; dann habe ich noch einen zweiten Wellensittich.«
>
> *L:* »Gehen Sie doch einmal zu Ihrem Arbeitsplatz, hat sich da etwas verändert?«
>
> *T:* »Ja, ich sitze nicht mehr im gleichen Zimmer wie früher. Da ist auch eine andere Kollegin. Die Frau Essen ist wohl schon pensioniert. Die neue ist noch ziemlich jung. Ich soll sie wohl einarbeiten.«
>
> *L:* »Sind sonst noch Kollegen weg oder neue dazugekommen?«
>
> *T:* »Nein, die meisten sind noch da, aber es gibt auch neue. Alle sind älter geworden.«
>
> *L:* »Was heißt älter geworden? Woran stellen Sie das fest?«
>
> *T:* »Na älter halt. Sie sehen älter aus. Irgendwie auch ... ja wie soll ich sagen, man wird eben nicht jünger.«
>
> *L:* »Ich möchte da einmal vorschlagen, dass wir ein kleines Spiel machen. Sie unterhalten sich mit Ihren Kollegen über die vergangenen fünf Jahre. Sie alle sind älter geworden. Die anderen hier in der Gruppe können dabei mitspielen. Sie alle kennen ja solche Situationen. Nehmen wir an, es ist Kaffeepause.«

Es kommt ein Spiel in Gang, in dem die Teilnehmer eine Belegschaft bei der Kaffeepause darstellen, die das Thema »älter werden« durchspricht. Dabei wird deutlich, dass sehr unterschiedliche Auffassungen in der Gruppe vorhanden sind. Die einen freuen sich auf die Pensionierung, den anderen graut davor. Wieder andere können sich keine rechte Vorstellung machen. Nach diesem Spiel gehen wir noch einmal ein paar Jahre weiter in die Zukunft.

L: »Wir wollen jetzt noch einmal ein paar Jahre weitergehen. Vom zuletzt vorgestellten Jahr zum nächsten, wieder zum nächsten und noch eins weiter ...«

T: »Halt, gehen Sie mal nicht weiter! Ich bin gerade an meinem letzten Arbeitstag angekommen. Ich gebe meinen Ausstand (lacht); es ist eine gute Stimmung. Es gibt Sekt und ein Fäßchen Altbier, und alle feiern. Ich bin auch ganz lustig. Es ist schon ein komisches Gefühl, dass ich morgen nicht wiederkommen brauche. Ich werde erst mal richtig ausspannen. Mal nicht früh raus müssen. Ein bisschen komisch ist mir aber doch.«

Auch diese Szene spielen wir mit der Gruppe durch. Es ergibt sich eine sehr fröhliche Abschiedsfeier. In der Nachbesprechung aber sind alle sehr nachdenklich. Viele berichten, dass sie so konkret nie daran gedacht hätten, einmal nicht mehr zur Arbeit gehen zu müssen. Es wird allen deutlich, *was es eigentlich heißt, nie mehr zur Arbeit gehen zu müssen* – oder, wie einige Teilnehmer hinzufügen, gehen zu können oder gehen zu *dürfen*. Ich fordere die Protagonistin auf, sich den ersten Tag nach ihrem Ausscheiden in der Phantasie vorzustellen. Sie zeichnet ein sehr zwiespältiges Bild: einmal Freude, dass sie ausschlafen kann, dann aber auch Beklommenheit und Unruhe.

T: »Also gegen Mittag werde ich doch etwas unruhig. Jetzt müsste im Betrieb gleich Mittagspause sein.«

Der Teilnehmerin wird deutlich, wie wenig Kontakte sie außer denen an der Arbeitsstelle hat. Sie ist alleinstehend. In der Nachbesprechung der Szene wird allen in der Gruppe klar, dass es wichtig ist, sich *schon jetzt* einen guten Freundeskreis aufzubauen, der tragfähig ist und sich nicht allein auf Arbeitskollegen beschränkt. Es wird auch gesehen, dass die Volkshochschule hier gute Möglichkeiten bietet, Kontakte anzuknüpfen. Wir schlagen noch einen abschließenden Sprung in die Zukunft vor und zählen bis zum 65. Lebensjahr der Protagonistin.

L: »Wo sind Sie jetzt in Ihrer Phantasie angelangt?«
T: »Ich wohne nicht mehr in meiner Wohnung. Ich bin in den Taunus gezogen. Da wollte ich schon immer hin. Ich habe eine kleine Woh-

nung in Oberursel, nicht so weit vom Wald. Es ist eine ruhige Gegend. Vor allem ist die Luft viel besser als in Düsseldorf. In dem Haus wohnen noch mehrere alte Leute. Ich gehe viel spazieren. Nachmittags sitze ich dann im Cafe.«
L: »Fühlen Sie sich einsam?«
T: »Eigentlich nicht. Ich habe einige Bekannte und weiß mich zu beschäftigen. Das habe ich schon immer gekonnt. Ich habe auch Freundinnen, mit denen ich lange Spaziergänge machen kann. Ich bin froh, dass ich da sein kann.«

In der Nachbesprechung der gesamten »Zukunftsprojektion« beginnen die Teilnehmer, sich Gedanken zu machen, was man nach der Pensionierung alles tun könnte. Es werden Pläne gemacht, Projekte entworfen, und oft genug wird festgestellt, dass sie nur schwer zu realisieren sein werden. Insgesamt sind die Teilnehmer der Gruppe optimistisch. Sie sind froh, diesen Kursus mitgemacht zu haben, weil ihnen die Fragestellungen durch das psychodramatische Spiel erst richtig deutlich geworden sind.

Die Technik der psychodramatischen Zukunftsprojektion habe ich verschiedentlich auch in betrieblichen Seminaren zur Vorbereitung auf das Alter mit Angestellten und Arbeitern eingesetzt. Dabei war bei allen Gruppen zu sehen, wie selbst »einfache Arbeiter« auf das Medium des Rollenspiels positiv ansprachen. Die Plastizität und Konkretheit der Handlung ermöglichte interessierte und engagierte Diskussionen selbst bei Leuten, die bei rein verbalem Einstieg große Hemmungen zeigten, die sich erst mit dem Spiel lösten. Ich fand, dass bei diesen Zielgruppen durch das Spiel eine erstaunliche Sensibilisierung für die Fragestellungen der Pensionierung möglich wurde. Im Vergleich zu anderen Vorbereitungskursen, die ich mit Kurzvorträgen, Diskussionsgruppen und Tonbildserien durchgeführt hatte, war eine größere Lebendigkeit und starke Beteilung am Thema festzustellen, und die Kommunikation zwischen den Teilnehmern der Vorbereitungsgruppen gestaltete sich intensiver und lebhafter.

Die Verfahren dramatischer Therapie, wie sie kurz in ihrer spezifischen Anwendung in der Altersvorbereitung beschrieben wurden, eignen sich hervorragend für die Gruppen- und Projektarbeit mit älteren und alten Menschen *(Petzold* 1979a, c, k; 1980a; 1981e; 1982a) und sollten hier verstärkt Verwendung finden.

4.2 Gestaltmethoden

Auch die Gestalttherapie *(Perls* 1980) kann zu den Verfahren »dramatischer Therapie« gerechnet werden. In ihrem integrativen Ansatz werden vielfach Rollenspiele eingesetzt, Phantasietechniken, Kreativmethoden, wie z. B. Collagen, Bewegung, gestaltetes Wort *(Bubolz* 1979a). Ihre pädagogischen und soziotherapeutischen Varianten *(Cohn* 1975; *Rahm* 1979) haben verschiedentlich in der Arbeit mit älteren Menschen Verwendung gefunden *(Petzold* 1977a; *Weibel* 1979). In ihrem Vorgehen wird kognitives, emotionales und soziales Lernen integriert unter starker Einbeziehung der Leiblichkeit. Es wird deshalb auch von »*confluent education*« oder »*integrativer Agogik*« gesprochen *(Brown/Petzold* 1978; *Petzold/Brown* 1977). Aus den vielfältigen Möglichkeiten sollen im folgenden zwei Ansätze aufgegriffen werden, die in ganz besonderer Weise unser Konzept illustrieren, dass Vorbereitung auf das Alter bedeutet: »sich im Lebensganzen verstehen lernen«.

4.2.1 Symbolisierung des Lebensganzen

Im integrativen Ansatz verstehen wir unter »Symbolisierung« die Verdichtung von Lebens bzw. Alltagsrealität in Bildern, Handlungen, Szenen in einer Weise, dass das ganzheitliche Erfassen komplexer Zusammenhänge möglich wird. Wir verwenden hierzu Symbolspiele, kreative Medien, wie z. B. Ton, Tanz, Zeichnen, kreatives Schreiben usw. *(Petzold* 1965, 1977b; *Petzold, Orth* 1985, 1990). Diese Medien haben den Vorteil, die gestalterischen Kräfte des Menschen anzusprechen und für die Prozesse der *Bewältigung* – und diesen kommt in der Altersvorbereitung besondere Bedeutung zu – einzusetzen. Die aktive Gestaltung eines Problems im Medium bereitet den Transfer auf reale Lebenssituationen vor. Das im Folgenden mitgeteilte, vom Autor entwickelte Symbolspiel »Wachstum eines Samenkorns« entstammt der integrativen Bewegungstherapie *(Petzold* 1988n), wie sie neben anderen Verfahren humanistischer Psychologie in Gesundheits- und Präventionsprogrammen von Einrichtungen der Erwachsenenbildung eingesetzt wird *(Herzberg* 1981; *Ullmann* 1981).
Die Teilnehmer der Bewegungsgruppen werden aufgefordert, sich

einen Platz im Raum zu suchen und sich dort bequem in die Embryonalstellung einzurollen.

Instruktion

»Wir stellen uns vor, Samenkörner zu sein. Jeder wählt sich eine Pflanze aus, eine Blume, einen Baum, einen Strauch, der ihm zusagt und den er verkörpern möchte. Wir geben uns ganz in die Vorstellung hinein, ein glattes, pralles Samenkorn zu sein, umschlossen von feuchter, schützender Erde. Wir spüren, wie die Feuchtigkeit in uns eindringt, wie der Same quillt, der Keim langsam die Schale sprengt ... die ersten Wurzelfasern strecken sich aus in das Erdreich ... der Keim schiebt sich voran, dem Licht entgegen ... durchbricht das Erdreich ... entfaltet sich zögernd ... erste Blättchen ... wir nehmen wahr, welcher Monat des Jahres, welche Witterung die kleine Pflanze empfängt. Und jetzt folgt jeder dem Rhythmus seines Wachsens ... spürt, wie Stengel, Schaft, Stamm sich ausbilden, erstarken, wie die Säfte und Kräfte aus dem Boden in die Höhe treiben ... die Pflanze wächst, nimmt zu. Sonne und Regen, Hitze und Kälte, Wind, Tautropfen berühren sie, während sie größer wird, an Fülle gewinnt. Insekten, Schmetterlinge, Bienen, Vögel kommen zu Besuch ... Knospen brechen auf, Blüten.«

So gehen wir durch das Jahr, durch den Mai, durch den Frühsommer, durch die Hitze und Gewitter des Hochsommers hin zum Spätsommer, zur Zeit der Reife, der Früchtefülle, der Ernte; weiter in den beginnenden Herbst, den Altweibersommer, zu den ersten kühleren Nächten. Die Säfte fließen träger. Erste, zage Impulse, sich in die Erde zurückzuziehen, kommen auf. Blätter werden bunt, fallen. Äste werden leergefegt, die Kräfte der Pflanzen sinken in den Boden zurück. Novembernebel, erster Rauhreif, und dann deckt weißer Schnee die Erde. Ruhe ist eingekehrt.

Die Teilnehmer haben während des Symbolspieles in Gestik und Bewegung die Entwicklung ihrer Pflanzen nachgezeichnet. Zum Teil unter großer affektiver Beteiligung haben sie im Nachvollzug des jahreszeitlichen Verlaufes, im Wachsen und im herbstlichen Rückzug symbolhaft Werden und Vergehen, *das Leben als Ganzes in seinem Verlauf* erfahren. Zur *Aufarbeitung* dieser Erfahrung wird folgende Instruktion gegeben:

»Versuchen Sie nun, Ihre Erfahrung niederzuschreiben, das, was Sie erlebt haben, in Worte zu fassen, in ein Stück gestaltete Sprache, vielleicht ein Gedicht oder eine Geschichte.«

Wenn jeder seine Geschichte oder sein Gedicht geschrieben hat, wird eine weitere Instruktion gegeben: »Versuchen Sie nun, mit Ihren Wachsmalkreiden auf diesen großen Papierbögen Ihren Text zu illustrieren, Ihre Pflanze zu zeichnen, das darzustellen, was Sie besonders berührt.«
Die literarische und bildnerische Gestaltung kanalisiert die evozierten Gefühle, führt zu einer Gestaltung der Thematik. Die ganze Übung erfordert zweieinhalb Stunden Zeit. Auf die Bewegungsimprovisation mit den beigesprochenen Anregungen – langsames Timing ist unbedingt erforderlich – entfallen 45–60 Minuten, auf das Schreiben und Malen nochmals zwischen 60 und 90 Minuten. Am Schluss der Arbeit schauen sich die Gruppenteilnehmer ihre Bilder an. In weiteren Arbeitseinheiten werden dann die »Kreationen« in der Gruppe durchgesprochen. Jeder Teilnehmer liest seinen Text vor und erläutert sein Bild. Dabei stellt sich oft heraus, dass die Wahl der Pflanzen, die verschiedenen Szenen im Leben der Pflanze, die imaginiert wurden, mit der eigenen Biographie zu tun haben. In therapeutisch ausgerichteten Gruppen wird das reichhaltige projektive Material, das in den Texten, Bildern und auch in der Bewegungsgestaltung deutlich geworden ist, ausgewertet. In der agogischen Arbeit werden derartige Perspektiven nur angedeutet.
Das gemeinsame Durchsprechen der Gruppe schafft eine dichte Kohäsion und fördert das Engagement am Lebensschicksal des anderen. Es werden damit wichtige Fähigkeiten mobilisiert, die für eine erfolgreiche Bewältigung des Alters notwendig sind. Das Symbolspiel vermittelt ein Gefühl für die »*gesamte Lebensspanne*«. Es setzt Reflexionsprozesse in Gang, die den Teilnehmern ermöglichen, sich mit antizipierbaren Situationen im Alter auseinanderzusetzen, und das nicht nur in einer Art gedanklicher Vorwegnahme, sondern in sehr konkreten Erlebnissen. Die Antizipation des Todes wird durch die Interpretation des Verwelkens als »Rückzug der Kräfte« in den »Schoß der Mutter Erde« so gestaltet, dass sie nicht Angst und Entsetzen auslöst, sondern ertragen werden kann. In den aufarbeitenden Gesprächsphasen können in der Regel Fragen nach dem Lebenssinn, nach Werten, nach Zielen im gemeinsamen Gruppengespräch angegangen werden.
Zur Illustration der beschriebenen Arbeit seien nachstehend Texte von Teilnehmern mitgeteilt.

Kreislauf
Ich bin ein Samenkorn, winzig klein, außen braun und grün. Und die Erde braun. Und da ist Leben in mir, um mich, in allem herum: Immer wieder Kreislauf und Austausch.
Du fragst nach dem Sinn? Korn, woher kommt dieser Wunsch, diese Sehnsucht? Tu nichts! Wachse! Und lass es geschehn.
Und doch! Du willst selbst etwas tun. Und du planst dir den Kreislauf! Glaubst, du gestaltest es dir! Und es kommen Momente, da bist du der König! Du ganz allein in dem riesigen Feld. Und du bist ganz anders, als alle die andern: du bist du. Und einzig allein.
Ich? Ja, wer bin ich und wer ist das Du? Ich denke das »Du«. Ich hoffe, es ist. Ich bin eine Ähre, reif und gelb. Ich fühle die Sonne, das Licht und die Farben, die Tiere und alles, was lebt. Und ich weiß, es ist gut so. Es ist so.
Und das ist wohl *Sinn*.
Und ich werde zum Korn: neu und doch auch vertraut!
Und ich lebe das Spiel noch einmal. Frieden, Stille. Ohne Ziel, ohne Ende. Und du fragst: Ist das Pflicht und Bestimmung und Muss? Und das Korn lächelt still vor sich hin.
(Helga, 54 J., Seminar Hamburg, November 1979)

Aufbruch und Rückkehr
Samenkorn ruht voller Kraft. Schale spannt sich im Erwachen, Leben schwillt und atmet. Wurzeln fingern in den Grund, Keim treibt hindurch.
Wachsen ohne Rückkehr. Blau drängt es voran ins Ungeschützte. Saft steigt, wird verhalten. Knospe weigert die Öffnung.
Sonne, mild, wirbt um die ganze Bläue. Ruhsamer Entschluss der Entfaltung bringt wunderlichen Tanz in den Raum.
Hier bin ich!
Biene kommt, Tiefe des Kelches erzittert, lässt Hingabe zu.
Blau wird müde in flirrender Luft, aber Mitte regt sich. Frucht – Knospe wölbt
und schiebt, sammelt die Kraft schmerzhafter Fülle – Blüte des kommenden Jahres -
Pracht darf vergehen, Saft siecht zur Erde hin, sanfter Wind streichelt langsames Fallen.
Ruhe der Erde ist Wohltat, Schale ist schützende Haut. Rückkehr. Regungslos ruht Samenkorn voller Kraft.
(Bettina, 38 J., Seminar Lienz, Juli 1980)

Zu Gedicht und Zeichnung improvisierte die Teilnehmerin eine Melodie, die von der ganzen Gruppe gesungen wurde.

Abb. Golddistelzeichnung zum Symbolspiel »Ein Pflanzenleben«

4.2.2 Panoramatechnik

Die Panoramatechnik *(Petzold* 1965; 1970; *Petzold, Orth* 1993; *Eilenberger* 1979; *Matthies* 1981; *Heinl* et al., 1983) geht neben anderem auf eine Erfahrung zurück, die der Autor 1967 in Paris machen konnte, als er mit einer Gruppe von Journalisten und Kunstexperten mit *Pablo Picasso* am Abend vor der Eröffnung seiner großen Ausstellung durch die Räume des Grand Palais gehen konnte. Von ersten Kinderzeichnungen bis zu späten Bildern und Keramiken war das ganze Lebenswerk des Meisters repräsentiert in all seinen verschiedenen Perioden und Phasen. Der Künstler wurde mit seinem gesamten Leben konfrontiert, und die überwältigende Erfahrung dieses Ganges durch die eigene Lebensgeschichte, diese Überschau über das Lebenspanorama, zeichnete sich deutlich in seinem Gesicht und seiner Haltung ab. Im psychotherapeutischen Kontext habe ich dann Patienten ihren Lebensverlauf von Geburt bzw. Empfängnis bis zum gegenwärtigen Zeitpunkt und darüber hinaus bis in die Zukunft und an ihr Lebensende bildnerisch gestalten lassen. Es können dazu auch Collagetechniken verwandt werden oder, wenn man den bildnerischen Weg nicht wählen will, das Aufschreiben der Lebensgeschichte als »narratives Lebenspanorama« *(Petzold/Orth* 1985).

In diese Verfahren sind Jetzt-Erleben, Retrospektion und Antizipation einbezogen. Das Leben wird als Ganzes in der Überschau erfahrbar mit seinen vielfältigen Aspekten, Verwicklungen, Erlebnissen von Glück und Leid, von Erfolg und Misserfolg, von Verfehltem und Gelungenem. Dabei bleibt die Form offen. Die Teilnehmer können figürlich arbeiten, Beschriftungen verwenden oder sich nur in Form und Farbe ausdrücken.

Wie im Psychodrama oder im Symbolspiel verläuft die Arbeit mit der Panoramatechnik in vier Phasen, dem »Tetradischen System« der integrativen Therapie folgend *(Petzold* 1974; 2003a. In einer *Initialphase* (I.) wird Vorbereitung und Einstimmung geleistet; dann wird in der *Aktions-* oder *Produktionsphase* (II.) das Thema kreativ gestaltet. In der *Integrationsphase* (III.) werden die Bilder in der Gruppe durchgesprochen. Schließlich wird in einer *Phase der Neuorientierung* (IV.) konkret überlegt, geplant und eventuell in psychodramatischen Rollenspielen eingeübt, wie man die Wirklichkeit anders und neu gestalten kann. Dieser vierstufige Aufbau entspricht dem Verlauf kreativer Prozesse *(Seifge-Krenke* 1974).

Initial- bzw. Einstimmungsphase

Instruktion
»Bitte setzen Sie sich ganz entspannt hin und machen Sie sich deutlich, welchen Tag wir heute haben, welche Stunde, welchen Monat, welche Jahreszeit. Beginnen Sie, von *jetzt-und-hier* ausgehend, die Jahre zurückzuzählen, durch jedes Jahr zu gehen, bis Sie an Ihrem Geburtstag angekommen sind. Sagen Sie dann Geburtsdatum und Lebensalter laut in den Raum, z. B. 21.4.1944, 60 Jahre.«
Die Teilnehmer beginnen, sich in die Jahre zu versenken. Nach einiger Zeit kommen die ersten Daten und Jahresangaben. Die Einstimmung nimmt je nach Gruppengröße eine Viertelstunde in Anspruch. Wenn alle ihre Daten in den Raum gesagt haben, wird wie folgt interveniert:
»Zählen Sie jetzt 7, 8 oder 9 Monate zurück. Gehen Sie durch die Schwangerschaftsmonate und werden Sie sich bewusst: Das ist mein Anfang!« ... (Nach einer Weile):»Nehmen Sie sich jetzt eine Farbe aus Ihrem Farbkasten, eine, die Ihnen besonders zusagt, und beginnen Sie von Ihrem Anfangspunkt Ihr Lebenspanorama zu gestalten: die Überschau über Ihr Leben von seinem Anfang durch die Gegenwart in die Zukunft, die kommenden Jahre, soweit Sie möchten, vielleicht bis zu Ihrem letzten Lebenstag. Versuchen Sie alle Möglichkeiten zu nutzen, die Ihnen das Medium Malen, die große Fläche des Blattes mit Formen, Farben, Darstellungen gibt. Folgen Sie einfach Ihren Impulsen und Regungen.«

Aktions- bzw. Produktionsphase

Die Gruppenteilnehmer beginnen,»aus dem Erleben«,»aus dem Gefühl« zu gestalten. Die Lebensereignisse fließen wie freie Assoziationen vorüber. Es kommt vielfach projektives Material mit in die Arbeit hinein.»Blanke Jahre«, an die man keine Erinnerung mehr hatte, werden in der Gestaltung gefüllt. Die »*Archive*« öffnen sich (vgl. *Petzold* 2003a). Szenen und Szenengeschichte tauchen auf (ibid.). Die emotionale Berührtheit im Gestaltungsprozess schlägt sich in Formen, Strichführung, Farbgebung nieder. Einbrüche in der Linienführung, Kreuze, schwarze und rote Farbflächen kennzeichnen häufig negative Ereignisse, traumatische Erfahrungen, die düsteren Seiten der Lebenslinie. Leuchtende Farben, geschlossene Rundformen, weisen in der Regel auf die guten Seiten des Lebens. Teilweise werden die Bilder sehr konkret gezeichnet. Personen, Häuser, Landschaften, Ereignisse, Szenenfolgen werden, z.T. mit Beschriftung versehen, dargestellt. Andere Panoramen verwenden im Wesentlichen Form und Farbe als Ausdrucksmittel. Die einzelnen Lebensereignisse und Lebensperioden artikulieren sich in der Dynamik von Farbe und Form, in Spiralen, in Kreisen, Farbflüssen. Oft finden sich auch »Symbolbilder«. Es wird das Bild des Lebensbaumes gemalt oder das eines Stromes, der sich in die Unendlichkeit öffnet, oder eine Meeresbucht, die sich in die Weite dehnt und auf der das Lebensschiff in die untergehende Sonne fährt. Vielfach ergeben sich auch Mischformen. Die Fortführung des Lebenspanoramas über den gegenwärtigen Zeitpunkt hinaus in die Zukunft eröffnet einen vielfach unbekannten Horizont. Unbewusste Ängste, Sehnsüchte, Wünsche werden im Gestaltungsprozess zum Ausdruck gebracht, und der Malende steht am Schluss erstaunt und beeindruckt vor seinem Lebensentwurf, der ihm »vorher noch nie so klar war«. Es wird auch deutlich, wie die Szenen aus den »Archiven« der eigenen Biographie die Entwürfe in die Zukunft hin beeinflussen und determinieren, wie sehr vorgängige Erfahrungen von Freude, von Leid die Zukunftserwartungen bestimmen. Die Teilnehmer werden sich bewusst, wie stark sie der *determinierenden Kraft alter Szenen* ausgeliefert sind, ihrem Zwang zur Wiederholung und Fortschreibung, und dass es notwendig ist, aus einer klaren Sicht der Vergangenheit Freiheit für die Zukunft zu gewinnen.

Integrationsphase

Nach Abschluss der Produktionsphase treten wir in die Integrationsphase ein. Die Teilnehmer gehen im Raum hin und her und betrachten die einzelnen Bilder. Dann finden sie sich in kleinen Gruppen zusammen und sprechen über ihr jeweiliges »Lebenspanorama«. In therapeutisch orientierten Gruppen können die Panoramen auch mit gestalttherapeutischen Methoden – es wird ähnlich vorgegangen wie in der Gestalt-Traumarbeit – aufgearbeitet werden *(Eilenberger 1979; Petzold 1977c)*. Das Durchsprechen in der Gruppe schafft bei den Teilnehmern ein intensives Gefühl der Verbundenheit und Solidarität, teilen sie doch einander ihr Lebensschicksal mit. Die mitmenschliche Begegnung in der Integrationsphase trägt dazu bei, die Konfrontation mit dem »Lebensganzen« positiv bereichernd zu erleben. Man kann sich im Gespräch mit dem andern in den einzelnen Szenen erkennen, die Verbindungslinien von Vergangenheit über die Gegenwart in die Zukunft erfassen und sich auf diese Weise »*im Lebensganzen besser verstehen lernen*«.

Neuorientierungsphase

Aus dieser Arbeit ergibt sich in der Regel die Neuorientierungs- oder Transferphase: Gemeinsam wird überlegt, wie man die Zukunft aktiv gestalten und sich auf das Alter adäquat vorbereiten kann. In den Darstellungen vieler Lebenspanoramen ist überdies klargeworden, wie stark die Umwelt den Verlauf des Lebens beeinflusst und wie wichtig es ist, sich mit derartigen Umwelteinflüssen auseinanderzusetzen. Als Konsequenz haben die Teilnehmer verschiedener Kurse Ausstellungen mit den Lebenspanoramen und Texten und Fotos von den Symbolspielen in den Räumen der Volkshochschule oder in der Betriebskantine gemacht, um das Thema »Vorbereitung auf das Alter« an weitere Kreise heranzutragen. In Diskussionsgruppen versuchten sie, ihre Erfahrungen weiterzugeben.

Es dürfte deutlich geworden sein, dass die Methode des Lebenspanoramas ein komplexes Instrument der Selbsterfahrung darstellt, das in die Hände eines in Verfahren psychologischer Gruppenarbeit ausgebildeten Leiters gehört. Sie kann selbstverständlich auch im Rahmen psychodynamischer Therapien Verwendung finden.

Unter sachkundiger Anleitung kann sie auch in zeitlich limitierten Kursangeboten eingesetzt werden. Am Internationalen Seminar 1980 zu Fragen der Vorbereitung auf das Alter in Zürich (ISVA 1980) wurde in 3 Arbeitsgruppen mit der Panoramatechnik gearbeitet, und zwar einmal mit dem Lebenspanorama und zum andern mit zwei themenspezifischen Panoramen:
1. »Das Panorama meiner Erfahrung mit Altern und alten Men-

schen«, 2. »Das Panorama meiner Erfahrung mit Tod und Sterben« (vgl. die Schlussberichte von *Vath, Voss, Haller* im Seminar-Ordner ISVA 1980).

Die Themenpanoramen bieten die Möglichkeit, die Archive spezifischer Erfahrungsbereiche zu öffnen, Szenen zu ganz bestimmten Themen zu rekonstruieren oder entsprechende Antizipationen zu konkretisieren.

Das Thema »Die Geschichte meiner Erfahrung mit Tod und Sterben« wird, von den ersten Erinnerungen ausgehend, in die Zukunft verfolgt: Der Tod eines Haustieres, eines Nachbarn, ein Verkehrsunfall, den man gesehen hat, der Tod der Großeltern, Katastrophenberichte. Über die Gegenwart hinaus wird der Blick auf Todesfälle gelenkt, die in absehbarer Zukunft zu erwarten sind, z. B. der Tod der Eltern und, noch weiter vorstoßend, der Tod des Partners und die Gestaltung der eigenen Todesszene. Es werden dabei Phantasien über die Art, wie man zu sterben wünscht oder zu sterben befürchtet, konkret, ob »im Schoße der Familie« oder von Technik umgeben auf einer Intensivstation, friedlich oder qualvoll, ob »natürlich« oder als Opfer einer Krankheit oder eines Unfalles *(Petzold* 1999l, 2003j). Diese Erfahrungen sind sehr intensiv und konfrontierend. Sie lösen bei allen Beteiligten Betroffenheit aus und führen zu dem Entschluss, das Leben aktiver und bewusster zu gestalten.

In ähnlicher Weise können die verschiedensten Bereiche des Lebens durch Panoramatechniken erschlossen werden: Das Panorama meiner Erfahrung mit Partnerschaft, mit Sexualität, mit Abschied, mit Leistung usw. Immer wird im Unterschied zur Betrachtung eines biographischen Einzelereignisses die *Ganzheit* des Themas dem Betrachter vor die Augen gestellt. Die Gesamtheit der Erfahrungen und ihre Wirkung können überschaut werden, und ihr Fortwirken für die Zukunft wird plastisch. Die therapeutische Aufarbeitung und die thematische und formale Auswertung derartiger Panoramen kann an dieser Stelle nicht beschrieben werden (vgl. *Eilenberger* 1979; *Matthies* 1981; *Heinl* et al., 1983). Einige Aspekte finden sich bei *Reinhard Voss,* der die von mir geleitete Arbeitsgruppe am ISVA 1980 als Berichterstatter dokumentierte und in der Auswertung folgende vier Schwerpunkte hervorhob:

1) Der erste kindliche Eindruck kann als *»Urerfahrung«* viel mit dem Lebensentwurf und der Alterstätigkeit zu tun haben.

2) Die »*life-span*« der Einzelnen wurde in verschiedenen Ur- oder Prägebildern – je nach Lebensalter, Erfahrungen und Temperament – dargestellt: (Alter des Zeichners)
   a) Lebensbogen (28)
   b) Lebensspirale (25)
   c) Ganzheitliches Bild (50)
   d) Startbasis mit offenem Ausgang (Flugzeug) (22)
   e) Lebenskreise
      – aufeinanderfolgend (30 und 40)
      – parallel erlebbar (35)
      – sich aneinanderschichtend (45)
   f) Lebenschaos/Offen-sein (26)
   g) Mischung von Kreisen, Kästen, Spiralen und Offenheit (57 und 58).
3) Erfahrungen des eigenen Alterns wurden weniger im Hinblick auf die vielen natürlichen Lebenserfahrungen (Krankheit, Todesgefahr, Elternschaft usw.) als vielmehr im Hinblick auf das eigene Alter besprochen. Dabei wurden drei Aspekte deutlich:
   a) Der *Zeitpunkt der Konfrontation mit dem eigenen Alter* lag bei den Teilnehmern etwa zwischen 30 und 50 Jahren.
   b) Man nähert sich Alter und Tod durch *viele einzelne Todeserfahrungen* an sich selbst.
   c) Die Bewältigung des Alters bzw. des Älterwerdens war sehr unterschiedlich und oft ambivalent.
   Vorherrschende Gefühle waren:
      – Angst vor Krankheit, pflegebedürftigkeit, Allein-sein, Verlust geistiger Regsamkeit usw.
      – Freude und Unternehmungsgeist
      – Gelassenheit und abwartende Haltung
      – Glaube und Hoffnung
      – Erst schemenhaft erkennbare Zukunft.
4) Die *Erfahrungen mit Alten*, die in den einzelnen Panorama-Bildern festgehalten wurden, lassen sich grob in vier Bereiche einteilen:
   a) Besonders positive oder negative Früherlebnisse mit den Großeltern oder mit alten Personen der Umgebung.
   b) Erlebte Todesfälle.
   c) Erfahrung der Alten als Gesellschaftsgruppe.

d) Einige Teilnehmer konnten sich außer wenigen Einzelbeispielen nicht an herausragende Erlebnisse mit älteren Menschen erinnern.

Die Gespräche in den Arbeitsgruppen waren sehr persönlich, teilweise betroffen und äußerst engagiert (vgl. *Voss* 1980).

5. Schlussbemerkung

Die hier gegebene Übersicht über erlebnisaktivierende Verfahren in der Vorbereitung auf das Alter bietet nur einen kleinen Ausschnitt über die Möglichkeiten des integrativen Ansatzes mit der gestalttherapeutischen Arbeit, dem Einsatz von kreativen Medien oder der szenischen Konkretisierung durch die Verfahren dramatischer Therapie (vgl. *Petzold* 1979; *Bubolz* 1979a; *Bubolz* 1979b; *Petzold* 1981d, *Petzold, Orth* 1990).
Ich bin der Auffassung, dass diese Ansätze zu der eingangs umrissenen Aufgabenstellung für die »Vorbereitung auf das Alter« entscheidende Beiträge leisten können: Sie vermögen Menschen dabei zu helfen, *sich selbst im Lebensganzen besser verstehen zu lernen* und für Altern und Sterben Kraft, Integrität und Würde zu gewinnen *(Petzold* 1999l, 2003l; *Spiegel-Rösing, Petzold* 1984, *Petzold, Spiegel-Rösing* 1985).

---

[1] Aus: *Pro Senectute, H. D. Schneider,* Vorbereitung auf das Alter im Lebenslauf, F. Schöningh, Paderborn 1981.

Biographiearbeit mit alten Menschen – Erarbeiten und Teilen biographischer Erfahrung
Hilarion G. Petzold[1], *Lotti Müller*[2]

Im Bereich der Altenarbeit hat sich in den letzten (beiden) Jahrzehnten der Ansatz der »Biographiearbeit« weit verbreitet. Pflegekräfte, Ergo- und AktivierungstherapeutInnen, SozialarbeiterInnen, PsychologInnen, PsychotherapeutInnen haben begonnen, in Wohn- oder Therapieeinrichtungen genauso wie in soziokulturellen oder erwachsenenbildnerischen Zusammenhängen mit alten Menschen biographieorientiert zu arbeiten. Angeregt wurden sie u. a. durch Projekte, wie etwa die Biographiewerkstätten (*Petzold, Ch.* 1972 a,b), »Exchange-Learning-Projekte« als generationsübergreifende Intiativen zwischen Alt und Jung (*Petzold, Laschinsky, Rinast* dieses Buch S. 194 ff.) und »Interventionsausstellungen« (*Petzold* 1971k), die wir in der deutschen Erwachsenenbildung der frühen siebziger Jahre, in Österreich der achtziger Jahre (*Petzold, Stöckler* 1988; *Wolff* 1992) unter Bürgerbeteiligung realisierten, Ausstellungsprojekte, welche in das Gemeinwesen »intervenieren« und Aktivitäten für alte Menschen (Behinderte, Abhängigkeitskranke etc.) anstoßen sollten: Interventionsgerontologie in der Praxis (*Lehr* 1979; *Petzold* 1979b, k). Impulse kamen auch vom Londoner »Age Exchange« Zentrum (*Schweitzer, Trilling* 1994; *Osborn* et al. 1997), von dem aus seit den achtziger Jahren diverse, auch generationenübergreifende Aktionen der Erinnerungspflege durchgeführt werden und das sich wiederum auf das theoretische Konzept der »life review« von *Robert N. Butler* (1963) bezieht, eine Arbeit, die von uns 1980 in deutscher Übersetzung publiziert wurde. Der Sache nach und methodisch elaborierter wurde die Lebensüberschau seit den vierziger Jahren schon von *Vladimir N. Iljine* in Frankreich praktiziert (*Petzold, Lückel* 1985; dieses Buch Bd. 2) z. T. unter Einsatz von Imaginationsmethoden oder von dramatisierten Spielsequenzen mit der Methode des »Therapeutischen Theaters« als *Erinnerungstheater* (*Petzold* 1973, 1979b, j). Diese Ansätze wurden in der »Integrativen Therapie und Agogik«, wie sie vom Seniorautor begründet wurde (*Petzold* 2003a, 1985a/2004), in der Arbeit mit alten Menschen, aber auch mit Kindern praktiziert und im Anschluss an *Ricœur* (1975; 1983, 1990, *Petzold* 2004d), dem zentralen Theoretiker der Erzählung, auf einen soliden erzähltheoretischen Boden gestellt und in der Patientenarbeit umgesetzt (*Petzold, Josić* 2004). Die »Integrative Therapie« ist damit auch die Basis für die nachstehenden Ausführungen.

Wenn eine Methode sich schnell und weit verbreitet, kann man einerseits davon ausgehen, dass ihr offenbar eine alltagspsychologische Stringenz innewohnt und sie vielleicht eine Lücke füllt im – gar nicht so schlechten aber vergleichsweise doch spärlichen – Spektrum gerontospezifischer Therapie- und Agogik-Methoden. Andererseits muss man sich auch die Frage stellen, ob es sich vielleicht um einen »Modeartikel« handelt, ob hier nach einer ›neuen‹ Methode gegriffen wird, ohne dass man sich fragt, worauf es dabei eigentlich ankommt oder was die motivierenden Hintergründe sind. Der Begriff »Biographiearbeit« wird also für sehr verschiedene Inhalte verwendet. Weil es aber gerade in der therapeutischen Arbeit von immenser Wichtigkeit ist, »zu wissen, was man tut«, sei mit diesem Beitrag der Versuch gemacht, einige soziologische, entwicklungspsychologische und insbesondere identitätstheoretische Überlegungen darzustellen, die dazu geeignet scheinen, *Biographiearbeit* bzw. »Arbeit mit Biographie«, »Erarbeitung von Biographie« in ihrem Nutzen und ihren Grenzen zu verstehen und ihren Einsatz differenziert zu begründen, damit sie wiederum differenziert und differentiell eingesetzt werden können.

Betrachtet man den Menschen aus einer evolutionären Perspektive, so ist sein Wesen als »Erzählender« (*Schapp* 1953; *Petzold* 2003e) von frühester Zeit an gegeben (*Kemper* et al. 1990). Auf der Grundlage des sich entwickelnden Bewusstseins von sich selbst und anderen hat sich in Ansätzen wohl schon rudimentär beim »homo heidelbergensis«, sicher dann bei den Sapiens Populationen um 40 000 v. Chr. auch sein Sprech- und Sprachvermögen ausgebildet, das die Weitergabe komplexer kollektiver Wissensstände und Fertigkeiten und damit die Entwicklung von Kultur ermöglichte. Aus paläoanthropologischen Funden wie z. B. den Bilderzählungen in Chauvet, Lascaux u. a. (*Roussot* 1997; *Nougier* 1982; *Benz-Zauner* 1995; *Brosinski* 1995) kann man schließen, dass diese Frühmenschen einander ihre Erlebnisse auf dem Lebensweg *(Petzold, Orth* 2004), ihr erlebtes Leben mitteilten. Sicher standen damals bei diesen Erzählungen existentiellere Motivationen im Vordergrund: so musste man vielleicht die andern auf Gefahren aufmerksam machen, denen man auf der Jagd begegnet war, oder man gab Kunde von Ressourcen, auf die später zurückgegriffen werden konnte. Doch sicher gaben auch zu dieser Zeit gelungene Jagdzüge, erfreuliche Sammelerfolge, überstandene Gefahren – Ereignisse also, die nicht zwingend mitgeteilt und besprochen sein mussten – Anlass, den andern Gruppenmitgliedern die erlebten Szenen und Emotionen mitzuteilen, denn diese Gruppen von Frühmenschen waren in hohem Maße aufeinander angewiesen. Als relativ kleine, verletzliche und nicht besonders kräftige Spezies ohne herausragende physische Fähigkeiten oder »natürliche Waffen« – außer einem überdurchschnittlich entwickelten Gehirn – war diese nur dadurch überlebensfähig, dass in der Gemeinschaft geteilt, ausgetauscht, sich gegenseitig geholfen, gemeinsam gearbeitet und gekämpft und *erzählt* wurde. All dies gelang mit Hilfe sinnengeleiteter, lautlicher, gestischer, sprachlicher Mitteilung *(Segerstråle, Molnàr* 1997) – einer Mischung aus Nonverbalität und Verbalität – schneller, effizienter und situationsunabhängiger.

In dieser Phase einer sich entwickelnden »narrativen Kultur« bildeten sich bei den Menschen Formen »gemeinsamer/kollektiver Identität« und auch »individueller/persönlicher Identität« *(Petzold* 2001p). Indem man sich selbst, den andern in dem Erzählten wiedererkannte und sich gegenseitig spiegelte und bestätigte, ermöglichte die Entwicklung von Selbst- und Fremdbildern, an die sich der frühe Mensch dank seiner sich ausdifferenzierenden Gedächtnisleistungen erinnern konnte *(Klix* 1997) und die sich auch prospektiv in seinen Handlungen niederschlugen. So grenzte man sich auch als Sippe gegen andere Gruppen der gleichen Spezies ab.

Obwohl keinesfalls gleichzusetzen, kann man die phylogenetische mit der ontogenetischen Entwicklung vergleichend betrachten. Ein leicht zu beobachtender Schritt in der Bewusstseinsentwicklung des Kindes ist die Phase, in der es lernt, sich selbst im Spiegel zu erkennen – das geschieht mit ca. 18 Monaten *(Vyt* 1993; *Petzold* 1992a/2003a, 600) –, was u. a. die Grundlage für ein selbstreferenzielles und selbstreflexives Bewusstsein darstellt. Dieser Schritt wäre allerdings nicht denkbar, würden nicht die »caregiver«, d. h. die nächsten Betreuungspersonen, das Kind in seiner Identität bestätigen: »Schau, das bist du, Linda.« Mit solchen *Identifizierungen*, Zuschreibungen aus dem Umfeld - und die beginnen nicht erst, wenn das Kind sich im Spiegel erkennt, sondern sofort nach der Geburt bzw. schon vorgeburtlich - wird der Prozess der Ausbildung einer Identität in Gang gesetzt (*Petzold* 1992a/2003a, 597). U. a. aus der Analyse von aufgezeichneten Einschlafmonologen von Säuglingen bzw. Kleinkindern (*Nelson* 1984) lässt sich mitverfolgen, wie sich gegen Ende des zweiten Lebensjahres das »autobiographische Memorieren« (*Conway* 1990) – d. h. das autobiographische Gedächtnis im Verein mit der Entwicklung der Gedächtnisleistung – ausbildet, auf dessen Grundlage sich schon bald die persönliche Biographie aufbaut. Dies deckt sich mit der persönlichkeits- und der identitätstheoretischen Konzeption der Integrativen Therapie, wonach Identität definiert werden kann als »das Ergebnis der Syntheseleistung des Ichs in der Verarbeitung von **reziproken Identifizierungen** aus vielfältigen sozialen Kontexten (Fremdattributionen, Fremdbilder), ihrer **emotionalen Bewertung** *(valuation)*, **kognitiver Einschätzung** *(appraisal)* und ihrer Verbindung mit **Identifikationen** (Selbstattributionen, Selbstbilder) in einem permanenten, transversalen Prozess, der eine hinlängliche Konsistenz des **Identitätserlebens** und zugleich eine Flexibilität von **Identitätsstilen** über die Zeit hin gewährleistet sowie eine variable, vielfacettige **Identitätsrepräsentation** im sozialen Kontext ermöglicht« (*Petzold* 2001p; *Müller, Petzold* 1999). Identität kann also nur in »Interaktionen« und »Polylogen«, im Wechselspiel mit anderen Menschen, durch Übernahme oder Abgrenzung ihrer Zuschreibungen prägnant werden und muss vom Ich, von Ich-Prozessen permanent überprüft, angepasst, manchmal zusammengehalten, manchmal verändert werden, so dass ein stetiger Wandel möglich ist und man von sich selbst und von seinem Umfeld dennoch als derselbe oder dieselbe erkannt wird.

Was ist Biographie?

Biographie ist ohne *Identitätserleben* nicht denkbar, das gleiche gilt aber auch umgekehrt. Die Erfahrungen und Ereignisse im Leben eines Menschen wären lose ungeordnete Teile, die sich in seinem Erleben nicht zu einem Ganzen, einer einigermaßen »kohärenten Geschichte« verbinden könnten. Aus seiner Identität heraus, die sich dabei durchaus ändern kann, ja muss, lassen sich die Ereignisketten erst verstehen *(retrospektiv)*, miteinander in Beziehung setzen *(aspektiv)* und – soweit möglich – steuern *(prospektiv)*. Dabei gilt es zu unterscheiden: Den freien Fluss von Lebensereignissen, -situationen und Szenen, die Kette von Handlungen, Gesprächen nennen wir *Biosodie* (gr. *bios*: das Leben, *odos*: der Weg), die ungehindert fließende Folge der Ereignisse auf dem Lebensweg, die die Lebenserzählung konstituieren, welche damit zur »Matrix allen Sinnerlebens« wird (*Petzold, Orth* 1993a, 2004). Die Lebenserzählung wird im »autobiographischen Gedächtnis« archiviert. Werden ihre Elemente in eine sequentielle Ordnung gebracht, indem vor allem die bedeutsamen Episoden (festgehalten im »episodischen Gedächtnis«, *Nelson* 1994), Erlebnisse und »Geschichten« erzählt, mitgeteilt, berichtet oder sonstwie vergegenwärtigt werden, so entsteht *Biographie,* Lebensgeschichte, die im zerebralen Gedächtnis, im »Leibgedächtnis« (*Petzold* 2002j) engrammiert und daher weitgehend wieder abrufbar ist. Dabei geht es nicht nur um die Frage, »wie war das damals«, um den chronologischen Ablauf, die genaue Rekonstruktion vergangener Ereignisse, die »historische Wahrheit« also, sondern von mindestens ebensolcher Bedeutung sind die Gefühle, die Stimmungen und Atmosphären, die *emotional events* sowie die Sinnesqualitäten, von denen sie begleitet waren. Ihnen kommt als »narrative Wahrheit« (*Spence* 1982; *Petzold* 1991o) beim Abrufen von Erinnerungen sogar eine erhebliche Bedeutung zu. Wer von uns kennt nicht den »Proust-Effekt« (*Proust* 1919–1927/ 1984), die Erfahrung, von Erinnerungen unwillkürlich beinah überrollt zu werden, die durch einen Geruch oder einer im Raum vorfindlichen Atmosphäre ausgelöst wurden (*Jauss* 1986; *Poulet* 1966). Ganze Szenen, Dialoge, *Polyloge* werden in uns wachgerufen. Bei der erzählten Lebensgeschichte handelt es sich also nicht um eine objektive, *historische Wahrheit,* sondern um höchst subjektive Aufzeichnungen aus einer »temps sensible« (*Kristeva* 1994). Zum einen ist schon die Natur der cerebralen Aufzeichnungen eine Reinterpretation oder sogar eine Neuinterpretation des Erlebten (*Loftus* 1979), und zweitens wird bei der Wiedergabe, beim Erzählen, Mitteilen, Spielen von biographischen Szenen im »Therapeutischen Theater« (*Petzold* 1979b) bewusst oder unbewusst die Geschichte noch einmal ›neu geschaffen‹, ›ergänzt‹ bis zur Wiedergabe von Fehlinformationen (*Loftus, Hoffmann* 1989) oder zur Erfindung neuer Szenen, ohne konkreten historischen Boden. Dabei mag das Bedürfnis ausschlaggebend sein, seine Lebensgeschichte zu »glätten« (in welchem Sinne auch immer), sie konsistent zu schildern.

In der Biographie entstehen Strukturen, die Lebensmuster, Lebensstile, Schemata, Narrative, Skripts genannt worden sind (*Schank, Abelson* 1977). *Narrative* (im Gegensatz zu *Narrationen*, welche die lebendig gestaltete Erzählung meinen [*Petzold, Orth* 1985a]) können ihrerseits wieder auf die *Biosodie* Einfluss haben, und zwar im benigner wie in maligner Weise (*Petzold* 2003a, 324, 333f, 684f). So können *benigne Narrative*, konstruktive Lebensmuster eine weitere freie Persönlichkeitsentfaltung und ein gesundheits- und kreativitätserhaltendes Verhalten fördern, während ein destruktiv fixierter Lebensstil (*maligne Narrative*) neue Lernerfahrungen, Flexibilität in der Lebensführung und den Lebensentwürfen beeinträchtigen oder verhindern kann.

Warum Biographiearbeit, Erarbeitung von Biographie im Alter?

Geht man nun davon aus, dass das Erzählen der eigenen Lebensgeschichte oder von Teilen daraus dazu beiträgt, die Identität, das Identitätserleben zu stärken – was im übrigen empirisch bisher noch nicht belegt ist –, so spricht vieles dafür, mit alten Menschen in diesem Sinn zu arbeiten, denn deren Identität ist besonders vulnerabel: zum einen ist ihre Gesundheit, ihre physische Vitalität aus biologischen Gründen bedrohter als in jeder anderen Lebensphase – das gilt jedenfalls für die alten Menschen in den heutigen Industrieländern, wo die Säuglings- und Kindersterblichkeit auf ein tiefes Niveau gesunken ist. Zum zweiten reduziert sich im Alter häufig die Dichte des sozialen Netzwerks (*Hass, Petzold* 1999; *Petzold* 1994e), sei es, weil viele Gleichaltrige wegsterben, sei es, weil der eigene Bewegungsradius aus gesundheitlichen Gründen geringer wird. Drittens fällt schon im »jungen Alter« mit der Pensionierung ein wichtiger Identifikationsbereich weg (idem 1983 f.), was oft mit Sinnverlust und einer Belastung des Selbstwertgefühls einher geht. Wenn zu alledem noch ein Mangel an finanzieller Sicherheit hinzukommt – oder wenn auch nur einige der hier aufgeführten potenziellen Verluste zutreffen –, ist es nicht verwunderlich, wenn die Identität »Risse« bekommt, inkonsistent wird und die Ich-Prozesse nicht mehr in der Lage sind, neue, zusätzliche Anpassungsleistungen zu vollbringen und die Identität weiterzuentwickeln - denn das ist bis ins hohe Alter »vorgesehen«.

In einem noch höheren Maße sind jene gefährdet, die bereits in jüngeren Jahren besonders vulnerabel waren oder die gehäuft und »zeitextendiert Risikofaktoren« ausgesetzt waren, ohne hinreichend auf »protektive Faktoren« und »Resilienzen« zurückgreifen zu können (*Müller, Petzold* dieses Buch S. 108 ff.), oder deren Identitätserleben im Laufe ihres Lebens bereits vorgängig existentiell bedroht oder tiefgreifend geschädigt worden war z. B. durch traumatische Kriegs-, Flucht-, Gewalterlebnisse (*Petzold* 2002m). Gerade bei dieser Indikation ist mit einer biographieorientierten Zugangsweise besondere Vorsicht geboten, damit keine Retraumatisierungen ausgelöst werden (*Hunt* et al. 1999). Diese Menschen bedürfen einer differenzierten biopsychosozialen Behandlung, welche die komplexen Zusammenhänge zwischen neurophysiologischem, affektivem und verhaltenspraktischem Geschehen gebührend berücksichtigt (*Petzold, Wolf* et al. 2000; *Aarts, op de Velde* 2000).

»Weil Biographie interpretierte Lebenserfahrung ist, sinnorientierte Auslegung leibhaftig vollzogenen Lebens, weil menschliches Leben gelebte Kultur ist, die jeden persönlichen und gemeinschaftlichen Sinn durch die individuellen und kollektiven Lebensvollzüge und die sich in ihnen artikulierende Kulturarbeit stiftet« (*Petzold* »et al.« 2001b, 347), weil Leib und Sprache, Sozialität und Kultur verschränkt sind, darum schließt Biographiearbeit/-erarbeitung immer auch eine Auseinandersetzung mit der Frage nach dem *Sinn* mit ein (*Petzold* 2001k; *Petzold, Orth* 2004). Im Alter ist dieses Thema noch einmal von einer spezifischen Relevanz, und man begegnet ihm sowohl bei gesunden alten Menschen wie auch besonders bei denen, die – oft im Rahmen einer Depressionssymptomatik – an Sinnverlust leiden und deren Vitalität und Lebensfreude davon beeinträchtigt ist (*Müller, Petzold* 2002b). Oft wird die Frage nach dem Sinn nicht nur auf die gegenwärtige Situation bezogen, sondern auch rückblickend über das ganze Leben gestellt. Im wertschätzenden, respekt- und würdevollen Betrachten und Teilen einzelner Lebensabschnitte oder des Lebensganzen kann hierbei die heilende Qualität eines gemeinschaftlich geschaffenen »Erzählklimas« zum Tragen kommen. Die Arbeit des Suchens und Verstehens von Sinn ist dabei nicht etwa auf den »Klienten/Patienten« beschränkt. Als BetreuerIn, PsychotherapeutIn muss ich mich auf diese Sinnsuche (*Petzold, Orth* 2004), ebenso einlassen und mit meinen eigenen Erfahrungen und seelischen Prozessen in Verbindung bringen – durch Betroffenheit, Berührtheit, Empathie und die Bereitschaft, in jemandes ›social world‹ (*Unruh* 1983) einzutreten, als Gast, wohlwollende Beobachterin, mitdenkend, mitinterpretierend und als mitfühlender Mitmensch.

Bei der Biographiearbeit mit alten Menschen – sei es in agogischer Ausrichtung oder in der Ausrichtung einer narrativen Psychotherapie (*McLeod* 1997; *Petzold* 2003g) oder einer spielorientierten Dramatherapie (*Petzold* 1982a) als »Erinnerungstheater« oder als Poesie- und Bibliotherapie (*Petzold, Orth* 1985) – geht es um mehr als um die Stärkung und Unterstützung der Identität der Teilnehmer. Das *Teilen und Mitteilen der Lebensgeschichte* bedeutet nämlich auch einen Akt der Würdigung und Wertschätzung gegenüber jedem einzelnen Menschenleben (*Müller, Petzold* 2002a), jeder einzelnen Ausprägung von Biosodie und Biographie, denn jede Lebensgeschichte ist einzigartig, und meist handelt es sich um den jeweils »bestmöglichen Weg«, den ein Mensch zu gehen in der Lage war. Oft genug wird diese Einzigartigkeit und die Individualität alter Menschen in bedrohlichem Maße in den Hintergrund gedrängt, wenn sie arm, hilfsbedürftig geworden, gezwungen sind, in eine Alterswohn- oder Pflegeeinrichtung überzusiedeln, die vielleicht noch in parentifizierender und kustodialer Art und Weise geführt wird. Das ist zum Glück nicht überall der Fall, doch ist die Lage vieler alter, in Heimen betreuter Menschen noch heute erschreckend prekär (*Sohm* 2003). Dass hier nicht das notwendige *narrative Klima* herrscht, hängt meistens damit zusammen, dass das Personal keine Zeitressourcen hat (vgl. die Untersuchung von *Dymarczyk* 2003) – d. h. sie werden ihm von den Kostenträgern nicht zur Verfügung gestellt –, um das Gespräch, das Erzählen, den Austausch mit und zwischen den HeimbewohnerInnen zu pflegen. Wenn diese wenig *assertiv* sind, nicht mutig oder auch geübt genug, um dieses Klima selber mit andern herstellen zu können - und das wird meistens der Fall sein –, reagieren sie möglicherweise mit Rückzug, Verbitterung, Depression, somatischen Leiden. Dem ist auch nicht einfach abzuhelfen, indem man ein Projekt »Biographiearbeit« anbietet, weil man gehört oder gelesen hat, dass das den alten Leuten gut tue und ihre Identität stütze. Biographiearbeit kann nicht eines Tages anfangen und wenig später wieder zu Ende sein, sie braucht »Kontinuität, Zeit, Menschenzeit, sonst kann der Aufbau eines **narrativen Klimas**, einer **Erzählkultur** nicht gelingen!« (*Petzold* »et al.« 2001b).

Wie sollte Arbeit mit Biographien ein- und durchgeführt werden?

Biographiearbeit ist nach unserem Verständnis *»Erarbeitung und Teilen von Biographie«* und sollte deshalb nicht als Technik oder rekreative Arbeitsform ähnlich einem Entspannungstraining oder Seniorengymnastik – wir haben solche Angebote gesehen - offeriert werden, denn mit dem Eintauchen in die biographische Dimension finden *intersubjektive Begegnungen in einer Tiefendimension* statt. »In seiner Biographie tritt uns ein Mensch als Subjekt mit der ganzen Wucht seiner ›Andersartigkeit‹ entgegen, als eine existenzielle Realität« (ibid. 340).
Biographiearbeit mit alten Menschen kann sich für die BetreuerInnen und TherapeutInnen auch nicht darauf beschränken, den Menschen, die da in einer »Erzählgruppe« oder für ein »Biographieprojekt« zusammenkommen, einen geeigneten »Erzählanstoß« zu geben oder die beste Methodik zu finden, sie »zum Reden zu bringen«, ihnen ihre Lebensgeschichte zu »entlocken«. Das könnte sonst leicht in eine voyeuristische Qualität entgleisen. Soll das Reden über und das Arbeiten mit und an der Biographie in Würde

geschehen – und das ist eine ethische Notwendigkeit – so ist ein inneres Beteiligtsein des Therapeuten erforderlich und damit eine Bereitschaft, sich von der Geschichte des Erzählenden betreffen zu lassen, *sie mit ihm zu teilen*. Dies wiederum setzt voraus, dass man sich auch als Therapeutin mit Teilen/Mitteilen aus der eigenen Lebensgeschichte, sei es der vergangenen oder auch der gegenwärtigen – partiell offenlegt (self disclosure) (*Weiner* 1978).

Biographien sind in der biosodischen Wechselseitigkeit von Interaktionen und intersubjektiver *Ko-respondenz*, in *Konvivialität*, *Kooperation* und *Kokreation* (*Orth* 2002) zwischen Menschen entstanden, und so ist auch der Austausch darüber ein wechselseitiger Prozess. Außerdem ist in der mir erzählten Lebensgeschichte immer auch ein Teil meiner Geschichte enthalten, denn sie ist durchdrungen von kulturellen und gesellschaftlichen Aspekten, die entweder auch zu meiner Biographie gehören und diese bestätigen oder aber sie kontrastieren, relativieren.

Zu den grundlegenden Bedingungen, die der »Respekt« und die »Würde« – heute prekäre Qualitäten (*Sennett* 2002; *Petzold* 2003d) – gegenüber den alten Menschen verlangt, gehört außerdem, dass jeder Teilnehmer darüber selbst entscheiden kann, ob und in welchem Umfang er an einem biographieorientierten Gesprächs- oder Therapieangebot teilnehmen will und dass er darüber informiert wird, was der Sinn, die Idee und Intentionen dahinter sind. Ohne diesen *informed consent* (*Müller, Petzold* 2002a), die informierte Übereinstimmung, ist die Privatsphäre eines Menschen – und um das handelt es sich doch bei seiner Biographie im höchsten Maße – nicht hinreichend geschützt.

Biographiearbeit im eigentlichen Sinne ist die Arbeit, die das Ich/die Ich-Prozesse bzw. Prozesse unbewusster Informationsverarbeitung (Perrig et al. 1993) in der Verarbeitung biographischer Umwelteinflüsse und Materialien zu einer hinlänglich kohärenten biographischen Erzählung/Biographie leistet.

Das autobiographische Memorieren und die »Herstellung« einer »biographischen Erzählung« sind also Arbeitsprozesse des Subjektes, ein kognitives, emotionales, volitionales »processing«. Der Begriff ist hier ähnlich zu konzipieren wie die Begriffe »Trauerarbeit«

(die Arbeit, die das Ich in der Trauer leistet) oder »Traumarbeit« – es handelt sich um eine »seelische Arbeit« (*Freud* 1900/StA 1982, 486). In der psychosozialen Praxis der »Arbeit mit Biographie« – und darum geht es eigentlich – wird der Term also häufig ungenau gebraucht. Die mit Menschen in Biographieprojekten durchgeführte Arbeit kann in mehrfacher Hinsicht geschehen: einmal therapeutisch als Bearbeitung einer Biographie (im Sinne einer Bewusstmachung und Umbewertung) oder als Verarbeitung einer Biographie (im Sinne des Exzentrizitätsgewinns mit dem Ziel der Neubewertung einer generalisiert als belastend erlebten Biographie). In soziotherapeutischen agogischen Biographieprojekten geht es dagegen um Biographieerarbeitung (im Sinne einer nicht-therapeutischen *narrativen* ggf. *dramatisierenden* Vergegenwärtigung, Aktualisierung, Verlebendigung wichtiger biographischer Perioden oder auch der Gesamtbiographie) und um identitätsstiftende Kommunikation durch Selbstmitteilung an andere, die zumeist in Form biographischen Erzählens und Zeigens (Fotos, Alben oder andere Dokumente) oder Spielens erfolgt (*Petzold* 1979 b, k). Biographieprojekte werden derartige Möglichkeiten der Arbeit mit Biographie differentiell nutzen, wobei von der projektethischen und praxeologischen Ausrichtung (*Orth*, *Petzold* 2004) sich das Vorgehen an unserer Definition von Biographieerarbeitung ausrichten kann:

»**Biographieerarbeitung** heißt, aufgrund einer Übereinkunft in Vertrauen und Zuwendung, im Respekt vor der Integrität und Würde des Anderen *gemeinsam* lebensgeschichtliche Ereignisse zu teilen und zu betrachten, um damit Biographie zu erarbeiten (nicht etwa zu bearbeiten) in selbstbestimmter Offenheit, Achtsamkeit und Wechselseitigkeit der Partner. Zielsetzung ist, dass jeder von ihnen seine Lebensgeschichte, sein Leben, seine Persönlichkeit besser in der und durch die Erzähl- und Gesprächsgemeinschaft mit dem Anderen vor dem Hintergrund der gegebenen Kultur und der Weltverhältnisse zu erfassen und zu verstehen vermag, Leben, das entfremdet wurde, sich in einer Neugestaltung wieder aneignen kann durch Offenlegung von Entfremdendem (Armut, Elend, Gewalt, Vereinsamung, Verstressung) in Akten der Befreiung, denn diese verwandeln, sind schöpferisch. Aus solchen Erfahrungen **gemeinsamer Hermeneutik**, die in Prozesse

kokreativer Kulturarbeit eingebettet sind, kann man einander besser verstehen lernen, wird es möglich, Menschen – und natürlich auch sich selbst in der eigenen Vielfalt – besser verstehen zu können.« (*Petzold* »et al.« 2001b, 345)

Die Arbeit mit biographischen Ereignissen und Materialien erfolgt in der Regel in »Polylogen«, ein Konzept, das bewusst über die Idee der Buberschen Dialogik hinausgreift und eine gemeinschaftliche Auslegungs- und Verstehensarbeit ermöglicht, voller »lebendiger Metaphern«, eine »Hermeneutik des Subjekts« in der Gemeinschaft von Ko-Hermeneutikern, die um ein wirkliches Verstehens des anderen, seiner »Andersheit« (*Levinas* 1983), seiner ganz spezifischen Identität, bemüht sind (*Ricœur* 1975, 1983; *Petzold* 2002p). Biographisches Erzählen in Gruppen ist ein »vielfältiges Sprechen nach vielen Seiten« (*Petzold* 2002c), und oft genug sprechen »in der Erinnerung lebendig gewordene Personen« mit: »Und dann hat mein Vater gesagt, Peter, hat er gesagt, das musst du schaffen! Und auch mein Bruder Franz sagte dann, klar, das schaffst du, Junge!« – und schon sind der Vater und der Bruder in der Gruppe anwesend, reden mit im *Polylog*. Die polylogische Struktur in der – zumeist im Kreis sitzenden – Erzählgruppe lässt sich zu den Erzählrunden der ums Feuer sitzenden frühen Hominiden zurückdenken (*Petzold* 2003e). Die Polylog-Konzeption macht darüber hinaus deutlich, dass Identität durch wechselseitige Identitätszuweisungen in narrativen Kontexten entsteht (*Petzold* 2001p). Dabei müssen die Narrationen keineswegs nur verbal sein: Man kann miteinander Singen, Musizieren, Tanzen, Malen als erlebnisaktivierende Erinnerungsarbeit (*Petzold, Müller* 1997; *Petzold* 1985a/2004).

Es gehört zu den Klischees über alte Menschen, dass sie »immer nur von der Vergangenheit reden« (dwelling on the past) (*Marshall* 1975, 1980). Auf dem Hintergrund obiger Ausführungen kann diese Zuschreibung – einmal abgesehen davon, dass sie ohnehin nicht zu generalisieren ist – als eine Form von Biographiearbeit aus eigener Initiative, als identitätsstützende »Selbstbehandlung« angesehen werden. Mit dem Rekurrieren auf die eigene Vergangenheit, dem Rückblick auf das früher Erfahrene, versichert sich der alte Mensch selbst seiner Identität, seinem Eigenen. Und selbst wenn dies in repetitiven Mustern (Narrativen) mit wörtlichen Wiederholungen geschieht, kann es zu einer Stabilisierung des Selbst-, Ich- und Identitätsgefühls beitragen. Allerdings lässt sich vermuten, dass ein alter Mensch dann eher dazu neigt, seine Geschichten nicht mehr zu variieren, sondern zu kopieren und zu wiederholen, wenn in seinem Umfeld die Möglichkeiten der Weiterentwicklung eingeschränkt sind, wenn ihm, vielleicht einsam geworden, die Auseinandersetzung mit den Grenzen zwischen sich und anderen fehlt. Wo das identitätstiftende Milieu einer Gruppe nicht vorhanden ist, besteht die Gefahr, dass die Erzählungen erstarren, die Identität an Flexibilität und Plastizität verliert. Oder er ist vielleicht von der permanenten Anforderung einer flexiblen Identitätsarbeit müde geworden und *will* sich der ständigen Herausforderung einer exzentrischen Position und einer dauernden Anpassungsleistung nicht mehr aussetzen. Oder ihm kommen die Fähigkeiten abhanden, diese Leistungen zu erbringen, weil sein Gehirn von degenerativen Prozessen beeinträchtigt ist. Die oft beobachteten fixierten Erzählschemata bei dement werdenden PatientInnen scheinen das zu bestätigen.

Es ist im Übrigen wichtig zu unterscheiden zwischen *Biographiearbeit* mit geistig validen älteren Menschen und Arbeit mit bzw. Betreuung von kognitiv eingeschränkten alten Menschen, in die durchaus *biographische Elemente* einfließen können. Je weiter aber die degenerative Krankheit fortgeschritten ist, umso weniger hat diese Art biographieorientierter Betreuung mit einer narrativen Reflexion auf das Lebensganze im Sinne oben beschriebener Biographiearbeit/-erarbeitung zu tun. Es handelt sich dann vielmehr um eine Unterstützung und Bestätigung der jeweils noch vorhandenen Identitätsbereiche und ein Training des »sektoriellen Altgedächtnisses«. Die Integrität der Persönlichkeit und der Identität ist bei solcherart kranken Menschen nicht mehr gegeben, muss ihnen jedoch in einem dennoch von Würde und Wertschätzung geprägten Umgang mit ihnen »unterstellt« (wir sprechen von »unterstellter Intersubjektivität«, *Petzold* 2003a, 417, 802) werden. Es muss aber betont werden, dass auch hier jede vorschnelle Klassifizierung vermieden werden soll. Bei Demenz im Frühstadium ist von der Identität der Kranken noch sehr vieles spürbar. Nicht wenige PatientInnen nehmen den langsamen Verlust dieser Bewusstseinsqualität schmerzvoll und verzweifelt wahr. Es kann in einem solchen Falle lindernd und stabilisierend sein, wenn mittels Erinnerungsarbeit auf das Lebensganze geschaut und die selbstwertstärkenden Aspekte besonders hervorgehoben werden (*Petzold, Müller* 2003). Doch hat dies immer auch einen konfrontativen Charakter, der den Patienten seine Ohnmacht und Trauer stärker fühlen lässt und ihn daher auch destabilisieren kann. Es gilt darum immer, die momentane und individuelle Empfänglichkeit und Motivation des Patienten oder Bewohners auszuloten und diese vollumfänglich zu respektieren. Nicht jeder Mensch *will* sich erinnern – und er hat das Recht dazu! Dies gilt selbstverständlich auch für kognitiv valide Menschen, mit denen wir über ihre Biographie in Kontakt und Beziehung treten und um die es in diesem Beitrag primär geht. Die Empfindlichkeiten und Verletzlichkeit eines Menschen – und niemand ist frei davon - liegen bei jedem woanders und sind oft nicht von Anfang an erkennbar. Wir müssen darum höchst individuell vorgehen und mit äußerstem Feingespür, wenn wir die Persönlichkeit eines Menschen berühren. Dies lässt erahnen, wie schwierig und zeitaufwendig es sein kann, das gegenseitige Vertrauen und die nötige Empathie in einer ganzen Gruppe zu schaffen. Es sei darum noch einmal davor gewarnt, leichtfertig »Biographieprojekte«, »biographieorientierte Gesprächsgruppen« zu installieren, wenn die Zeit und ggf. die Kompetenzen nicht vorhanden sind, um die notwendigen Voraussetzungen bereitzustellen bzw. zu schaffen. Gleichzeitig soll dieser Beitrag aber auch als Ermunterung verstanden werden, sich als BetreuerIn oder PsychotherapeutIn auf Biographiearbeit bzw. -erarbeitung mit PatientInnen/KlientInnen einzulassen, denn in jeder wirklichen Begegnung und Auseinandersetzung mit der Lebensgeschichte eines Menschen gibt es viel zu lernen – über ihn, sich selbst und die »verschlungenen Lebenswege« von Menschen.

---

[1] Freie Universität Amsterdam, Centrum für IBT, Faculty of Human Movement Sciences, Europäische Akademie für psychosoziale Gesundheit (EAG), Hückeswagen; Zentrum für Psychosoziale Medizin (Leitung Dr. Anton Leitner), Donau-Universität Krems

[2] Gerontopsychiatrisches Zentrum Hegibach, Psychiatrische Universitätsklinik, Zürich; Stiftung Europäische Akademie für Integrative Therapie, St. Gallen

II

Soziotherapie –
psychosoziale Hilfe –
Sozialgeragogik

Die Rolle der Gruppe in der therapeutischen Arbeit mit alten Menschen – Konzepte zu einer »Integrativen Intervention«

1. Zum Kontext der Gerontotherapie

Die Psychotherapie alter Menschen ist bis in die jüngste Zeit ein vernachlässigter Bereich *(Petzold/Spiegel-Rösing* 1985, vgl. jetzt *Müller, Petzold* und *Petzold, Müller,* dieses Werk Bd. 2). Es ist eine weitverbreitete Auffassung, dass der alte Mensch psychotherapeutisch nicht behandelbar sei oder, gravierender noch, dass er der Psychotherapie nicht bedürfe, da er ohnehin am Abschluss seines Lebens stehe. Der psychoanalytische Zugang, der die Neurosegenese in der Jugend und mit zunehmendem Alter eine Involution der Libido sieht, hat eine solche Auffassung noch bekräftigt, insbesondere, da *Freud* selbst hier eine klare Position eingenommen hat: bei »Personen nahe an oder über fünfzig Jahren schlägt die Plastizität der seelischen Vorgänge so fehl, auf welche die Therapie rechnet, alte Leute sind nicht mehr erziehbar«. Überdies verlängere das »Material, welches durchzuarbeiten ist, die Behandlungsdauer ins Unabsehbare« *(Freud* 1905). Und noch einmal in einer späten Arbeit betont er – selbst bis ins hohe Alter produktiv: »Es erweisen sich alle Abläufe, Beziehungen und Kraftverteilung so unabändert fixiert und erstarrt. Es ist so, wie man es bei sehr alten Leuten findet; durch die sogenannte Macht der Gewohnheit ist die Erschöpfung der Aufnahmefähigkeit hervorgerufen« *(Freud* 1937).
Es fügt sich dieses Vorurteil – denn um ein solches handelt es sich nach den Erkenntnissen der neueren Sozialgerontologie *(Lehr* 1979a, b; *Thomae* 1976; 1983; *Bergener* et al. 1983; *Oswald* et al. 1984; *Filipp, Mayer* 1999) – in die allgemeinen Verleugnungstendenzen, die in unserer Gesellschaft im Hinblick auf das Altern und das Sterben bestehen. Es sind die »Tiefenpsychologen« und »Psychoanalytiker« also nicht ausgenommen von der Angst, die in der Tiefe der menschlichen Seele nistet und die in der Kunst bedrängenden Ausdruck gefunden hat *(Janssen* 1978; *Cosacchi* 1965; *Schmitz* 1982), der Angst vor dem Abstieg von der Höhe der Lebenstreppe

(Joerißen 1984) hinab zum Alter und in den Tod: »Der Tod. Ich kann ihn nicht lernen. Der Tod ist in mir selbst, und dennoch gehört er mir nicht zu. Er ist in mir und gegen mich. Und nicht einzuholen. Niemals zu begreifen, niemals. Er lässt sich auch nicht annehmen oder hinnehmen. Er ist eine Kränkung, die tiefste Kränkung, die sich nur denken lässt« ... Und ich bin »fast sicher, daß im Grunde alle so empfinden oder doch so empfänden, wenn sie es sich nur klarmachten. Auch die Frommen. Auch der legendäre Sokrates, von dem es heißt, er allein sei imstande gewesen, dem Tod mit einer ganz gewöhnlichen Miene zu begegnen, ›d'un visage ordinaire‹. Wir betrügen uns, wenn wir glauben oder erkennen oder jedenfalls behaupten, der Tod sei natürlich. Mir ist er nicht natürlich. Uns ist der Tod nicht natürlich« *(Sternberger* 1981, 16 f.). Dieses Gefühl, dass Alter und Tod nicht zum Leben gehören, wird akzentuiert durch die Entfremdung von der *Lebensspanne als einem Ganzen,* durch das Verschwinden des »öffentlichen Sterbens«, durch die vorwiegende, ja fast ausschließliche Wertschätzung von Leistung und Leistungskraft, durch einen Kult, ja Wahn *(Schirrmacher* 2004) von Jugend, wie er sich kaum zu einer anderen Zeit findet, durch die Delegation der Sorge um die Alten und die Sterbenden an spezialisierte Institutionen und damit durch die Ausgrenzung der letzten Lebensstrecke und des Lebensendes aus dem allgemeinen Lebensvollzug *(Petzold* 1999l, 2003l). Dadurch werden Alter und Tod, obwohl sie zu unserer Natur gehören und insofern schon eine natürliche Sache sind *(Scheler* 1957), in die Position einer *Marginalität* gedrängt, und die Menschen, die in dieser Lebensphase stehen, werden »marginale Menschen« *(Stonequist* 1937). Es findet sich viel Vereinzelung im Alter. Freunde und Verwandte sterben weg *(Petzold* 1994e). Der alte Mensch findet nicht mehr soviel Zugang zum gesellschaftlichen Leben. Es finden wenige Zugang zum alten Menschen. Und so haben sich auch in der Psychotherapie nur wenige dem Alter und dem Sterben zugewandt (vgl. *Petzold* 1979a, 152 ff.; *Radebold* 1983 12). Die tiefenpsychologischen Psychotherapeuten zentrieren sich auf die Kindheit. Sie versuchen in ihr, in den frühen Seelenzuständen ihrer Patienten, das eigene Kinderland wiederzufinden. Über die Neurosegenese im Senium, über die psychologischen Prozesse des höheren und mittleren Erwachsenenalters ist wenig gearbeitet worden, und zwar nicht nur wegen der »unver-

ändert großen Nachfrage nach Therapiemöglichkeiten für Patienten im jüngeren und mittleren Lebensalter« oder »bei inhaltlich und zeitlich begrenzten Therapieerfolgen im höheren und hohen Lebensalter« *(Radebold* 1979); auch für die Nöte alter Menschen – und sie sind mit diesen weitgehend allein – ließe sich eine Nachfrage herstellen. Und die Therapieerfolge sind so schlecht nicht, wenn man sich nicht gerade die Vitalität der Jugend als Ziel steckt. Es sind wohl die »Probleme bei Übertragung und Gegenübertragung« (ibid. 92), jedoch nicht nur die Gegenübertragung zum alten Menschen hin, sondern die damit aktivierten Abwehrvorgänge gegenüber Infirmität, Siechtum und Tod. So gibt es bis in die neueste Zeit wenig zu vermelden aus der Einzel- und der Gruppenpsychotherapie alter Menschen. Der *Grinnstein-Index* weist 1956 unter ca. 50 000 psychoanalytischen Forschungsarbeiten nur 50 über das höhere Lebensalter aus, und *Müllers* (1973) gerontopsychiatrische Bibliographie zeigt 215 Arbeiten aus 6000 Publikationen an, die sich im weiteren Sinne mit psychoanalytischen und psychotherapeutischen Fragen des Alters beschäftigen. Die Umfrage von *Malzahn* (1974) zeigt, dass die Hälfte der in den deutschen psychoanalytischen Gesellschaften befragten Analytiker die Altersgrenze für die psychoanalytische Behandlung bei etwa 50 Jahren ansetzt. Es lassen sich diese Zahlen vermehren, und es lässt sich zeigen, dass all diese »Fakten« Pseudofakten sind, dass Menschen über fünfzig sehr wohl einer tiefenpsychologisch fundierten Therapie zugänglich sind *(Radebold* et al. 1981; 1983; *Jansens et al.* 1999), dass »psychosoziale Interventionen« *(Petzold* 1985; *Maercker* 2002) in der Arbeit mit alten Menschen durchaus greifen *(Lehr* 1979b) und dass die gerontotherapeutische Arbeit Heilung psychischer und psychosomatischer Erkrankungen, Bewältigungshilfe im Umgang mit schwierigen Lebenssituationen und der Entwicklung und Entfaltung der Persönlichkeit zu bewirken vermag *(Petzold/Bubolz* 1979; *Brink* 1979; Duffy 1999).

2. Psychotherapie mit alten Menschen

Gerontotherapeutische Gruppenarbeit steht in besonderer Weise unter dem Anspruch, therapeutische und sozialwissenschaftliche Erkenntnisse zu integrieren. Die bedeutenden Ergebnisse der sozialgerontologischen Forschung können durch therapieimmanente Theorien und Forschung nicht aufgewogen werden. So reichen psychoanalytische oder gestalttherapeutische oder auch psychodramatische Konzepte allein nicht aus, um mit alten Menschen fundiert therapeutisch zu arbeiten. Es haben diese Therapieformen ihren »body of knowledge« in der Arbeit mit jüngeren Menschen und mit Erwachsenen entwickelt. Sie verfügen deshalb kaum über ausreichendes Material, auf dessen Grundlage sie die Theorie einer »Gerontotherapie« aufbauen könnten, deren Komplexität und Differenziertheit den sich stellenden Aufgaben entsprechen. Es ist ohnehin ein gravierender Mangel der psychotherapeutischen Schulen – ganz gleich welcher Provenienz –, insbesondere aber der Psychoanalyse, dass sie Ergebnisse der Sozialpsychologie, der allgemeinen Entwicklungspsychologie, der *lifespan developmental psychology* und der psychologischen Persönlichkeitstheorien kaum integrieren, sondern überwiegend auf schulenimmanenten Theoremen, Konzepten und in Ausnahmen auch Forschungen basieren (*vgl. Jansen et al.* 1999; *Jüttemann* 1983, 30 ff.). Die allgemeine Gerontologie, die psychologische und soziologische Altersforschung *(Kohli, Kühnemund* 2000, *Lehr* 1979; *Rosenmayr* 1983; *Thomae* 1976; 1983; *Tews* 1974; *Filipp, Mayer* 1999), die Geragogik *(Bubolz* 1983; *Petzold/Bubolz* 1976; *Vleeken* 1980; *Becker* et al. 1999) und Thanatologie *(Wittkowski* 1978; *Spiegel-Rösing/Petzold* 1984; *Petzold* 1999l) haben eine Fülle von Materialien zur Grundlagenforschung und zu Detailfragen geschaffen, so dass eine detaillierte Überschau schon nicht mehr möglich ist und man auf zusammenfassende Darstellungen verwiesen ist. Aber diese Disziplinen haben in nur äußerst geringem Maße praxisrelevante und erprobte Interventionsmethoden hervorgebracht. Diese wurden von Psychotherapie, Sozialarbeit und Pädagogik eigenständig entwickelt, so dass sich heute [1985 wie 2004] immer noch die schwierige Aufgabe stellt, den Hiatus zwischen Theorie und Praxis, zwischen Forschungsorientierung und Anwendung, zwischen *gérontologie de-*

scriptive und *gérontologie appliquée (Petzold* 1965) zu überbrücken, eine Situation, die ich [1985] schon vor zwanzig Jahren kritisch vermerkt habe (vgl. dieses Buch S. 86 ff.) und die nach wie vor problematisch ist. Es erweist sich dieses Problem insbesondere in der theoretischen Begründung und der methodischen Elaboration von Konzepten zur Gruppenarbeit mit alten Menschen. Wie in unseren geragogischen Veröffentlichungen *(Petzold/Bubolz,* 1976a; 1976b; dieses Buch S. 87 ff.; *Bubolz* 1983) und gerontotherapeutischen Publikationen *(Petzold/Bubolz* 1979) wird in dieser Arbeit, stärker als das sonst bei psychotherapeutischen Veröffentlichungen zu diesem Thema der Fall sein mag *(Radebold* 1971; 1982), auf sozial gerontologische Theorien Bezug genommen. (*vgl. die Arbeiten von Petzold und Müller in diesem Werk*) Sie bestimmen unsere Praxis maßgeblich, und zwar so weit, dass wir wichtige Forschungsergebnisse und Theoriekonzepte in allgemein verständlicher Form unseren Patienten im Rahmen der therapeutischen Gruppenarbeit vermitteln. Damit werden kognitive Verstehenshilfen gegeben, die die Ambiguität der therapeutischen Situation mindern, es wird die Partizipation der Patienten am therapeutischen Geschehen gefördert und ihnen ein Verständnishorizont für die Interpretation der eigenen Situation eröffnet: Der Patient als Partner (*Petzold, Gröbelbauer, Gschwend* 1999). Es kommt in diesem Vorgehen auch unsere Konzeption zum Tragen, dass sich in der gerontotherapeutischen Arbeit *psychotherapeutische, soziotherapeutische* und *geragogische* Elemente in spezifischer Weise verbinden (ähnlich, wie es einst im Konzept der »Psychagogik« intendiert war), ohne dass dies zu Lasten einer psychodynamisch verstandenen und praktizierten Gruppentherapie – und wir verstehen unseren »integrativen Ansatz« durchaus in diesem Sinne – gehen müsste.

Die Mehrzahl der Berichte über psychotherapeutische Arbeit mit alten Menschen geht von Erfahrungen mit Einzelbehandlungen aus, wie sie für die Praxis der überwiegend psychoanalytischen Autoren kennzeichnend sind. Und obwohl *Abraham* (1919; 1942), *Ferenczi* (1921; 1922), *Jelliffee* (1925) u. a. schon früh mit alten Menschen gearbeitet haben, ist das ohne Folgen geblieben. Dies sind bekannte Namen in der Psychoanalyse, aber auch sie konnten das Verdikt *Freuds* über die Unbehandelbarkeit alter Menschen nicht verändern oder abschwächen, zumal sich in der Praxis offenbar auch bei der Behandlung Schwierigkeiten einstellten, und zwar wohl hauptsächlich, weil die Behandlung in der klassischen Technik durchgeführt wurde unter größtmöglicher Zurücknahme und Abstinenz des Therapeuten und auf der Couch. Diese Behandlungsmodalität erwies sich auch für andere Patientengruppen als ungeeignet: Suchtkranke, Psychosen- und Borderline-Patienten, Menschen also mit frühen Störungen, Defiziten und Traumata *(Petzold/Maurer* 1985; *Petzold, Wolf et al.* 2002). Erst die Veränderung der psychoanalytischen Technik in Richtung auf größere Aktivität von seiten des Therapeuten, einer deutlicheren Annahme von Übertragungen und durch eine zugewandte Haltung *(Kohut* 1981) konnte ein besserer Zugang zu diesen Patientengruppen und auch zu Alterspatienten gefunden werden *(Goldfarb* 1956; *Segal* 1958; *Meerloo* 1953; *Wolf* 1956; 1963; 1970). Ein aktiver Weg der Behandlung wurde schon von *Ferenczi* gewählt und war für seine Technik kennzeichnend *(Cremerius* 1983; *Nagler* 2003).

Das wichtigste Moment für die Gestaltung einer angemessenen Behandlungssituation in der Gerontotherapie war das Einbeziehen gruppentherapeutischer Verfahren. Als *Linden* (1953; 1954; 1955; 1956) seine beachtenswerten Arbeiten zur Gruppentherapie mit alten Menschen auf psychoanalytischer Grundlage veröffentlichte, hat er ein Behandlungsmodell vorgelegt, das zukunftsweisend war. Aber auch seine Arbeit fand wenig Resonanz. So hat die Psychotherapie alter Menschen als Einzel- und Gruppenbehandlung auch heute noch weniger Spezialisten, obwohl sich die Situation in vielfältiger Hinsicht gewandelt hat und wandelt, nicht zuletzt dadurch, dass in der Mehrzahl der westeuropäischen Länder gravierende Veränderungen in der Alterspyramide durch die Zunahme des Anteils alter Menschen in der Bevölkerung eine stärkere Zentrierung auf die Probleme dieser Population mit sich bringt. Es wird hier in Zukunft noch zu bedeutsamen Entwicklungen kommen und kommen müssen, denn die Situation der alten Menschen ist nicht gerade rosig, sowohl was ihre ökonomische Situation *(Bujard/Lange,* 1978), als auch was ihre psychosoziale und psychische Situation anbelangt *(Wiendick* 1973; *Bungard* 1975; *Miller* 1979). Es ist weiterhin eine »neue Generation« alter Menschen im Kommen. Interessenverbände, Selbsthilfegruppen, die »grauen Panther« bzw. der Seniorenschutzbund *(Meier/Seemann,* 1982; *Unruh* 1983) sind Anzeichen für Veränderung. Die Gruppe der alten Menschen wird unruhiger, prägnanter, sichtbarer, und zwar immer dann, wenn alte Menschen in Gruppen sich zusammenfinden und auftreten – nun, diese Entwicklungen sind inzwischen in vieler Hinsicht eingetroffen. Die Gruppe steht gegen die Vereinzelung. Sie bietet die Möglichkeit von Solidarität *(Richter 1976).* Gruppenarbeit, sei es in therapeutischer, soziotherapeutischer, geragogischer oder persönlichkeitsentwickelnder Ausrichtung, wird im gerontologischen Bereich zunehmend an Bedeutung gewinnen *(Veelken* 1981).

Interessanterweise ist der erste Hinweis auf psychotherapeutische Arbeit mit alten Menschen in einem Bericht über ein aktives gruppentherapeutisches Verfahren, das »Therapeutische Theater« *(Petzold* 1982). *V. N. Iljine* schreibt: »Unter den Gemütsleidenden sind es nicht nur die jungen oder erwachsenen Kranken im mittleren Alter, die sich von der Kraft des Spiels ergreifen lassen. Auch der alte Mensch wird berührt. Er gewinnt nicht nur eine neue Beweglichkeit des Leibes, sondern auch an seelischer Lebendigkeit. Wenn unsere Patienten Szenen ihrer Jugend im gemeinsamen Spiel lebendig werden lassen, gewinnen sie ein Stück Jugend zurück« *(Iljine* 1909). *Iljine* hatte in Kiew mit gerontopsychiatrischen Patienten Problemstücke aufgeführt, die er für ihre jeweilige Lebenssituation verfasst oder die er zum Teil mit ihnen zusammen erarbeitet hatte. Häufig waren es Familienszenen. »Versöhnung braucht das Alter, Versöhnung braucht die Jugend. Um Versöhnung geht es in jedem Spiel. Nicht ein billiges Arrangement, ein Hinwegwischen von Kränkungen, von Zorn oder Schuld ist es, was wir suchen. Es muß dies alles ausgesprochen sein, mit allem Gefühl, daß der Greis dem Sohn, der Sohn dem Greis vergeben kann« (ibid.). *Iljine* hat während seiner gesamten therapeutischen Tätigkeit mit Gruppen alter Menschen gearbeitet, weiterhin mit Familiengruppen und Gruppen, in denen junge und alte Menschen gemeinsam im therapeutischen Theater arbeiteten.»Die ganze Fülle des Lebens erschließt sich nur im Leben als Ganzem. Der alte Mensch verliert das Leben, wenn er nicht mehr mit Kindern spielen, ein Kind spielen, ein Kind sein kann. Das Kind erhält keine Ahnung von der Ganzheit des Lebens, wenn es nicht mit der alten Frau, dem alten Mann spielen kann, das

Alter spielen kann, Greis und Hutzelweib sein kann. Unsere Persönlichkeit ist nie auf eine Ebene festgelegt, wenn sie lebendig ist. Sie vermag sich auf dem gesamten Spektrum des Lebens zu bewegen. Der Tod beginnt, wenn in uns das Kindliche und das Ergraute, schon immer Uralte, verlorengeht und erstirbt« (ibid.).

Auch die zweite Verwendung gruppentherapeutischer Arbeit mit alten Menschen stammt aus dem Bereich der »dramatischen Therapie«. *J. L. Moreno* beschreibt den Einsatz von psychodramatischem Rollenspiel bei der Bearbeitung von Verlusterlebnissen mit Alterspatienten. Es geht ihm um die Stabilisierung beschädigter oder atrophierender »sozialer Netzwerke«, deren progredienter Zerfall zum *»social death«* führt *(Moreno 1947)*. Auch *Moreno* arbeitete mit altersheterogenen Gruppen. Wie *Iljine* vertrat er die These, dass alt und jung zusammen einen ganzheitlichen Lebenszusammenhang darstellen. »Ein Individuum hat schon von Geburt an eine Struktur von Beziehungen um sich, eine Mutter, Vater, Großmutter usw. Das soziale Atom weitet sich kontinuierlich aus, wenn wir erwachsen werden; innerhalb des sozialen Atoms leben wir am konkretesten ... Allerdings verändert sich das soziale Atom ständig, solange wir jung sind und noch über mehr Ressourcen verfügen; wenn ein Mitglied es verlässt, übernimmt ein anderes seinen Platz und erfüllt eine ähnliche Rolle. Wenn ein Freund geht, wird der alte Freund rasch durch einen neuen ersetzt; sozialer Ausgleich scheint fast automatisch stattzufinden ... Aber wenn wir älter werden, wird es schwieriger, den Verlust von Mitgliedern in signifikanten Rollen zu ersetzen; ähnlich wie auch die Wiederherstellung in unserem physischen Organismus im Verlauf des Alterns schwieriger wird. Es ist dies das Phänomen des ›sozialen Tods‹, nicht aus der Sicht des Leibes, nicht im individuellen Sinn der Psyche, nicht wie wir von innen heraus sterben, sondern wie wir von außen her sterben« (ibid. 81). Die von *Iljine* (1909) und *Moreno* (1909) vertretenen Konzepte der *Lebensspanne,* des sozialen Kontextes bzw. des sozialen Atoms *(Iljine* 1923; *Moreno* 1934; 1947) eröffnen eine Perspektive zur Fundierung der Arbeit in Gruppen für die Behandlung, Betreuung, Aktivierung und Persönlichkeitsentwicklung von alten Menschen.

3. Der alte Mensch, der soziale Kontext und die Gruppentherapie

»Der soziale Kontext, in dem ein Mensch, jeder Mensch, steht, ist ein sensibles Gebilde. Er ist keine für immer festgefügte Größe, sondern verändert sich mit dem Leben, durch das Leben, über das Leben hin. Und die Punkte seiner größten Verwundbarkeit finden sich am Anfang und am Ende des Lebens. Am Anfang, weil das kleine Kind ohne den sorgenden Halt der Familie nicht überleben könnte, und am Ende, weil der hochbetagte Mensch ohne den sorgenden Kontext der Familie oder einer Ersatzfamilie – Spital oder Pflegehaus – schnell und jämmerlich zugrunde gehen würde« *(Iljine* 1923, 48). Hier wird ein Konzept von »Verwundbarkeit« formuliert, das später in der *life event research* als *vulnerability* besondere Bedeutung erhalten wird *(Brown/Harris* 1978). Auch *Moreno* (1947, 81) hat ja das soziale Atom des alten Menschen als besonders gefährdet beschrieben. Der Mensch lebt in sozialen Netzwerken, die auf die Qualität seines Lebensvollzuges einen entscheidenden Einfluss haben. *Moreno* war einer der ersten Sozialwissenschaftler, der die Bedeutung derartiger Netzwerke erkannte und untersuchte. Seine Erkenntnisse und Erfahrungen haben ihn dazu geführt, die »Interventionssoziometrie« *(Dollase* 1975) zu entwickeln – ein Vorläufer interventionsbezogener psychosozialer Praxis und damit auch der »Interventionsgerontologie« (vgl. *Petzold* 1979k; *Lehr* 1979b). Die Beeinflussung eines sozialen Netzwerkes ist sicherlich schwieriger als die Betreuung eines einzelnen, ja sie kann sogar Gefahren heraufbeschwören. »Dieser Umgang mit sozialen Netzwerken und Strömungen in einer Population ist ein höchst gefährliches Spiel« *(Moreno* 1934, 350). Aber es ist auch ein effektiver Ansatz, destruktive Sozialzusammenhänge zu beeinflussen. Im Zusammenhang mit der *Theorie der sozialen Netzwerke* entwickelt *Moreno* die *Theorie des sozialen Atoms:* »die kleinste lebendige soziale Einheit, die selbst nicht noch weiter geteilt werden kann« (ibid. 141), und er kommt zu der radikalen Erkenntnis, dass der Mensch kein soziales Atom *hat,* sondern dass er ein soziales Atom *ist (Petzold* 1982a), d. h., dass er in jedem Moment seiner Existenz mit der Gesamtheit der Menschen lebt, die ihm verbunden sind, und dass der Verlust dieser Menschen mit einem Prozess des sozialen Sterbens gleichzusetzen ist *(Moreno* 1947). *Moreno* bezeichnet das soziale Atom als ein

Interaktionsmuster (a pattern of attractions and repulsions, 1941, 24), seine Mitarbeiterin *H. Jennings* (1941; 1943, 135) als »structural unit«. Ich selbst verstehe das soziale Atom als »Matrix von Identität« *(Petzold/Mathias* 1983), denn Identität wird in bestimmendem Maße gewonnen durch Identitätsattributionen, Rollenzuschreibungen aus dem Umfeld, die oft die Selbstattributionen nachhaltig beeinflussen *(George* 1980; *Wijnen, Petzold* 2003). Selbstwahrnehmung im Lebenskontinuum und die Wahrnehmung der Identitätszuschreibungen zusammen als Grundlage für das Identitätserleben des Ichs weisen für unser theoretisches Konzept die hohe Bedeutung von Gruppen und sozialen Netzwerken aus. Dies wird noch klarer, wenn man sich vergegenwärtigt, dass die zentralen Bereiche des Identitätserlebens an die Zuweisungen des sozialen Feldes, an die emotionalen Bezüge im »sozialen Atom« unlösbar gebunden sind. Für den Identitätsbereich *Leiblichkeit* gilt, dass der Leib Zuwendung oder Ablehnung erfährt. Für den Bereich *Arbeit und Leistung* gilt, dass Arbeit gemeinsam als Zusammenarbeit positive soziale Gratifikationen mit sich bringen kann – oder auch nicht –, dass Leistung sozial bewertet wird und die Möglichkeit von Gratifikation oder Abwertung beinhaltet. Für den Bereich *materielle Sicherheiten* bedeutet das soziale Netzwerk die Möglichkeit zusätzlicher Ressourcen durch das Eintreten der Gemeinschaft für den Einzelnen. Für den Bereich *Werte* bedeutet die Wertegemeinschaft die Möglichkeit eines Rückgriffes auf Bindendes und Tragendes. Der Bereich *soziales Netzwerk* selbst beinhaltet die Vielfalt oder Eingeschränktheit von Interaktionen, von Möglichkeiten zum sozialen Rollenspiel.

4. Die Gruppe als soziales Netzwerk

Da Menschen in sozialen Netzwerken leben und diese für ihre Lebensqualität, ja ihr Überleben entscheidende Bedeutung haben, kommt der Analyse sozialer Netzwerke im Hinblick auf ihre Vitalität und Kraft besondere Bedeutung zu, und wird die Sorge um die Erhaltung und Restitution sozialer Netzwerke ein wesentliches Moment von Therapie darstellen. Die Gruppe als ein soziales Netzwerk wird damit *per se* zu einem hervorragenden Instrument therapeutischer Arbeit, das gerade im Hinblick auf die Zielgruppe alter Menschen durch kein anderes therapeutisches Instrument ersetzt werden kann (vgl. z. B. auch die über die Gruppe im engeren Sinne hinausgehende Stadtteilarbeit und die ihr zugrundeliegenden Netzwerkkonzepte, dieses Buch S. 321 ff.). Die Bedeutung sozialer Netzwerke ist inzwischen stärker in den Sozialwissenschaften erkannt worden *Hass, Petzold* 1999. Die Erkenntnisse *Morenos* und *Iljines* sind auf einen kleinen Kreis von Gruppenpsychotherapeuten beschränkt geblieben oder fanden im Bereich der Soziometrie weitere Ausarbeitung. Seit *Moreno* (1934; 1947) seine Konzepte differenziert vorgelegt hat, sind also mehr als 40 Jahre vergangen, bevor z. B. in der Sozialgerontologie die Bedeutung des Netzwerkkonzepts erkannt wurde. Erst *Schneider* (1979), *Pilisuk* und *Minkler* (1980) und *Wieltschnig* (1982) haben auf die Bedeutung sozialer Netzwerke und der aus ihnen kommenden sozialen Unterstützung für die Bewältigung von Altersproblemen hingewiesen. Die vielfältigen Verluste, die ein alter Mensch hinnehmen muss, Verluste an Gesundheit und Vitalität, Verluste an körperlicher Integrität, etwa durch Ertauben oder Erblinden *(Petzold/Bäumges* 1985, Verluste von Rollen, Funktionen und Aufgaben etwa durch die Pensionierung (vgl. *Petzold* 1985 f.), Verluste von vertrauter Umgebung, etwa durch die Übersiedlung ins Altenheim (*Saup* 1983), Verluste von vertrauten und geliebten Menschen durch den Tod – das alles sind Momente, die einen Menschen zu kaum einem Zeitpunkt mehr bedrängen als im Alter. Der Verlust des Gedächtnisses kann hier manchmal geradezu als eine Gnade betrachtet werden. In derartigen Belastungssituationen sind Gesprächspartner notwendig, andere Menschen, bei denen man sich entlasten kann oder die Hilfe geben, so dass man nicht mit allem »alleine fertig werden muss«. Die soziale Einbettung kann auf diese Weise negative Auswirkungen für die psychische und physische Gesundheit durch kritische Lebensereignisse auffangen *(Dean/Lin* 1977; *Palmore/Cleveland/Nowlin* 1979; *Filipp* 1990). Stress, Angst und Hilflosigkeit werden durch die Entlastungsfunktionen eines tragfähigen sozialen Kontextes besser bewältigt *(Schwarzer* 1981). Besonders bei Verlust von geliebten Menschen wird der Trost *(Petzold)* und der soziale Support aus einem intakten sozialen Netzwerk dazu beitragen, dass Bewältigungsleistungen leichter erbracht

werden *(Walker* et al. 1977) und psychische bzw. psychosomatische Reaktionen, insbesondere aber auch Depressionen, weniger häufig oder gravierend auftauchen bzw. leichter abklingen *(Mueller* 1980; *Waltz* 1981; *Dean* et al. 1981). Nun darf das Konzept des sozialen Netzwerkes nicht unbedingt gleichgestellt werden mit seiner Kapazität zur sozialen Hilfeleistung bzw. Unterstützung *(George* 1980; *Hass, Petzold* 1999; *Petzold* 1994e). So werden von einigen Autoren diese beiden Aspekte differenziert *(Schaefer* et al. 1982; *Pearlin* et al. 1981). Es gibt ja durchaus toxische soziale Netzwerke für den alten Menschen, die ihm keinen Status zuweisen oder ihm Negativattributionen geben bis hin zur seelischen und körperlichen Misshandlung (vgl. dieses Werk, Bd. 2). Oder es gibt Netzwerke, die als negativ erlebt werden. Im Anschluss an *Thomaes* »kognitive Theorie der Persönlichkeit und des Alters« *(Thomae* 1970; 1971) ist es auch sinnvoll, die subjektive Bewertung eines sozialen Netzwerkes in Rechnung zu stellen, wie *Schaefer* (et al. 1982) oder *Schwarzer* (1981, 25), die die »persönliche Überzeugung, in ein hilfreiches Kommunikationsnetz eingebettet zu sein«, als Kern von sozialer Unterstützung ansehen. Faktische Unterstützung und subjektive Bewertung dieser Unterstützung müssen aber insgesamt gesehen werden, um die *»supportive Valenz«* eines sozialen Netzwerkes einzuschätzen. Die Bedeutung der Gruppe für die Arbeit mit alten Menschen wird von einem solchen Konzept »supportiver Valenz« her zu betrachten sein.
Die Metapher vom *sozialen Netzwerk* impliziert einerseits den Aspekt der Vernetzung, das Hin- und Herlaufen von Kommunikationen und Interaktionen in einer vielfältigen, aber doch geordneten Verbindung, zum anderen den Aspekt der Sicherheit, ein Netz, in dem man aufgefangen wird. Schließlich könnte man doch einen Aspekt der Begrenzung, ja Bedrohung sehen, das Netz, in dem man gefangen ist, verstrickt, aus dem man nicht mehr herausgelangen kann, ein Netz von Zwängen, Forderungen und Einschränkungen. Soziale Netzwerke haben also durchaus nicht nur stressmindernde Wirkung *(Schwarzer* 1981; *Pearlin* et al. 1981; *Röhrle* 1994). Was kennzeichnet nun »hilfreiche bzw. stützende« soziale Netzwerke? Zunächst lassen sich *strukturelle Momente* herausarbeiten, z. B. die Zahl der Personen, die Kontaktdichte, Rollenbereiche, Homogenität oder Heterogenität im Hinblick auf die soziale Situation, auf

Einstellungen oder Lebensstile. Weiterhin finden sich *funktionale Merkmale,* wie z. B. Kommunikation, persönliche Förderung, emotionale und materielle Unterstützung, Identitätserhaltung, Situationsbewältigung (vgl. *Kaplan* 1975 ; *Tolsdorf* 1976; *Walker* et al., 1977; *Mueller* 1980*)*.

Unter der Perspektive von *Morenos* Konzept des sozialen Atoms können wir diese spezifische Form des sozialen Netzwerkes durch folgende Dimensionen kennzeichnen *(Petzold* 1979b, 54 f.):

1) *Quantität:* d. i. das Volumen bzw. die Zahl der Relationen zwischen dem Kernindividuum und den kern-, mittel- und randständigen Individuen des sozialen Atoms.
2) *Qualität;* d. i. die Zahl der positiven, negativen und indifferenten Relationen des Kernindividuums zu den umgebenden Individuen gemäß seiner eigenen subjektiven Einschätzung.
3) *Distanz;* d. i. der Abstand der Individuen vom Kernindividuum entsprechend der Einteilung des Zonenprofils in eine Kern-, Mittel- und Randzone. Diese Dimension gibt Aufschluss über die Intensität der Kontakte im sozialen Netzwerk und über die Handhabung von Nähe und Distanz
4) *Kohäsion;* d. i. die Verbindung, die die ein Kernindividuum umgebenden Personen untereinander haben.
5) *Konnektierung;* d. i. die Stellung des sozialen Atoms zu anderen sozialen Atomen und übergeordneten Netzwerken.

Ein soziales Atom von *guter Konsistenz* ist gekennzeichnet durch eine hohe Zahl von positiven und eine geringe Zahl von negativen Relationen zwischen dem Kernindividuum und den umgebenden Individuen, durch zahlreiche Relationen der umgebenden Individuen (sie bilden dadurch ein auffangendes und tragfähiges soziales Netz), eine ausgewogene Verteilung von Nähe und Distanz im Gesamtvolumen der Relationen sowie eine vielseitige Konnektierung zu anderen sozialen Atomen. Es ist hiermit eine sehr komplexe Beschreibung eines sozialen Netzwerkes gegeben *(Kulenkampff* 1982), in der mit der Dimension »Qualität« der subjektiven Einschätzung Rechnung getragen wird. Es können diese fünf Dimensionen um eine zusätzliche sechste, nämlich die der *supportiven Valenz,* ergänzt werden. Unter diesem Konzept verstehen wir die

Möglichkeiten und *Fähigkeiten* emotionaler, sozialer, materieller und spiritueller (Wertebereich) Stützung von den Mitgliedern eines sozialen Atoms gegenüber dem Kernindividuum. Man könnte auch von der *coping capacity* des sozialen Netzes sprechen. Die *Möglichkeiten* liegen in der Verfügbarkeit von Eigen- und Fremd-Ressourcen. Die *Fähigkeiten* liegen in der Bereitschaft, diese Ressourcen zur Unterstützung für das Mitglied des sozialen Netzwerkes einzusetzen.

In empirischen Untersuchungen von sozialen Atomen alter Menschen *(Petzold* 1979b, 1994d) konnten wir feststellen, dass es einen dramatischen Abfall der Konsistenz, d. h. der Gesundheit und Leistungsfähigkeit und der *coping capacity,* der sozialen Atome, vom 40. zum 70. Lebensjahr gibt (vgl. Abbildung 1). Die Konsistenzwerte der sozialen Atome fielen erheblich ab. In unserer Untersuchung ging z. B. die Zahl der *Relationen,* die die untersuchten Personen mit 40 Jahren hatten, gegenüber den Relationen, die sie im Alter hatten, in 39 von 40 Fällen zurück, und zwar im Schnitt um 51,8%, bezogen auf den Mittelwert und die gesamte Population, wobei die Frauen mit 36,8% gegenüber den Männern mit durchschnittlich 60,4% wesentlich besser dastehen. Der *Konsistenzwert* des sozialen Atoms sank im Mittel um 29% (bei den Frauen um 18,4%, bei den Männern um 37,1%). Auch im Hinblick auf die *Qualität* der Relationen ist ein erheblicher Rückgang positiver Beziehungen kennzeichnend. Im Hinblick auf die *Distanz* nimmt die Kernständigkeit zu, die Menschen im Alter und in Bedrängnis »rücken näher zusammen«. Es findet aber auch eine Verödung der Kernzone statt. Insbesondere verödet die Mittelzone, in der früher die Berufskontakte und die Beziehungen, die über den engeren Familien- und Freundeskreis als Ausdruck von Lebensvielfalt hinausgingen, angesiedelt waren. Nur die Dimension *Kohäsion* nimmt zu. Das stärkere Aufeinander-angewiesen-Sein mag diesen Effekt bewirken. Bei der Dimension *Konnektierung* zeigt sich ein Rückzug von anderen Bereichen, ein Verlust von Lebensvielfalt und Horizont *(Petzold* 1979b, 67 f.). Ein weiteres Problem ist die »*Überalterung*« von sozialen Atomen. Eine große Anzahl alter Menschen der gleichen Kohorte erhöht die Verwundbarkeit des Netzwerkes: wichtige Stützpersonen können plötzlich wegfallen, Verlustereignisse können es erschüttern. Außerdem ist die Zahl der Hilfsbedürftigen innerhalb eines solchen Netzwerkes groß. Zwar wachsen auch die Möglichkeiten des Verständnisses – man steht ja in der gleichen Situation –, auf der anderen Seite nehmen die Ressourcen ab. Die Leistungsfähigkeit eines sozialen Atoms als *coping agency* ist von der materiellen, emotionalen und sozialen Leistungsfähigkeit seiner Mitglieder abhängig. Auch *Bandura* (1983) und *Saup* (1983) differenzieren soziale Netzwerke nach sozialen, emotionalen und instrumentalen Aspekten, wobei es schwierig ist, diese drei Größen zu gewichten, denn sie hängen von der jeweiligen individuellen Bewertung ab, wie nämlich Materielles, Emotionales oder Soziales eingeschätzt wird.

Die dramatische Reduktion von sozialen Atomen im Alter ist sicherlich ein kulturspezifisches Phänomen. In den pluralistischen westlichen Industrienationen, wo das *extended-family-Modell* von der Kleinfamilie abgelöst wurde (Sennett 1987), die »Single-Kultur« blüht und die Verlängerung der individuellen Lebenszeit und die lange *Empty-nest-Phase* zu einem Auseinanderdriften der Generationen führt *(Majce* 1982), nimmt das Support-System Familie ab, und an seine Stelle treten einerseits »Lifestyle communitis« (*Müller, Petzold* 1999) und anderseits öffentliche Institutionen, die natürlich auch eine formale Struktur, eine größere Anonymität und ein Verlust an individualisierter Zuwendung kennzeichnet. Es bleibt allenfalls eine »Intimität in der Distanz« *(Rosenmayr* 1983). Auch der Verlust der Nachbarschaften und der sozioökologischen Eingebundenheit des Quartiers durch die sich verändernden baulichen bzw. städtebaulichen Bedingungen führen zu einer Reduktion »natürlich gewachsener« Gruppierungen in ihrer identitätsstiftenden Funktion für den alten Menschen. Es kommt hier ein Moment zum Fortfall, dem bislang noch nicht ausreichend Beachtung geschenkt wurde: sozioökologische Eingebundenheit als ein bedeutsamer Faktor für seelische Gesundheit und Lebenszufriedenheit bzw. bei ihrem Fehlen als bedeutsamer Faktor der Pathogenese.

Die numerische Quantität eines sozialen Atoms reicht bei weitem nicht. Die soziale Bezugsgruppe zeigt ihre supportive Kraft nicht vorwiegend in ihrer finanziellen Potenz, sondern in ihrer Fähigkeit, auf den alten Menschen einzugehen, ihn zu verstehen und ihm »die richtige« Zuwendung zu geben. Es ist vielleicht die bedeutsamste Erfahrung, die wir in nunmehr 20-jähriger geragogischer, sozio-

Abb. Projektives soziales Atom als freies Bild

Legende zur Topographie des abgebildeten »sozialen Atoms«
1 Personen, die mich in der Kindheit und Jugend usw. geprägt haben (Kindergärtnerinnen, Lehrer, Ausbilder usw).
2 Vater/Baum + Haus
3 Mutter/Baum + Haus mit Schornstein und Rauch
4 Ich, zum anderen Ufer blickend und als »zynischer Luftgeist«
4 eine alte Freundin »große Schwester« – M ⎱
6 ein Freund – W. ⎰ Rosenbüsche
7 eine Freundin – I. – Schwan
8 langjährige Freundin und Kollegin (Sicherheit) – Schiff
9 V. – neuer Freund der D. – Gebirge
10 D. – meine ehemalige Freundin (See – Wasserfall- Gewitterwolke – Wolke über der Sonne)
11 Rose – Symbol der Liebe, strahlt Ruhe, Geborgenheit, Sicherheit aus – Zeichen für ein geändertes Leben
12 Gebirge – »Ich weiß nicht, was mich auf dem Weg dadurch erwartet«, Unsicherheit, Angst, »Sich-verletzen-Können«
13 Vögel- einige Freunde, die mich noch erwarten
14 Sonne – Symbol für Leben, Wärme
15 Steine bzw. Weg, den es zu gehen gilt, um mein Leben zu verändern
16 Strand-Symbol für Ruhen – Entspannen – Krafttanken

Projektives soziales Atom als »freies Bild«
Neben seiner metrischen Form, die das Geflecht der Bezugspersonen eines Menschen exakt *kartiert* (*Petzold* 1979b; *Kulenkampff* 1982), wird die von *Petzold* entwickelte Technik des »projektiven sozialen Atoms« verwandt. Die Teilnehmer werden aufgefordert, ihr soziales Netzwerk so darzustellen, wie sie es erleben. Für Beziehungen und Beziehungsqualitäten sollen Farben verwendet werden, für Menschen sollen sie Symbole finden, die für sie charakteristisch sein könnten (Blumen, Tiere, Gegenstände usw.) – ein ähnliches Vorgehen wie in der Kindertherapie die »Familie in Tieren«. Manche Patienten behalten beim projektiven sozialen Atom die Form des metrischen Modells bei.
Andere finden vielfältigste Formen: einen Baum mit verzweigter Krone und verschiedenen Blüten, einen illustrierten Stammbaum, der mittelalterlichen Darstellung der »Wurzel Jesse« ähnlich, einen Flusslauf mit vielen Armen oder auch ein »freies Bild« (vgl. gegenüberliegende Seite), dessen Elemente Personen und Beziehungen darstellen. Durch Farb- und Symbolwahl werden nicht nur die bewussten Beziehungsqualitäten deutlich, auch unbewusste Beziehungsdynamik kommt – oft für den Zeichner überraschend – zum Vorschein. Die Bearbeitung erfolgt in gestaltthera-

peutischem Vorgehen mit den Techniken der »Identifikation«, des »Dialogs« mit der Person bzw. ihrem Symbol, des »Dialoges« zweier oder mehrerer Personen (Symbole) auf dem Bild untereinander. Eine biographische Perspektive wird durch das Aufgreifen der »Geschichten von Beziehungen« möglich. Prägnanz kann hier gewonnen werden, wenn man neben dem gegenwärtigen »sozialen Atom« die Beziehungen vergangener Zeiten in projektiver oder metrischer Form darstellen lässt. Aus explorativen Gründen legen wir auf eine Rekonstruktion des SA aus dem Alter von fünf Jahren (ödipales/postödipales Sozialisationsfeld) und 15 Jahren (Sozialisationsfeld der Adoleszenz) Wert, weil sich hier oft pathogene Beziehungskonstellationen finden, die Beziehungsschwierigkeiten in späteren sozialen Atomen erklärbar machen. Interessanterweise finden sich in den Beziehungsmustern von sozialen Atomen des Seniums des öfteren Muster aus den frühen SA-Konstellationen, die offenbar in involutiven Prozessen reproduziert werden.

therapeutischer und psychotherapeutischer Arbeit mit alten Menschen gewonnen haben, dass ein rechtes Verstehen, gegründet auf einer adäquaten *Einfühlung aufgrund intergenerationaler Kompetenz,* und das angemessene Vermitteln von Zuwendung das ist, was für das Gesamtbefinden des alten Menschen am meisten zählt. In ähnlicher Weise wie *Kohut* (1981) die *mangelnde Empathiefähigkeit* wichtiger Bezugspersonen, insbesondere der Mutter, für seelische Erkrankungen verantwortlich macht, konnten wir die mangelnde Empathiefähigkeit des sozialen Kontextes als kausal für Leiden, Krankheit und akzelerierte Alternsprozesse, ja für erhöhte Mortalität der alten Menschen finden *(Petzold/Bubolz* 1979). Die Restitution sozialer Netzwerke, wo sie atrophiert oder angekränkelt waren, wo sie indifferent oder toxisch geworden sind, war uns deshalb stets ein wichtiges Anliegen, und wo dies nicht zu erreichen war, haben *wir versucht,* »prothetische« soziale Atome aufzubauen, etwa durch die Einrichtung therapeutischer Wohngemeinschaften *(Petzold* 1985) oder von Selbsthilfe- und *Exchange-Learning-Gruppen* (dieses Buch S. 194 ff.) oder durch therapeutische Gruppen, die mit den verschiedensten Medien arbeiten (vgl. die entsprechenden Kapitel dieses Buches). Eine Veränderung sozialer Atome durch Methoden »dramatischer Therapie« (Gestalttherapie und Psychodrama) konnten wir empirisch durch Kartierungen der sozialen Atome *(Kulenkampff* 1982) vor und nach der Gruppentherapie feststellen.

Nach zwölf Monaten kontinuierlicher therapeutischer Gruppenarbeit stieg der Konsistenzwert der sozialen Atome im Mittel um 20,7%. Eine Kontrollgruppe ohne Therapie zeigte im genannten Zeitraum eine Verschlechterung der Konsistenzwerte von 30% im Mittel *(Petzold* 1979b 71). *Die therapeutische Gruppe selbst bildet also ein »soziales Netzwerk«, das defiziente Netzwerke ergänzen kann.*

Das Konzept des *sozialen Atoms* und seine Bedeutung für die Persönlichkeit, die seelische Gesundheit und das Gesamtbefinden der Person wird den Teilnehmern erläutert und verständlich gemacht. Dies erfolgt z. B. durch eine exemplarische Arbeit mit dem »Münzsoziogramm« – ein Teilnehmer legt sein soziales Atom, dargestellt durch Münzen, variiert die Distanzen, probiert die Beziehungen aus, die er zu einzelnen Mitgliedern seines sozialen Netzwerkes hat. Oder wir lassen die sozialen Atome kartieren. Auch dieses wird exemplarisch mit einem Teilnehmer vorgeführt. Es wird eine ganze Gruppensitzung damit verbracht, soziale Atome zu zeichnen. Oft werden die angefangenen Blätter noch mit nach Hause genommen, ergänzt, um dann in den nächsten Gruppenstunden besprochen zu werden *(Petzold* 1979a; *Kulenkampff* 1982). Es seien im Folgenden einige pathogene und einige kompensatorische Momente im sozialen Netzwerk alter Menschen beschrieben.

4.1 Rollenentzug/Rollenkreation

In sozialen Gruppierungen von Menschen kommt es mit zunehmendem Alter zu einem *Rollenverlust* durch die Veränderung im sozialen Netzwerk. Die Berufsrollen entfallen mit der Pensionierung, die klassischen Großeltern-Rollen können in geringerem Maße wahrgenommen werden als in früheren Zeiten, weil die Familien zum Teil stark auseinandergedriftet sind. Die Altersrollen sind eher unscharf, und es fehlt an brauchbaren Rollenmodellen und Vorbildern *(George* 1980). Die Altersrollen erfahren vorwiegend negative Bewertungen. Insgesamt verarmt das aktuell spielbare »Rollenrepertoire«, Grundlage für ein starkes Selbst und eine konsistente Identität *(Petzold/Mathias* 1983) – nicht zuletzt durch den Verlust von Mitspielern im sozialen Rollenspiel durch Todesfälle im sozialen Atom. Es müssen deshalb Hilfen geboten werden, neue

Rollen zu schaffen und anzunehmen, das Volumen des »Rollenrepertoires« zu vergrößern, indem alte, schon lange nicht mehr gespielte Rollen aus dem »Rolleninventar« (ibid., Heurig, Petzold 2004) aufgegriffen werden (z. B. durch Aktualisierung alter Hobbys), indem die Rollenflexibilität trainiert wird (durch therapeutische Gruppenarbeit, insbesondere Psychodrama und Therapeutisches Theater), indem neue Felder für Rolleninteraktionen bereitgestellt werden. Der Bereich der Selbsthilfe- und Therapiegruppen bietet hier vielfältige Möglichkeiten.

4.2 Negative und positive Identitätszuweisungen

Das Faktum abnehmender Kräfte wird dem alternden Menschen oft genug von seiner sozialen Umgebung in sehr schmerzlicher und kränkender Weise vermittelt. Hingegen nehmen Attributionen, die sein Selbstgefühl stärken und aufbauen, ab. Erfahrungen des Angenommenseins und Akzeptiertwerdens sowohl von seiten der Therapeuten bzw. des Gruppenleiters als auch in der wechselseitigen Kommunikation der Teilnehmer untereinander vermögen hier Korrektive zu setzen. Positive Identitätszuweisungen ergeben sich allein aus dem Bewusstsein, für jemanden etwas zu bedeuten, erwartet zu werden, für jemanden noch etwas tun zu können, mit Rat, mit Tat, mit kleinen Diensten oder durch das bloße Zuhören. Das gemeinsame Teilen von Erinnerungen, lebensgeschichtlichen Erfahrungen führt dazu, dass die Gruppenteilnehmer einander vertraut werden, dass sie sich bekannt werden, einander kennen, und das ist eine wichtige Dimension von Identität *(Petzold/Mathias* 1983).

4.3 Ausgrenzung/Solidarität

Der alternde Mensch wird aus vielen Bereichen des Lebens ausgegrenzt. Hilfen in der Bewältigung von Lebensproblemen von seiten seiner *Peers* nehmen ab, nicht zuletzt, weil diese Bezugspersonen selber hilfsbedürftig werden. Rückzugsmechanismen verhindern vielfach den Zusammenschluss zu Solidargemeinschaften. »Man muss mit seinen Problemen alleine fertig werden.« Der Verfall von Nachbarschaften trägt zu dieser Entwicklung bei. Ausgrenzung und Vereinzelung aber können in einer Gruppe überwunden werden, wenn sie zu einer Solidargemeinschaft in der Bewältigung von Altersproblemen wird. Wenn die Schwelle überwunden wird, über das zu sprechen, was alle belastet, wird die Gruppe zu einer Gemeinschaft, in der wechselseitige Hilfeleistung stattfinden kann, zu einer »Coping-Gemeinschaft«, in der aber auch gemeinsam kokreativ Lösungen gefunden werden in einer „creative community". Creating- und Coping-Leistungen werden ja nicht nur vom Einzelnen, sondern von seinem sozialen Atom, von seiner relevanten Umwelt erbracht. Bewältigungstechniken, »coping styles« und schöpferische Leistungen, »creating styles« (*Petzold* 2003a), können miteinander geteilt, einander mitgeteilt werden. Das Potential einer Gruppe bietet hier, was die Vielfalt und die Kraft von Ressourcen anbelangt, mehr Möglichkeiten, als sie der Einzelperson in der Regel zur Verfügung stehen.

Dieses alles spricht dafür, vermehrt Gruppenarbeit in der Betreuung alter Menschen einzusetzen. Sie ist unter den verschiedenen therapeutischen Modalitäten (Einzeltherapie, Kurzzeit- und Fokalintervention, Paartherapie, Familientherapie, vgl. *Brink* 1979; *Petzold/ Bubolz* 1979; *Radebold* 1982; *Radebold/Schlesinger-Kipp* 1983; *Müller, Petzold* und *Petzold, Müller,* dieses Werk Bd. 2) das Mittel der Wahl, um soziale Netzwerke zu restituieren. Der scheinbaren Unabänderlichkeit des Verlustes an »sozialer Potenz« *(Petzold/ Bubolz* 1976), die wie ein unentrinnbarer Fluch hingenommen wird, muss begegnet werden: »Alte Menschen sollten lernen, diesen Fluch nicht hinzunehmen. Sie sollten Freunde finden, wieder jemanden, den sie lieben können. Sie sollten vor allem versuchen, die Jugend ihres sozialen Atoms wiederherzustellen. Es ist wahrscheinlich einfacher, Störungen ihres sozialen Atoms durch soziatrische Maßnahmen anzugehen als ihre physischen und psychischen Beschwerden zu behandeln. Die Vorstellung, dass Liebe und Spontaneität nur etwas für junge Leute ist und dass alte Leute sich auf den Tod vorbereiten sollten, ist eine antiquierte Grausamkeit. Es muss ein neuer Wind in die Geriatrie als Wissenschaft vom Alter kommen durch die Erkenntnis, dass wir nicht nur ›innen‹ in uns leben, sondern dass es auch ein ›außen‹ gibt, das hochstrukturiert und empfänglich für Wachstum und Verfall ist. Der Tod ist eine Funktion des Lebens. Er hat eine soziale Realität« *(Moreno* 1947, 82).

5. Funktionen der Gruppe in der gerontotherapeutischen Gruppenarbeit

Die hier zu Grunde gelegte Konzeption therapeutischer Gruppenarbeit basiert auf den Modellen und Theorien der Integrativen Gruppentherapie (*Petzold, Frühmann* 1986a; *Orth, Petzold* 1995), auf die hier verwiesen werden muss. In der Gruppenarbeit mit alten Menschen besteht die Funktion der therapeutischen Gruppe weitgehend in der Übernahme von Funktionen des sozialen Netzwerkes bzw. naturwüchsiger Gruppen. Einige für die Gerontotherapie besonders relevante Funktionen seien im Folgenden kurz aufgezeigt.

5.1 Die Gruppe als Matrix der Identität

Identität ist keine starre stabile Größe, sondern ist im Verlauf des Lebens mehr oder weniger großen Veränderungen unterworfen (Petzold 2001p). Diese Veränderungen sind abhängig von Veränderungsprozessen der Leiblichkeit und des sozialen und ökologischen Lebensraumes, wie sie besonders durch den Vorgang des Alterns gegeben sind. Der Mensch ist mit dreißig ein anderer als mit sechzig, obgleich es überdauernde Merkmale gibt *(George* 1980). Es ist eine gewisse Konstante gegeben durch das Gedächtnis, die Erinnerungen, das Wissen, das das *Ich* über das *Selbst* hat, durch die Leiblichkeit, durch die Präsenz wichtiger Bezugspersonen im sozialen Netzwerk und durch eine übergeordnete Qualität des ökologischen Bezugssystems – nur wenige Menschen werden gänzlich aus ihrem regionalen oder zumindest übergeordneten regionalen Bereich (Deutschland, Mitteleuropa) herausgerissen. Die Bilder, die das *Ich* über das *Selbst* hat, die Selbstattributionen und die Zuweisungen aus dem sozialen Feld, die Identitätsattributionen, wie sie über die Lebenszeit hin erfolgen, konstituieren *Identität (Petzold/Mathias* 1983; *Petzold* 1984, 2001p; *Wijnen, Petzold* 2003). Das soziale Feld und die in ihm wirkenden Gruppierungen sind demnach ein wesentlicher, konstitutiver Bestandteil für das Entstehen und die Erhaltung von Identität. Eine therapeutische Gruppe, die klare Identitätszuweisungen gewährleistet, hat deshalb besonders in Zeiten der Krise, besonders im Alter, wenn die sozialen Netzwerke ausdünnen oder zerfallen, spezifische Möglichkeiten der Sicherung von Identität. Unter dieser Zielsetzung steht dann auch im wesentlichen gerontotherapeutische Gruppenarbeit: Identität zu erhalten, zu entfalten und, wo sie beeinträchtigt oder beschädigt ist, zu restituieren.

5.2 Die Gruppe als Reservoir an Ressourcen

Ressourcen-theoretische Überlegungen *(Schneider* 1979; *George* 1980; *Petzold* 1997p) haben in der gerontotherapeutischen Literatur bislang kaum Beachtung gefunden. Die Ressourcenlage des alten Menschen, seine Verfügung über Eigenressourcen und die Möglichkeit zur Erschließung von Fremdressourcen, ist aber zur Beurteilung der Lebenssituation, zur Abschätzung der Prognose und für die Konzipierung der Behandlung von einschneidender Bedeutung. Ich werde hierzu noch kurz im Rahmen unserer diagnostischen Überlegungen zurückkommen. Wir verstehen unter *Ressourcen* »alle materiellen, physischen, psychischen, kognitiven und sozialen Mittel, die zur Erhaltung des Lebens, zur Gewährleistung einer angemessenen Lebensqualität und zur Bewältigung von Lebensproblemen für ein Individuum oder eine Gruppe erforderlich sind und vom Subjekten als solche wahrgenommen (perceived ressources) und kognitiv und emotional eingeschätzt bzw. bewertet werden (valuation, appraisal)«, wie es die »Integrative Ressourcentheorie« (Petzold 1997p) konzeptualisiert.

Ressourcen können also Geldmittel und Grundbesitz sein, aber auch soziale Kontakte, Beziehungen, Freundschaften und auch Intelligenz, Sprachkenntnisse, Lebenserfahrungen, Mut, Gelassenheit, Leidensfähigkeit usw. Eine der bedeutendsten Ressourcen sind die physischen Fähigkeiten: Gesundheit, Vitalität, körperliche Elastizität und Geschicklichkeit. Ein derartig komplexes Ressourcenkonzept macht die Erhebung schwierig (vgl. ein Raster bei *Rahm* 1985). Wird aber der Gruppe die Bedeutung des Ressourcen-Konzeptes vermittelt, so kann ein Teil der Gruppenarbeit auch darin bestehen, gemeinsam eine Ressourcen-Analyse zu erstellen, und zwar für die einzelnen Mitglieder, aber auch für die Gruppe insgesamt. Die Gruppe wird sich dabei sehr bald als »Reservoir von Ressourcen« erkennen und erleben. Nicht nur, dass die einzelnen Teilnehmer

Mitglieder eines sozialen Netzwerkes und damit eine soziale Ressource geworden sind, sie sind noch in einem weiteren Sinne *resource persons*. Ihre Erfahrungen, Erinnerungen, lebenspraktischen Kenntnisse sind eine wichtige Informationsquelle, die man gemeinsam teilen kann. Ihre Bereitschaft, sich emotional zu engagieren, sich wechselseitig zu stützen, ein Gruppenmitglied in Krisensituationen mitzutragen, ist Quelle der Unterstützung. Beziehungen und Verbindungen, Kontakte, die ein Einzelner hat und einem anderen Gruppenmitglied oder der Gesamtgruppe zur Verfügung stellt, bis hin zu praktischen Hilfeleistungen im Alltag können als weitere Ressourcen betrachtet werden. Je bewusster sich eine Gruppe dieser Möglichkeiten und Funktionen wird, je eher ist sie in der Lage, diese Potentiale auch gezielt für sich und für die einzelnen Teilnehmer einzusetzen. Es werden damit die eigenen Ressourcen des einzelnen Gruppenmitgliedes erheblich aufgefüllt, und es wächst auch die Chance, sich Fremdressourcen verfügbar zu machen. Fremdressourcen sind nämlich sozialen Gruppierungen aufgrund des größeren sozialen Druckes, den sie auf Institutionen ausüben können, leichter zugänglich als der Einzelperson. Auch die motivationale Kraft, gemeinsam Defizitbereiche anzugehen und fehlende bzw. unzureichende Ressourcen zu beschaffen bzw. aufzubessern, ist in der Gruppe günstiger einzuschätzen.

5.3 Die Gruppe als Agentur wechselseitiger Hilfeleistung

In der Gruppe kommt ein Moment zum Tragen, das *Moreno* als die Essenz der Gruppentherapie angesehen hat: »That one man becomes the therapeutic agent of the other« *(Moreno* 1932). Die Gruppe greift auf die grundlegende Fähigkeit des Menschen zur »wechselseitigen Hilfeleistung« zurück, ein Konzept, das *Kropotkin* herausgestellt und betont hat. Sie wird zu einer Gemeinschaft, in der »*exchange learning and exchange helping*« *(Petzold* et al., dieses Buch S. 194 ff.) einen grundlegenden Funktionsmodus darstellen. Dieser ist in unterschiedlicher Weise vorhanden und entwickelt. Besonders bei den zurückgezogenen, auf sich gestellten oder in einer Heimsituation hospitalisierten Gruppenmitgliedern müssen diese Fähigkeiten der wechselseitigen Hilfeleistung und des wechselseitigen Lernens erst wieder aufgebaut werden. Solidarität kann nicht immer als Gegebenheit angenommen werden, auch wenn man unter den gleichen Belastungen leidet, sondern sie ist auch Lernziel *(Richter* 1976*)*. In der Arbeit mit alten Menschen haben wir es häufigmit einer Situation zu tun, in der die wechselseitige Hilfeleistung über die Gruppensitzungen im engeren Sinne hinaus in den Alltag transferiert werden muss, so dass die Gruppe zu einer wirklichen Selbsthilfegruppe wird *(Petzold, Schobart* 1991; *Veelken* 1981*)*.

5.4 Die Gruppe als Ort selbstverfügter Kontrolle

Das Konzept des Kontrollverlustes und der »erlernten Hilflosigkeit« von *Seligman* (1975) hat verschiedenen Untersuchungen seine Brauchbarkeit auch für den gerontologischen Bereich gezeigt *(Langer/Rodin* 1976; *Rodin 1980; Mercer/Kane* 1979; *Schulz/Hanusa* 1980; *Saup* 1983*)*. Es wurden deutliche Zusammenhänge zwischen dem Verlust an Kontrollmöglichkeiten, erlebter Belastung, negativen Attributionen und Depression bzw. defensiven Bewältigungsstilen (Resignation, Wunsch zu sterben, gefühlte Aussichtslosigkeit, passives Erdulden) festgestellt. *(Flammer* 1990; *Eichert, Petzold* 2003b,c*)* Wenngleich sich die genannten Studien auf die Situation von Menschen in Altenheimen bezogen, zeigt die klinische Praxis in allen Bereichen der Arbeit mit alten Menschen – ob es sich nun um die gesellschaftlich verfügte Zwangspensionierung handelt *(Petzold* 1985f*)*, um den Eintritt einer unerwarteten Erkrankung, z. B. eines Glaukom-Anfalls *(Petzold, Bäumges* 1985*)*, ob es die Abnahme körperlicher oder geistiger Fähigkeiten anbelangt oder den Entzug von sozialer Zuwendung oder die Reduktion materieller Sicherheiten *(Bujard/Lange* 1978*)* –, dass wir überall Situationen finden, in denen alte Menschen Einflüssen ausgesetzt werden, die sich ihrer Kontrolle entziehen. Nicht nur das Eintreten kritischer Lebensereignisse und der mit ihnen verbundene Stress, auch der damit einhergehende Kontrollverlust und damit der Verlust an »sozialer Potenz« *(Petzold/Bubolz* 1976, 134*)* können als auslösende Momente für psychische Belastungsreaktionen und Erkrankungen, insbesondere für Depressionen und psychosomatische Reaktionen angesehen werden. Häufig werden noch die bei Verletzung und Kontrollverlust auftretenden aggressiven Impulse retroflektiert, wodurch die Reaktionsbildung verstärkt wird. Ich habe schon 1977 darauf hingewiesen: »Bei Depressionen alter Menschen sind Faktoren wie Rollenverlust, Einbußen an physischen Fähigkeiten, Verlust von Bezugspersonen, Einschränkung der wirtschaftlichen und Wohnsituation, sowie Auswirkungen sensorischer und perzeptueller Deprivation meist mit im Spiel« *(Petzold* 1977a). Ich habe sieben Faktoren für eine multifaktorielle Genese der Depression im Alter herausgearbeitet:

»1. altersbedingte cerebrale Veränderungen;
2. Stimulierungsverlust;
3. retroflektierte Aggression gegen die aktualen Einengungen durch die Umstände (die Gesellschaft, die Jüngeren);
4. retroflektierte Aggression gegen die Bedingungen eines ungünstigen Lebensschicksals;
5. Fehlende Integrationsfähigkeit im Hinblick auf die Lebensbilanz;
6. Fehlen der Integrationsmöglichkeiten im Hinblick auf Sinn- und Wertfragen;
7. Fehlen der Integrität der Person im Hinblick auf die Bedrohung durch den unabänderlichen Tod. *(Petzold* 1977a). Die Dimension des Kontrollverlustes ist in den Punkten 1–4 eingeschlossen.«

Zu Punkt 4 könnte man spezifizierend hinzufügen, dass er die Auswirkungen pathogener Konstellationen in Kindheit, Jugend und Erwachsenenalter entsprechend dem psychoanalytischen Modell der Genese von Depressionen miteinschließt.
Hautzinger (1978; 1979a-c) hat verschiedentlich die Nicht-Kontrollierbarkeit von Umweltbedingungen als Erklärungsmodell für die Genese von Altersdepressionen herausgestellt. »Damit eine psychoreaktive Altersdepression entsteht, müssen also nicht-kontrollierbare Bedingungen (Veränderungen) gegeben sein, das Individuum muss diese Situation als solche wahrnehmen und subjektiv bedeutsam empfinden, kein Verhalten zur Bewältigung dieser Bedingungen zur Verfügung haben und sich selbst als unfähig einschätzen. Die dann entstehende Einstellung der gelernten Hilflosigkeit wird auf viele oder alle Lebensbereiche generalisiert. Das Indiviuum erlebt sich überall als hilflos. Das typische Verhalten einer Depression

ist die Folge« *(Hautzinger* 1978, 352). Sicher ist dieser Erklärungsansatz allein nicht ausreichend. Die Ätiologie ist, wie aufgezeigt, in der Regel noch komplexer. Aber dieses Modell stellt für die Sicht der Altersdepression sicher eine innovative Perspektive dar. Kontrollverlust als die Unfähigkeit einer Person, Zusammenhänge zwischen dem, was ihr zustößt, und dem, was sie tut, herzustellen, kann für die Alterssituation als ein gewichtiges pathogenes Moment angesehen werden. *Saup* (1983, 183) zieht aus seiner Untersuchung für eine Altenheim-zentrierte Belastungsprävention als Schlussfolgerung »die Schaffung erweiterter Handlungsspielräume und erhöhter Kontrollmöglichkeiten«, und für die Individuum-zentrierte Belastungsprävention schlägt er den Aufbau assertiven Bewältigungsverhaltens vor, durch das Kontrollmöglichkeiten restituiert werden. In der Reduktion von Kontrollverlust und dem Aufbau personaler Kontrollmöglichkeiten als der Fähigkeit wahrzunehmen, wie man durch eigenes Tun die persönliche Lebenssituation verändern und beeinflussen kann, haben wir ein wichtiges Moment psychotherapeutischer, soziotherapeutischer und geragogischer Gruppenarbeit mit alten Menschen zu sehen. *Die Gruppe wird zu einem Ort selbstverfügter Kontrollmöglichkeiten.* Die alten Menschen werden dazu ermutigt, die Gruppensituation zu kontrollieren, aktiv mitzugestalten, sie als Freiraum zu nutzen. Dazu wird erforderlich, dass der Gruppenleiter Situationen schafft, die nicht ausschließlich oder überwiegend von ihm bestimmt und strukturiert werden. Der in der Regel aktivere und direktivere Interventionsstil in der gerontotherapeutischen Arbeit muss durch Phasen der Zurücknahme und relativen Abstinenz auch Gegenakzente beinhalten, um die Möglichkeiten der Gruppe nicht zu depotenzieren. Die Ermutigung, im Transfer auf Lebenssituationen Kontrolle über Bereiche wieder zu übernehmen, in denen man sie schon auf- und abgegeben hat, stellt für die Teilnehmer ein wichtiges Moment dar, selbstbestimmte Lebensgestaltung wiederaufzunehmen. Wiederum ist es uns ein Anliegen in unseren therapeutischen Gruppen, das Konzept des Kontrollverlustes und der gelernten Hilflosigkeit den Teilnehmern verstehbar zu machen, indem wir exemplarisch Beispiele aus dem Leben der Gruppe und der Gruppenteilnehmer aufgreifen und unter diesem Erklärungsmodell in verständlicher und eingehender Weise explizieren. Die Gruppe beginnt dann selbst die

Analyse von Situationen und Lebensumständen, die mit Kontrollverlust einhergehen. Dabei wird häufig deutlich, dass eine Veränderung der Sichtweise dazu führen kann, dass ein Kontrollverlust nicht als totaler erlebt wird, Generalisierungen verhindert oder aufgehoben werden, so dass der Teufelskreis von Negativerwartungen und Negativkonsequenzen durchbrochen wird. Den Gruppenteilnehmern wird damit in mehr oder weniger großem Maße die Entscheidung wiedergegeben, es werden Handlungsspielräume erweitert *(Averill* 1973) und in der gruppalen Interaktion auch genutzt und eingeübt. Die Reversibilität erlernter Hilflosigkeit *(Abramson/ Seligman/Teasdale* 1978) durch die Möglichkeiten selbstverfügter Kontrolle in der Gruppe ist ein immer wieder feststellbares klinisches Resultat gerontotherapeutischer Arbeit. Es sollte deshalb dezidierter und strategischer in der Behandlung alter Menschen eingesetzt werden und zum Tragen kommen sowie zu einem Fokus von Supervision gemacht werden *(Eichert, Petzold* 2003b, c).

5.5 *Die Rolle der Gruppe als Generator »sozialer Welten« und »kollektiver sozialer Repräsentationen«*

Das Individuum lebt in multiplen sozialen Welten, die seine Identität nachhaltig beeinflussen und deren Veränderung Auswirkungen auf das Identitätserleben und die Stabilität des Selbst haben *(Matthews* 1979). Der Verlust von sozialen Umwelten und geteilten sozialen Gedankenwelten, wie er sich durch den Übergang in den Ruhestand und andere Statuspassagen *(Strauss/Glaser* 1971) zeigt, trägt zur Verarmung des Individuums und zu Krisensituationen bei, so dass diesen Zusammenhängen besondere Beachtung geschenkt werden sollte. Das unter Rückgriff auf *G. H. Mead* von *Anselm Strauss* (1978) entwickelte Konzept der *»social world«* kann wie folgt definiert werden: »Eine soziale Welt (social world) ist eine extrem weite, höchst durchlässige, amorphe und räumlich transzendente Form einer sozialen Organisation, in der die Akteure kognitiv miteinander verbunden sind durch eine gemeinsame Perspektive, die sich aus gemeinsamen Kommunikations-Kanälen ergibt« *(Unruh* 1983, 14). Dieses Konzept nimmt den Lebenswelt-Gedanken *(E. H. Husserl, M. Merleau-Ponty, A. Schütz)* auf und fügt dem Konzept des »sozialen Netzwerkes« bzw. sozialen Atoms weitere Dimensionen hinzu, insbesondere die der *gemeinsamen Perspektive,* die symbolisch vermittelt ist und sich z. B. in bestimmten Sprach- und Verhaltensmustern äußert, die damit geteilte »kollektive mentale Repräsentationen« (*Moscovici* 2001; *Petzold* 2003b) darstellen. Durch das für das Alter einzigartige Faktum aber, »dass die Alters-Kohorte zunehmend zerbrechlicher wird« *(Dono* et al. 1979), werden die Möglichkeiten, eine »soziale Welt« gemeinsam zu teilen, reduziert, denn die Menschen, mit denen man in der Vergangenheit gelebt hat, sind gestorben. Soziale Welten aber behalten Bedeutung und wirken identitätsstiftend, auch wenn sie nicht mehr bestehen, wie *Shibutani* (1955) treffend herausgestellt hat. Aber gerade dann ist es wichtig, dass man sich ihrer nicht einsam erinnert, sondern sie teilen kann. Die gerontotherapeutische Gruppenarbeit stellt einen Raum bereit, in dem Menschen ähnlichen Alters die Möglichkeit haben, soziale Welten zu teilen, indem sie über Vergangenheitsereignisse sprechen können, über Zeiten, die sie gemeinsam erlebt haben (*Petzold, Petzold* 1991a, b). Die aktive Rekonstruktion vergangener Welten, z. B. durch Tagebücher, Fotoalben und Erinnerungssouvenirs, ist ohnehin ein für alte Menschen sehr charakteristisches Moment. Es kann diese Tendenz durch die psychodramatische Re-Inszenierung von Szenen, die Gestaltung von Erinnerung mit kreativen Medien oder mit imaginativen Methoden aufgenommen werden (S. 219 ff.). Aber das Leben in der Vergangenheit genügt nicht. Auch die Gegenwart muss »valide soziale Welten«, die befriedigend und erfüllend sind, bieten. Wo derartige »social worlds« vorhanden sind, gilt es, sie zu erhalten, wo sie verlorengingen, gilt es, neue zu schaffen. Zuweilen wird es auch notwendig, sich von alten Welten zu verabschieden, sie zu betrauern (und sie sich damit auch in gewisser Weise zu bewahren durch eine neue Form der Aneignung), damit sie nicht den Zugang zu möglichen Sozialbezügen hier und heute verstellen. *David Unruh* (1983) hat in einer Reihe von Einzelfallstudien Beispiele gesammelt, wie alte Menschen in alten sozialen Welten leben und sich neue soziale Umwelten und damit Gedankenwelten, geteilte Innenwelten erschließen. Und *Andrea Fontana* (1979) legt mit ihren Interviews eine beeindruckende Dokumentation über die Möglichkeiten sozialer Welten im Alter vor. Soziale Welten, die sich alte Menschen suchen, können eine Bowling-Gruppe sein, eine »square dancing world«, eine »bicycling world«, usw.

(Unruh 1983). Es kann die soziale Welt eines Altenzentrums sein, eines Volkshochschulkurses, einer Kirchengemeinde *(Hochschild* 1978; *Atchley* 1980). Es kann aber auch die soziale Welt einer Therapie- oder Selbsterfahrungsgruppe sein. Das Fehlen entsprechender Bezugsgruppen zeigt sich als eine der schwierigsten Probleme für Leute, die sich mit dem Verlust sozialer Welten durch das Alter auseinanderzusetzen haben *(Lopata* 1973).
Gruppen in der Arbeit mit alten Menschen sind in sich selbst soziale Welten. Sie können und müssen darüber hinaus Generatoren für soziale Welten werden, indem sie an die Stelle von Rückzugsstrategien, defensive Bewältigungsmechanismen (siehe unten) oder ähnliche Strategien des Herausgehens Fähigkeiten aufbauen, neue soziale Welten zu betreten und auf neue Kontexte zuzugehen. Dies gelingt leichter, wenn man es nicht alleine tun muss. Gemeinsame Aktivitäten der gerontotherapeutischen Gruppe, wie z. B. Theater- und Museumsbesuche, Ausflüge, Reisen, Besichtigungen, Projekte, sind deshalb zu fördern und zu initiieren (dieses Buch S. 321 ff.). Eine Abstinenz der Gruppenmitglieder untereinander, insbesondere ausserhalb der Gruppe, wie sie von bestimmten Richtungen analytischer Gruppenpsychotherapie befürwortet wird, erweist sich hier – wie wahrscheinlich überhaupt – als dysfunktional. In den gruppalen Aktivitäten innerhalb und außerhalb der Sitzungen »ereignen« sich Verhaltensweisen bzw. werden Verhaltensstile aufgebaut, die die Integration in neue soziale Welten fördern, wie z. B. »consuming, collecting, creating, performing, marketing, organizing, representing, evaluating« *(Unruh* 1983). Die Vielfalt sozialer Welten, die im sozialen Atom durch die Dimension »Konnektierung« (siehe oben) repräsentiert wird, stellt einen Reichtum der Person dar. Das Alter könnte Freiräume bieten, sich neue soziale Welten zu erschließen, für die während der Berufszeit von Zeit und Spannkraft her gesehen keine Ressourcen vorhanden waren. Und so finden sich auch immer wieder alte Menschen, die in der Zeit des Ruhestandes zahlreiche Aktivitäten entfalten und »mehr beschäftigt sind als vor der Pensionierung«. Zumeist aber sind dies Menschen, die *schon immer* ein hohes Aktivitätspotential hatten, nicht unter sozialer Depotenzierung und Kontrollverlust ihrer Situationen zu leiden hatten und nicht durch Entzug von Kontaktmöglichkeiten und Kontakthemmungen eingeschränkt sind. Solche Menschen erleiden keine »Hos-

pitalisierung im Alltagsleben« *(Petzold/Bubolz*, 1979, 262). Psychotherapeutische, soziotherapeutische und geragogische Gruppen aber können den Menschen Möglichkeiten bieten, die aus eigenem Antrieb und eigenem Potential sich keine neuen sozialen Welten erschließen können, sondern Verluste im Hinblick auf die Vielfalt von sozialen Bezügen hinnehmen mussten. Gerontotherapeutische Gruppenarbeit geht damit immer über den spezifisch psychotherapeutischen Raum hinaus in den Bereich der Geragogik bzw. Sozialgeragogik, der Freizeitaktivität und der Persönlichkeitsentwicklung, und sei es nur, indem sie diese Bereiche anspricht und in der Gruppe zum Thema macht. Das Konzept der »social world«, seine Bedeutung für die geistige und seelische Gesundheit und das persönliche Wohlbefindens wird den Gruppenteilnehmern vorgestellt und damit verfügbar gemacht, etwa dadurch, dass man mit den Teilnehmern eine »Kartierung« ihrer sozialen Welten vornimmt. Sie wird in der Gesamtgruppe durch den Therapeuten mit einem oder zwei Teilnehmern exemplarisch auf einem großen Papierbogen aufgezeigt und illustriert – eine Form projektiver und semiprojektiver Diagnostik (Beispiele bei *Müller, Petzold* 1998). Dann kann die Kartierung in Kleingruppen fortgeführt werden oder als »Hausarbeit« mitgegeben werden, so dass in einer weiteren Gruppensitzung die illustrierten Bögen vorgestellt werden können. Diese Aktivität setzt in diagnostischer und therapeutischer Hinsicht sehr viel Material frei. Sie bewirkt bei den einzelnen Teilnehmern und der Gesamtgruppe ein hohes Maß an Involvierung und hat ein äußerst stimulierendes Potential für das Aktivitätsniveau der Gruppe und den weiteren Gruppenverlauf.

5.6 Die Gruppe als Ort zwischenleiblicher Gemeinschaft

Gruppenarbeit vollzieht sich in »zwischenleiblicher Präsenz« *(Petzold* 1985a, b). Die Gruppe setzt sich zusammen aus leiblich präsenten Individuen, die nicht nur verbal, sondern wesentlich auch nonverbal miteinander kommunizieren. Es scheint diese Aussage eine Banalität zu sein, aber dem Bereich der Non-Verbalität wird erst mit dem Aufkommen humanistischer Psychotherapieformen, wie z. B. der Gestalttherapie oder der *Reichianischen* Verfahren, größere Beachtung geschenkt. Inzwischen haben die non-verbalen Therapieverfahren schon eine gewisse Bedeutung erlangt *(Petzold* 1985a; 1977; 1974, 2004h). Von seiten der Vertreter verbaler Therapieformen werden sie aber oft noch als exotisch angesehen. Gerade in der Arbeit mit Patientengruppen, deren Leiblichkeit in besonderer Weise tangiert wird, Psychosomatikern und Alterspatienten *(Küchler* 1983), ist dem Moment der Leiblichkeit und der Zwischenleiblichkeit besondere Aufmerksamkeit zu schenken *(Petzold/Berger* 1979).

In der Gruppenarbeit mit alten Menschen kommt der Leib immer wieder zur Sprache, etwa in Klagen über Schmerzen, Funktionseinschränkungen, Beschwerden vielfältigster Art. Der Leib ist oftmals negativ besetzt. Die Spuren des Alters, die Veränderung der Haut, der Konsistenz des Gewebes machen es vielen Menschen schwer, sich »leiblich anzunehmen«, sich in ihrer Haut wohl zu fühlen und zu akzeptieren. Die Abspaltung von der eigenen Leiblichkeit führt dann konsequent zur Entfremdung von der Leiblichkeit des anderen. Körperkontakt wird vermieden, und so entsteht – insbesondere wenn kein Kontakt zu Enkelkindern da ist – ein Defizit an »Streicheleinheiten«, die auch und gerade für den alten Menschen wichtig sind. In der Gruppenarbeit mit Alterspatienten nimmt deshalb die Wiederaneignung von Leiblichkeit durch bewegungstherapeutische Elemente, durch Fokussierung auf Körpersprache und leiblichen Ausdruck, durch Aneignung von Zwischenleiblichkeit über Kontakt- und Partnerübungen einen besonderen Platz ein. Es ist aufschlussreich zu vermerken, dass in der Vielzahl von Forschungen zur Non-verbalität sich kaum Studien über die Körpersprache alter Menschen finden und auch die gerontologischen Forschungsarbeiten diesen Bereich bisher vernachlässigt haben – offenbar ist er sehr bedrohlich. Obgleich in der gerontotherapeutischen Praxis die Bewegungstherapie ein bewährtes Verfahren ist *(Petzold/Berger* 1979), wird dem Phänomen der Leiblichkeit im Alter erst in jüngster Zeit größere Beachtung geschenkt (dieses Werk, Bd. II). Das Thema Leiblichkeit wird in der Gruppe explizit angegangen. Den Teilnehmern werden die wichtigsten theoretischen Konzepte zur Negativbewertung von Leiblichkeit im Alter und die Folgen negativer Selbstattribution vermittelt, um ein neues Leibbewusstsein aufzubauen und die Gruppe als positiverfahrbaren »social body« wirksam werden zu lassen *(Petzold* 1985a, b). Methodisch werden hier neben den Bewegungselementen Körperskulpturen aus Ton, Körperumrisszeichnungen, die ausgemalt werden, und Körperbemalung mit Schminkfarben verwandt (idem 2003a, Bd. 3). Nach der Überwindung einer initialen Hemmschwelle diesem Thema gegenüber wird es von alten Menschen mit großer Aufmerksamkeit und persönlicher Beteiligung aufgenommen.

5.7 Die Gruppe als Ort gemeinsamer Sinnfindung

Ähnlich wie die Leiblichkeit ist auch die Frage nach den Werten, nach dem Lebenssinn, nach dem Geistigen, nach der Transzendenz in der Psychotherapie weitgehend ausgespart worden (vgl. *Frankl* 1972; *Huth* 1984; *Petzold, Orth* 2004a). In der Arbeit mit alten Menschen, die durch ihre Lebenssituation, ihre Nähe zum Tod existentiell mit den Fragen nach dem Woher und dem Wohin, nach der Sinnhaftigkeit des gelebten Lebens und nach einem möglichen Jenseits konfrontiert werden, kann man sich dieser Problematik nicht entziehen. Dennoch ist es erstaunlich, wie wenig in der Literatur zur »Interventionsgerontologie« *(Lehr* 1979b) diesen Fragestellungen Rechnung getragen wird. Lediglich Autoren aus dem Bereich existenzphilosophisch fundierter Psychotherapie *(Böschemeier* 1979; *Dürckheim* 1979; *Kastrinidis* 1979; *Condrau* 1985; *Lückel* 1981) haben sich hier ausführlicher eingelassen, und das zu Recht, denn die klinische Exploration zeigt immer wieder, dass alte Menschen mit einer erschütterten oder geschwächten Wertewelt eine größere Vulnerabilität zeigen, dass sie die Bedrohung durch den bevorstehenden Tod – sofern sie nicht den Abwehrmechanismus der Verleugnung massiv einsetzen – nur schwer ertragen. Dabei ist die Wertewelt durchaus nicht nur im Sinne religiöser Glaubensbekenntnisse zu verstehen, sondern im Sinne einer konsistenten, tragfähigen persönlichen *Lebensphilosophie,* die ganz unterschiedlich ausgeprägt sein kann (dieses Buch S. 149 ff.). In der Gruppenarbeit werden die Fragen nach dem Lebenssinn, nach dem Jenseits, nach dem Sterben, nach dem, was überdauert, nach dem, was gut und böse gewesen ist im Leben, auf dem Lebensweg *(Petzold, Orth* 2004b) immer wieder thematisiert. Die Gruppenmitglieder lernen dabei die Bedeutung der Wertwelt und die Wichtigkeit von Sinnerfahrungen kennen und einschätzen. In der Auseinandersetzung um Lebensphilosophien, persönliche Auffassungen und Einschätzungen wird »gemeinsamer Sinn« geschaffen, werden Werte neu überdacht und werden auch Werte neu geschaffen, etwa im Erleben von Vertrauen, Gemeinschaft und Mitgefühl in der Gruppe. Für die »nootherapeutische Gruppenarbeit« (von griechisch νοῦς = Geist) wird neben dem verbalen Austausch auch auf die Mittel der Poesietherapie und der Gestaltung in kreativen Medien (s. Band II diese Werkes) zurückgegriffen. Und dies nicht nur in Einzelarbeiten, sondern auch durch kollektive Gestaltungen, wie z. B. Gruppengedichte und Gruppenbilder. Das Erleben der eigenen Kreativität verdeutlicht, »dass das Leben *Integration und Kreation* ist«, und auch dieses vermag neue Sinnhorizonte zu eröffnen *(Petzold* 2001k, 1983e; *Fittkau* 1984), die dem alten Menschen Stütze, Sicherheit und Perspektive geben in einer Zeit, wo der Zukunftsraum sehr knapp geworden ist. Der Gruppe kommt hierbei auch insofern Bedeutung zu, als Werte immer nur tragfähig sind, wenn sie *gemeinsam* mit anderen Menschen geteilt werden: »shared values«. Die gemeinsam erarbeiteten, erfahrenen und praktizierten Werte lassen die Gruppe zu einer »Wertegemeinschaft« werden, deren Tragfähigkeit sich auch über das engere therapeutische Setting hinaus erweist.

6. Strategien und Ziele gerontotherapeutischer Gruppenarbeit

Ziele und Strategien gerontotherapeutischer Gruppenarbeit ergeben sich zu einem Teil aus den beschriebenen Funktionen der Gruppe für die Arbeit mit alten Menschen. Es übernehmen von sozialen Hilfsagenturen und professionellen Therapeuten eingerichtete und geleitete Gruppen weitgehend Aufgaben naturwüchsiger Gruppen, von Familienverbänden, Freundeskreisen und Nachbarschaften. Im Unterschied zur psychoanalytischen Gruppentherapie, die die Bedingungen der klinischen Arbeit mit jüngeren Erwachsenen über lange Zeit auf die Arbeit mit alten Menschen zu übertragen suchte, haben die Formen dramatischer Therapie von ihren Anfängen an eine Arbeit in der unmittelbaren Lebenswelt des Patienten angestrebt. *Moreno* (1924) kennzeichnet das »Privathaus« als die eigentliche Bühne und vertrat zeit seines Lebens eine Therapie *»in situ«*

(idem 1946). »Der Ort des Spiels ist idealiter die Familie, die Haus- und die Dorfgemeinschaft. Hier vollzieht sich das ›therapeutische Theater‹ des Lebens, von dem wir in der Klinik nur ein Abbild schaffen können, das immer dann eintreten muss, wenn die Geschehnisse auf der Bühne des Lebens entgleisen, wenn die Regeln, die Sicherheit und Hilfe geben, außer Kraft gesetzt sind. Und dies ist besonders häufig der Fall für die Kinder und für die alten Menschen« *(Iljine 1909)*.

Die Ziele und Strategien in der Gruppentherapie mit alten Menschen werden von den Besonderheiten der letzten Lebensphase geprägt. Ihre Zielsetzungen verändern sich gegenüber der Therapie jüngerer Erwachsener etwa dadurch, dass nicht Hilfen für die Eröffnung eines Lebenshorizonts, für Entwicklung von Lebenszielen gegeben werden sollen, sondern Hilfen für die Bilanzierung gelebten Lebens, für die Bewältigung unwiederbringlicher Verluste, Hilfen für den Abschluss des Lebens, dessen Zukunftshorizont klein geworden ist. Oftmals – insbesondere im institutionellen Rahmen, etwa im Heim oder der gerontopsychiatrischen Station – wird die Gruppe nicht mit der Zielsetzung einer zeitlichen Befristung aufgebaut, nach der dann die Gruppenmitglieder »ins Leben entlassen werden«, sondern mit der Perspektive, eine Lebensgemeinschaft zu formen, die in wechselseitiger Hilfeleistung und Zuwendung Möglichkeiten findet, die verbleibende Lebenszeit miteinander zu *gestalten*. Ist die Gruppe in der Behandlung jüngerer Menschen eine Brücke, eine vorübergehende Hilfskonstruktion, in der das Leben in Gruppen wieder erlernt werden soll, so dass »naturwüchsige Gruppen« an die Stelle der therapeutischen Gruppen treten können, so können gerontotherapeutische Gruppen zuweilen zu einer Dauereinrichtung, zu einer natürlichen Gruppe werden. Welche Ausrichtung die Gruppenarbeit mit alten Menschen nun erhält, welche Ziele und Inhalte für die gerontotherapeutische Arbeit maßgeblich werden, welche Form, welcher methodische Ansatz gewählt wird (eine Übersicht zu den Methoden findet sich bei *Radebold* 1982), wird von folgenden Einflussgrößen und Zielen bestimmt, wobei hinter den Zielen jeweils *Probleme, Ressourcen* und *Potenziale* stehen (*Petzold, Leuenberger, Steffan* 1998).

1) von Meta-Zielen, die aus der theoretischen Position des Therapeuten, seinem Menschenbild, seiner Persönlichkeitstheorie, Krankheitslehre usw. abgeleitet sind;
2) von Grob- und Feinzielen, die sich aus den Bedürfnissen des Patienten, den Erfordernissen seines sozialen bzw. familiären Kontextes ergeben;
3) von den Bedingungen des Settings;
4) von den Besonderheiten des Krankheitsbildes;
5) von der Charakteristik der verwandten Methoden.

In den Bereich der Metaziele gehören neben dem Menschen- und Weltbild auch eine anthropologische Explikation von Altern und Sterben *(Petzold* 1984). Altern und Sterben sind hochkomplexe Prozesse mit biochemischen, biologischen, psychischen, sozialen, ökologischen und spirituellen Dimensionen. Wird eine von ihnen ausgeblendet, führt dies zu einer Verkürzung oder Fragmentierung eines humanen und menschengerechten Alternsgeschehens und als dessen Abschluss eines menschenwürdigen Sterbens. Die gerontotherapeutische Gruppenarbeit muss sich deshalb auf die Erkenntnisse der Gerontologie und Thanatologie stützen, um nicht Vorurteile und Fehlmeinungen über die letzte Phase der Lebensspanne fortzuschreiben. Leider ist in der Mehrzahl der psychotherapeutischen Ansätze der Zugang zum alten Menschen nur im Rekurs auf die Theoreme der eigenen Schule gefunden worden – sofern man sich ihm überhaupt zugewandt hat –, und es ist eine gravierende Vernachlässigung gerontologischer bzw. sozialgerontologischer Erkenntnisse festzustellen. Die eingangs skizzierten Fehlmeinungen *Freuds* werden noch immer fortgeschrieben, obwohl *Freud* selbst, geistig aktiv bis ins hohe Alter, ja bis zu seinem Tod *(Schur* 1981), ein Beispiel für den Unfug einer generellen »Defizithypothese des Alters« ist. Er widerlegt mit seinem eigenen Leben seine Konzepte über das Alter.

Ein weiteres Moment gilt es besonders für die Psychotherapie zu beachten: die Sichtweise einer *differentiellen Gerontologie* und *Thanatologie (Thomae* 1983; *Lehr* 1979; *Petzold* 1984). Gerade die psychoanalytisch geprägte Neurosenlehre und Charakterologie vertritt ja eine Fixierung der Neurosegenese an das Kindes- und Jugendalter und die Ausbildung spezifischer Neuroseformen und Charakterstrukturen durch typische, lebensgeschichtliche Konfliktkonstellationen. Die »differentielle Gerontologie« jedoch hat gezeigt, dass kein Alternsprozess dem andern gleicht, dass wir es mit sehr spezifischen Ausformungen individueller Schicksale zu tun haben und sich deshalb Typologisierungen im Sinne der psychoanalytischen Krankheitslehre verbieten. Die Forschungen zu den »kritischen Lebensereignissen« *(Filipp* 1981) und die Forschungen über Belastungserfahrungen im Alter *(Thomae* 1976; 1983) weisen auf eine Neurosegenese über die gesamte Lebensspanne hin bzw. zeigen die Ausbildung spezifischer Bewältigungs- oder Versagensformen im Senium, so dass auch hier für den ausschließlichen oder überwiegenden Rekurs auf eine »frühe Genese« kein Rückhalt gefunden werden kann, wenngleich außer Zweifel steht, dass vorgängige Lebensereignisse auch nachfolgende bestimmen. Der Blick des Psychotherapeuten muss deshalb aufgrund der Kenntnis sozialgerontologischer Forschungen auf die *unmittelbar wirksamen Faktoren des Feldes* genauso gerichtet sein wie auf *rezente kritische Lebensereignisse,* Situationen des Gelingens und Misslingens von *Lebensplänen im Erwachsenenalter,* und natürlich auch auf die *Bedingungen von Kindheit und Jugend.*

6.1 Prozessuale Diagnostik und Gruppenarbeit

In der *»Integrativen Therapie«* wurde zur Erfassung derartig komplexer Situationen das Modell *»Prozessualer Diagnostik.:* (Petzold 1975; 1984; *Rahm* 1985) entwickelt, um die individuellen Bedingungen von Gesundheit und Krankheit zu explorieren unter den Fragestellungen:

1) Was ist gesund und funktionsfähig und muss erhalten werden *(konservierende Strategie).*
2) Was ist defizient oder gestört und muss deshalb restituiert werden *(reparative Strategie)* oder – sofern dies nicht möglich ist – durch Kompensations- oder Verzichtleistungen bewältigt werden *(Coping-Strategie).*
3) Welche Möglichkeiten sind in der Situation enthalten, aber noch nicht genutzt, und könnten entwickelt werden *(evolutive Strategie).*

Um diese Fragen adäquat beantworten zu können, wird eine *Analyse des Lebenszusammenhanges* vorgenommen, die folgenden Dimensionen Rechnung trägt:

1) *Bedürfnisanalyse* – was sind die Bedürfnisse, Wünsche und Motivationen des Klienten?
2) *Problem- und Konfliktanalyse* – wo liegen Defizite, Traumatisierungen oder Konflikte, die aufzulösen oder zu mindern sind?
3) *Lebensweltanalyse* – wie ist die Familiensituation des Klienten, sein sozioökologisches Setting, seine Pflegesituation usw.?
4) *Kontinuum-Analyse* – wie hat sich das Leben des Patienten vollzogen, wie wird dieser Vollzug eingeschätzt und wie zeigt er sich in seinen Auswirkungen hier und jetzt?
5) *Ressourcen-Analyse* – was steht dem Patienten an Eigen- und Fremdressourcen, z. B. materielle Mittel, soziales Netzwerk, physische Konstitution, Bildung und intellektuelle Klarheit, Lebenserfahrung, Coping-Strategien usw. *(George* 1980, 25 ff.), zur Verfügung?

Aus diesen Analysedimensionen lassen sich für die therapeutische Einzel- und Gruppenarbeit die relevanten *Grob-* und *Feinziele* ableiten, und zwar jeweils spezifisch für die zur Rede stehende Gruppe oder Person.

Der diagnostischen Phase für die Planung und Placierung von Interventionen ist deshalb große Sorgfalt und Aufmerksamkeit zu schenken. Die Bedingungen für eine Gruppe in einem Altenwohnheim, einem Altenpflegeheim, einer gerontopsychiatrischen Station, einer Altentagesstätte, einem Altenbildungsprogramm im Rahmen der Volkshochschule, einem Selbsthilfeprojekt sind zumeist sehr verschieden. Die methodischen Vorgehensweisen für überwiegend *reparative* Arbeit unterscheiden sich von *evolutiven* Strategien, die den Aspekten Selbsterfahrung, Persönlichkeitsentwicklung und Kreativitätsförderung größeren Raum geben. So können und sollen hier keine unbesehen generalisierbaren Konzepte angeboten werden. *Integrative Interventionen* sind person-, gruppen- und situationsspezifisch. Ein *differentieller Ansatz* in der Gerontotherapie hat als Konsequenz, dass wir letztlich auch auf qualitative Forschung und systematische praxeologische Kasuistik verwiesen: die

Beschreibung einer Therapie, die Beschreibung einer Gruppe, einer Heimsituation, die Darstellung einer konkreten Intervention, das Vorstellen eines spezifischen methodischen Experiments. All diesen Berichten und Materialien eignet eine gewisse Einmaligkeit. Sollen Prinzipien oder Regeln aus ihnen abgeleitet werden, so müssen diese an die jeweils neue Situation adaptiert werden, nachdem aufgrund der *Analyse des Lebenszusammenhanges* erarbeitet wurde, was jeweils notwendig wäre. Selbst Aussagen über Zusammensetzung, Dauer, Größe und Laufzeit von Gruppen bleiben von eingeschränkter Aussagekraft. Natürlich wird man in vielen Gruppen, etwa mit gerontopsychiatrischen Patienten, von kleiner Gruppengröße, 6–8 Patienten, auszugehen haben, aber es mag sich durchaus empfehlen, auch zwischendurch immer wieder mit der Gesamtstation von 30 oder 40 Patienten eine Gruppenaktivität zu unternehmen. Das ganze Stations-Setting ist ja Gruppe. Regelhaftigkeiten lassen sich allenfalls aus dem Gesundheitszustand, der Fähigkeit des alten Menschen, Komplexität zu reduzieren und Kontakte wahrzunehmen, herleiten. Mit zunehmender Einschränkung der sensorischen und kognitiven Fähigkeiten wird auch die Gruppengröße eingeschränkt. Vielleicht bleibt nur noch »*das Zimmer als Gruppe*«. Die für die Zusammenstellung therapeutischer Gruppen grundlegende Regel »*Heterogenität ohne Extrempositionen*« (Petzold/ Berger 1978) gilt für die Arbeit mit alten Menschen nur bedingt. Bei ihnen ist für den Schwerpunkt des Vorgehens *Altershomogenität* wünschenswert. Demente Patienten oder sehr hinfällige Hochbetagte lassen sich nicht in einer *permanenten* Gruppe mit rüstigen, geistig klaren und aktiven alten Menschen zusammenfassen. In gleicher Weise sind feste Therapiegruppen, in denen alte und junge Menschen gemischt sind, problematisch, weil spezifische Problemkonstellationen, die nur oder überwiegend die Lebenssituation alter bzw. junger Menschen betreffen, nicht in ausreichendem Maße thematisiert und bearbeitet werden können. Im Hinblick auf die Zusammensetzung, was Männer und Frauen, Schichtzugehörigkeit, Krankheitsbilder oder ähnliches anbetrifft, gilt wiederum das Postulat »Heterogenität ohne Extrempositionen«. Die altershomogene Gruppe ermöglicht die Auseinandersetzung mit gemeinsamen Problemen, die Entwicklung gemeinsamer Coping-Strategien, das Unternehmen gemeinsamer Aktivitäten bis in den Lebensalltag hinein. Probleme aber tauchen auf durch einen »Monotonie-Effekt«, eine gewisse »Inzucht-Wirkung«, wenn nämlich keine anregenden Impulse aus dem Außenfeld kommen. Wir haben aus diesem Grunde mit geschlossenen Gruppen alter Menschen immer wieder auch therapeutische Gruppenaktivitäten durch Beiziehen von Freunden und Angehörigen unternommen oder auch durch ein gemeinsames Veranstalten von Selbsterfahrungswochenenden mit jungen Menschen, in denen, für beide Teile fruchtbar, ein Austausch zwischen den Generationen stattfinden konnte. Es waren derartige Veranstaltungen eingebaut in die Aktivitäten der fortlaufenden Gruppe, ausgerichtet an der jeweiligen Prozessdynamik, die mit dem Instrument einer systematischen »Gruppenprozessanalyse« (*Orth, Petzold* 1995) erhoben wurde.

6.2 Interventionsstil

Ein anderes Moment, das wir durchgängig als verschieden von der Arbeit mit jüngeren Patienten fanden, war die Notwendigkeit eines aktiveren Interventionsstils, als wir ihn gemeinhin praktizieren. Es hat dies einerseits mit der Lerngeschichte vieler alter Menschen zu tun, die von einem »*Gruppenleiter*« Leitung erwarten, Anregungen. Es hat weiterhin mit einer gewissen »Hospitalisierung im Alter« (*Petzold* 1979c) zu tun. Durch Repressionen und Strategien der Passivierung haben alte Menschen oftmals Eigenaktivität verloren, die Möglichkeit, aktiv zu werden. Es ist sehr schwer, derartige – oft erst im letzten Lebensabschnitt erfolgte – Neurotisierungen zu überwinden, da neues, anderes Verhalten auf befremdete Umwelt und auf negative Sanktionen stößt. Schließlich ist davon auszugehen, dass auch ein gewisses »*disengagement*« (*Cumming/Henry* 1961; *Hochschild* 1976), nicht als Folge von Deprivationssituationen, sondern als »natürlicher« Rückzugs-, Besinnungs-, Introversionsvorgang bei vielen alten Menschen eintritt, was den Gruppenleiter zu einer aktiveren Haltung führt, um das Gruppengeschehen in Gang zu bringen. Auch das stärkere Einbeziehen der jeweiligen sozialen Welt der alten Menschen macht ein aktiveres Vorgehen erforderlich. Jedoch machen Rückzugstendenzen und leichte Verunsicherbarkeit, zuweilen hohe Kränkbarkeit, weil das Leben wunde Stellen durch fortwährende Kränkung geschaffen hat, auch erforderlich, dass die

Aktivität im Therapeutenverhalten auf repressive zwingende Momente (puschen) besonders sorgfältig überprüft werden muss. Ein Gleiches gilt auch für die Interaktionen innerhalb der Gruppe, die aktiv gefördert werden müssen, um Barrieren überwinden zu helfen. Das erfordert aber auch eine besondere Vorsicht, damit die Gruppe lernt, was es heißt, miteinander gut umzugehen und sich keine unnötigen Verletzungen zuzufügen. Erst auf einer solchen Basis können dann auch anstehende Konflikte angegangen werden und eine gute Chance für konstruktive Lösungen haben. Es werden, schaut man auf die Literatur zur Gruppentherapie mit alten Menschen, immer wieder Konzepte, Überlegungen, Weltbilder aus der Psychotherapie mit Jüngeren und insbesondere aus den Erlebnis- und Denkbezügen der zumeist jüngeren Therapeuten auf den Lebenszusammenhang der alten Menschen übertragen – oft ohne die erforderliche Kenntnis der jeweiligen »social worlds« und ohne hinreichende »intergenerationale Kompetenz« *(Brühlmann-Jecklin, Petzold* 2004). »Offenheit« als Desiderat therapeutischer Gruppenarbeit hat in der Arbeit mit alten Menschen eine andere Färbung. Offenheit muss am Bedürfnis nach Privatheit gemessen werden, das für den alten Menschen kennzeichnend ist. Die Gruppe als Ort des Kontaktes, als Überschreitung von Isolation in Richtung Gemeinschaft darf in diesem Geschehen nicht das Moment der *Privatheit (Kruse* 1980) übergehen. »Privatheit ist ein interpersonaler Grenzkontrollprozess, der die Interaktion mit anderen in Gang bringt und reguliert« *(Altmann* 1975, 10). Die Teilnehmer müssen die Kontrolle über ihre Grenzen behalten und sie so weit ausdehnen und öffnen, wie es ihren Möglichkeiten und ihrem Wohlbefinden entspricht. Auch die Interventions- und Deutungstechnik des Therapeuten wird sich an den Faktoren *Verletzlichkeit* und *Privatheit* auszurichten haben.

7. Die therapeutische Beziehung in der Gerontotherapie

Die Rolle des Therapeuten und die therapeutische Beziehung *(Petzold* 2004) in der Gerontotherapie wird sich mit der Vielfalt der Settings, Zielsetzungen und Aufgaben jeweils zu wandeln haben, und auch die Wahl der *Methode* und der *Medien* bleibt nicht ohne Einfluss. Rollenspiel erfordert z. B. andere Interventionsformen als bewegungstherapeutisches oder rein verbales Vorgehen *(Petzold/Berger,* 1979). In der Regel wird die Therapie von Therapeuten durchgeführt, die wesentlich jünger sind als ihre Patienten. Sie könnten deren Söhne oder Töchter sein. Das wirft für die Handhabung der *Gegenübertragung* oft erhebliche Schwierigkeiten auf. Die Auseinandersetzung mit dem eigenen, künftigen Alter, dem Faktum der eigenen Endlichkeit einerseits, und die Auseinandersetzung mit dem eigenen Altern, dem Altern wichtiger Bezugspersonen, z. B. der Eltern, andererseits wird hier unerlässlich, um nicht zu Fehlhaltungen in der therapeutischen Arbeit zu kommen, wie z. B. übermäßig scharfe Abgrenzung oder Verlust der Distanzierungsfähigkeit. Je nach den Bedürfnissen und dem Zustand der Patienten ist nämlich im Unterschied zu der Mehrzahl therapeutischer Gruppen mit jüngeren Menschen das Erfordernis gegeben, die Gegenübertragung zu einem guten Teil zuzulassen und *»Hilfs-Ich-Funktionen«* zu übernehmen *(Goldfarb* 1953; 1955; 1969). Es kommt vielfach zu einer Umkehr der üblichen Übertragungskonstellation, zumindest was die Initialphase der Therapie anbetrifft, dass die alten Patienten nämlich die jüngeren Therapeuten als Kind oder Enkelkind erleben, und zwar mit unterschiedlichem Grad an Realitäts- oder Phantasiecharakter. Der alte Mann verhält sich so, als sei der Therapeut sein Sohn. Die alte Frau träumt: »Ach, hätte ich doch so einen Sohn«; oder: »Ach, wäre doch mein Sohn wie der Doktor X«. Es treten Idealisierungen im Vergleich mit den eigenen Kindern, die zuweilen weit entfernt wohnen oder nicht sehr häufig zu Besuch kommen, auf. Es sind derartige Übertragungen differentiell zu handhaben. Zuweilen wird es notwendig, sie zu deuten und zu desillusionieren. Öfter jedoch noch – und dies besonders im hohen Senium oder in der Arbeit mit Sterbenden *(Petzold* 1984c) – wird es notwendig, derartige Übertragungen anzunehmen. Die Ziele der klassischen Übertragungsarbeit: Nachreifung, Verselbständigung, Autonomie, Entlassung ins Leben, greifen für die Arbeit mit alten Menschen oftmals nicht. Geht es doch vielmehr darum, Hilfen zu geben, eine immer größere Abhängigkeit annehmen und aushalten zu lernen, ja sich mit ihr wohl zu fühlen. Es sind dies Zieldimensionen, die gerade für einen jüngeren Menschen schlecht anzunehmen sind, konfrontieren sie ihn doch mit eigener möglicher Infirmität und Abhängigkeit. Es treten weiterhin Gegenübertragungen auf, in denen sich der Therapeut als Kind des alten Menschen sieht, dem er mit Würde und Respekt gegenüberzutreten hat, wobei eine Vorstellung von Würde aus der Perspektive der Jugend zugrundegelegt wird und Projektionen, Idealisierungen und Überlegenheitswünschen erfolgen können, die für den alten Menschen quälend werden. Je nachdem, mit welcher Population man es zu tun hat, kommt man als Therapeut immer wieder in die Situation, alten Menschen Vater oder Mutter sein zu müssen. Dies jedoch kann nur in guter Weise gelingen, wenn man in der Auseinandersetzung mit dem eigenen Vater und der eigenen Mutter so weit kommt, dass man annehmen kann, *zu Eltern der eigenen Eltern zu werden*. Es tritt eine »umgekehrte ödipale Situation« *(Grotjahn* 1955) ein, deren gute Handhabung in der therapeutischen Beziehung von eminenter Bedeutung ist; denn Zurückweisungen, fehlende Empathie, Versagen von Liebe und Zuwendung wirkt kränkend und krankmachend, führt zu depressiven und psychosomatischen Reaktionen.

Dependenzwünsche, regressive Strebungen, aggressives Auflehnen gegenüber der involutiven Bewegung bestimmen aber nicht nur das Übertragungs/Gegenübertragungsgeschehen zum Therapeuten, sondern auch die Übertragung auf die Gruppe als Ganzes. Ihre bergende Funktion als »große Mutter« *(Battegay* 1969) oder als »sichernde Vaterinstanz« *(Petzold* 1969) gewinnt besondere Bedeutung.

Je nach Alter, Gesundheitszustand und geistiger Klarheit kann die therapeutische Beziehung von einem partnerschaftlichen Umgang, einem zielorientierten Arbeitsbündnis, einer intermittierenden Unterstützung bis zu einer regressiven Abhängigkeit, einem Dauersupport, ja bis zu einer *Wahlverwandtschaft* gehen. Letzteres ist besonders der Fall, wenn die Therapie in eine Sterbebegleitung übergeht, zu einem »*Charon-Dienst*« wird *(Petzold* 1965,1984). Die therapeutische Beziehung im Einzelkontakt und in der Gruppe muss gerade für die regressiveren Phasen des Alternsverlaufs »Objektkonstanz« gewährleisten. Im sicheren Raum der Gruppe kann es dann zu einer Stagnation, Reversion oder Transformation des Involutionsprozesses kommen. Schon verlorene Kompetenzen werden wiedergewonnen, oder es wird ihr Abbau aufgehalten, oder es tritt eine Umwandlung ein, die eine andere Form von Progression möglich macht, indem neue Befriedigungsmöglichkeiten, Kontaktformen und Sinnbezüge gewonnen werden *(Modell* 1970; *Zetzel* 1970; *Petzold/Lückel).* Auch hier müssen Idealisierungen der Gruppe und des Therapeuten in der Regel eher angenommen als gedeutet oder konfrontiert werden. Dies wirft für die persönliche Ökonomie des Therapeuten oftmals Probleme auf, die eine »kritische Masse« erreichen und seine Abwehr perforieren können, wenn nicht Supervision oder entlastendes kollegiales Gespräch Hilfen bieten (vgl. *Huck/Petzold* 1984). Insbesondere die empathische Haltung, die dem überwiegend gerontotherapeutisch tätigen Psychotherapeuten abverlangt wird, vermag zu Destabilisierungen zu führen, da die Identifikation neben den Aspekten eigener Endlichkeit auch ein scharfes Wahrnehmen der multiplen Kränkungen, denen alte Menschen ausgesetzt sind, bewirkt. Es wird auf diese Weise Regression als Deprivationsreaktion oder Apathie-Syndrom deutlich, ein Phänomen, das *Cath* (1965) treffend als »*Depletion*« bezeichnet hat, ausgelöst durch die »Kumulation negativer Außenwelteinwirkungen« bzw. durch die »Omnikonvergenz mehrerer Ereignisse«. Die therapeutische Beziehung muss gegen die Depletion – wir haben von *Depotenzierung in allen Bereichen* gesprochen *(Petzold/ Bubolz* 1976) – ein Gegengewicht setzen, muss »gute Objekte« gegen den »Feind von außen«, gesellschaftliche Kränkungen stellen, und gegen den »Feind von innen« als internalisierten Negativkonzepten über das Alter, die zu negativen Selbstattributionen führen *(Petzold, Müller* dieses Buch S. 92 und 1979c). Schon *Linden* formuliert als Strategie, dass man der von außen gesetzten »*Rezession*« *(Linden* 1963) entgegenwirken müsse und hierzu eine aktive Haltung notwendig sei, da Apathie und regressiver Rückzug Eigenaktivierung und selbstregulierende Restabilisierung begrenze.

In unserem Übersichtsbericht über die Psychotherapie mit alten Menschen *(Petzold* 1979a, *Müller, Petzold,* dieses Werk Bd. 2) konnten wir zeigen, dass die Mehrzahl der Autoren, die über gerontotherapeutische Gruppenarbeit berichten, eine aktive Technik verwendet und befürwortet, in der therapeutischen Beziehung also nicht nach dem Prinzip klassisch-psychoanalytischer Abstinenz verfährt, sondern mit Humor, Lebendigkeit, Übernahme von Verantwortung, aktiver Zuwendung vorgeht. Es ist hierbei auffällig, dass vielfach Elemente und Strategien eingesetzt werden, die wir aus der Kindertherapie kennen *(Petzold/Ramin* 1986). Auch hier finden wir ja eine »andere Abstinenz«, die sich wohl eher als eine *»Eindeutigkeit der Kommunikationen und Interaktionen«* kennzeichnen lässt. Wenngleich es problematisch ist, das Alter als Regression in eine »zweite Kindheit« zu charakterisieren, so enthält diese alte Metapher doch richtige Anteile. Sie birgt die Gefahr, alte Menschen vorzeitig und unangemessen zu depotenzieren. Andererseits kann auch eine Aktivierung und das Abverlangen von »Verantwortlichkeit bis ans Ende« zu sehr quälenden Situationen führen. Hier gilt es abzuwägen und unter der ethischen Norm, die »Würde des alten Menschen als Subjekt zu respektieren«, zu handeln. Die Realität des Patienten als »Mitmensch auf gleicher Ebene« zu akzeptieren bedeutet nicht, sich regressiven Wünschen zu verweigern oder kindliches Verhalten abzuweisen. In bestimmten Stadien der Altersregression treten Phänomene wie Distanzverlust, Verminderung von Affektregulierung und Impulskontrolle, Aufkommen archaischer Emotionalität auf. Die *Reaktivierung des Altgedächtnisses* macht nicht nur frühe Erinnerungsinhalte im szenischen Bereich zugänglich, sondern aktiviert auch frühe Emotionalität. Dies erfordert eine entsprechende Gestaltung der therapeutischen Beziehung. Insbesondere bei regressiven Einbrüchen, in denen archaische Ängste sich mit den realen Ängsten des bevorstehenden Todes mischen *(McCarthy* 1980), wo primäre Verlusterfahrungen sich mit Verlusterlebnissen des Seniums verbinden, kann es angezeigt sein, mit direktem körperlichen Kontakt Sicherheit und Trost zu vermitteln. Professionelle Therapeuten verhalten sich hier häufig unbeholfen bis an die Grenze des Unmenschlichen. Sie können hier oft von den spontanen und menschlich stimmigen Verhaltensweisen junger Altenhelferinnen oder des Pflegepersonals lernen. Ein klassisches psychoanalytisches Training bedeutet für die Arbeit mit alten Menschen in gewisser Weise eine *»deformation professionelle«,* die man erst überwinden muss. Auf der anderen Seite muss auch dem Therapeuten geholfen werden, seine Ich-Stabilität zu gewährleisten. Die Haltung der *selektiven Offenheit* und *partiellen Teilnahme (Petzold* 1980g), wie sie für die Rolle des Therapeuten und die therapeutische Beziehung in der »Integrativen Therapie« kennzeichnend ist, erweist sich hier als hilfreich. Besonders bei sehr archaischen Reaktionen wie Verwirrtheit, Desorientierung, Wahnvorstellungen, Halluzinationen, wie sie als reaktive Phänomene bei starken Belastungserscheinungen auftreten oder als passagere psychotische Reaktionen vorkommen, ist eine derartige Haltung des *Zugewandtseins und Abgegrenztseins in einem* hilfreich. Die Altersregression führt Patienten durch die Reaktivierung früher Erfahrungen auch in die Bereiche der magischen Phase, ja früher Milieus und lässt damit auch entsprechende Gefühle, Bilder, Phantasmen aufkommen. Ich vertrete die These, dass ein Gutteil der so genannten Alterspsychosen als regressive Reaktivierung archaischer Gefühls- und Erlebniswelten aus dem Primärbereich zu betrachten ist. Wird nämlich im therapeutischen Kontakt und bei Pflegehandlungen mit einer Haltung der Sorge, mit körperlicher Zuwendung, mit emotionalem Zuspruch reagiert, wie es für den Umgang mit Kleinkindern in Belastungssituationen kennzeichnend ist, so klingt derartige Symptomatik oft wieder ab. Es tritt eine Stabilisierung ein, die es erlaubt, den Patienten in eine Gruppe aufzunehmen und ihn auf diese Weise »zu halten«. Die Geschwisterformationen in derartigen Gruppen gewährleisten ein Element der Sicherung. Die Präsenz der anderen als »protektiver Faktoren« reduziert Ängste. Aufkommende Rivalitäts- und Konkurrenzgefühle aktivieren Potentiale und sind deshalb eher positiv als negativ zu bewerten.

Grundsätzlich kann für die therapeutische Beziehung in der Gruppe von den und zu den Therapeuten sowie der Teilnehmer untereinander ausgesagt werden, dass die empathischen Qualitäten Wertschätzung und Akzeptanz im Zentrum stehen müssen, da sie eine versöhnliche Haltung gegenüber dem vergangenen und gegenwärtigen Leben und gegenüber dem Sterben ermöglichen. Als besondere Kraftquelle für eine solche Haltung erweist sich die *Reaktivierung von Grundvertrauen* aus der frühen Mutter-Kind-Dyade im »bergenden Schoß der Gruppe« und unter der sichernden Präsenz des Therapeuten. Die Gruppe vermag dann in gewisser Weise zum »Schoß der Familie« zu werden, in dem man getragen wird und aufgehoben und gehalten, so dass die Angst, in die bodenlose Dunkelheit und den Abgrund des Todes zu stürzen, ausgehalten werden kann.

8. Widerstände und Abwehr

Die vielfältigen faktischen Kränkungen und Bedrohungen in der Lebenssituation alter Menschen, die Reaktivierung frühen psychischen Materials, die Verknappung der Lebenszeit und das unausweichliche Ende rufen Widerstände hervor und führen zu vielfältigen Abwehrphänomenen auf den verschiedensten Ebenen. Dabei sind die Widerstände zunächst einmal *intrapersonaler* Art; sie helfen dem alten Menschen, Bedrohungen der Integrität seines Selbst, seiner Ich-Stabilität und seiner Identität zu widerstehen. Wir können deshalb auch von »*protektiven Widerständen*« *(Petzold* 1981c) sprechen. Weiterhin finden sich *mutative Widerstände,* die sich Veränderungen widersetzen, weil auch diese mit der Einschränkung der Orientierungsmöglichkeiten im Alter als bedrohlich erlebt werden. Widerstände sind Ausdruck von Kraft, die genutzt werden kann, indem man »re-sistance in *as-sistance* umwandelt« *(Perls* 1980). Erst wenn durch den Therapeuten oder durch Gruppenmitglieder die vom Widerstand geschützten Wundstellen berührt werden, wird der Widerstand ein *interpersonaler.* Nach gestalttherapeutischem Konzept tauchen im Widerstandsgeschehen Abwehrphänomene als psychische Operationen im Dienste des Widerstandes auf, die, wie dieser selbst, durchaus positiv zu bewerten sind, denn sie gewährleisten Stabilität und werden erst durch Chronifizierung und Einschränkung der Erlebnis- und Verhaltensmöglichkeiten problematisch. Es finden sich in der Arbeit mit alten Menschen alterstypische Widerstands- und Abwehrphänomene und – durch das Reaktivierungsphänomen – auch archaische Abwehroperationen gegenüber den folgenden pathogenen Situationen:

1) *Defizite,* die durch Unterstimulierung oder einseitige Stimulierung (Monotonie-Effekt) entstehen und sich gerade bei alten Menschen durch Deprivationserscheinungen, institutionelle Hospitalisierung oder »Hospitalisierung im Alltag«finden.
2) *Störungen,* d. h. inkonstante oder uneindeutige Stimulierungen durch Ambivalenzen, Double-bind-Kommunikationen, Unterbrechung von Objektkonstanz durch Wechsel der Bezugs- und Pflegeperson bzw. häufige Verlegung, Ambivalenz bei Pflegehandlungen.

3) *Traumata*, d. h. externe Überstimulierung durch kritische Lebensereignisse, wie z. B. Umgebungswechsel, oder interne Überstimulierung durch Trennungen (Objektverlust) oder Verletzung leiblicher Integrität (Verlust des Augenlichts oder des Gehörs; vgl. Petzold, Bömmges 1985).
4) *Konflikte*, d. h. gegenläufige Stimulierung durch unterschiedliche innere Strebungen oder äußere Ansprüche (vgl. Petzold 2003a, 465 f., 943 f., 2003b).

Als typische Abwehrreaktionen finden wir bei Alterspatienten das Muster der *Anästhesierung* (Apathie-Syndrom), das durch die Reaktivierung archaischer Rückzugsformen (apathischer Säugling) besonders nachhaltig sein kann und eventuell in archaische Regression führt, die bei radikaler »Depletierung« zum Tode führt. Es findet sich Abwehr durch *Retroflektion (Perls* 1980). Es richten sich aggressive Impulse, deren Abfuhr nach außen verhindert und unterbunden wird, gegen das Selbst und führen zu Depression und psychosomatischen Reaktionen. Es findet sich der Mechanismus der *Spaltung*, die es dem alten Menschen erlaubt, Bereiche seiner nicht ertragbaren Realität abzublenden; und auch hier kommt es als Folge zu psychosomatischen Reaktionen. Häufig ist auch die *Verleugnung* der negativen oder bedrohlichen Lebensumstände und Zukunftsperspektiven, die allerdings mit fortschreitender Involution nicht aufrechterhalten werden kann und durch zumeist archaischere Abwehrformen, wie die schon aufgeführten, abgelöst wird oder durch die Abwehrform der Konfluenz, also symbiotische Verschmelzungswünsche mit den Bezugspersonen. Es äußern sich Widerstände und Abwehroperationen nicht nur im Bezug auf den Therapeuten oder in der lateralen Übertragungsdynamik zwischen den Patienten, sondern auch auf der gruppalen Ebene *(Orth, Petzold* 1995). Institutionelle Gruppen, z. B. Stationsgruppen oder auch Therapiegruppen in freier Praxis, können, wenn für die Gruppe oder für die Mehrzahl der Teilnehmer die Belastungssituationen zu groß werden, *kollektiv* retroflektieren, was depressive Gruppen im Gefolge hat. Diese Situation kann sich derart verschärfen, sofern es nicht gelingt sie aufzulösen, dass sie selbst bedrohlich wird und zu einem »Wandel in der Abwehr« führt, etwa dergestalt, dass die Gruppe sich anästhesiert, sich also in ihrer Reaktionsfähigkeit ex-

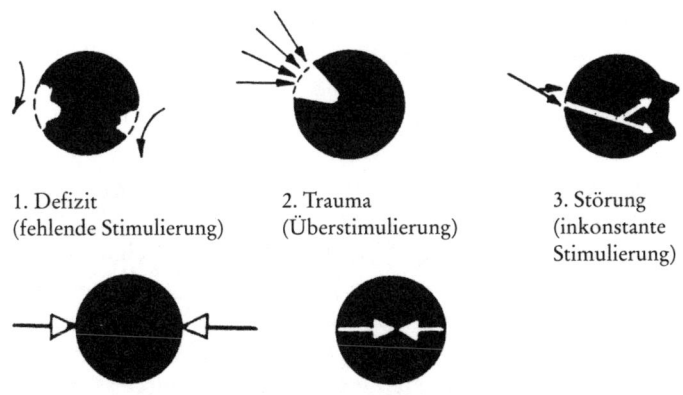

1. Defizit
(fehlende Stimulierung)

2. Trauma
(Überstimulierung)

3. Störung
(inkonstante Stimulierung)

4. Externer Konflikt
(antagonistische Stimulierung)

5. Internalisierter Konflikt
(antagonistische Stimulierung)

Abbildung: Pathogene Konstellationen

trem einengt oder konfluent wird, Fusionen schafft, symbiotische Unabgegrenztheiten, die kaum aufzulösen sind und sehr direktive Interventionen erforderlich machen *(Petzold/Maurer,* 1985).
Je vitaler und kognitiv kompetenter, je empathie- und je abgrenzungsfähiger die alten Menschen einer Gruppe sind, desto ähnlicher sind die Interventionsstrategien denjenigen, wie sie uns aus der Arbeit mit Menschen der mittleren Lebensphase bekannt sind.
Bei der Betonung des Faktums, dass Widerstände Stützphänomene sind und Abwehroperationen sinnvolle Bewältigungsleistungen, wird eine Modifikation der psychoanalytischen Abwehrkonzepte vorgenommen. Weiterhin wird nicht von einer eingegrenzten Zahl von Abwehrmechanismen *(A. Freud* 1936) ausgegangen – auch wenn wir hier einige besonders herausgestellt haben –, sondern von einer Vielzahl, die nach ihrer Funktion für den alten Menschen oder für die Gruppe jeweils aufgefunden und herausgearbeitet werden muss. Eine Festschreibung und Negativbewertung oder eine eher willkürliche Einordnung von Bewältigungsvorgängen (z. B. *Haan* 1977; vgl. *Thomae* 1983, 95) erscheint uns nicht sinnvoll. Eine brauchbare Differenzierung sehen wir in der Unterscheidung von *unbewussten, bewussten* und *bewusstseinsnahen* Abwehr- und Bewältigungsoperationen, eine Unterscheidung, die von den Belastungs- und Bewältigungstheorien sozialpsychologischer Prägung *(Lazarus/Launier*

1978; *Thomae* 1970; 1983) gestützt wird. Sie vermeidet eine Aufteilung in »coping« und »defending« *(Haan* 1977) in der Form, dass unter »coping« ausschließlich erfolgreich stabilisierende »Ich-Prozesse« mit rationaler und realitätsorientierter Charakteristik zu verstehen seien und unter »defence« Abwehrmechanismen, die »zwanghaft, verneinend, rigid, verzerrend im Bezug auf die intersubjektive Realität und Logik« (ibid 1977, 34) seien. Die positive Kraft der Abwehr und ihre Charakteristik als Bewältigungsmechanismus wird und Prozess einer Förderung von Resilienzen (vgl. Müller, Petzold, dieses Buch S. 108 ff.) hier nicht gesehen. Auch eine schichtspezifische Perspektive wird ausgeblendet. Was für einen Menschen der Mittelschicht, der über noch zahlreiche Ressourcen verfügt, als »defence« charakterisiert werden könnte, wird für einen Menschen aus einer benachteiligten Schicht mit geringen Ressourcen durchaus eine adäquate Coping-Strategie sein können. In manchen Situationen rettet z. B. eben nur Rigidität. Abwehr- und Coping-Mechanismen, Risiko- und Protektiv- sowie Resilienzfaktoren müssen in ihrer Wertigkeit immer von ihrer situativen Funktionalität her betrachtet werden und, sofern sie bewusst oder bewusstseinsfähig sind, in der Bewertung derjenigen, die diese Bewältigungsstrategie verwenden, überprüft werden. Der Analyse von Abwehr und Coping-Strategien auf der individuellen und gruppalen Ebene kommt in der Gruppenarbeit deshalb besondere Bedeutung zu. Es werden diese Strategien bewusst gemacht und auf ihre Funktionalität, ihre Stärke und ihre einschränkenden bzw. begrenzenden Wirkungen hin analysiert. Das Bewusstmachen vergangener Bewältigungsleistungen hat einen positiv verstärkten Effekt. Dabei ist natürlich darauf zu achten, dass Abwehrstrategien nur in einer Form aufgedeckt werden, dass ihr stabilisierendes Potential nicht verloren geht. Sie werden deshalb manchmal auch nicht aufgedeckt. Beim Auffinden von Coping-Strategien und Abwehrmechanismen sind für uns nicht nur die tiefenpsychologischen Perspektiven bedeutsam – sie müssen ohnehin wegen ihrer häufig veralteten Konzeptbildung überprüft werden. Die neuere Coping-Forschung hat *Bewältigungsstile* herausgearbeitet, die die tiefenpsychologische Sicht durch eine sozialpsychologische in sinnvoller Weise ergänzen. *Lazarus* und *Launier* (1978/1981, 244) definieren Bewältigungsprozesse wie folgt: »Bewältigung besteht sowohl aus verhaltensorientierten als auch intrapsychischen Anstrengungen, mit umweltbedingten und internen Anforderungen, sowie den zwischen ihnen bestehenden Konflikten fertig zu werden ..., die die Fähigkeiten einer Person beanspruchen oder übersteigen.« Eine solche Definition, und auch der kognitive Ansatz von *Thomae* (1968), schließt tiefenpsychologische Perspektive durchaus ein. Aber sie greift weiter, weil sie neben unbewussten seelischen Mechanismen auch lebensgeschichtlich erworbene *social skills* einbezieht und auch die Bedeutung der »Bewältigungs-Ressourcen« berücksichtigt *(Volkman/Schaefer/Lazarus,* 1979). Die Erarbeitung von Bewältigungsstrategien in der Gruppenarbeit ist deshalb immer auch an eine »*Ressourcen-Analyse«* gekoppelt *(Petzold* 1997p). Die Gruppe selbst wird zu einem »*Pool von Ressourcen«,* in dem die Erfahrungen und Mittel, Möglichkeiten zur Partizipation und Empathie und die Hilfsbereitschaft der Teilnehmer zusammenfließen. Auch gemeinsame Bewältigungsleistungen sind Ressourcen oder die »joint competence«, die gemeinsame Kompetenz im Erkennen, Analysieren, Bewerten bzw. Neu- und Umbewerten von Situationen. Die Dinge, die bewältigt werden müssen und bei denen Abwehr- bzw. Bewältigungsstrategien eingesetzt werden, sind ja *äußere und innere Anforderungen,* denen gegebenenfalls mangelnde Ressourcen gegenüberstehen *(Lazarus/Launier* 1978). Die Bewertung der bedrohlichen Anforderungen hängt also wesentlich von der »Ressourcenlage« ab, und wenn diese sich ändert, wenn die Ressourcen der anderen Gruppenmitglieder hinzukommen, kann dies zu einer erheblichen Entlastung führen. Insbesondere das, was wir mit dem Begriff »Feind von außen« konzeptualisiert haben *(Petzold* 1965, dieses Buch S. 91), nämlich die negativen Attributionen und die Deprivationen, die der alte Mensch von seiner Umgebung erfährt *(Filipp, Mayer* 1999), kann auf diese Weise angegangen werden. Dem »Feind von innen« (ibid.) ist schon schwerer zu begegnen, weil es sich um über lange Zeit verinnerlichte Haltungen, negative Altersbilder handelt, die zu abträglichen Selbstattributionen führen. Aber auch hier vermag die Gruppe Neubewertungen zu fördern. Wie weit sie durchschlagen, hängt von dem Grad der Verfestigung derartiger Muster ab und zum anderen von der Ressourcenlage der Gruppe selbst: Kann sich die Gemeinschaft der alten Menschen gegenüber den Belastungen des Alltags, den institutionellen Zwängen und Grenzen, den gesellschaftlichen Negativbewertungen durchsetzen, oder welche

Bewältigungsstrategien muss die Gruppe selber einsetzen, um mit diesem Druck fertig zu werden? Im Übrigen kann auch die Einsicht in negative Bedingungen *Belastung* schaffen, wenn z. B. »die ganze Misere deutlich wird«. Deshalb müssen die Einsichtsprozesse in der Gruppe und durch die Gruppe gut »dosiert« werden.
In besonderer Weise als nützlich für die Arbeit mit alten Menschen haben sich für uns die von *Thomae* (1968) herausgearbeiteten Bewältigungsstrategien erwiesen (vgl. *von Langermann* 1970; *Lehr* 1980). Er unterscheidet leistungsbezogene, anpassungsbezogene, defensive, evasive und aggressive Bewältigungsformen. In der Gruppenarbeit versuchen wir leistungsbezogene Reaktionsformen auf Belastungssituationen zu fördern, indem die realitätsgerichteten Kräfte zur Bewältigung der Situation durch attentive, kognitive, koordinative, schöpferische und Willensleistungen gestützt, ermöglicht und bekräftigt werden. Die Analyse von belastenden Situation in der Gruppe, die Diskussion von Veränderungsmöglichkeiten, die Erprobung solcher Möglichkeiten im Rollenspiel, die Auseinandersetzung über *kreative Medien* bieten hier ausgezeichnete methodische Hilfen (vgl. die Arbeiten dieses Werkes Bd. 1 und 2). Die *leistungsbezogenen Reaktionsformen* intendieren ein alloplastisches Verhalten, ein Einwirken auf die Umwelt, das wir in der Integrativen Therapie unter den Begriffen »*creative change, creating styles*« fassen *(Petzold* 1975, 1997p). Die *anpassungsbezogenen Reaktionsformen* entsprechen dem, was wir in der Gestalttherapie unter *creative adjustment* verstehen *(Perls* et al. 1951). Es handelt sich um ein autoplastisches Verhalten, durch das das Indivuum seine Situation mit den Anforderungen des Umfeldes in Übereinstimmung bringt. »Diese Übereinstimmung geschieht in erster Linie durch die Modifikation des eigenen Verhaltens und nicht durch eine Veränderung der Umwelt« *(Thomae* 1968, 83 f.). Anpassung ist durchaus eine sinnvolle, und in vielen Fällen gegenüber dem Aufwand und dem Einsatz für Veränderungen eine bessere Bewältigungsstrategie als manche leistungsbezogene Reaktionsform. Das gilt insbesondere bei verknappter Ressourcenlage, wie sie vielfach für das Alter kennzeichnend ist. Auch kann sich z. B. die Korrektur von Erwartungen, die Verlagerung von Interessen, die Veränderung von Motivationen als sehr entlastend erweisen.
Anpassungsleistungen vollziehen sich in der Gemeinschaft der

Gruppe meistens leichter als durch das Bemühen des Einzelnen. Es entsteht ein kollektives, multidimensionales Milieu, in dem unabänderliche Verzichtleistungen besser ertragen werden können.

Defensive Reaktionsformen versuchen, die von einem Individuum als belastend erlebten Einflüsse aus dem subjektiven Lebensraum herauszuhalten *(Thomae* 1968). Verdrängung, Verleugnung, Verkehrung ins Gegenteil, Selbstbetrug, im Wesentlichen also intrapsychische Abwehrmechanismen sind hier einzuordnen und auch die schon aufgeführten der Anästhesierung, Retroflexion, Konfluenz usw. Insbesondere in einengenden institutionellen Bedingungen oder bei sehr geringer Ressourcenlage kann es sinnvoll sein, defensive Techniken zu stützen. Ansonsten bietet die Gruppe zumeist Möglichkeiten, sie durch andere Daseinstechniken und Bewältigungsstrategien zu ersetzen, die weniger einschränkend sind.

Evasive Techniken beziehen sich auf ein physisches oder ideatives »Herausgehen aus einem Spannungsfeld« (ibid.). Arztwechsel, Urlaub, aber auch das »in eine Gruppe gehen« kann als evasive Reaktion gesehen werden. Sehr häufig hat die Teilnahme an der Gruppe sowohl in der institutionellen wie auch in der offenen Gruppenarbeit mit alten Menschen einen evasiven Charakter. Die Gruppe ermöglicht es ihnen, dem Forderungsdruck, der Frustration, der Deprivation, die sich in ihrer Lebenssituation finden, zu entgehen. Hier ist darauf zu achten, ob die Gruppe ausreicht, als »Schonraum und Erholungszone« die Belastungen des Spannungsfeldes zu kompensieren. Dies ist zuweilen der Fall, besonders wenn, wie es für die gerontotherapeutische Gruppe oftmals kennzeichnend ist, die therapeutische Gruppe zu einem Stück Lebensfeld wird, bedeutsamer Bestandteil im Leben des alten Menschen.

Aggressive Bewältigungstechniken versuchen eine Zerstörung oder Schädigung der Noxe. Sie sind, wie in der Theorie von *Dollard* und *Miller* (1949), die andere Möglichkeit neben der Flucht, neben der Abwehr. Wir treffen aggressive Daseinstechniken recht häufig an bei alten Menschen, etwa in der Form von Abwertungen, Negativismen, querulatorischem Verhalten. Es sind diese Strategien durchaus effektiv, zeigen doch empirische Untersuchungen, dass aggressive ältere Menschen mit Belastungssituationen besser fertig werden als solche mit einem mehr defensiven oder evasiven Verhaltensstil *(Saup* 1983). Dennoch bringen aggressive Daseinstechniken auch

Nachteile wie Isolation, Ablehnung, Freudlosigkeit mit sich. In der Gruppenarbeit können sie sich zum Teil sehr störend auswirken. Sie bergen aber auch ein konstruktives Potenzial in sich, wenn sie von der Gesamtgruppe aufgenommen und in Form eines nachdrücklichen Eintretens für eigene Rechte und eines aggressiven Sich-zur-Wehr-Setzens gegen Beschneidungen eingesetzt werden, bis hin zur Teilnahme alter Menschen an Kampfkunstgruppen, wobei insgesamt moderne aggressionstheoretische Konzeptionen beigezogen werden müssen *(Petzold, Bloem, Moget* 2004; *Blom, Moget, Petzold* 2004). Die Initiativen der »grauen Panther« können unter dieser Perspektive interpretiert werden; und auch in verschiedenen Gruppenprojekten, die wir mit alten Menschen durchgeführt haben, lässt sich das konstruktive Moment aggressiver Daseinstechniken immer wieder finden.

Das Bewusstmachen der Abwehr- und Bewältigungsstrategien in der Gruppe stellt ihr ein Potential zur Verfügung, das sie insgesamt nutzen kann, das aber auch von einzelnen Teilnehmern in ihren Lebenszusammenhang übertragen werden kann. Das Bewusstsein, dass man in der Lage ist, »dem Feind von außen« zu widerstehen, dass man Möglichkeiten hat, Bedrohung abzuwehren, dass man Potentiale effektiver Bewältigung zur Verfügung hat, erweist sich als eine positive und konstruktive Kraft im persönlichen wie im gruppalen Leben. Wir fördern dieses Moment, indem wir das Coping-Konzept in den Gruppen didaktisch erklären, die Zusammenhänge zwischen Belastung, Kontrollverlust, Abwehr und Bewältigung kognitiv zugänglich machen. Wir erklären die Zusammenhänge von Belastung und Ressourcenlage, von Situation und Bewertung. Bei letztgenanntem Aspekt ist allerdings darauf zu achten, dass durch den Verweis auf die Bedeutung *kognitiver Bewertung* keine Kränkungen gesetzt werden (»es ist ja nur alles eine Frage der Bewertung«) und dass dadurch die Faktizität negativer Lebenssituationen nicht minimalisiert wird, eine Gefahr, die die kognitiven Theorien von *Lazarus,* insbesondere aber die von *Thomae* (1971; 1979), der immer wieder auf einer »erfolgreichen Anpassung an das Alter« besteht, nicht genug berücksichtigen *(Krohn* 1975; 1978).

Die aktive Auseinandersetzung von Gruppen mit Widerstandsphänomenen, Abwehrmechanismen und Coping-Strategien hilft ihnen, realitätsbezogenere, angemessenere Formen der Situationsbewältigung und Problemlösung zu finden und weiterhin negative Affekte, emotionale Staus und Stressreaktionen besser zu handhaben *(Lazarus* 1981). Es wird in der Gruppenarbeit über weite Strecken *in praxi* das getan, was in der Forschung durch die Untersuchung von Coping-Stilen versucht wird: die Herausarbeitung von Bewältigungsprozessen. Sieht man auf die entsprechenden Untersuchungen *(Pearlin/Schooler* 1978; *Pearlin* et al. 1981) und insbesondere auf solche, die sich mit Coping-Stilen alter Menschen befassen *(Lehr* 1980; *Vaillant* 1980 – es werden von ihm 18 Coping-Strategien beschrieben –; oder *McCrae* 1982 – er differenziert faktorenanalytisch 28 verschiedene Bewältigungsprozesse; *Saup* 1983 und *Thomae* 1983), so findet man zahlreiche Übereinstimmungen und Ähnlichkeiten bei zum Teil geringfügigen terminologischen Unterschieden. Es finden sich aber auch zahlreiche Divergenzen und Besonderheiten, die sich neben der unterschiedlichen Ausrichtung der Forscher auch aus der Verschiedenheit der Situationen, Bezugsgruppen und Personen ergeben. Ein solcher Befund ist ganz im Sinne der »differentiellen Gerontologie«. Aus diesem Grunde bietet sich die situative Analyse von Abwehr- und Bewältigungsstrategien in den Gruppen der Betroffenen mit Hilfe eines geschulten Gruppenleiters bzw. Therapeuten geradezu als methodischer Zugang an. Die Gruppenarbeit wird »Aktionsforschung« in eigener Sache und entspricht damit dem Aktionsforschungskonzept, wie es von *Moreno* inauguriert wurde *(Petzold* 1981a). Das Ausmaß, in dem ein solches Konzept realisiert werden kann, ist wiederum abhängig von der Situation der Gruppe, der Befindlichkeit ihrer Teilnehmer, ihrer allgemeinen Ressourcenlage. Es gibt Gruppen, in denen in sehr umfassender Weise Widerstands-, Abwehr- und Bewältigungsphänomene bewusst gemacht, bearbeitet und genutzt werden können (vgl. z. B. *Petzold* 1982a, und andere, in denen die Möglichkeit zu einer solchen Arbeit sehr beschränkt ist und anpassende defensive oder evasive Bewältigungsstrategien im Vordergrund stehen. Eines zeigt sich jedoch immer: Die Gruppe als neues soziales Netzwerk, als Generator neuer sozialer Welten, als Agentur wechselseitiger Hilfeleistung, als Ort selbst verfügter Kontrolle, als Reservoir an Ressourcen, als Matrix der Identität eröffnet in der gerontotherapeutischen Arbeit ein reiches und konstruktives Potenzial, Abwehr- und Bewältigungsstrategien in einer Weise zu nutzen, dass den Bedrohungen des »Feindes von innen« und des »Feindes von außen« begegnet werden kann und sich die Lebensqualität der alten Menschen entscheidend verbessert.

Stadtteilarbeit mit alten Menschen – ein integrativer Ansatz zur Verhinderung von Segregation
Unter Mitarbeit von Brigitte Zander

1. Überlegungen zum Kontext und zu den Hintergrunddimensionen für Stadtteilarbeit

Das Problem der *Ausgrenzung* alter Menschen aus dem Hauptstrom gesellschaftlicher Aktivität, wie sie in den modernen Industriegesellschaften in sehr spezifischer Form geschieht (originäre und rurale Sozietäten hatten und haben andere Ausgrenzungsformen; *Koty* 1936; *Kucher* 1961), hat vielfältige Ursachen, die im Einzelnen hier nicht analysiert werden können *(Filipp, Mayer* 1999). Schlagwortartige Anmerkungen mögen genügen.

Der Wandel der Familienstruktur führt dazu, dass »Mehrgenerationen-Familien in einem Haus« seltener werden. Das Extended-Family-Modell wird von alt und jung nicht mehr gewünscht. Die gesteigerte Lebenserwartung, die größtenteils sehr langen »Empty-nest-Perioden«, die Betonung der Selbständigkeit bei Eltern und erwachsenen Kindern *(Majce* 1982) führen – zumindest oberflächlich betrachtet – zu einem Wunsch nach »Intimität in der Distanz« *(Rosenmayr* 1978; 1983). Kommen wir im klinischen und sozialarbeiterischen Kontext indes mit den *vereinsamten* alten Menschen in Kontakt, die von ihren Kindern abgeschoben worden sind oder sich von ihnen verlassen fühlen und die verletzt und verbittert sind oder durch die Gebrechen des Alters eingeschränkt, auf andere Menschen zuzugehen, die also auf ihre Familien angewiesen wären, so wird die Kategorie der »Intimität in der Distanz« fragwürdig oder grenzt sich zumindest auf den mobilen und vitalen älteren Menschen ein.

Die Übernahme der Versorgung alter Menschen durch den Staat ist ein weiteres gewichtiges Moment der Ausgrenzung. Wo die Familie in Pflege und Betreuung nicht mehr eintritt, springt die Gemeinschaft ein, und in der Regel geschieht dies durch Institutionen, die aus Mangel an finanziellen und personellen Ressourcen die Betroffenen *konzentrieren* müssen, um sie versorgen zu können. Die Versorgungsleistungen werden weniger differentiell, anonymer und weitgehend entemotionalisiert vollzogen. Ein Pflegeheim kann engagierte familiäre Hauspflege nicht ersetzen. Dem Sog der Konzentration, der mit erheblichen Einschränkungen der Selbstverfügung und persönlichen Freiheit einhergeht, versuchen sich alte Menschen, soweit es ihnen möglich ist, zu entziehen (»ich will auf keinen Fall ins Heim«). Sie vermeiden deshalb auch, im Bezug auf Hilflosigkeit »auffällig zu werden«. Sie schränken ihren Lebensraum stärker ein, als dies auf der Grundlage eines gesicherten Lebensgefüges notwendig wäre.

Die konsum- und profitorientierte Gesellschaftsform schließlich fokussiert auf gesellschaftliche Gruppen, die im Zyklus von Produktion, Konsum und Verwertung »potent« sind. Kleinstrentner sind keine interessante Zielgruppe für die Produktenwerbung, nur vorübergehend für die Werbemanager der Parteien dann nämlich, wenn Wahlen anstehen. Alte Menschen können ihre Arbeitskraft nicht mehr verkaufen. Sie gehören zum alten Eisen. Sie sind »zu alt für …«, für die meisten Dinge. Fremdattributionen werden zu Selbstattributionen, und so entsteht *Marginalität*. Wer nichts mehr leistet, ist nichts mehr wert. Dem Unnützen bleibt der Rückzug. Im 19. Jahrhundert wurden die Leute als alt betrachtet, die physisch nicht länger in der Lage waren, an ihren sozialen Welten teilzunehmen *(Hareven* 1977).

Durch den gesetzlich verfügten Ruhestand erfolgt eine Zuschreibung von Unfähigkeit, die bei vielen nur virtuell, aber nicht tatsächlich zutrifft *(Goffman* 1963, 2). »Old people are classed … with children and the handicapped, on the assumption that people in these categories must be regarded as dependants and that society as a whole has a responsibility to assure that all who are dependent are not deprived of some measure of assistance« *(Lakoff* 1976, 645). Selbst wenn man ein Leben lang dafür gezahlt hat, kommt bei vielen Menschen dieses Gefühl der Abhängigkeit und des Almosenempfangens auf, so dass selbst bei vorliegender Armut sich weite Kreise scheuen, Leistungen in Anspruch zu nehmen, die ihnen gesetzlicherseits zustehen *(Bujard/Lange* 1978). Nicht das biologische Alter zählt, sondern das »soziale Konstrukt« Alter, und das ist in vieler Hinsicht durch Stigmatisierungen (auch *self-stigmatisation)* gekennzeichnet. Die Kopplung der Begriffe »arm und alt« ist nicht neu. Sie hat in unserer Gesellschaft nicht an Bedeutung verloren. »Dependency, disability, and isolation as the normal expectation for the old in our society« *(Friedmann* 1960, 139) hat mit der Einrichtung des Wohlfahrtsstaates nicht abgenommen. Sie sind subtiler geworden. Der Rollenverlust alter Menschen und damit der Ausschluss von weiten Bereichen gesellschaftlichen Lebens *(Rosow* 1974) ist sozial produziert. Das »post-parental life« *(Deutscher* 1962) gewährleistet nur vorübergehend Freiräume und ein Mehr an Kontakten, solange nämlich die Repräsentanz der eigenen Gruppe im sozialen Netzwerk noch relativ dicht ist. Den *»peers«* gegenüber ist es auch einfacher, sich das Älterwerden einzugestehen *(Hochschild* 1973, 65 f.), zumal wenn man sich »gar nicht so alt« fühlt. Anderen Altersgruppen gegenüber jedoch wirkt sich das Attribut »alt« mit seinen vielfältigen negativen Konnotationen als Stigma aus: »an attribute that is deeply discrediting« *(Goffman* 1963, 3). Die schädigenden Attributionen der »Feinde von außen« werden internalisiert und damit zu »Feinden von innen« *(Petzold* 1965, dieses Buch S. 92). »Old people share with other members of society the typical view of old people. They have certainly been members of society long enough to have been socialized into a ›normal‹ point of view, and the moral career of the stigmatised includes this important first step« *(Matthews* 1979, 67; vgl. *Goffman* 1963, 32). Stigmatisierte werden entweder in Asylen »konzentriert«, oder sie bilden, sofern die Gesellschaft ihnen dieses gestattet, relativ geschlossene kleine Gruppen, oder sie vereinzeln sich, weil sie dadurch kleinere Angriffsflächen bieten, und entwickeln verschiedene Strategien, die durch die Stigmatisierung gefährdete Identität zu schützen. *Matthews* (1979, 72 ff.) beschreibt *nach außen gerichtete Strategien,* wie z. B. Verschweigen des Alters, Umdefinieren des Alters (es zählt, dass das Herz jung ist), Leistungsfähigkeitsbeweise, Vermeidung bedrohlicher Situationen – und *nach innen gerichtete Strategien:* Zeichen des Alters werden uminterpretiert, alten Aktivitäten werden neue Bedeutung gegeben, Rechtfertigungen (sie besuchen mich nur nicht, weil …). Es ließen sich noch zahlreiche derartige Strategien herausarbeiten, insbesondere solche, durch die die Segregation noch akzentuiert wird, wie z. B. die Unterteilung zwischen alt und jung: »Was können die jungen Menschen an alten Menschen denn interessant finden?« (siehe unten). Marginalität beginnt sich so allmählich als Lebensstil auszubilden, und es kommt zu segregativen Selbstkonzepten. »Nach so langer Zeit der Einsamkeit in meinem Alter mit 83 Jahren mag ich keinen Kontakt mehr zu anderen alten Menschen. Die haben ihre eigene Geschichte und ihre eigenen Schwierigkeiten« (siehe unten). Natürlich können Aussagen über die Armut, Einsamkeit, Isolation, Beziehungslosigkeit zur Familie usw. niemals global für *die* alten Menschen gemacht werden. Die individuellen Schicksale sind zu unterschiedlich, die Gruppierungen variieren *(Thomae* 1983). Ein großer Teil der Forschung, die Negativpositionen affirmiert, konzentriert sich nur auf die fehlenden Kontakte und nicht darauf, welche Kontakte aufrechterhalten wurden *(Bennett* 1980; *Lowenthal/Robinson* 1976). Weiterhin sind besonders alte Menschen in Institutionen untersucht worden, also besonders kranke oder gebrechliche Personen *(Zimmermann* 1977). Aus dem klinischen Feld und aus der Sozialarbeit kommen nur Berichte über Problemgruppen; aber das sind genau die Populationen, die besondere Hilfestellung benötigen und um die es bei psychosozialen Interventionen in erster Linie geht. Erfasst wird auch nicht die Situation der »unauffälligen« alten Menschen in der Marginalität, die den Rückzug als Lebensstil gewählt haben. In stadtteilbezogener Arbeit allerdings stößt man auf sie. Es handelt sich um Menschen, die ihre »sozialen Welten« verloren haben, deren soziale Netzwerke ausgedünnt sind, die kaum noch Austausch und Interaktion haben. In ihren »sozialen Atomen« *(Hass, Petzold* 1999, *Petzold* 1999c, k) sind Kern- und Mittelzone verödet, und Personen aus der Randzone, wie z. B. Briefträger, Verkäufer am Zeitungsstand, Verkäuferin, Hausmeister, rücken in den Kernbereich, der damit keine emotionale Dichte hat. Die *»sozialen Welten«* sind blass geworden, besonders wenn man sie mit *Shibutani* (1961) als »organized outlooks« definiert, die von Menschen, die miteinander in Interaktion stehen, *geschaffen* werden. Der Mangel an instrumentellen Ressourcen, die als *»linking devices«* dienen können (Auto, Telefon, Briefe bei eingeschränkter Schreib- und Lesefähigkeit), machen die »shared perspectives arising out of common channels of communication« *(Unruh* 1983, 14), die für das Konzept der »sozialen Welt« im Sinne von *Strauss* (1978) so wesentlich sind, nicht mehr möglich. Die Betroffenen verlieren

dadurch ihrerseits die Perspektive in der Einschätzung von anderen Menschen und sozialen Kontexten. So entsteht *Segregation.*
Obgleich sich Anfang der 80er-Jahre ein größeres Interesse an Fragen des Alterns und des Alters, ja sogar des Sterbens allenthalben zeigte, zu einem guten Teil erzwungen durch die dramatische Veränderung der Bevölkerungsstruktur *(United Nations* 1980), die unter anderem zu der »*UN-World Assembly on Aging* 1982« führte, und obgleich sich auch unter alten Menschen Zeichen eines sich wandelnden Selbstverständnisses bemerkbar machen (Graue Panther, Selbsthilfegruppen, vgl. *Unruh* 1984; *Meier/Seemann* 1982; *Gronemeyer/Bahr* 1979), so lief dies doch nicht auf einen globalen Bewusstseinswandel hinaus, der angesichts der demographischen Entwicklung notwendig wäre. Es wird auf seiten der alten Menschen einen Druck zur Eigenaktivierung geben und auf seiten der Gesellschaft einen Druck, sich stärker und allgemeiner mit Altersproblemen und älteren Mitbürgern auseinanderzusetzen. Die Masse der Segregierten wird zu groß werden, um sie durch Strategien des Ignorierens zu handhaben. Es wird notwendig werden, Interventionen auf der *Meso-* und auf der *Makroebene (Petzold* 2003a) zu entwickeln. Auf der *Makroebene* mit politischen Entscheidungen, in Gesetzgebung und Verordnungen müssen die Maßnahmen von der Sicherung der ökonomischen Ressourcen alter Menschen bis zur Planung im Bereich des Wohnungs- und Städtebaus, der Medien- und Informationspolitik, der Studienschwerpunkte (Geragogik, Gerontotherapie, Sozialgerontologie) bis hin zu schulischen Inhalten, Informationen über Alter, Krankheit und Sterben im lebenskundlichen Unterricht (death education) und vor allen Dingen zu familienpolitischen und arbeitsmarktpolitischen Entscheidungen reichen (Förderung von Mehrgenerationen-Haushalten, flexible Altersgrenze, Tagessätze für Hauspflege usw.). Erst heute, 20 Jahre später, ist das Thema in die breitere Öffentlichkeit gekommen *(Schirrmacher* 2004; *Ibelganfts* 2004), weil man meint, ein »Kampf der Generationen« drohe *(Gronemeyer* 2004).
Auf der *Mesoebene* sind Gemeinwesen- und Stadtteilarbeit bislang die einzigen Interventionsformen. Hinzu gerechnet werden könnten noch geragogische Bildungsprogramme, wie sie sich in den Erwachsenenbildungseinrichtungen der größeren Kommunen zunehmend entwickeln (einschließlich der Projekte der »*universités de*

troisième age«, Brassenl 1983). Die Bildung von Interessenverbänden, psychosozialen Netzwerken, regionalen und überregionalen Diensten wird eine weitere Aufgabe sein. Die Vernetzung und Öffnung von geschlossenen Institutionen der Altenarbeit zum Gemeinwesen hin *(Hummel* 1982), die Integration alter Menschen in Aufgabenbereiche mit Jungen (Kindergarten-, Hort- und Schulprojekte, *Petzold* 1985) könnten weitere Formen der Meso-Intervention sein. Theoretisch und methodologisch stehen wir mit diesen Entwicklungen und Aufgaben noch ganz am Anfang. Für die theoretische Konzeptionierung im Bereich der Altenbildung, wie sie von uns entwickelt wurde, sei auf andere Veröffentlichungen verwiesen *(Petzold/Bubolz,* 1976; *Bubolz* 1983), da sie auch für die Konzeptionierung von Stadtteilarbeit wichtige Perspektiven hergeben. Vorstellungen zur Heimarbeit finden sich bei *Steiner-Hummel* und *Hummel* (1979; *Hummel* 1982). Einige Überlegungen zur Stadtteilarbeit auf dem Hintergrund verschiedener Projekte und verbunden mit einem Erfahrungsbericht sollen nachstehend vorgelegt werden.

2. Konzepte zur Stadtteilarbeit

Die voranstehend aufgezeigte Situation lässt gemeinwesenorientierte Interventionen, hier spezifisch Stadtteilarbeit, als sinnvolle Maßnahmen erscheinen, die soziale Isolation alter Menschen zu durchbrechen, Vernetzungen unter den Betroffenen herzustellen, Negativattributionen des sozialen Umfeldes alter Menschen zu beeinflussen, dysfunktionale Selbstattributionen zu modifizieren, neue soziale Welten zu erschließen und damit ein größeres Maß an Lebenszufriedenheit durch Partizipation am »main stream of community life« zu gewährleisten. Stadtteil- und Gemeinwesenarbeit haben sich als Strategien der Sozialarbeit *(Wendt* 1983), später dann im Rahmen der Erwachsenenbildung *(Höllenstein* 1982; *Blaschek* et al. 1983) und im Rahmen von Selbsthilfe- und Bürgerinitiativen *(Rucht* 1982; *Huegener* 1983) herausgebildet, und zwar nicht auf der Grundlage sozialtechnologischer, sondern politischer Hintergrundmotivation *(Bayer* 1983; *Fuchs* 1982; *Schulz* 1981); dies gilt zumindest für die BRD und – wenn auch in weitaus geringerem Maße – für Frankreich. Unsere eigene Position konkretisiert sich aus den *Erfordernissen der Praxis* durch Projekte in der Drogen- und Altenarbeit, die wir seit Mitte der 60er Jahre durchgeführt haben *(Petzold* 1965, *Petzold, Schay, Ebert* 2004) und die zum Entwickeln des Konzeptes der »Therapiekette« (chaîne thérapeutique) geführt haben (idem 1965; 1969; 1981a; 1982). Als Gestalttherapeuten sind wir durch die Theorien und Experimente zu alternativen Wegen des Lernens und der politischen Arbeit von *Paul Goodman* beeinflusst *(Goodman* 1967; 1968; *Blankertz* 1983; 1985). *Paul Goodman* hat neben Modellen zu politischen Aktionen und zu Bürgerinitiativen mit seinem Bruder, dem Architekten *Percival Goodman,* schon früh ökologische Überlegungen in seine Konzepte und Initiativen einbezogen *(Goodman/Goodman* 1947). Einer seiner Kerngedanken war der Widerstand gegen Makrosysteme, gegen den »Staatlichkeitswahn« *(Blankertz/Goodman* 1981), gegen die Tendenz insbesondere sozialistisch ausgerichteter Staatsformen, jedweden Lebensbereich total zu kontrollieren, staatlich zu verwalten und damit die gewachsenen Strukturen immer weiter zu gefährden und beständig neue und größere Teile der Bevölkerung zu »klientelisieren«. *Goodman* tritt dafür ein, die Selbsthilfepotentiale zu aktivieren und die Eigenverantwortlichkeit der Betroffenen zu mobilisieren, damit sie ihre Sache selbst in die Hand nehmen. Dies ist kein kapitalistisches Konzept von Privatinitiative, sondern ein »kritischpragmatisches« in der Tradition des »anderen Sozialismus« *(Blankertz* 1983; *Sperber* 1982, Petzold 2001d).

2.1 Der Stadtteil als soziales Feld

Stadtteile sind soziale Felder von mehr oder weniger großer Kohärenz (zum integrativen Feldbegriff vgl. *Petzold, Ebert, Sieper* 2001). Der Grad der Kohärenz ist abhängig von der Unversehrtheit gewachsener Strukturen, wie z. B. eingesessener Familien mit langzeitigen, über mindestens zwei Generationen reichenden Nachbarschaftsverhältnissen. Kommunikative Kristallisationspunkte sind z. B. Geschäfte und Einkaufszentren, Gaststätten, Kneipen mit Stammpublikum und breitgestreuter Frequentierung, Kinderspielplätze, Parkanlagen mit Sitzgelegenheiten, Bürgerzentren, lebendige Pfarreien, Lichtspielhäuser mit Regionalpublikum, lebendiges traditionelles Vereinswesen (Turn- und Schützenvereine), Clubs, Interessen- und Berufsorganisationen, lokale Parteiarbeit, traditionelle Stadtteilfeste usw. Auf einem derartigen Hintergrund können sich informelle und formelle Kommunikationsnetze bilden, die Informationen transportieren, gute und schlechte Nachrichten, Klatsch und Tratsch übermitteln. Auf einem solchen Hintergrund gedeihen soziales Interesse und Engagement und natürlich auch Gerüchte und Intrigen. Ein Stadtteil kann als »soziale Welt« betrachtet werden *(Shibutani* 1961; *Strauss* 1978; 1979; 1982). Und natürlich enthält ein Stadtteil wiederum zahlreiche soziale Welten, das sind gemeinsam erlebte und wahrgenommene Situationsbewertungen aufgrund kommunikativen Austausches *(Unruh* 1983, 14) und gleichzeitig auf der Grundlage lebenspraktischer Funktionsabläufe und instrumenteller Austauschvorgänge. Diese phänomenologische Perspektive der *Lebensweltkonzeption (Petzold, Petzold* 1991) in der Tradition von *Husserl* und *Schütz* und die symbolvermittelte Perspektive in der Tradition G. H. *Meads* muss ergänzt werden: einerseits durch die Perspektive einer *Vernetzung* aufgrund wechselseitiger Anziehungen und Abstoßungen, die soziometrische Perspektive *Morenos*, und andererseits durch das Konzept von Beziehungsgeflechten – zuweilen Filz – und schließlich durch das materielle bzw. ökonomische Perspektiven einbeziehende Konzept der Lebenslage *(Petzold* 2000h). Die *Dichte* der »sozialen Welt« Stadtteil und ihrer Teilwelten ist bestimmend für die Produktion von Segregation und Marginalität, entweder dadurch, dass viele Menschen durch ein zu weites, durchlöchertes soziales Netzwerk fallen, oder dadurch, dass diskordante und nonkonforme Individuen an den Rand gedrängt oder ausgeschlossen werden, denn als »kohärent« charakterisierte Stadtteile können einen hohen Konformitätsdruck erzeugen. In neuen Vierteln, umgebauten, wieder aufgebauten Quartieren finden wir weniger von den Elementen, die einen hoch kohärenten Stadtteil kennzeichnen, bis hin zu kohäsionsarmen oder -losen Bezirken. In diesen können alte Menschen sehr schnell in eine gänzliche Isolation kommen, vergessen werden, bis sie gefunden werden, schon Wochen tot oder vielleicht nur bemerkt von »unseren Brüdern, den Ratten« *(Dansel* 1982). In solchen sozialen Welten haben es auch die Kinder schwer *(Damon* 1977). Die sozialen Support-Systeme derartiger Lebenswelten sind mager *(Cantor* 1975; *Caplan* 1974; *Gelfand/Olsen* 1980). Die Isolation ist für Menschen in marginalen Positionen schlecht zu durchbrechen, da die vorhandenen sozialen Welten sehr klein, relativ geschlossen und unzugänglich für Außenseiter sind. Wiedereingliederungen stoßen dann an doppelte Barrieren, die des sozialen Feldes und die inzwischen von den Marginalisierten selbst aufgebauten *(Bennett* 1980). Der »kohärente« Stadtteil ist also nicht für alle ein sicherndes soziales Feld, nicht für unliebsame »Zugereiste« und nicht für »drop outs«.

2.2 Das Quartier als ökologischer Raum

Das Quartier als »socio-physical system« *(Steele* 1972) ist »environmental context« *(Heft* 2001), der durch seine räumlichen Gegebenheiten Alternsvorgänge beeinflusst *(Byerts/Howell/Pastalan* 1979; *Tews* 1977). Seit dem Aufkommen der »ökologischen Psychologie« *(Barker* 1963; *Proshansky* et al. 1970; *Bronfenbrenner* 1978) und seit *Nahemow* und *Lawton* (1973) ihre »ökologische Theorie des Alterns« unter Rückgriff auf Umweltstimulations- und Adaptionstheorien *(Helson* 1964; *Wohlwill* 1964) entwickelten, ist der ökologischen Dimension in der Gerontologie zunehmend Beachtung geschenkt worden *(Birren* 1969; *Lehr/Olbrich* 1976; *Thomae* 1976; *Baltes* et al. 1982; 1983; *Lawton* et al. 1970; 1976; 1978; *Saup* 1992). Zwar bezieht sich die Mehrzahl der Arbeiten psychologischer Autoren auf Mikrosysteme, wie z. B. Heime *(Townsend* 1962; *Moos* 1981), Hausprojekte *(Lawton* et al. *1975; Baltes* et al. 1983) u. a., jedoch lassen sich die Erkenntnisse dieser Arbeiten auch auf die ökologische Mesoebene – und ein Quartier kann hier eingestuft werden – übertragen. Alte Menschen reagieren, insbesondere im hohen Alter oder in Situationen erhöhter» Verwundbarkeit« *(Brown/Harris* 1978), auf Veränderungen im ökologischen Setting sehr sensibel *(Tews* 1977; *Lester/Baltes* 1978). Hier nun sind zwei Perspektiven zu unterscheiden: außenverfügte Veränderungen (Abriss, Umbau, Einschlag, Anpflanzung, Umzug, Relokation) und persönlich bedingte Veränderungen, z. B. Verlust der Mobilität durch Unfall, Gehbehinderung, so dass vertraute Örtlichkeiten nicht mehr aufgesucht werden können. Das Maß an Vertrautheit und Identifikation mit Lokalitäten, »an denen man besonders hing«, entscheidet über die Betroffenheit bei Veränderungen. Ökologische

Räume können das Wohlbefinden fördern oder ihm abträglich sein. Landschaftliche Schönheit, Buntheit, Abwechslungsreichtum, angenehmes Ambiente üben einen fördernden Einfluss auf den alten Menschen aus *(Carp* 1977), wohingegen bedrückende Kontexte, insbesondere in Verbindung mit Isolation und Reizentzug *(Bungard* 1975; *Zimmermann* 1982), zu Abbau und schwer wiegenden Schädigungen der Persönlichkeit führen *(Sosna* 1983; *Ernst* et al. 1977). Die *Bewertung* des ökologischen Raumes durch die Klienten, die Beziehung zu ihrem Quartier und den von ihm eingeschlossenen Lokalitäten muss in diagnostischer Hinsicht exploriert werden. Dabei ist dem Phänomen der »*Übertragung* auf Örtlichkeiten« besondere Bedeutung beizumessen (»hier wurde schon mein Vater geboren«; »hier sind wir schon seit Generationen zu Hause«), da mit ihm Gefühle aus frühen sichernden Bindungen einhergehen, deren Verlust oder Beeinträchtigung zu schwer wiegenden Erschütterungen der Persönlichkeit führen kann. Coping-Hilfen bzw. Hilfestellungen bei der Umgewöhnung und bei der Neubewertung eines ökologischen Kontextes können verhindern, dass die eintretenden »Adaptionen« mit dem Verlust von *Kompetenzen* (Orientierungswissen) und *Performanzen* (z. B. Mobilität) einhergehen.

2.3 Alte Menschen und Stadtteilarbeit – methodische Aspekte

Über Stadtteilarbeit mit alten Menschen liegen im deutschsprachigen Bereich nur wenige Erfahrungen vor. Zumeist handelt es sich um kleinere Projekte und Initiativen *(Rommelspacher* 1982; *Wiedemann* 1982) oder um Berichte aus gemeinwesenorientierter Arbeit in der institutionellen oder offenen Altenhilfe bzw. aus Forschungsprojekten *(Stieglitz* 1982; *Steiner-Hummel/Hummel* 1981; *Weber* 1983; vgl. *Deutsches Zentrum für Altersfragen* 1982; *Blaschke* 1982). Für die theoretische Fundierung oder eine methodische Elaboration von stadtteilbezogenen Interventionen gibt die Mehrzahl der Projektberichte wenig her *(Krüger* 1980). Diese Situation kann sich und wird sich kaum ändern, solange nicht stadtteilbezogene Altenarbeit von seiten der öffentlichen Hand nachhaltiger gefördert wird und entsprechende Forschungsvorhaben möglich werden.

Stadtteilarbeit, die im Wesentlichen vom persönlichen Engagement derer getragen wird, die sie durchführen, ohne Rückgriffmöglichkeiten auf große Ressourcen, braucht deshalb nicht ineffektiv oder von eingeschränktem Nutzen zu sein. Der Einsatz, die Innovationsfreude und die persönliche Kreativität sind Elemente, die sozialwissenschaftlich hochkarätige Interventions-Designs durchaus aufwiegen können. Wesentlich sind allerdings eine theoretische Orientierung, Vorstellungen über das Alter, Wissen über die Situation alter Menschen, Bewusstsein über die ethischen Prämissen der geplanten Intervention, Erarbeitung von realistischen Zielen aufgrund dieser metatheoretischen Positionen und der sorgfältigen Analyse des Kontextes, des Quartiers in seinen sozialen und ökologischen Dimensionen. Lebenswelt- und Ressourcen-Analyse dürfen sich nicht nur auf die Betroffenen beziehen, auch die Ressourcen des Stadtteils als System sind wesentlich. Diese Arbeit steht am Anfang jeder Intervention und muss u. a. folgende Fragen aufnehmen:

- Welche Kohärenz hat der Stadtteil?
- Welche funktionsfähigen Strukturen sind für die Zielgruppe vorhanden? – Auf welche Sozialagenturen öffentlicher und privater Art kann zurückgegriffen werden?
- Wie geschlossen sind die sozialen Welten des Quartiers?
- Welche sozialen Netzwerke sind mäßig, gut oder schwer zugänglich bzw. unzugänglich?
- Wie wird im Stadtteil mit Marginalität umgegangen, bzw. wie wird sie produziert?
- Welche Gruppierungen von Drop-Outs gibt es?
- Welche Einstellung findet sich in welcher Sozialwelt zu alten Menschen? – Welche Kommunikationswege und Medien, welche »linking devices« sind vorhanden?
- Wo sind potentielle Sympathisanten, wo potentielle Gegner des Projekts? – Wie ist die ökologische Qualität des Quartiers?
- Wie ist es um seine Funktionalität im Hinblick auf die Bedürfnisse und die teilweise eingeschränkte Mobilität alter Menschen bestellt?
- Wie sieht die Zugänglichkeit zu ökologischen und sozialen Kristallisationspunkten aus? usw.

Hinzu kommen natürlich Fragen nach der Größe der Marginalgruppe, nach dem Umfang des Interventionsbedarfs in quantitativer

Integrative Intervention
(aus Petzold 1979c, 156 f.; vgl. *Heerkerens* 1985)

Globalziele	Gewährleistung von Selbstregulation und Selbstverwirklichung im		
Richtziele	PROPHYLAXE	ERHALTUNG	RESTITUTION
	präventive Interventionen zur Verhinderung des Abbaus oder der Störung von Kompetenzen und Performanz*	*konservierende* bzw. stabilisierende Interventionen zur Erhaltung vorhandener Kompetenz und Performanz	*reparative* bzw. rehabilitative Interventionen zur Behebung oder Verbesserung geminderter bzw. gestörter Kompetenzen und Performanz
Grob- und Feinziele	müssen zielgruppen-, person- und situationsspezifisch erarbeitet werden** ▶	desgleichen ▶	desgleichen ▶
Inhalte	müssen zielgrup-, pen-, person-, situations- und aufgabenspezifisch erarbeitet werden** ▶	desgleichen ▶	desgleichen ▶
Methoden	agogische und medizinische Interventionen wie z. B. Sport, Bewegungsagogik, kognitives Training, Sozial- und Kommunikationstraining, angemessene Ernährung u. a. ▶	agogische und medizinische Interventionen desgleichen ▶ konservierende bzw. stabilisierende Therapie	medizinische, psychotherapeutische, soziotherapeutische und agogische Interventionen, desgleichen ▶ übungs- und/oder konfliktzentrierte Psychotherapie wie z. B. Psychodrama, Gestalt, analyt. Gruppentherapie, Soziotherapie, Verhaltensmodifikation, ökologische Maßnahmen

* Unter *Kompetenz* verstehen wir »die Gesamtheit aller Fähigkeiten, die zum Erreichen eines bestimmten Zieles notwendig sind«, unter *Performanz* verstehen wir deren praktische Umsetzung in Handlungen (Fertigkeiten) im sozialen und ökologischen Kontext (Lebenswelt, Lebensraum).

** Eine Aufstellung von Grobzielen und Inhalten siehe *Petzold, Bubolz* (1979) 152.

Lebenszusammenhang/Humanisierung des Alters

ENTWICKLUNG	DASEINSBEWÄLTIGUNG	REPRÄSENTATION
evolutive Interventionen zur Entfaltung und Förderung von potentieller Kompetenz und Performanz	*supportive* Interventionen als Hilfen beim Umgang mit ireversiblen Störungen und Minderungen von Kompetenzen und Performanz *(coping)*	*politische* Interventionen zur Vertretung und Sicherung von Ansprüchen im gesellschaftlichen Kontext
desgleichen ▶	desgleichen ▶	müssen spezifisch für Gruppen und den aktualen Gesellschaftskontext erarbeitet werden
desgleichen ▶	desgleichen ▶	desgleichen
agogische und erlebniszentrierte psychotherapeutische Interventionen Kreativitäts- und Kommunikationstraining, Meditation, Bewegungsagogik, themenzentrierte Arbeit, Selbsterfahrung	medizinische, agogische, psycho- und soziotherapeutische Interventionen Beratung, stabilisierende und stützende Psychotherapie, prothetische und ökologische Maßnahmen, Verhaltensprogramme	politische und soziale Interventionen durch Bürgerinitiativen, Öffentlichkeitsarbeit, Selbsthilfeprojekte

und qualitativer Hinsicht. Dabei ist die Ansprechbarkeit der Zielgruppe in Rechnung zu stellen, ihre Kooperationswilligkeit und -fähigkeit, ihre Motivationslage, ihre Probleme und Bedürfnisse. Diese und ähnliche Fragestellungen (zu einer Systematik vgl. *Petzold* 1982) ergeben ein ziemlich plastisches Bild von der Situation des Stadtteils und seiner sozialen Welten, die aus der Beobachterperspektive aufgenommen und *kartiert* werden können (vgl. für Mikrobereiche den Behaviormapping-Ansatz, *Baltes* et al. 1983; *Lawton* et al. 1976; *Ittelson* et al. 1970) und die mit der kartierten Wahrnehmung sozialer Welten der Betroffenen und ausgewählten Experten (Gemeindeschwester, Mitarbeiter des Sozialamtes u. ä.) verglichen werden können. Diese Bestandsaufnahme ermöglicht einen Bezug zu den Ressourcen des Interventions-Teams und damit ein Abstecken des Interventionsrahmens und der Interventionsreichweite. Es muss in der Regel eine dezidierte *Reduktion von Komplexität* erfolgen, um zu »shooting interventions«, d. h. zu umsetzbaren und praktikablen Handlungsstrategien, zu finden. Durch Gruppierung, Sektoren- und Fokusbildung, Zielhierarchisierung, Zeitstaffelung, um nur einige komplexitätsreduzierende Operationen zu nennen, wird das Material strukturiert und im Hinblick auf methodische Zugangsweisen selektiert. Prinzipiell sind zwei Stoßrichtungen zu verfolgen: *klienten-* bzw. *zielgruppenzentrierte Interventionen und feldzentrierte Interventionen*. Die klientenzentrierten Interventionen sollen die Potentiale der Betroffenen mobilisieren, ihre Kompetenzen *restituieren* (reparativer Ansatz), soweit sie funktionsfähig sind, *erhalten* (stabilisierender Ansatz) und, wo Kompetenzen ausbaufähig sind, *entfalten* (evolutiver Ansatz). Es werden dadurch neue Freiheitsgrade und Handlungsspielräume eröffnet. Die feldzentrierten Interventionen zielen darauf ab, die für die Zielgruppe förderlichen Potentiale des Feldes zu mobilisieren und negative Wirkungsfaktoren zu neutralisieren oder zu beseitigen. Öffentlichkeitsarbeit, Information, die Suche nach Verbündeten, die Inanspruchnahme von Rechten und Ressourcen aus der Makroebene (gesetzlich gesicherte Ansprüche, politische Trends) sind hier mögliche Vorgehensweisen. Die feldbezogene Intervention wird in der Regel vernachlässigt, nicht zuletzt aus einer Scheu, die hierfür erforderliche politische Arbeit zur Repräsentation der Marginalgruppe und zur Sicherung ihrer Ansprüche zu leisten.

Zur Planung der Intervention und auch als Strukturierungshilfe für die Erhebung der erforderlichen Daten und zum Einordnen des Datenmaterials kann auf *Petzolds* Modell »Integrativer Intervention« *(Heekerens* 1984; 1985; *Petzold* 1979a; 1982; vgl. Abbildung S. 332) zurückgegriffen werden. Unter dem Globalziel »*Gewährleistung von Selbstregulation, Selbstverwirklichung und Souveränität (Petzold, Orth 1998) im Lebenskontext – Humanisierung des Alters*« haben wir zunächst sechs, dann sieben Richtziele herausgearbeitet.

3. Prophylaxe, Erhaltung, Restitution, Entwicklung, Daseinsbewältigung, Repräsentation, Amelioration

Die sechs Richtziele werden durch die Tabelle nach Grob- und Feinzielen, Inhalten und Methoden erläutert. Das siebte Richtziel kam durch feldbezogene Projektarbeit hinzu. Unter *Amelioration* verstehen wir *infrastrukturelle Maßnahmen, die die ökonomische, ökologische und soziale Situation der Zielgruppe im Meso- und eventuell im Makrobereich verbessern (Petzold* 1982). Auch hier handelt es sich um eine politische Intervention.

Die methodischen Ansätze für feldbezogene Interventionen, wie z. B. »fund raising, floating, marketing, advertising, positioning« usw., sind Management-Strategien aus dem Wirtschaftsleben und aus der Public-Relation-Praxis. Es werden derartige Strategien – soll Stadtteilarbeit Zukunft haben und nicht nur ein hehres Ideal alternativer Sozialarbeit bleiben – mit einer gewissen Professionalität aufgenommen und eingesetzt werden müssen. Es zeigt sich, dass alternative Projekte, die dieses Instrumentarium beherrschen und verantwortungsvoll und an die ethischen Grundpositionen des Projektes rückgebunden nutzen, effektiver arbeiten und überleben. Was die klienten- und zielgruppenzentrierten Interventionen anbetrifft, so kann auf das Instrumentarium der klassischen Sozialarbeit, der Einzelfallhilfe, sozialen Gruppenarbeit und Gemeinwesenarbeit zurückgegriffen werden, wobei mobilisierende und erlebnisaktivierende Ansätze, wie sie im Rahmen der Humanistischen Psychologie und der »Integrativen Therapie und Agogik« entwickelt wurden (vgl. die Arbeiten dieses Buches; *Bubolz* 1983), nützliche Ergänzungen bieten können. Einige methodische Ansätze seien kurz herausgestellt.

3.1 Net-working

Das Aufbauen sozialer Netzwerke beginnt mit der Erhebung der sozialen Bezugssysteme der Betroffenen, wobei neben der Kartierung sozialer Atome *(Petzold* 1979; *Petzold* 1994e; *Hass, Petzold* 1999),* die ja die subjektive Bewertung von Beziehungen enthalten, und neben verbalen Aussagen auch die *tatsächlichen* kommunikativen Operationen beobachtet werden müssen (Besuche, Telefonanrufe, Kontaktfrequenz usw.), weil verbalisierte Einschätzung und vollzogene Interaktion durchaus nicht immer übereinstimmen *(Bernard/Killworth* 1976; 1977) und Wunschdenken bzw. Abwehrmechanismen unterliegen. Die Bewertung sozialer Kontakte und womöglich die Bewertung des sozialen Netzwerkes und seiner »social world«, d. h. der geteilten Gedankengemeinschaften *(Granovetter* 1975; *White* et al. 1976; *Mullins* 1968; 1973; *Weihel, Petzold* 2004; *Brühlmann-Jecklin, Petzold* 2004) zusammen mit dem Klienten ergeben eine erste Motivation, festgestellte Defizite, brachliegende soziale Ressourcen und fehlende Wertegemeinschaften in neuer Weise anzusehen und Veränderungen einzuleiten. Der Aufbau von Telefonketten hat sich in der Arbeit mit alten Menschen als nützliche Netzwerkstrategie bewährt. Dabei ist darauf zu achten, dass nicht nur alte Menschen untereinander über derartige Ketten Kontakt haben, sondern dass auch junge Menschen einbezo-gen werden. Subkulturen und Marginalgruppen sind ohnehin nicht homogen, und insofern sind »Konnektierungen«, »interlocking group culture, structure roles and media diffusion« *(Fine/Kleinman* 1979), nützliche Möglichkeiten, Veränderungen zu initiieren. Postkartenketten, Ringbesuche, »Treffpunkt-Veranstaltungen«, die Einrichtung eines »jour fixe«, die Teilnahme an Gruppen, Freizeit- und kulturellen Aktivitäten, ja an politischen Aktionen sind Möglichkeiten, soziale Netzwerke aufzubauen und in ihrer Kohäsion zu stabilisieren. Es sei nochmals betont, dass Netzwerke nicht homogen sein dürfen. Nur eine »Kommunität der Marginalen« aufzubauen, ist nicht das Ziel von »Net working«. Stigmatisierung und Ausgrenzung werden auf diese Weise nicht überwunden. In der

Netzwerkarbeit mit alten Menschen, wenn sie nur zusammenliegende Kohorten berücksichtigt, wird die Fragilität des neuen Bezugssystems geradezu programmiert. Die in einem konnektierten, heterogenen sozialen Netzwerk entstehenden »social worlds« sind vielfältiger. Das Netzwerk selbst ist reicher an Ressourcen, und die Kultur, die sich in ihm entwickelt, wird vielfältigere Perspektiven aufweisen und mehr Partizipationsmöglichkeiten bieten *(Kadushin* 1968; 1976). Konnektierte Netzwerke haben die Tendenz, sich selbsttätig zu vergrößern *(Hass, Petzold* 1999). Sind in einer Telefonkette junge Menschen integriert, kommen zum »jour fixe« nicht nur alte Menschen, sondern Interessierte aus anderen Altersstufen, so entwickelt sich ein Amplifikationseffekt (Schneeballsystem). Es werden neue Leute mitgebracht, es stellen sich Verbindungen zu anderen Netzwerken her *(Petzold* 2004), es entstehen »Spiele« zwischen ihnen *(Long* 1958), »Aktivitätssysteme« *(Irwin* 1977), soziale Zirkel *(Kadushin* 1968; 1976).

3.2 Programming

Unter Programming versteht man das Zusammenstellen vorhandener Kontaktmöglichkeiten und Aktivitäten für die Zielgruppe (Angebote der Erwachsenenbildungseinrichtungen, Kirchengemeinden, kultureller Veranstalter, usw.), so dass sie von den einzelnen benutzt oder von einer Gruppe, die man gebildet hat, gemeinsam besucht werden können. Weiterhin zählt hierzu das Planen und Initiieren von Aktivitäten und Veranstaltungen für die Zielgruppe und schließlich die Planung und Realisierung von Aktivitäten mit der Zielgruppe, wenn diese die hierzu erforderliche Kohäsion gewonnen hat. Eine sorgfältige Analyse der Bedürfnisse, Interessen und Motivationen bildet die Grundlage des Programming. Es müssen also Gespräche bzw. Interviews durchgeführt werden, die gleichzeitig immer auch Motivierung zur Mitarbeit bedeuten. Wo immer sich nämlich Mitarbeit mobilisieren lässt, wachsen die Chancen für erfolgreiche Interventionen. Auch Initiativen, andere soziale Kreise zu Aktivitäten für die Zielgruppe zu gewinnen (Veranstaltungen *für* alte Menschen von Schülern und Studenten, Frauengruppen, Vereinen usw.), ist eine Aufgabe der Programmerstellung.

3.3 Gruppenangebote

Gruppenangebote sind ein Kernstück jeder Stadtteilarbeit. Sie gewährleisten, dass die Klienten aus der Isolation heraus in einen erweiterten sozialen Kontext treten. Sie stellen ein Lernfeld bereit, in dem verlorene Kontaktfähigkeit sich allmählich wieder aufbauen kann, Informationen ausgetauscht werden, gemeinsames Schicksal erfahren wird und allmählich Solidarität entsteht. Es sind *professionell geleitete* Gruppen mit geragogischer/sozialgeragogischer, soziotherapeutischer, rekreativer und psychotherapeutischer Ausrichtung einerseits und *Selbsthilfegruppen* ohne professionelle Leitung andererseits zu unterscheiden *(Petzold/Frühmann* 1985). In der Altenarbeit wird versucht, im Rahmen stadtteilbezogener Interventionen Selbsthilfegruppen zu initiieren. Dabei können Konzepte, wie das »Exchange-Learning-Modell« und »Implantations-Modelle«, nützlich sein. Bei den Gruppen sind Gesprächskreise, Rollenspiel und Kreativitätsgruppen *(Petzold* 1982a und die übrigen Arbeiten dieses Buches) nützlich. Die Gruppenarbeit sollte die Stadtteilorientierung, die Verbindung zu Institutionen, die Prinzipien der Netzwerkbildung und der Amplifikation und Konnektierung sozialer Welten als Hintergrunddimension mit berücksichtigen *(Hummel* 1982; *Beier* 1983; *Fuchs/Schnieders* 1982).

Von einer weiteren Darstellung methodischer Ansätze soll an dieser Stelle abgesehen werden. Es sollen vielmehr Aspekte der Umsetzung in der Darstellung eines Stadtteilprojektes aufgezeigt werden, das mit relativ bescheidenen Mitteln, nämlich im Rahmen einer supervidierten studentischen Projektarbeit, Impulse setzt, die deutlich den angesprochenen »Amplifikationseffekt« zeigen. Aufgrund der umfassenden Situationskenntnis der Projektbegleitung sowie der sorgfältigen Arbeit der Erhebungs- und Vorbereitungsphase des Projekts konnten Aktivitäten entfaltet werden, die sowohl in die Marginalgruppe hineinwirkten und die Klienten mobilisierten als auch Konnektierungen zu anderen Marginalgruppen (Ausländer) herstellten, weiterhin Konnektierungen zu anderen Altersgruppen, zunächst durch die Studenten selbst, die für die betreuten alten Menschen neue soziale Welten vermittelten, und dann durch die Aktivitäten des »Programming«. Schließlich wurden Kooperationen mit den bestehenden Sozialagenturen der Altenarbeit geschaffen und Selbsthilfepotentiale aktiviert. Ansätze zur Öffentlichkeitsarbeit (Artikel, Fotoausstellungen) gehen in Richtung einer Einflussnahme auf den Kontext. Das Stadtteilprojekt weist Möglichkeiten der Ausdehnung und Kontinuität auf. Wir hoffen, dass es aufgrund seiner Praxisnähe, Umsetzbarkeit und »Machbarkeit« Anstöße und Anregungen zu ähnlichen Projekten geben kann.

4. Das Projekt Stadtteilarbeit mit alten Menschen in Wiesbaden-Biebrich

4.1 Setting und Probleme

Das im Folgenden dargestellte Stadtteilprojekt Biebrich hat seine besondere Geschichte. Als in den Jahren 1981–1983 eine gezielte Stadtteilanalyse »Alt-Biebrich« von der Arbeitsgruppe Stadtteilentwicklung Wiesbaden erstellt worden war, wurde anhand von statistischem Zahlenmaterial sichtbar, dass Biebrich zwei Hauptbevölkerungsgruppen beherbergt, ältere Menschen und Ausländer. Der Ausländeranteil beträgt 67,7%. Die älteren Menschen mit ihrem Anteil von 21,1%, oder in Zahlen ausgedrückt 2000, die in diesem Stadtteil leben, stammen in der Mehrzahl aus Arbeiter- und Handwerkerhaushalten. Die größte Gruppe unter den Älteren sind die alleinstehenden Frauen, »die kleine Renten zwischen 300 und 800 DM beziehen, weil sie im Interesse ihrer Familien nicht berufstätig sein konnten oder nur auf schlecht bezahlten Arbeitsplätzen tätig waren« ... »Diese Frauen erleben das Alter als Ergebnis eines lebenslang erlittenen Schicksals« (Projektgruppe 1982).
Alt-Biebrich gehört mit seinen fast 40000 Einwohnern zum größten Stadtteil Wiesbadens. Es ist ein sehr eigenständiger Ort mit einer 1100jährigen Geschichte. Die hier angesiedelten Großindustrien haben die Menschen in einem ganz besonderen Ausmaß bewusstseinsmäßig geprägt.
In diesem Ortsteil stehen den älteren Bürgern verschiedene Alteneinrichtungen zur Verfügung – 6 Altentreffs, davon 2 Tagesstätten, eine davon im Nachbarschaftshaus Biebrich. Hier war auch der Ausgangspunkt des im Folgenden dargestellten Arbeitsansatzes.

Problematisch ist die Tatsache, dass viele von den älteren Bürgern weder den Weg zu einem Altentreff in der Kirche, zu einem Seniorenclub, einem Verein noch zu einer Altentagesstätte finden. Diese Personengruppe lebt zum Teil stark vereinsamt in ihrer nach dem Auszug der Familienangehörigen leer gewordenen Wohnung, in Altenwohnanlagen oder in Altersheimen. Dieser isoliert lebenden Bevölkerungsgruppe wird zwar von seiten der Freien Wohlfahrtsverbände das Notwendigste vermittelt, Essen auf Rädern, Haushaltsdienste, ambulante Hilfe zur Pflege und ähnliches mehr, aber ein wesentlicher Bereich in ihrer Situation bleibt in diesem Lebensabschnitt, in dem ihr soziales Netz so eingeschränkt wurde, ohne Entsprechung – es fehlen Gesprächspartner. Im Kernbereich ihres sozialen Netzes *(Petzold* 1979) fehlen die Familienangehörigen. Viele Verwandte und Freunde sind verstorben, und oft sind der direkte Nachbar, der Briefträger, der ZDLer, der das Essen bringt und auch sonst mal zupackt, oder die Krankenschwester, der/die Pfarrer(in), der mit Geburtstagsglückwünschen ins Haus kommt, die einzigen Menschen, zu denen noch Kontakt und ein flüchtiges Gespräch besteht.

Die Altentagesstätte mit ihrer offenen Altenarbeit, mit Mittagstisch und Begegnungsrahmen in der Kafferunde am Nachmittag oder mit ihren Gruppen bzw. Kursen bietet ihre Bildungsarbeit zur Förderung und Erweiterung der Kommunikationsfelder zwar auch dieser Population an, aber ... wie kann diese Zielgruppe erreicht werden?

4.2 Kontext- und Problemanalyse

Die Zielgruppe, um die es geht, besteht also vorwiegend aus älteren Personen, die weder in den Kirchengemeinden noch in den Einrichtungen für ältere Menschen Anschlug finden: ältere Menschen also, die häufig durch den Verlust des Arbeitsplatzes beim Eintritt ins Rentenalter (vgl. 1985 f.) unter schweren Identitätskrisen leiden, nach dem Verlust des Lebenspartners sich wie amputiert fühlen *(Matthews* 1979), unter den altersbedingten Einschränkungen ihrer körperlichen Mobilität leiden. Die Veränderung im Wohnbereich – das Allein-in-den-vier-Wänden-zurückgeblieben-Sein oder der Umzug in die fremde Umgebung im Altersheim *(Saup* 1983; *Fischer*

1976), all dies führt bei vielen zur Isolation, zu Depressionen, Angstzuständen und Apathie. Bei den Senioren, die ins Altersheim übersiedeln, kommt oft noch durch die Einbußen der eigenen Selbständigkeit eine Mutlosigkeit hinzu, Resignation ohne Hoffnung auf Veränderung *(Schick* 1978). Hier, wo meist Zukunftsperspektiven fehlen *(Hendricks/Hendricks* 1976; *Petzold* 1981; *Petzold, Orth* 2004b), aber doch noch ein Bedürfnis nach Außenkontakten besteht, die aber nicht mehr selbstständig aufgenommen werden, sollte angesetzt und Abhilfe geschaffen werden. Isolierte ältere Personen mit anderen sich einsam fühlenden Menschen in Kontakt zu bringen, um ihren gesamten komplexen Lebenszusammenhang durch eine Gruppe und wechselseitige Hilfe zu bereichern und eine Selbstverwirklichung in einem neuen Rahmen zu ermöglichen, war eine der Zielvorstellungen, die uns schon zu Beginn des Projekts erreichbar erschienen. Über die Situation der Zielgruppe haben wir uns eingehend informiert, sowohl durch eigene Begegnungen und explorative Gespräche in der Altenberatung als auch durch Gespräche mit Pfarrern, Ärzten, Schwestern der Zentralstation für ambulante und pflegerische Dienste, über unsere Haushaltshilfen vom »Arbeitskreis soziale Dienste« und Nachbarn. In einem Gesprächskreis »Seniorenarbeit in Biebrich« erfuhren wir auch von den Gemeindepflegern und ehrenamtlichen Helfern, wie dringend notwendig eine Arbeit in diesem Bereich war.

4.3 Planung der Interventionen

Um diese Personengruppe zu erreichen, die eben von sich aus keine Initiative mehr entwickelt, musste ein besonderes Konzept erarbeitet werden. Hier bot sich der Ansatz einer »stadtteilorientierten Altenarbeit« an, da wir gerade die Biebricher Situation alter Menschen, ihre materiellen Verhältnisse, die Wohnsituation, die Versorgungssituation, die gebotenen Hilfen zur Abstützung der selbständigen Lebensführung im Alter durch die Stadtteilanalyse und Gesprächskreise kannten.
So wurde eine Verbindung zu *Prof. Klockner* vom Fachbereich Sozialwesen der Fachhochschule Wiesbaden, der das dort eingerichtete Studienprojekt »Stadtteilarbeit Wiesbaden« leitete, aufgenommen.

Das dort eingerichtete Studienprojekt beschäftigt sich unter anderem mit der Analyse der sozio-ökonomischen und sozial-räumlichen Konstitutionsbedingungen sozialer Problemfragen strukturell benachteiligter Bevölkerungsgruppen (ältere Menschen und ausländische Familien im Sanierungsgebiet, ältere Menschen und ausländische Jugendliche im Stadtteil).

Die Projektstudentinnen und -studenten berücksichtigen bei der Entwicklung von Arbeitsansätzen ganz besonders die sozial-räumlichen Verkehrsformen und Selbsthilfestrukturen der Stadtteilbevölkerung, den sozialen Raum (Stadtteil als alltäglicher Lern- und Erfahrungsort mit seinem spezifischen Werte- und Normensystem) sowie die allgemeine Bevölkerungs-, Haushalts- und Familienstruktur. Die auf der Basis der kategorialen Gemeinwesenarbeit entwickelten Arbeitsansätze versuchen, das Erschließen von Lernfeldern und von Erfahrungsräumen zu erreichen, wodurch die verschütteten und verdrängten Fähigkeiten der Menschen im Stadtteil wieder zur Entfaltung gebracht werden können. Der Stadtteil soll zum exemplarischen Experimentierfeld werden, in dem Strategien zur Änderung und Verbesserung von Lebensbereichen, das Erlernen von kollektivem Verhalten und Aufhebung von Vereinzelung sowie das Verhältnis zwischen gruppenspezifischen Interessen und gemeinsamen, gruppenüberschreitenden Interessen erlernt und erprobt werden können.

Es ging nun darum, eine Gruppe von Studenten zu finden, die Interesse und genügend eigene Motivation für ein solches Vorhaben mitbrachte und sich auch mit meiner Zielvorstellung identifizieren konnte.

Fünf Studenten begannen im Herbst 1983 mit ihrer Arbeit im Stadtteil. Die besondere Schwierigkeit der Anfangsphase lag wohl unter anderem darin begründet, dass es sich nicht um ortsvertraute Studenten handelte und ein Stadtteilbezug erst hergestellt werden musste. Erste Kontakte zu Institutionen mussten geknüpft werden, die als Informanten über die gesuchte Zielgruppe in Frage kamen. So wurde gleich von Beginn an mehrgleisig verfahren. Und das waren die ersten Planungsschritte:

- Die Studenten stellten ihr Projekt in der Altentagesstätte des Nachbarschaftshauses vor und fragten die Besucher nach isoliert und vereinsamt lebenden Senioren in ihrer Nachbarschaft.

- Besuche in den Pfarreien des Stadtteils folgten. Hier erhielten die Studenten die meisten Adressen vereinsamter und kontaktwilliger Personen (von denen aber viele, wie sich später herausstellte, oft nur noch Hausbesuche und Gesprächskontakte in den eigenen vier Wänden wünschten).
- Das Projekt stellte sich dem »Gesprächskreis Seniorenarbeit in Biebrich« vor, in dem die in den Gemeinden und Institutionen der Altenarbeit Tätigen vertreten sind, besonders auch die ehrenamtlichen Helfer der Kirchengemeinden. Hier im Gesprächskreis geht es um Koordination, Informationsaustausch und Probleme, die den Stadtteil betreffen.
- Die Studentengruppe wurde im Arbeitskreis soziale Dienste des Nachbarschaftshauses vorgestellt, einem Kreis von zur Zeit 52 Helfern in der Altenarbeit, die Haushaltshilfen aller Art und persönliche Hilfen anbieten, aber dafür auch entlohnt werden, wenn auch noch sehr viel ehrenamtliches Engagement dazugehört. Sie betreuen zur Zeit 120 Personen und haben also direkten Kontakt zu vereinsamten Menschen.
- Kontakte zur »Zentralstation für ambulante und pflegerische Dienste« wurden hergestellt, da man die Arztpraxen schlecht aufsuchen konnte.
- Gleichzeitig gab es Kontaktbesuche bei der »Beratungsstelle für selbständiges Leben im Alter«, die im Rahmen eines Modellversuchs der Stadt gerade ihre Arbeit in Biebrich aufgenommen hatte.
- Erste Besuche im Städtischen Altersheim folgten, wo die Studenten im Rahmen eines von ihnen angebotenen Spielnachmittags über die Ziele der Gruppe informierten und die Heimbewohner nach ihren Interessen fragten.

All diese Wege waren notwendig, um zu den Adressaten zu gelangen, die erfahrungsgemäß über Zeitung und Flugblätter nicht so leicht erreicht werden können und wo ein persönliches Kennenlernen bei Hausbesuchen, angekündigt von Vertrauenspersonen (z. B. die Pfarrerin, die Schwester usw.), eine erste Grundlage bilden sollte, um eine Vertrauensbasis für die folgende Arbeit zu schaffen.
Sicher war, dass es gerade bei der Zielgruppe, diesen häufig resignierten, verbitterten, apathischen und ohne Antrieb lebenden älte-

ren Menschen, einer ganzen Menge Motivationsarbeit in Vorgesprächen bedurfte, um sie zu einem Verlassen ihrer vier Wände zu bewegen und ihnen Mut zu machen, neue Kontakte zu suchen, neue Erfahrungen im Kreise einer Gruppe zu sammeln, Vertrauen zu gewinnen und zu lernen, sich und andere zu akzeptieren, besonders auch in ihrem Anderssein: wegkommen von der Zurückgezogenheit auf sich selbst und von der ständigen Beschäftigung mit ihrer desolaten Lage. Wo die Motivationsarbeit eine so große Rolle spielt, war es natürlich wichtig, sich über die eigene Motivation für diese Form der Altenarbeit bewusst zu werden *(Huck/Petzold* 1984). So wurde dies auch zum Thema in der Studentenprojektgruppe.

Ganz unterschiedlich waren hier die Gründe, die zum Projekt geführt hatten. Aber eines war doch allen gemein: Sie wollten mehr wissen vom Altsein, mehr wissen von dem, was wohl ein sinnvolles, erfülltes Leben sein kann. Dieses wirkliche Interesse am alten Menschen und seiner persönlichen Lebensgeschichte ist gerade bei dieser Begegnung von Jungen und Alten besonders wichtig, da der Aspekt einer »Helferrolle« hierbei nicht vorrangig ist, sondern ein wechselseitiger Austausch von Erfahrungen im Vordergrund steht.

Für die *Studentin H.,* die vor ihrem Studium als Krankenschwester gearbeitet hatte und sich auch ihr Studium mit Nachtwachen mitfinanziert, waren die ersten Anstöße, sich mit dem Alter zu beschäftigen, in der Klinikarbeit gekommen. In nächtlichen Gesprächen am Krankenbett bei alten Menschen hatte sie Lebensgeschichten gehört, und viele der in ihrem Lebensraum sehr eingeschränkten Kranken hatten sie mit ihrer Lebenszugewandtheit überrascht. Sie war zutiefst vom Mut und der Würde dieser sich oft in der letzten Lebensphase befindlichen Menschen berührt. Aber auch das Verstummen auf den Stationen, die tiefe Resignation nach monatelangem Klinikaufenthalt machten sie betroffen. Sie wollte nun alte Menschen kennen lernen, *bevor* sie verstummen, und suchte darum die Alten in der Stadtteilarbeit.

Bei dem *Studenten* S. lag die Motivation mehr bei dem Aspekt der Stadtteilarbeit, Menschen in ihrem eigenen Rahmen kennenzulernen, dort, wo sie jahrzehntelang gelebt haben, Beziehungen und Wurzeln haben. Es schien ihm sinnvoll, diese nachbarschaftlichen Bindungen zu erhalten, zu intensivieren und für die Hinzugezogenen neue Kontakte zu ermöglichen. Die Form der Stadtteilarbeit erlaubt ihm, »nicht so sehr in einen institutionellen Rahmen eingebunden zu sein«. Dazu kam sein ganz besonderes Interesse am Altsein. »Ich denke oft, dass in der

Jugend mitbestimmt wird, wie man alt wird. Deshalb suche ich die Auseinandersetzung mit alten Menschen, denn in meinem sonstigen Leben bleibt dieser Teil, da ich keine Großeltern mehr habe, ziemlich ausgespart.«

Der *Student A.* hatte vorher beim Zivildienst in der Altenhilfe gearbeitet. Diese Art des Betreuungsdienstes gefiel ihm deshalb nicht, weil er sich durch den institutionellen Rahmen in eine Helferrolle gedrängt sah, die seinem Anspruch eines menschlichen Miteinanders nicht entsprach. Er wollte sich mit anderen für gemeinsame Ziele einsetzen, keine Art »Zwangsdienst« ausüben. Wenn er sich trotz der enttäuschenden Arbeit doch zu diesem Projekt entschied, so spielte wohl nicht zuletzt auch seine gute Beziehung zu seinen Großeltern eine gewisse Rolle, die ihm allerdings inzwischen aufgrund ihres hohen Alters (sie sind 87 und 96) »etwas zu alt geworden sind für einen lebhaften Austausch«. Er möchte bei dem Projekt Alte kennenlernen, mit denen er noch »etwas zusammen machen kann ... dieser Bereich Altenarbeit erscheint mir sinnvoller als andere Formen der Sozialarbeit, z. B. die Arbeit mit Jugendlichen und Ausländern, da diese Arbeit zumindest nicht darauf abzielt, den Staat vor einer bestimmten Personengruppe durch die geleistete Sozialarbeit zu schützen ...«

Vorrangig für ihn war aber die emotional gute Beziehung zu den Studenten dieses Projektes und seinem Professor, so dass er nach einer Weile Bedenkzeit sich dann doch noch entschloss, weiter Sozialarbeit zu studieren und in dieses Stadtteilprojekt mit alten Menschen einzusteigen.

Vom Fachhochschul-Projekt mit grundsätzlichen Überlegungen und Analysen zur Stadtteilarbeit vorbereitet und von *Zander* als Sozialpädagogin im Rahmen von Anleitungs- und Praxisreflexionsgesprächen begleitet, ging es nach der Vorbereitungsphase an die praktische Arbeit. Aufgrund der Studienordnung des Fachbereichs müssen die Studenten durchschnittlich 8 Stunden in der Woche praktische Arbeit vor Ort leisten, dazu kommen in der Woche jeweils die Anleitungsgespräche und die Projektbegleitung und Betreuung durch den Projektleiter an der Fachhochschule.

4.4 Effekte und Ablauf der Interventionen

Geplant war, dass die Studenten, nachdem sie die Adressen von den verschiedensten Stellen erhalten hatten, ihren ersten Hausbesuch ankündigten bzw. durch eine Vermittlung ihr Besuch vorbereitet

wurde. Sie sollten bei diesen Besuchen ihr Projekt darstellen, die Bildung einer Gruppe von älteren Menschen, die gemeinsame Unternehmungen planen und sich in regelmäßigen Abständen treffen (Gruppentreffen; Caféhausbesuche, gemeinsame Spaziergänge im Park, Theaterbesuche, Busausflüge, Besichtigungen u. a. m.). Außerdem ging es bei diesem ersten Kontaktgespräch um das Eruieren von Interessen der Senioren, ihrer Lebenssituation und den noch vorhandenen Kontakten zu Verwandten, Freunden und Nachbarn, die man hätte aktivieren können.
Die ersten Begegnungen zwischen den Studenten und den älteren Personen liefen sehr unterschiedlich ab. Es gab Misstrauen, das Nichtöffnen von Türen, aber es gab auch eine offene herzliche Aufnahme in die Wohnungen, an den Kaffeetisch im Wohnzimmer. Zum Teil mussten bis zur Gründung der Gruppe und zu ihrem ersten Treffen wochenlange Einzelkontakte hergestellt werden. Hausbesuche, Kartengrüße, Telefonate und viele Gespräche waren nötig, um ein Vertrauensverhältnis herzustellen und Mut zu machen, sich einer neuen Situation auszusetzen.
Besonders schwierig war bei den ersten Hausbesuchen die Tatsache, dass es zu Beginn ja noch keine Gruppe gab, zu der man hätte einladen können. Sie sollte erst aus diesen Einzelkontakten entstehen. Schwierig war es auch, den alten Menschen klarzumachen, was die Studenten von ihnen wollten, und zunächst einmal vom Monolog über ihr Leben zu einem wirklichen Gespräch miteinander zu kommen.
Vielfach waren zu Beginn auch noch angstvolle Ausflüchte da. Die Schwellenangst vor der Altentagesstätte, in der das erste Treffen stattfinden sollte, konnte nicht von allen überwunden werden. Die oft langen Jahre der Einsamkeit hatten viele mutlos gemacht, und so trauten sie sich nicht mehr zu, den kleinen vertrauten Lebensraum zu verlassen. Bei so manchem Hausbesuch mussten die Studenten respektvoll auch den Rückzug akzeptieren und verstehen, dass nicht von allen eine Aktivierung erwünscht ist.

Bei einem Hausbesuch bei *Frau R.* öffnet niemand. Nachdem der Student vergeblich geklingelt hat – seinen Besuch hatte er angekündigt –, spricht er auf der Straße vor dem Haus zwei ältere Damen an. Er erzählt ihnen von der inzwischen gegründeten Gruppe und stößt auf ihr Interesse. Eine der Damen lädt ihn spontan zu ihrem Geburtstag ein, und nach einigen Besuchen, bei denen rasch ein Vertrauen zueinander entsteht, kommt *Frau B.* zu den Gruppentreffen und nimmt auch an den verschiedensten Veranstaltungen teil.

Bei einem anderen Hausbesuch, den er zusammen mit der *Studentin H.* macht, war die Situation besonders günstig vorbereitet. Ihr Besuch war von einer Mitarbeiterin des »Arbeitskreises soziale Dienste« vorbereitet. Ein Kaffeetisch erwartete sie, *Frau H.* hatte auch ihre Nachbarin, eine ältere Dame, dazu eingeladen. So beim Kaffee war ein unverbindliches Kennenlernen bei zwanglosen Gesprächen möglich. Das extrem starke Mitteilungsbedürfnis von *Frau H.*, die die meiste Zeit für ihre Erzählungen aus ihrer Jugend, Ehe bis zum Tod ihres Mannes vor zwei Jahren für sich in Anspruch nahm, zeigte, wie stark ihr Bedürfnis nach einem Gesprächspartner war. Sie berichtete, dass sie seit 15 Jahren in Biebrich lebte, aber nie Kontakte zu anderen gehabt habe. Ihr Mann sei ein sehr in sich gekehrter Einzelgänger gewesen, und sie habe ihn die letzten Jahre bis zu seinem Tod gepflegt. Sie habe den Kontakt zu anderen Menschen sehr vermisst, da sie eigentlich eine sehr gesellige Person sei. Auch leide sie heute sehr darunter, dass ihr nicht möglich war, Kinder zu bekommen. Verwundert zeigte sie sich, als sie von dem Vorhaben einer Gruppenbildung erfuhr, und staunte, »was die jungen Menschen an alten Menschen denn interessant fänden«. In der folgenden Zeit der Hausbesuche fiel es der Studentin, die sich für die vorbereitende Einzelbetreuung entschieden hatte, oft schwer, sich nach der von ihr veranschlagten Zeit zu verabschieden. Sie erfuhr zwar viel aus dem Leben dieser alten Dame, die aber nun nach so vielen Jahren eines zurückgezogenen Lebens meinte: »Nach so langer Zeit der Einsamkeit in meinem Alter mit 83 Jahren mag ich keinen Kontakt mehr zu mehreren alten Menschen. Die haben ihre eigene Geschichte und eigenen Schwierigkeiten.« Mit der Studentin würde sie gerne Kontakt halten, da sie sehr gerne mir ihr spreche und ihre Geduld sehr schätze. Inzwischen ist *Frau H.* erkrankt und wird nach ihrer Entlassung aus der Klinik wohl in ein Altersheim kommen, da sie pflegebedürftig geworden ist. Die Studentin hält noch losen Kontakt zu ihr.

Die *Studentin U.* begegnet *Frau M.* im Altersheim. *Frau M.* kommt aus Breslau. Sie heiratete einen Witwer, der eine kleine Tochter mit in die Ehe brachte. Nach der Flucht aus Breslau kam sie 1945 nach Wiesbaden. Nach dem Tod ihres Mannes ging sie ins Altersheim. Sie fand ein Heim, in das sie eigene Möbel mitbringen konnte, und richtete sich ihr Zimmer gemütlich ein.

Die Stieftochter hatte inzwischen Mann und zwei Kinder. Die Familie baute ein Haus und holte die Mutter zu sich. Ihre Rente trug zum Unterhalt der Familie bei, die in den ersten Jahren nach dem Hausbau

große Summen abzuzahlen hatte. Plötzlich nach Jahren hieß es dann, ihr Zimmer werde für den Enkel gebraucht. Man redete ihr ein, sie sei krank, könne nicht mehr mit in den Garten, da ihr manchmal schwindlig sei. Tochter und Schwiegersohn brachten sie dazu, dass sie ins Städtische Altersheim nach Biebrich ging. In das frühere Altersheim traute sie sich nicht zurück, da ihr der Heimleiter beim Auszug erklärt hatte, wer freiwillig gehe, dürfe nicht zurückkommen. Außerdem hatte sie keinerlei persönlichen Besitz mehr. Teppich, Fernsehen und Kleinmöbel hatte die Tochter beansprucht, andere Gegenstände waren auf den Müll gekommen. Als die Studentin *Frau M.* im Altersheim kennen lernte, war sie scheu und traurig. Sie hörte sehr schlecht und sprach sehr leise. Nach und nach erzählte sie ihre Geschichte. Sie schien verzagt und mutlos. Zunächst nahm sie an den Spielnachmittagen teil, dann kam sie auch ins Nachbarschaftshaus zu den Gruppentreffen. Heute ist sie viel fröhlicher. Sie erzählt der Studentin, dass ihr nicht mehr schwindlig sei. Sie lehnte es allerdings ab, als man ihr bei der Rückkehr in das frühere Altersheim behilflich sein wollte. Sie habe sich jetzt in Biebrich eingelebt und wolle dort bleiben.
Diese positive Veränderung glaubt sie auf die Spätlese- und Studentengruppe zurückführen zu können. Sie fühlt sich nicht mehr isoliert und überflüssig, sie hat Menschen gefunden, die ihr zuhören, sich um sie kümmern. Die Enttäuschung über das lieblose Verhalten der Stieftochter, die sie wie ein eigenes Kind geliebt hat, wird bleiben. Wichtig aber ist für *Frau M.,* dass sie nun Zuwendung von anderen Menschen bekommt.
Die *Studentin U.* besucht *Frau N.* Sie ist von der Pfarrerin angekündigt und wird freundlichst ins Wohnzimmer gebeten zu einer Tasse Kaffee, aber sie hat Mühe, zum Grund ihres Besuches erklärende Worte zu finden. *Frau N.,* die wohl viel allein ist, aber sich gerade um einen griechischen Nachbarjungen kümmert, der bei ihr Hausaufgaben macht, scheint einen Mangel an Gesprächsmöglichkeiten zu haben. Sie beginnt sogleich mit einem Monolog, berichtet lange und ausführlich über die Familiensituation der griechischen Nachbarn, und es gelingt der Studentin erst nach einer ganzen Weile aufmerksamen Zuhörens, selbst ihren Besuchsgrund vorzustellen. »Ach wissen Sie, junges Fräulein, ich glaube, dass ich schon viel zu alt dafür bin, ich habe öfters Schwindelanfälle, manchmal falle ich wie ohnmächtig um, bin auch schon deshalb im Krankenhaus gewesen und sollte danach schon einen Vormund bekommen. Dies war aber nur die Rache der Ärztin gewesen, die mich nicht ausstehen konnte, aber einen Theaterbesuch könnte ich mir schon vorstellen. Ich hatte früher immer ein Jahresabonnement – ach ja, aber sämtliche Kleider sind mir ja nun zu weit – ich nehme nämlich

ständig ab. Ja früher, als junges Mädchen wie Sie, bin ich auch sehr hübsch gewesen und durfte damals sogar schon Kleider mit einem etwas tiefen Ausschnitt nähen. Ich bin hier in Biebrich in diesem Haus geboren worden. Mein Vater war Chemiker, ach ja und wir waren drei Schwestern, von denen ich als einzige allein ausziehen durfte. Ich arbeitete im Fernmeldewesen der 3. Kompanie hier in Wiesbaden und da gab es viele Männer. Ich selbst habe jedoch nie geheiratet, obwohl ich sehr begehrt war. So lebe ich nun schon zeit meines Lebens ohne Partner. Gewiss ist man manchmal einsam, aber es gibt auch Vorzüge ...«
Nach zweistündigem Erzählen und Fragen über die Lebenssituation der Studentin kam es zu einer Verabredung zu einem der ersten Gruppentreffen, bei dem sich alle kennen lernen sollten. *Frau N.* war begeistert und schien auch glücklich darüber zu sein. Regelmäßige Hausbesuche folgten nun, jeweils einmal in der Woche, wobei Rommé gespielt wurde, gemeinsame Spaziergänge und Einkäufe folgten. Die Studentin erfuhr viel von der Biebricher Geschichte, der Familiengeschichte, Verwandten und Krankheiten, während sie selber von ihrem Leben, Studium und der zukünftigen Gruppe erzählte.

Bei dem ersten Gruppentreffen saß die Studentin dann neben *Frau N.* und spürte neben sich die sonst so selbstsicher wirkende Frau plötzlich verunsichert. Ihre Hände zitterten so, dass sie Kaffee verschüttete, ein Stück Kuchen fiel auf ihr Kleid, sie schien um Jahre gealtert. Beim nächsten Hausbesuch erklärte sie der Studentin: »Wissen Sie, liebe U., dorthin möchte ich nicht mehr gehen – das Haus hat mir auch früher schon nicht gefallen.«
Obwohl die Studentin ihr erklärte, dass die Gruppentreffen ja nicht immer in den Räumen stattfinden sollten, suchte sie ständig neue Ausflüchte und Vorwände (die Putzfrau kommt gerade dann u. ä.), und es gelingt der Studentin in ihren Gesprächen nicht, auf die wirklichen Gründe für ihren Rückzug einzugehen. Sie besucht sie zwar weiterhin und lädt sie jedesmal wieder zu den Treffen ein.
Nach dieser ersten negativen Erfahrung entbrannte in der Projektgruppe das Thema »Motivationsarbeit – ihre Grenzen – Respekt, Achtung vor dem Willen jeder Persönlichkeit«, ein Thema, das unerschöpflich ist.

Anders und geradezu positiv im Sinne des Projektes verlief die erste Kontaktaufnahme zu *Herrn S.* Er lebt seit zwei Jahren nach einem ereignisreichen Leben auf der Landstraße nun im Städtischen Altersheim. Die Zeit »unter freiem Himmel« hat ihn geprägt, und er hat sich in einer Weise entwickelt, die der Vorstellung vieler älterer Menschen vom »würdigen Altsein« nicht ganz entspricht. Der zierliche, kleine ältere Mann im schwarzen Anzug mit leicht verdrehten Augen eröffnet die Kontaktaufnahme der ihn besuchenden Studentin mit den Worten: »Guten Tag, ich bin der Erich und du musst mich duzen.« Bei einem folgenden Skatspiel – es ist der erste Spielnachmittag, den die Studenten im Altersheim anbieten –, verbessert er die Studentin jedesmal, wenn sie ihn siezt mit den Worten: »wie *er* und *ich* – Erich«. Die witzigen Bemerkungen, das gute Skatspiel und die geistige Lebendigkeit verwundern die Studentin, als sie erfährt, dass er gerade zwei Schlaganfälle überlebt hat, von denen eine gewisse Sprachstörung und ein starkes Gliederzittern herrühren.

Beim nächsten Treffen steht er schon am Eingang des Altersheimes voller Erwartung und fragt gleich, was heute auf dem Programm stünde. In einem Kreis beim Wortspiel zeigt *Herr E.* ungewöhnliche Wortkreativität, die alle überrascht. Nach diesem Spiel bittet er darum, Lieder zu singen, und so singen sie alte Volkslieder, von denen er als einziger noch den vollständigen Text kennt. Dabei fängt er plötzlich an zu weinen. Nachdem *Frau L.*, eine Heimbewohnerin, meint, »Lieder stehen immer mit früher erlebten Situationen in Verbindung«, beginnt *Herr E.* zaghaft zu erzählen: »Ich war früher bei der CVJM gewesen. Da haben wir immer diese Lieder gesungen und sind viel gewandert. Es war so schön ...«

Von sich erzählt er nun, er sei »Straßenvermessungsinspektor« gewesen, und setzt verschmitzt hinzu, »na, Tippelbruder mein ich«. Er kennt viele Orte, Landschaften, weiß viel zu erzählen, hat immer gerne Liedtexte gedichtet und viel gesungen. Seine sehr spontane Art, seine Gefühle offen zu zeigen, macht ihm, obwohl er »Hahn im Korb« ist, bald gewisse Schwierigkeiten, da er von den meisten unterschätzt wird. Weil er sich so anders »als ein normaler, anständiger Mensch« verhält, hält man ihn für einen verrückten Sonderling, einen Menschen ohne Manieren, der so gar nicht in das Bild vom Alter passt. Ein »unwürdiger Alter« ist er, wie die »unwürdige Greisin« in *Brechts* Erzählung. Im Lauf der Zeit hat er sich aber trotzdem in der Gruppe seine Stellung geschaffen. Da er einer der Aktivsten ist und ständig gute Ideen hat, sich auch seine Sprechweise verbessert hat und er für viele Beiträge die Anerkennung der Gruppe erhält, hat er ein neues Selbstbewusstsein errungen.

Bei *Frau F.* stößt die *Studentin U.* nach ihrer Projektvorstellung auf lebhaftes Interesse. »Ja wissen Sie, ich finde Ihre Idee toll, denn im Alter soll man doch noch was unternehmen und sich nicht so hängenlassen oder sich dauernd Krankheiten einreden. Das Leben bisher ist schwer genug gewesen. Ich bin in der Tschechoslowakei im KZ gewesen.« Sie erzählt über ihre Flucht aus Böhmen, vom KZ-Aufenthalt mit Vergewaltigung, Hunger, ihrem glücklichen Entkommen und ihrem armseligen Leben in Westdeutschland. »Mein Sohn lebt heute in der Schweiz. Den KZ-Aufenthalt damals hat er überhaupt nur verkraftet, weil er sich schon in jenen Zeiten mit Malen und Schreiben ausdrücken konnte, was ihm offensichtlich Kraft und Hoffnung zum Weiterleben gegeben hat. Nun lebe ich heute alleine in der großen Wohnung, viel lieber würde ich in eine Altenwohnanlage ziehen. Ich denke, dass dort mehr Möglichkeiten zum alltäglichen Austausch bestehen. Aber es ist sehr schwer, einen freien Platz dort zu bekommen.« Sie hat im Haus nur noch zu einer Nachbarin Kontakt, der sie immer Blumen schenkt. Sie lädt die Studentin zu einem Kaffeenachmittag mit Freundinnen ein, die sie auch gleich zu einem Mitmachen bei der Gruppe anwerben will. Sie freut sich auf das erste Gruppentreffen und kommt seither auch regelmäßig.

Diese wenigen Berichte über die ersten Kontaktversuche mögen genügen, um einen Einblick in die Vielfalt und Unterschiedlichkeit der Situationsbedingungen zu erhalten, die die Studenten vorfanden.

Die ersten Kontakte waren geknüpft, Vertrauen geschaffen, nun ging es um die inhaltliche Vorbereitung des ersten Gruppentreffens, bei dem sich die bisher einander Fremden zum ersten Mal begegnen und sich kennen lernen sollten und trotz der scheinbar zufälligen Auswahl ein Interesse füreinander geweckt und auch zu einer Gruppenbildung ermutigt werden sollte. Die im Altersheim angebotenen Spielnachmittage haben ebenfalls zu einer kleinen Interessengruppe von Heimbewohnern geführt, die sich bei den ersten Treffen schon kannten.

Für das erste Treffen war eine »geographische Reise durch ihr Leben« im Sinne eines »narrativen Lebenspanoramas« *(Petzold/ Orth* 1985, 1993) geplant. Diese Form einer Vorstellungsrunde hatten wir gewählt, einmal, weil es vielen nicht leichtfällt, in einer Runde unter Fremden zu sprechen, sich vorzustellen und Persönliches aus dem eigenen Leben zu berichten, aber auch um den Senioren die Möglichkeit zu geben, sich beim Erzählen der eigenen Lebensgeschichte näher und intensiver kennenzulernen *(Merriam* 1980). Die Möglichkeit, über seine Lebensstationen zu sprechen, indem man erzählt, wo man geboren wurde, in welchen Orten man gelebt hat, seit wann man in Biebrich lebt, gab doch viel Spielraum für die eigene Lebensgeschichte, da die meisten Ortswechsel im Leben auch mit einer besonderen Lebensstation verbunden sind. So berichteten einige in diesem Zusammenhang von Kriegserlebnissen, von Flucht, die sie nach Biebrich verschlagen hatte, von Heirat und Beruf, von der Geburt der Kinder, die oft die alte Wohnung zu klein werden ließ – und so wurde aus der »geographischen Reise durchs Leben« eine sehr anschauliche Lebensschilderung, die viel Interesse füreinander weckte. Jeder hatte in dieser Kaffeerunde, zu der die Studenten eingeladen hatten, die Möglichkeit, reihum von sich zu erzählen. Alle hörten zu.

Nach diesem ersten Treffen, bei dem das starke Mitteilungsbedürfnis offensichtlich war, schlugen wir vor, zu einem nächsten Treffen Fotos aus der Jugend und dem Leben mitzubringen, damit sich jeder von dem anderen ein besseres Bild machen könne. Dieser Vorschlag stieß allgemein auf großes Interesse und Zustimmung.

Beim nächsten Treffen, vierzehn Tage später, waren wieder alle mit Ausnahme der Dame da, die sich im Rahmen der Gruppe – wie bereits berichtet – überfordert gefühlt hatte. Die Fotos sollten sich ebenfalls als ein guter Einstieg erweisen. Die Studenten und Senioren befestigten ihre Fotos auf großen Papierbögen an der Wand und schrieben Namen und wichtige Daten dazu. Es kam zu einem lebhaften Austausch, Verwunderung und Erstaunen über die starken Veränderungen in den verschiedenen Stadien ihres Lebens. In Kleingruppen zu zweit oder dritt, die sich spontan bildeten, tauschte man intensiv Erinnerungen aus, die beim Betrachten und Nachfragen zu den Bildern auftauchten. Die Situationen, in denen die Fotos entstanden waren, wurden erinnert, und auch die Studenten, die ihrerseits aus ihrem Leben Fotos von Familie, Eltern, Großeltern mitgebracht hatten, erzählten von ihrem Leben und ihrer Familie.

Dann wurden die Fotowände fotografiert, was bei allen auf großen Zuspruch stieß, da sie das Festhalten bestimmter schöner Augenblicke für wichtig hielten, auch wenn sie dabei seufzend bemerkten: »ich Alte mit meinen vielen Falten«. Die Gespräche über Vergangenheit und Leben im Vergleich zum Jetzt, diese Rückbesinnung hatte die Gruppe sehr bewegt. Bei einem anschließenden Spaziergang durch den Schlosspark kam es noch zu angeregten Gesprächen über Gemeinsamkeiten und Verschiedenheiten bei jung und alt. Es wurde dann sehr lustig. Durch die vorangegangene Aktion waren sich alle etwas nähergekommen, gelockerter und voll Interesse füreinander.

Beim nächsten Treffen in einem alten Biebricher Café kam der Wunsch auf, der neu gegründeten Gruppe einen Namen zu geben. Viele Namen voll Einfallsreichtum zeigten, wie positiv sich die Gruppe selber einschätzte und auch mit wieviel Humor sie sich nun in der Öffentlichkeit darstellen wollte.

Nachdem der »Club Antique«, von *Herrn E.* vorgeschlagen, keine Zustimmung fand, fühlten sich alle bei der Bezeichnung »Spätlese Biebrich« gemeint, denn »Spätlese« sei ein besonderer Wein mit Reife und Güte. Dieser neue Name sollte nun im Nachbarschaftshaus vierzehn Tage später mit echter Spätlese getauft und begossen werden.

Bei dieser Tauffeier war die Stimmung gelöst, heiter, neue Mitglieder waren bereits zur Gruppe gestoßen. Es wurde gesungen, fotografiert, und *Herr E.* hatte die Idee, eine Gruppenkasse einzurichten, und legte gleich mit einem Schein – obwohl er kaum Geld hat – den Grundstock. Es zeigte sich trotz Ermutigung aber niemand bereit, das Geld zu verwalten, da die meisten wegen ihres oft wechselnden Gesundheitszustandes vielleicht nicht immer zu den Treffen kommen könnten und sie nicht möchten, dass sich dann jemand darüber ärgert, dass die Kasse fehlt. So wurde eine Studentin gebeten, die Kasse zu führen, und schnell war ein guter Grundstock zusammen.

Beim nächsten Treffen setzten wir gemeinsam einen kleinen Artikel über die Gründung der »Spätlese Biebrich« für den regional erscheinenden ›Biebricher Blickpunkt‹ auf, und die Senioren suchten ein Foto von der Gruppentaufe aus. Als der Artikel zu Beginn des nächsten Monats mit Foto erscheint, sind alle ganz stolz, auch die, die nur mit den Rücken auf dem Foto zu erkennen sind. Einige neue Mitglieder, die im Laufe der Zeit zur Gruppe stoßen, haben vorher den Artikel mit Interesse gelesen und sich an die Gruppe um Aufnahme gewandt.

Es folgten viele gemeinsame Unternehmungen. Zwei Theaterbesuche – für einige ein ganz besonderes Erlebnis, da sie noch nie in ihrem Leben im Staatstheater waren und von dem prunkvollen Gebäude und Rahmen ebenso angetan waren wie vom Stück.

Ein Busausflug mit Besichtigung einer Firma, die Heilwasser liefert, gab der Gruppe die Möglichkeit, auch die Besucher der Altentagesstätte des Nachbarschaftshauses kennen zu lernen und Kontakte zu knüpfen bzw. zu vertiefen, die bereits bei der »Fastnachtsfeier« und einer Tanzveranstaltung »Tanz in den Mai« geknüpft worden waren. Diese beiden Veranstaltungen waren ganz besondere Ereignisse für die Gruppe. Bei diesen Festen hatte *Herr E.* seine großen Auftritte. Er ging auf die Bühne und trug am Mikrofon eine Ballade vor. Er tanzte viel und tanzte mit zwei Studentinnen einen alten Tanz zu dritt vor. In diesem Rahmen inmitten der Tagesstättenbesucher und Tänzer kam es zu neuen Kontakten, künftige Mitglieder der Spätlese lernten die Studenten hier beim Tanz kennen.

Die Studenten hatten nun Einblick in das Leben und Wohnen der Senioren erhalten. Das Zusammengehörigkeitsgefühl in der Gruppe war gewachsen. Aber noch fehlte der Austausch, das wirkliche Sich-gegenseitig-Kennenlernen. Auch die Alten sollten im Sinne des *Exchange-Learning-Konzeptes* sehen, wie die Jungen leben und arbeiten. So wurde bei den Studenten der Gedanke geboren, die Seniorengruppe zu einem ihrer Feste, zu einem internationalen Gartenfest im Rahmen einer Woche gegen Fremdenfeindlichkeit, in ihre Fachhochschule einzuladen.

An einem der üblichen 14-täglichen Treffen der »Biebricher Spätlese« schlugen sie den Senioren vor, mit ihnen am Ausländerfest der FH teilzunehmen. Sie sollten dabei ihren Bezugsrahmen etwas näher kennen lernen und wollten ihnen zeigen, wo sie lernen und studieren. Zu ihrer Überraschung war die Gruppe begeistert und meinte, sie interessiere sich sehr für das Thema Ausländer. Es fielen Bemerkungen wie: »Ja, zuerst holt man sie her, und wenn man sie nicht mehr braucht, werden sie einfach weggeschickt. So geht das nicht. Die Kinder haben sich auch schon hier eingelebt.«

Offensichtlich sahen sie Parallelen in der Situation ausländischer Bürger und ihrer eigenen als Abgeschobene, nicht mehr Gebrauchte.

Im Juni ist es dann soweit. Einige sind allein gekommen, die Gehbehinderten werden vom Fahrdienst gebracht.

Die Studenten, nun als Hausherren, begrüßen ihre Gäste, zeigen ihnen die Innenräume der FH, die Mensa, das Foyer mit den Ausstellungstafeln zum Thema »Ausländerfeindlichkeit«. Schon im

Foyer kamen einige Senioren mit ausländischen Mitbürgern ins Gespräch. Im Seminarraum der Studenten kommt es dann zu einem spontanen Rollenspiel (vgl. auch *Hummel* 1983). *Herr E.* schlüpft in die Rolle eines Professors, die Senioren und Studenten setzen sich im Kreis um das Podium, »um einmal zu sehen, wie das als Student so ist«. Er stellt den Studenten Fragen zu ihren Geschichtskenntnissen: »Wann war die Schlacht im Teutoburger Wald? Wann war der 7-jährige Krieg? Wann waren die ersten großen Bauernaufstände?«, die von den Studenten so wenig zu seiner Zufriedenheit beantwortet werden, dass er auf Mathematik ausweicht, aber auch da sind ihm die Studenten nicht »pfiffig« genug. So wird die »Vorlesung« abgebrochen, und alle begeben sich hinaus auf die Wiese, wo schon ein buntes Treiben herrscht. Die Gruppe setzt sich mit Kaffee und Kuchen an die Spielfläche, nachdem sie einen Rundgang zwischen den Ständen mit internationalen Spezialitäten gemacht hat. Sie hören dem türkischen Sänger zu, erleben den Clown, eine türkische Folklore-Tanzgruppe, hören klassische griechische Musik und versuchen, dem Sinn eines türkischen Pantomimen auf die Spur zu kommen. *Herr E.* tanzt bei jeder Gelegenheit mit, türkische und griechische Kinder gesellen sich ihm zu, und auch hier, wie beim Fest bei uns im Nachbarschaftshaus, geht er zum Mikrofon und trägt eine Ballade vor. Die Vitalität der Seniorengruppe, die lebhaft die Darbietungen kommentiert, erregt die Aufmerksamkeit der Studenten. Zwei ältere Damen gesellen sich zur Gruppe und zeigen ihr Interesse für die Gruppe und tauschen Adressen aus. Bis zum Abend ist die »Spätlese« dabei, und alle betonen beim Abschied, wie gut es ihnen gefallen habe.
Auch bei einem Stadtteilfest, bei dem es um die Verschönerung eines Platzes durch eine Bepflanzung mit Bäumen geht, das gemeinsam mit Nachbarn im Umfeld des Nachbarschaftshauses vorbereitet ist, lernt nun die »Spätlese Biebrich« neue Leute kennen. An langen Bänken vor der Tanzbühne sitzend, machen sie mit, tanzen auch ein wenig, besonders der immer zu Späßen aufgelegte Erich tanzt mit Kindern auf dem Podest, und als die Kinder zum Abschluss ganz spontan eine Polonäse bilden, reihen sich einige Senioren in die Kinderkette ein und ziehen mit ihnen, den Leuten zuwinkend, über den Platz. Nicht alle sind so leicht dabei, aber auch sie strahlen trotz harter Bänke, sitzen inmitten von Nachbarn, zwi-

schen jung und alt, zwischen Tagesstättenbesuchern und Ausländern und bleiben bis gegen Abend.
Viele Unternehmungen sind noch geplant. Wichtig für die Spätlesegruppe ist auch die Teilnahme an einer vom *Seniorenbeirat* veranstalteten Woche zum Thema »Das Alter – ein Freiraum für aktives Handeln«, bei der sich die Gruppe mit einer Fotowand ihre Aktivitäten darstellen wird.
Die Gruppe bestand im August 1984 aus 15 Senioren und 4 Studenten, von denen ca. 10–12 fast regelmäßig zu den Treffen kamen. Durch ihr hohes Alter bedingt (zwischen 68 und 85 Jahren), und aufgrund ihrer besonderen Einschränkungen, starken Gehbehinderungen, massiven Mängeln im Hör- und Sehvermögen und starken Kreislaufstörungen mit Schwindelanfällen, waren viele nicht immer in der Lage, an allen Unternehmungen teilzunehmen. Wo dies möglich war, wurde für eine Beförderung gesorgt, aber oftmals war es schwierig, es allen recht zu machen. Zu unterschiedlich war der Gesundheitszustand. Aber es zeigte sich eine besondere Rücksichtnahme aufeinander.
In Gruppengesprächen fiel immer wieder auch das vermindert leistungsfähige Kurzzeitgedächtnis auf, Daten und Namen werden schneller vergessen. Ratschlag einer der älteren Frauen:»Wenn ich den Namen nicht finde, sage ich mir das Alphabet vor, dann erinnere ich mich beim entsprechenden Anfangsbuchstaben.«
Wir versuchen schon zu Beginn, vom ersten Treffen an kleine Hilfen anzubieten. Namensschilder mit großer Schrift standen auf dem gedeckten Kaffeetisch und ermöglichten uns und den anderen, die neuen Namen gleich abzulesen, zu lernen und alle mit ihrem Namen persönlich anzusprechen. Auch bei den Begrüßungen wurden meist deutlich die Namen genannt. Bald sprachen sich viele bereits mit ihren Namen an und fragen nach, was mit *Frau X.* wohl ist, warum sie nicht da ist, usw.
Positive Veränderungen ließen sich schon nach wenigen Monaten in der Gruppenarbeit feststellen. Einige Senioren hatten angefangen, sich untereinander zu besuchen. *Frau K.:* »Ich besuche ab und zu Frau L. und Frau P. im Altersheim. Die Armen kommen ja sonst gar nicht raus.« Dabei war sie selber durch eine Platzangst und Angst, eine Straße zu überqueren, lange Zeit nicht in der Lage, ohne Begleitperson das Haus zu verlassen, und wurde zu allen Veranstaltun-

gen jeweils mit dem Behindertentaxi gebracht. Sie, die bis zum Beginn der Gruppe nur Kontakte zu den Zivildienstleistenden hatte, die ihr das Essen auf Rädern brachten und ein wenig im Haushalt halfen, hatte nun endlich auch Kontakte zu Gleichaltrigen und Personen bekommen, denen es noch schlechter als ihr selber ging. Sie war voller Unternehmungslust und meint, dass die Treffen noch viel öfter sein müssten.

Die Gruppenteilnehmer, die im Altersheim wohnen, trafen sich inzwischen auch ohne die Studenten zu Spielnachmittagen. Bevor die Studenten kamen, hatte es noch nicht einmal eine Spielesammlung gegeben. Sie wurde erst auf ihr Drängen hin von der Oberschwester angeschafft. Nachdem die Senioren zuerst nicht gewagt hatten, mit Nachdruck um den Schlüssel für den Raum und zum Schrank mit den Spielen zu bitten, wurde dies nach einem Gespräch bei einem Gruppentreffen geklärt und daraufhin mit dem Heimleiter eine Regelung für die Zukunft abgesprochen, die eine größere Selbständigkeit der Heimbewohner ermöglicht. Man sieht hier, wie besonders auch bei Heimbewohnern, durch Unterstützung von außen und die neuen Erfahrungen, die Stärkung durch die Gruppe Mut zu Eigeninitiativen erwachsen und es nun auch im Heim zu mehr Kommunikation miteinander gekommen ist.

Einige Bewertungen von Gruppenmitgliedern dazu, was ihnen die Gruppe gebracht hat:

> Bei einem Theaterbesuch sagte mir Frau B., dass es für sie wichtig sei, »unter Leute zu kommen, damit man nicht depressiv wird«. Außerdem meinte sie, dass sie, seitdem sie zur »Spätlese« komme, viel jünger aussehen würde – wobei sie erfreut lächelte und strahlte.
> Eine andere Seniorin hatte, gestützt von der Gruppe, nach ihren Aussagen zum ersten Mal seit vielen, vielen Jahren wieder eine Tanzveranstaltung besucht. Sie war gemeinsam mit der Spätlesegruppe zu unserer Fastnachtsfeier gekommen und hatte sich trotz Gehbehinderung auf die Tanzfläche getraut und über sich selber gestaunt.
> »Die Gruppe ist deshalb so anziehend, weil sie den Menschen untereinander die Kontaktaufnahme erleichtert. Sie müsste sich ganz regelmäßig treffen.«
> »Ich bin immer sehr aufgeschlossen gegenüber der Jugend, mich interessieren junge Menschen. Es ist doch schön, etwas miteinander zu machen.«

Als die Studenten in Einzelgesprächen fragen, was sich im Leben der Gruppenmitglieder verändert hat und wie es vor dem Kennenlernen der Studenten und Gruppe in ihrem Leben aussah, erfahren sie:

»Ich war abgeschnitten von der Welt hier im Heim. Ich habe gewartet, dass ich angesprochen werde. Viele Menschen hier im Altersheim waren nicht mehr ansprechbar. Ich hatte Angst vor der Zukunft. Geändert hat sich für mich, dass ich mich auf die Unternehmungen freue. Man kann doch einiges wieder mitmachen, was alleine nicht mehr möglich wäre. Auch die Bekanntschaft mit einigen Gruppenmitgliedern und mit Ihnen ist mir wichtig. Viele Menschen haben sich in ihr Schicksal ergeben und sind nur noch leidend, passiv. Es gibt mir viel, dass ich nicht nur alte Menschen sprechen höre. Da denke ich manchmal, ach die alten Weiber, die reden doch auch nur noch über Krankheiten.«

Sie ist außer in der Spätlesegruppe auch im Lesekreis des Nachbarschaftshauses aktiv und hofft sehr, dass die Gruppe auch nach dem Weggang der Studenten bestehen bleibt. »Ich war doch schwer krank«, sagt *Frau S.*, »konnte seit meinem Aufenthalt in der Klinik nicht mehr wie vorher. Ich habe mir nicht mehr soviel zugetraut. Vorher habe ich noch einiges unternommen. Meine Krankheit war aber, wie ich es heute sehe, auch ein Glück, sonst hätte ich Sie und die Gruppe wohl nie kennen gelernt. Seit ich die Gruppe habe, traue ich mir wieder mehr zu. Ich bekomme Anregungen, die Führung durchs Biebricher Schloss, den Theaterbesuch und die Treffen. Auch den Kontakt zu Ihnen finde ich positiv, man hört doch auch mal etwas davon, wie die Jugend heute denkt. Wissen Sie, ich habe doch Schwierigkeiten wegen meiner schlechten Augen und dem damit verbundenen schlechten Personengedächtnis. Ich finde, Sie und die anderen Studenten sind zuvorkommend und nett. Sie machen mir die Kontaktaufnahme zu anderen leichter, da Sie mich oft den anderen vorstellen.«

Und *Herr S.* meint: »Einsam und verlassen, ein Tag war wie der andere, es hat sich nichts mehr bewegt.« Seit er die Gruppe kennen gelernt hat, meint er: »Ich fühle mich um 'zig Jahre jünger. Endlich passiert wieder etwas, und das Leben hat wieder mehr Sinn ... Schließlich bin ich auch ein Mitbegründer der Spätlesegruppe ... ich spreche jetzt auch öfter mit Frau G. Sie ist sehr nett. Sonst interessiert mich mehr der Austausch mit euch Studenten. Ich habe schon immer mehr mit der Jugend zu tun gehabt. Mit den Mitgliedern der Gruppe ist der Kontakt mehr oder weniger oberflächlich. Über gemeinsame Unternehmungen geht die Bekanntschaft nicht hinaus. Sie sind alle zu unterschiedlich.« Auch er wünscht, die Gruppe möge weiterbestehen, auch wenn die Studenten weggehen. Aber ob sie wirklich in eigener Regie so weiterverläuft, da ist er doch voller Zweifel. »Ob es ohne euch weitergeht?«

Insgesamt kann festgestellt werden, was auch Rückfragen ergeben haben, dass sich das Lebensgefühl der Gruppenmitglieder verbessert hat. Es gibt jetzt neue Kontakte, Leute, von denen man etwas weiß, von deren Gefühlen man etwas erfahren hat, und man erlebt in der Gruppe, wie man trotz seiner Behinderung akzeptiert wird, dass es hier kein Sollen und Müssen, sondern ein Können gibt, dass jeder jemand ist mit seiner Lebensgeschichte, mit seinem Lebenshintergrund.

Neue Erfahrungen hat man gesammelt: Neues bei der Jugend entdeckt, was so gar nicht ins Bild der bisherigen Erfahrungen passte, die Art, wie Studentinnen/Studenten miteinander umgehen, die Art, wie sie sich kleiden, sprechen, ihre Probleme über ihre berufliche Zukunft, ihre Formen, den Alltag zu gestalten und Probleme zu bewältigen.

Aber vielleicht haben sie auch in der Gruppe neue Freunde gefunden, zumindest aber eine Gruppe, zu der man dazugehört, die sich um einen kümmert und nicht allein lässt. Telefonketten haben sich gebildet, und die Angst vor dem Alleinsein ist kleiner geworden. Das Engagement der Studenten, ihre Wärme, ihre Art, die Alten so, wie sie sind, zu akzeptieren, hat ihnen gutgetan.

Aber auch die Studenten haben von den Alten im Austausch gelernt. Während der *Student* S. bei *Frau K.* ein Bild repariert und ihr erklärt, wie sie sich selber solche Rahmen kleben kann, erzählt sie ihm von einem alten Hausrezept gegen seinen Heuschnupfen, das aus Kräutern der Gegend herzustellen sei, in der er lebe.

Vieles haben sie im Gespräch voneinander gelernt über Lebenszusammenhänge alter Menschen, ihre Erfahrungshintergründe, ihre Problembewältigungsmöglichkeiten, ihre Ängste und Sorgen. Sie haben erreicht, was sie wollten, alte Menschen, die sich vorher nicht kannten, in einer Gruppe zusammenzubringen, ihnen Anregungen zu geben, Mut, es miteinander zu versuchen. Aus dem Voneinander-Lernen ist ein »wechselseitiges Helfen« geworden. Sie haben es erreicht, dass die alten Menschen sich untereinander mit mehr Offenheit begegnen, dass sie wieder Interesse an ihrer Umwelt und am Jetzt gefunden haben. Sie haben gelernt, dass Altern ein Prozess ist, der jetzt schon beginnt, und diese Erfahrungen werden ihnen beim eigenen Altern helfen.

Während dieses Projektes fand für die Studenten wöchentlich einmal eine Praxisanleitung bzw. Supervision statt *(Petzold/Lemke, 1980; Schreyögg 1985)*, in der wir die einzelnen Schritte, Methoden und Vorgehensweisen besprachen und versuchten, auch mit den Misserfolgen fertig zu werden. Neben diesen wöchentlichen Gesprächen nahmen die Studenten an einer Fortbildung teil. Eine Familientherapeutin des Nachbarschaftshauses bot ihnen die Möglichkeit, gemeinsam mit Mitgliedern des »Arbeitskreises soziale Dienste« in Rollenspielen und Gesprächen ihre Schwierigkeiten im Umgang mit den Senioren aufzuarbeiten. Ihnen wurde Hilfestellung gegeben bei den Kontakt- und Distanzierungsschwierigkeiten, die sie hatten. Die meisten hatten Mühe, sich nach der vereinbarten Zeit bei Hausbesuchen zurückzuziehen oder zu sagen, wenn sie etwas nicht interessierte. Sie hörten sich lieber lange Zeit Dinge an, die sie weniger interessierten, ohne ihre eigenen Bedürfnisse klar zu artikulieren. Ihre Rücksichtnahme war schwer mit den eigenen Bedürfnissen in Einklang zu bringen. Aber im Verlauf der Arbeit wurden ihre Hemmungen doch zum großen Teil abgebaut, und ein offener Austausch machte nach den Anfangsschwierigkeiten dann doch das Zusammensein zu einer erfreulichen Begegnung.

Die »Grundregel« im Integrativen Ansatz der Arbeit und Zusammenarbeit mit alten Menschen

Arbeit mit Menschen sollte grundsätzlich dem Prinzip *wertschätzender, partnerschaftlicher Zusammenarbeit* verpflichtet sein. Dafür sind bestimmte, »geregelte« Umgangsformen und Interaktionsprinzipien förderlich, um ein gedeihliches und zielführendes Miteinander zu gewährleisten. *Freud* formulierte deshalb eine *Grundregel*[1] für seine Psychoanalyse - für den Patienten: er solle alles rückhaltlos mitteilen, für den Therapeuten: er solle in abstinenter Zurückgenommenheit, »undurchsichtig wie ein Spiegel«[2], arbeiten[3]. *Perls* (1980), der Begründer der Gestalttherapie, verlangte als Grundregel vom Patienten, im Hier-und-Jetzt zu bleiben und vom Therapeuten, sich authentisch zu zeigen, »gekonnte Frustration und Unterstützung« (»skillfull frustration and support«) zu praktizieren. Man muss solche Regeln prinzipiell kritisch hinterfragen, und für die Arbeit und Zusammenarbeit mit alten Menschen muss man sie ggf. abändern oder spezifisch zupassen. Menschen, alte Menschen zumal, die ein langes ereignisreiches Leben hinter sich haben, vieles meistern und überwinden konnten, manch Schlimmes vielleicht im Schweigen belassen wollen, haben das »Recht auf Geheimnisse«, sie müssen nicht alles offenbaren. Sie haben ein Recht auf Auseinandersetzung und Begegnung »auf Augenhöhe« in Interaktionen und Kommunikationen, die *transparent* sind. Dazu müssen TherapeutInnen bereit sein. Das *Freud*'sche Regelwerk hat hier keine gute »Passung«. AlterspatientInnen mit nur noch kurzer Zukunftsperspektive, die auf ihr Leben zurückschauen, um es auszuwerten, zu überdenken, sind mit der *Perls*'schen Hier-und-Jetzt-Regel schlecht bedient. Sie verdienen »Respekt« (*Sennett* 2002) und nicht »gekonnte Frustration«.

Die »Grundregel«, die wir für die Integrative Psychotherapie formuliert hatten (*Petzold* 2000a; *Orth, Petzold* 2004), hat eine prinzipiell offene, *adaptierbare* Form. Wir haben sie für den Bereich der Altenarbeit und für die »fünf großen B's« dieses Bereiches zugepasst. Unter diesen B's werden verstanden: klinisch-therapeutische

Behandlung, psychosoziale und fachliche *Beratung,* lebenslange, breitgreifende *Bildungsarbeit,* pflegerische und medizinische *Betreuung* und schließlich unterstützende, mitmenschliche *Begleitung.* Die zugepasste »Grundregel« wird formuliert aus dem gesamten theoretischen Fundus der Integrativen Therapie heraus: ihrer Anthropologie, Intersubjektivitätstheorie, ihren Referenztheorien, Gesundheits-/Krankheitslehre sowie auf dem Boden der Erfahrungen aus der integrativen Behandlungspraxis und aus der Supervision und Forschung in der Altenarbeit (*Müller, Petzold* 2004; *Petzold, Petzold* 1997b). Sie fokussiert Salutogenese- und Pathogenseperspektiven, Risiko- und Belastungsfaktoren, aber auch protektive und Resilienzfaktoren (*Müller, Petzold,* dieses Buch; *Staudinger* et al. 1999). Die Grundregel wird weiterhin formuliert mit dem Blick auf die Erkenntnisse der sozialgerontologischen, gerontopsychologischen, gerontotherapeutischen, geragogischen Theorienbildung und Forschung (*Baltes, Montada* 1996; *Filipp, Mayer* 1999; *Hoffmann-Gabel* 2003; *Kruse* 1998; *Mayer, Baltes* 1996; *Staudinger* et al. 1999 u.a.). Die Grundregel sollte daher für das Integrative Verfahren in diesem Anwendungsfeld und für die, die es praktizieren, »Sinn machen(*Petzold* 2001i; *Petzold, Orth* 2004). Sie wurzelt im »Korespondenzmodell« des »Aushandelns von Positionen und Grenzen« durch Konsens-Dissens-Prozesse, diesem *Herzstück* der Integrativen Therapie (1978c, 1991e), und lautet:

»Die »fünf großen B's« der Altenarbeit (Behandlung, Beratung, Bildungsarbeit, Betreuung, Begleitung als kooperative Unterfangen) finden im Zusammenfließen von zwei Qualitäten statt:
Es ist eine Qualität der *Konvivialität,* d. h. eines guten Miteinanders erforderlich – die BetreuerInnen, die TherapeutInnen, die Pflegenden bieten einen »gastlichen Raum«, in dem Betreute, KlientInnen, PatientInnen willkommen sind und sich niederlassen, heimisch werden können. In ihm können Nahbeziehungen (Affiliationen) möglich werden, »Gespräche nach vielen Seiten« stattfinden – wir nennen das *POLYLOG,* ein Austausch unter dem Leitsatz »DU, ICH, WIR«, in dem der Andere in seiner Andersheit (*Levinas*), der alte Mensch als »DU« der Ausgangspunkt des praktischen Handelns ist und die Angehörigen und BetreuerInnen als »WIR« einbezogen sind[4].

Es ist eine Qualität der *Partnerschaftlichkeit* erforderlich, in der die PartnerInnen miteinander die *gemeinsame Aufgabe* der Beziehungsgestaltung in Angriff nehmen und am »Projekt eines konstruktiven, gelingenden Alterns und Alters«[5] arbeiten unter Bedingungen eines »geregelten Miteinanders«, einer **Grundregel**, wenn man so will, denn »*Arbeit mit alten Menschen ist in eminenter Weise Zusammenarbeit*":

- **Der Betreuer** (Berater, Therapeutin, Pflegerin) bringt die engagierte Bereitschaft mit, sich aus einer *intersubjektiven Grundhaltung* mit dem *Betreuten* als *Person*, mit seiner *Lebenslage* und *Netzwerksituation* **partnerschaftlich** auseinanderzusetzen, mit seinem *Leiden*, seinen *Störungen, Belastungen*, aber auch mit seinen *Ressourcen, Kompetenzen, Potenzialen, Entwicklungsaufgaben*, um **mit ihm gemeinsam** an Gesundung, Bewältigungsaufgaben, Kompensationsleistungen, Problemlösungen und an prinzipiellen oder auch selektiven Optimierungen, an Persönlichkeitsentwicklung und Lebensgestaltung zu arbeiten, wobei er ihm nach Kräften mit professioneller, soweit möglich forschungsgesicherter ›*best practice*‹ Hilfe, Unterstützung und Förderung gibt.

- **Der Betreute** (Klientin, Patient) bringt die prinzipielle Bereitschaft mit, sich nach seinen Fähigkeiten in seiner Behandlung oder Beratung oder Betreuungssituation mit sich selbst, seiner Störung, seinen Problemen, ihren Hintergründen und mit seiner *Lebenslage* sowie (problembezogen) mit dem *Betreuer* (Therapeutin, Pflegerin, Helfer*)* und dessen Anregungen partnerschaftlich auseinanderzusetzen. Das geschieht in einer Form, in der der Patient – *seinen Möglichkeiten entsprechend* – »sich selbst und seine Lebensgestaltung zum Projekt macht«, seine Fähigkeiten (*Kompetenzen*) und Fertigkeiten (*Performanzen*), seine *Probleme* und *Potenziale* vor dem Hintergrund seiner subjektiven Theorien einbringt, er *Verantwortung* für das Gelingen seiner Therapie/Beratung/Betreuungssituation mit übernimmt und er die *Integrität* des Therapeuten als Gegenüber und belastungsfähigen *professional* respektiert.

- **Betreuer und Betreuter** anerkennen die Prinzipien der wechselseitigen Wertschätzung und der »*doppelten Expertenschaft*«[6] – die des Klienten/Patienten für seine Lebenssituation und die des Beraters/Therapeuten für fachliche Belange – des *Respekts* (*Sennett*) vor der »*Andersheit des Anderen*« und vor ihrer jeweiligen »*Souveränität*«[7]. Sie verpflichten und bemühen sich um eine »intersubjektive Haltung« (*Marcel*), damit sie auftretende Probleme im Prozess der **Begleitung, Beratung, Behandlung** und in der **Beziehung** gemeinsam ko-respondierend, problembewusst und lösungsorientiert bearbeiten können.

• *Das* **Setting** muß gewährleisten (durch gesetzliche Bestimmungen, fachverbandliche Regelungen, institutionsinterne Kontrollen, *feldkompetente* Supervision[8]), dass Persönlichkeits- und Patientenrechte, »informierte Übereinstimmung«, Fachlichkeit und die *Würde und das Wohlergehen des Betreuten* gesichert sind und der Betreuer die Bereitschaft hat, seine Arbeit (die Zustimmung des Patienten vorausgesetzt, im Krisenfall unter seiner Teilnahme) durch Supervision fachlich überprüfen und unterstützen zu lassen. Erkrankt der Patient so sehr oder nehmen seine geistigen Kräfte so sehr ab, dass seine Mitwirkung an den ko-respondierenden Prozessen der »Begegnung und Auseinandersetzung« nicht mehr möglich ist, haben die Betreuer, Angehörigen und rechtlich Verantwortlichen aus »*unterstellter Intersubjektivität*« (*Petzold* 2003a) zu handeln, nämlich so, dass der Erkrankte, wäre er wieder im Vollbesitz all seiner Kräfte, die gewählten Maßnahmen gutheißen würde.

• **Der methodische Ansatz** (*das Beratungs-, Betreuungs-, Begleitungs-, Bildungs- oder therapeutische Behandlungsverfahren, die Methode*) muss gewährleisten, dass in größtmöglicher Flexibilität auf dem Hintergrund klinisch-philosophischer, klinisch-psychologischer und sozialpsychologischer Beziehungstheorie sowie gerontologischen Forschungs- und Fachwissens reflektierte, begründbare und prozessual veränderbare Regeln der konkreten Beziehungs- und Situationsgestaltung im Rahmen dieser **Grundregel** mit dem/der Betreuten (Patienten/Patientin) und ihren Bezugspersonen (Angehörigen) *ausgehandelt* und *vereinbart* werden – immer wieder neu –, die die *Basis* für eine polylogisch bestimmte, *sinn*volle therapeutische Arbeit bieten. Die Grundregel kann dabei selbst, der jeweiligen Situation und dem Gesundheitszustand der Beteiligten angemessen, verändert werden unter den Leitprinzipen: *Gewährleistung der Würde, der Integrität und des bestmöglichen Wohlbefindens der Patientin/des Patienten, des Betreuten/der Betreuten, der alten MitbürgerInnen für die wir alle Sorge zu tragen haben.«* (Vgl. Petzold 2000a).

Die so formulierte und praktizierte **Grundregel** für den Kontext der Arbeit und für die Zusammenarbeit mit alten Menschen *als unseren Partnern* und *Partnerinnen (Petzold, Gröbelbauer, Gschwend* 1999) stellt die persönliche und gemeinschaftliche **Integrität** als Basis des *Sinnes* von Begeleitung, Beratung, Behandlung, Betreuung, Bildungsarbeit in das Zentrum der Praxeologie und Praxis (*Orth, Petzold* 2004b). Sie ist weiterhin die Basis für das generieren von **Sinn** aus zwischenmenschlicher Praxis (*consensus, Petzold, Sieper* 2004). Diese gesamte Grundregel, muss beständig durch die **Konsens-Dissensprozesse** der Begegnungen und Auseinandersetzungen hindurchgegehen im Dienste von Lebensqualität und Sicherung von PatientInnenrechten, durch all die Problematisierungen und die Mühen um das partnerschaftliche Finden guter Lösungen, welche die **Ko-respondenz** (idem 1991e) kennzeichnet. Diese **Grundregel** steht als Basis hinter all den Theorien, Strategien, Methoden, Handlungstechniken, um die es in diesem Werk »Mit alten Menschen arbeiten – zusammenarbeiten« geht.

---

[1] Wir haben und hatten einen tiefen, ja fundamentalen Dissens mit verschiedenen »Grundregeln« psychotherapeutischer Verfahren, die wir erlernt hatten, und unter deren Einfluss wir in den Anfangszeiten unserer Praxis dennoch standen. Aber wir konnten auf Grund der beeindruckenden Erfahrungen mit unseren PatientInnen, zum Teil sehr kranken und belasteten Menschen, darunter viele ältere und alte MitbürgerInnen, Erfahrungen mit ihrer Besonnenheit, Lebensklugheit, ihrem Mut, ihrer Integrität und Humanität machen und durch ihre offenen Rückmeldungen uns von der *Freud*'schen »Grundregel« mit ihrer einseitigen »Verpflichtung zur Offenbarung aller persönlichen Gedanken und Regungen« lösen und auch von der *Perls*'schen »Grundregel« der strikten Arbeit im sogenannten »Hier und Jetzt«, denn beides sind Anweisungen zur *Unterwerfung*. Wer in die Vergangenheit »auswich«, wurde von *Perls* (1969) vom »hot seat« verwiesen, zum Teil ziemlich rüde. Auch die Psychodramaregel: »Don't talk, act!«, haben wir nie strikt praktiziert und sind doch ausgewiesene Psychodramatiker (*Petzold* 1997k).

[2] »Der Arzt soll undurchsichtig für den Analysierten sein und wie eine Spiegelplatte nichts anderes zeigen, als was ihm gezeigt wird«, *Freud, S.*, Ratschläge für den Arzt bei der psychoanalytischen Behandlung, 1912, Studienausgabe, Fischer, Frankfurt 1975, Ergänzungsband, S. 178.

[3] *Freud* formulierte in der Grundregel für seine Arbeit und für die Behandlungspraxis seines Verfahrens Prinzipien, die wir konfrontieren müssen, weil wir sie – besonders in der Arbeit/Zusammenarbeit mit älteren, alten und hochbetagten Menschen – für problematisch, ja falsch halten: »Wir verpflichten ihn [den Patienten] auf die analytische *Grundregel*, die künftig sein Verhalten gegen uns *beherrschen* soll ... gelingt es ihm, nach dieser Anweisung seine *Selbstkritik* auszuschalten, so liefert er uns eine Fülle von Material, Gedanken, Einfälle ... die uns also in den Stand setzen, das bei ihm verdrängte Unbewußte zu *erraten* und *durch unsere Mitteilung* die Kenntnis seines Ich von *seinem* Unbewußten zu erweitern« (*Freud*, Die psychoanalytische Technik, 1940, StA, S. 413, unsere Hervorhebungen). Die »*psychoanalytische Grundregel*« verlangt: »daß man ohne Kritik alles mitteilen soll, was einem in den Sinn kommt« (Freud, S., Zur Dynamik der Übertragung, 1912, StA., S. 167).

[4] Eine solche Position, die an *E. Levinas* (»der Andere ist immer vor mir«) und *M. M. Bakhtins* Dialogizität, sein Konzept eines »vielstimmigen Sprechens nach vielen Seiten« anschließt, ist differenzierter und greift breiter als die traditionelle »Ich-und-Du-Dialogik« von *M. Buber* mit ihrer hegemonialen Position des Ich (vgl. Petzold 2002c).

[5] vgl. *Saup* 1991; *Baltes, Lang, Wilms* 1998.

[6] Dieses Prinzip wurde von mir im Kontext des »Exchange Learnings« und der Selbsthilfearbeit formuliert (*Petzold, Schobert* 1991)

[7] Wir ziehen diesen Begriff »Souveränität« dem der »Autonomie« vor, denn er impliziert das Prinzip der notwendigen »Aushandelns von Grenzen« mit den *angrenzenden* souveränen Persönlichkeiten des Lebenskontextes und suggeriert nicht eine Autarkie, in der jeder nach seinem Gutdünken und Gesetz (Nomos) leben kann. Leben ist »Aushandeln von Grenzen und Souveränitätsräumen« (*Petzold, Orth* 1997b/1998).

[8] Sehr oft ist Supervision im Altenbereich nicht »feldkompetent«, haben die Supervisioren keine Erfahrung in der Arbeit mit alten Menschen, Schwerkranken und Sterbenden und vor allen Dingen kein *fundiertes und aktuelles gerontologisches* Fachwissen, ein gravierender Mangel! So kann Supervision durchaus auch Negativeffekte im Altenbereich anrichten (*Müller, Petzold* 2004).

Literatur

Aarts, P. G. H., op de Velde, W. (2000): Eine früher erfolgte Traumatisierung und der Prozeß des Alterns. Theorie und klinische Implikationen. In: *Van der Kolk, B. A., McFarlane, A. C., Weisaeth, L.* (Hrsg.): Traumatic stress. Grundlagen und Behandlungsansätze. dtsch. hrsg. von M. Märtens, H. G. Petzold. Paderborn: Junfermann. 289–309.

Abraham, K. (1919): Zur Prognose psychoanalytischer Behandlungen im fortgeschrittenen Lebensalter, *Internationale Zeitschrift für Psychoanalyse* 6, 113–117.

Abraham, K. (1942): The applicability of psychoanalytic treatment to patients at an advanced age, in: *Abraham, K.,* Selected Papers, London: Hogarth Press, 312–317.

Abramson, L., Seligman, M. E., Teasale, J. D. (1978): Learned helplessness in Humans: Critique and reformulation, *Journal of Abnormal Psychology* 87, 49–74.

Adams, D. L. (1971): Correlates of satisfaction among the erlderly, *The Gerontologist* 11, 64–68.

Agamben, G. (2002): Homo sacer. Die souveräne Macht und das nackte Leben. Frankfurt.

Altman, I. (1975): The environment and social behaviour: Privacy, personal space, territory, and crowding, Monterey, C. A.

Altman, I., Wohlwill, J. (1976): Human Behaviour and environment: Advances in theory and research, Vol. I. New York.

Améry, J. (2001[7]): Über das Altern. Revolte und Resignation. Stuttgart: Klett-Cotta.

Andre, R. (1981): Homemakers. The forgotten workers. Chicago: Univ. of Chicago Press.

Andritzky, W. (1999): Religiöse Glaubensmuster und Verhaltensweisen. Ihre Relevanz für Psychotherapie und Gesundheitsverhalten, *Integrative Therapie* 25/1, 8–41.

Anthony, E. J. (1974): The syndrome of the psychologically invulnerable child. In: *E. J., Anthony, C. Koupernik* (eds.): The child in his family: Children at psychiatric risk. New York: Wiley, 201–230.

Antoni, M. H., Goodkin, K. (1988): Host moderator variables in the promotion of cervical neoplasia – I. personal facets, *Journal of Psychosomatic Research* 32/3, 327–338.

Antonovsky, A. (1979): Health, stress, and coping: New perspectives on mental and physical well-being. San Francisco: Jossey-Bass.

Arie, T. (1981): Health Care for the elderly. London: Croom Helm.

Arth, M. (1962): American culture and the phenomenon of friendship in old age, in: *Tibbitts, C., Donahue, W.,* Social psychological aspects of aging. New York: Columbia University Press 529–534.

Atchley, R. C. (1980): The social forces in later life. Belmont: Wadsworth.

Baltes, M. M., Environmental factors in dependency among nursing home residents: A social ecology analysis, in: *Wills, T. A.,* Basic processes in helping relationships. New York: Academic Press.

Averill, J. (1973): Personal control over aversive stimuli and its relationship to stress, *Psychol. Bulletin* 80, 786–303.

Babschuk, N. (1978): Aging and primary relations, *International Journal of Aging and Human Development* 9, 137–151.
Bäcker, G., Naegele, G. (1992): Zur Lebenslage älterer Arbeitnehmer in der BRD unter sich verändernden politischen Rahmenbedingungen und Umstrukturierungen in der Arbeitslandschaft. In: *Petzold, Petzold* (1992) 66–85.
Bakhtin, M. M. (1981): Dialogical imagination. Austin TX: University of Texas Press.
Bakunin, M. (1974): Gesamtwerk. Berlin: Kramer.
Baldwin, A. L., Baldwin, C. P., Cole, R. (1990): Stress-resistant families and stressresistant children. In: *J. Rolf, A. Masten, D. Cicchetti, K. Nuechterlein, S. Weintraub* (Eds.), Risk and protective factors in the development of psychopathology. New York: Cambridge University Press, 257–280.
Baltes, M. M., Baltes, P. B. (1977): Ecopsychological relativity and plasticity of psychological aging, *Zeitschrift für experimentelle und angewandte Psychologie* 24, 179–198.
Baltes, M. M., Barton, E. M., Orzech, M. J., Lago, D. (1983): Die Mikroökologie von Bewohnern und Personal. Eine Behaviour-Mapping-Studie im Altenheim, *Zeitschrift für Gerontologie* 16, 18–26.
Baltes, M. M., Lang, F. R., Wilms, H.-U.: Selektive Optimierung mit Kompensation: Erfolgreiches Altern in der Alltagsgestaltung. In: *Kruse* (1998) 188–204.
Baltes, P. (1978): Life span development and behavior (Vol I). New York: American Press.
Baltrusch, E. (2003): An den Rand gedrängt. Altersbilder im Klassischen Athen. In: *Gutsfeld, Schmitz* (2003) 57–86.
Bandura, B. (1983): Pflegebedarf und Pflegepolitik im Wandel, *Sozialer Fortschritt* 32, 97–102.
Barker, R. G. (1968): Ecological psychology. Stanfort: Stanfort Univ. Press.
Barnes, J. A. (1969): Networks as political process, in: *Mitchel*, 51–76.
Bartlett, D. W. (1994): On resilience: Questions of validity. In: *M. C. Wang, E. W. Gordon* (Eds.), Educational resilience in inner-city America. Challenges and prospects. Hillsdale: Erlbaum, 97–108.
Battegay, R. (1966): Die Gruppe als Ort des Haltes in der Behandlung Süchtiger, *Praxis der Psychotherapie* 11, 31–38.
Battegay, R. (1969): Der Mensch in der Gruppe. Bern: Huber, 3 Bde.
Bauer, H. (1978): Modell einer kommunalen Altenhilfe, in: *Hohmeier, Pohl*, 157–182.
Bauer, J. (2002): Das Gedächtnis des Körpers. Wie Beziehungen und Lebensstile unsere Gene steuern. Frankfurt: Eichborn.
Baxter, T. W., Almagor, U. (Hrsg.) (1978): Age, generation, and time. Some features of East African Age Organisations. New York.
Bayer, P. (1983): Soziokulturelle Stadtteilarbeit: Lernen in Selbsthilfegruppen, in: Wiedergewinnung von Wirklichkeit. Freiburg: Dreisam.
Bazzini, D. G., McIntosh, W. D., Smith, W. D., Cook, S. M., Harris, C. (1997): The aging woman in popular film: underrepresented, unattractive, unfriendly, and unintelligent. *Sex Roles* 36 (7/8), 531–543.
Beard, B. (1949): Are the aged ex-family? *Social forces* 27, 274–279.
Beardslee, W. R., Podorefsky, D. (1988): Resilient adolescents whose parents have serious affective and other psychiatric disorders: Importance of self-understanding and relationships. *American Journal of Psychiatry* 145 (1): 63–69.

Beauvoir, S. de (1972): Das Alter. Reinbek: Rowohlt
Bechtler, H. (2000): Gruppentherapie mit älteren Menschen. München: Reinhardt.
Bellak, L., Karasu, T. B. (1976): Geriatric Psychiatry. New York.
Benedict, R. (1934): Patterns of culture. Boston: Mifflin.
Benedict, R. (1938): Continuities and discontinuities in cultural conditioning, *Psychiatry* 1, 161–167.
Bennett, R. (1973): Living conditions and every day needs of the elderly with particular reference to social isolation, *International Journal of Aging and Human Development* 4, 179–198.
Bennett, R. (1980): Aging, isolation and resocialization. New York: Van Nostrand Reinhold.
Benz-Zauner, M. (1995): Altamira. Höhlenmalerei der Steinzeit. München.
Berdjajew, N. (1930): Die Philosophie des Freien Geistes. Darmstadt.
Berdjajew, N. (1954): Von des Menschen Knechtschaft und Freiheit. Darmstadt.
Bergener, M., Lang, E., Lehr, U., Schmitz-Scherzer, R. (Hrsg.) (1983): Gerontology in the eighties and beyond. New York: Springer.
Bergler, R. (1986): Mensch und Hund: Psychologie einer Beziehung. Köln: Edition agrippa.
Bergler, R. (1994): Warum Kinder Tiere brauchen. Information, Ratschläge, Tips. Freiburg.
Bergler, R. (2000): Gesund durch Heimtiere. Beiträge zur Prävention und Therapie gesundheitlicher und seelischer Risikofaktoren. Schriftenreihe zur angewandten Sozialpsychologie. Köln.
Berkowitz, B., Green, R. E. (1965): Changes in intellect with age. Vs. differential changes as functions of time interval and original score. *J. Genet. Psychol.* 53, 179–192
Bernard, H. R., Killworth, P. D. (1976): Information accuracy in social network data I, *Human Organisation* 35, 269–286.
Bieulac, M. (1982): Bibliographie internationale de gerontologie sociale, Centre International de Gérontologie Sociale, Paris (2 Bde.).
Binstock, R. H., Shanas, E. (1976): Handbook of aging and the social sciences. New York: Van Nostrand Reinhold.
Birg, H. (2001): Die demographische Zeitenwende. München: Beck.
Birren, J. E. (1969): The aged in the cities, *The Gerontologist* 9, 163–1969.
Birren, J. E. (1974): Altern als psychologischer Prozeß. Freiburg: Lambertus.
Bishop, J. M., Krause, D. R. (1984): Depictions of aging and old age on saturday morning television. *The Gerontologist* 24, 91–94.
Blankertz, St. (1983): Kritischer Pragmatismus. Die Soziologie Paul Goodmans. Wetzlar: Die Büchse der Pandora.
Blankertz, St. (1985): Paul Goodmans politische Theorie der Aggression, in: *Ch. Schmidt, H. Petzold*, Gestalttherapie. Wege und Horizonte. Paderborn: Junfermann.
Blankertz, St., Goodman, P. (1981): Staatlichkeitswahn. Wetzlar: Die Büchse der Pandora.
Blaschek, H., Ritt, R., Weeder, R. (1983): Gemeinwesenarbeit und Erwachsenenbildung. Modell zum Lernen im offenen sozialen Feld, Österreichisches Institut für politische Bildung, Matthesburg.

Blaschke, D., Franke, J., Friedrich, A. (1982): Freizeitverhalten älterer Menschen. Exemplarische Untersuchung zur interdisziplinären Gerontologie im Rahmen eines Modellversuches. Stuttgart: Enke.
Blau, Z. S. (1961): Structural constraints on friendship in old age, *American Sociological Review* 26, 429–439.
Blau, Z. S. (1973): Old age in a changing society. New York: Watts.
Blenkher, M. (1967): Environmental change and the aging individual, *The Gerontologist* 7, 37–39.
Bliss, J. C., et al. (Dez. 1965): Tactual Perception: Experiments and Models. NASA Report No. NAS 2–2751, Stanford Research Institute.
Böger, J., Sokol, E. (1974): Beschäftigungstherapie in der Geriatrie.In: *Jentschura, G.*, Beschäftigungstherapie. Grundlagen und Praxis. Stuttgart, 2. Aufl.
Bölkestein, H. (1939): Wohltätigkeit und Armenpflege im vorchristlichen Altertum. Ein Beitrag zum Problem von Moral und Gesellschaft. Utrecht (ND Groningen 1967).
Boll, F. (1913): Die Lebensalter. *Neue Jahrbücher für das klassische Altertum, Geschichte und deutsche Literatur* 31, 89–145.
Bookchin, M. (1974): Hör zu Marxist. *Unterm Pflaster liegt der Strand.* H. 1. Berlin: Kramer.
Bookchin, M. (1977): Die Grenzen der Stadt. Berlin: Jakobsohn.
Böschemeyer, U. (1979): Logotherapie mit alten Menschen, in: *Petzold, Bubolz*, 59–76.
Botwinick, I. (1975): Aging and Behavior. New York.
Brandenburg, H. (1998): Soziologie des Heims. In: *Kruse, A.* (Hrsg.) (1998): Psychosoziale Gerontologie. Band 1: Grundlagen. Göttingen. 223–237.
Brandstädter, J., Rothermund, K.: Bewältigungspotentiale im höheren Alter: adaptive und protektive Prozesse. In: *Kruse* (1998): S. 223–237.
Brandt, H. (2002): »Wird auch silbern mein Haar. Eine Geschichte des Alters in der Antike«. München: C. H. Beck.
Brandtstädter, J., Greve, W. (1992): Das Selbst im Alter: adaptive und protektive Mechanismen. *Zeitschrift für Entwicklungspsychologie und Pädagogische Psychologie.* 24, 269–297.
Brandtstädter, J., Greve, W. (1994): The aging self: stabilizing and protective processes. *Developmental review* 14: 52–80.
Brandtstädter, J., Renner, G. (1990): Copings with discrepancies between aspirations and achievements in adult development: A dual-process model. In: *L. Montada, S.-H. Filipp & M. Lerner* (eds.): Life crises and experiences of loss in adulthood. Hillsdale: Erlbaum, 301–319.
Brandtstädter, J., Rothermund, K. (1998): Bewältigungspotentiale im höheren Alter: adaptive und protektive Prozesse. In: *Kruse* (1998): 223–237.
Brandtstädter, J., Rothermund, K., Schmitz, U. (1997): Coping resources in later life. *Revue Européenne de Psychologie Appliquée* 47 (2): 107–113.
Brassenl, P. (1983): La place de l'université du troisième âge dans la société, *Gérontologie* 47, 12–17.
Breloer, G. (1976): Bildungsarbeit mit alten Menschen aus gesellschaftspolitischer Sicht. In: *Petzold, H., Bubolz, E.* (Hrsg.), *Psychotherapie mit alten Menschen.*
Brim, V. G., Wheeler, S. (1974): Erwachsenensozialisation. München: dtv.
Brink, T. L. (1979): Geriatric Psychotherapy. New York: Human Sciences Press.

Bronfenbrenner, U. (1978): Ansätze zu einer experimentellen Ökologie menschlicher Entwicklung, in: *Oerter, H,.* Moderne Entwicklungspsychologie. Donauwörth: Auer.
Brosinski, G. (1995): Grotte Chauvet. Altsteinzeitliche Höhlenkunst im Tal der Ardèche. Sigmaringen.
Brown, G. I., Petzold, H. G. (1978): Gefühl und Aktion. Gestaltmethoden im Integrativen Unterricht. Frankfurt: Flach.
Brown, G. I., Petzold, H. G. (1979b): Lernen im Alter. Überlegungen zu einem humanistischen Lernbegriff in der Altenbildung, *Zeitschrift für humanistische Psychologie* 2, 64–72.
Brown, G. W., Harris, T. (1978): Social origins of depression, London.
Brown, T. M. (2000): The Growth of George Engel's Biopsychosocial Model Corner Society Presentation – May 24, 2000, http://www.history.rochester.edu:80/history/fac/brown.htm
Brubaker, T. H., Powers, E. A. (1976): The stereotype of »old«: A review and alternative *approach, Journal of Gerontology* 31, 441–447.
Brühlmann-Jecklin, E., Petzold, H. G. (2004): Die Konzepte der »social networks« und ihre Bedeutung für Theorie und Praxis der Supervision. Bei *www. FPI-Publikationen.de/materialien.htm* – *Supervision: Theorie* – *Praxis* – *Forschung*. Eine interdisziplinäre Internet-Zeitschrift – Jg. 2004 (in Vorber.)
Brusten, M., Hohmeier, J. (1975): Stigmatisierung. Zur Produktion gesellschaftlicher Randgruppen. Neuwied: Luchterhand.
Buber, M. (1971[4]): Das Problem des Menschen? Heidelberg: Lambert Schneider.
Buber, M. (1977): Ich und Du. Heidelberg: Lambert Schneider.
Bubolz E. (1983): Bildung im Alter. Freiburg: Lambertus.
Bubolz, E. (1979) (1979a): Methoden kreativer Therapie in einer integrativen Psychotherapie mit alten Menschen, in: *Petzold, H. G., Bubolz, E.* (Hrsg.), Psychotherapie mit alten Menschen, Junfermann, Paderborn, 343–382.
Bubolz, E. (1983): Bildung im Alter, Freiburg: Lambertus.
Bühler, Ch. (1959): Der menschliche Lebenslauf als psychologisches Problem. Göttingen
Bühler, Ch. (1972): Wenn das Leben gelingen soll. München.
Bujard, O., Lange, U. (1979): Armut im Alter. Weinheim: Beltz.
Bungard, W. (1975): Isolation und Einsamkeit im Alter. Köln: Hanstein.
Burgess, E. W. (1960): Aging in western societies. Chicago: University Chicago Press.
Buss, D. M. (1999): Evolutionary psychology. The new science of the mind. Boston, MA: Allyn and Bacon.
Busse, E. W., Pfeiffer, E. (1977[2]): Behaviour and adaptation in later life. Boston: Little Brown.
Butler, R. N. (1963): The life review: An interpretation of reminiscence in the aged. *Psychiatry* 26, 65–76. dt. Übers. Die Lebensrückschau: Eine Interpretation der Erinnerung beim alten Menschen. *Integrative Therapie* 1980, 141–156.
Butler, R. N., Myrna, I. L. (1969): Age-ism: Another form of bigotry, *The Gerontologist* 9, 243–246.
Butler, R. N., Myrna, I. L. (1973): Aging and mental health. St. Louis: Mosby.
Byerts, T. O., Howell, S. C., Pastalan, L. A. (1979): Environmental context of aging. London, New York: Garland Press.

Byl, S. (1974): Platon et Asistotle ont-ils professé des vues contradictoires sur la vieillesse? *Les Études Classiques* 42, 113–126.

Byl, S. (1996): Vieillir et être vieux dans l'antiquité. *Les Études Classiques* 64, 261–271.

Cantor, M. (1975): Life space and the social support system of the inner city elderly of NewYork, *The Gerontologist* 15.

Caplan, G. (1974): Support systems and community mental health, Behavioural Publications, New York.

Carp, F. M. (1976): A senior centre in public housing for the elderly, *The Gerontologist* 16, 243–249.

Carp, F. M. (1977): Impact of improved living environment on health and life expectancy, *The Gerontologist* 17, 242–249.

Carp, F. M. (1979): Life style and location within the city, in: *Byerts* et al., 16–32.

Cath, St. (1965): Some dynamics of middle and later years: A study in depletion and restitution, in: Berezin, M., Cath, St. (Hrsg.), Geriatric psychiatry, International Universities' Press, New York.

Chandler, A. R. (1948): Aristotle on mental aging. *Journal of Gerontology* 3, 220–224.

Christensen, H., Korten, A. E., Jorm, A. F., Henderson, A. S., Jacomb, P. A., Rodgers, B., Mackinnon, A. J. (1997): Education and decline in cognitive performance: compensatory but not protective. *International Journal of Geriatric Psychiatry* 12, 323–330.

Cicchetti, D., Garmezy, N. (Eds.) (1993): Milestones in the development of resilience [Special issue]. *Development and Psychopathology,* 5(4), 497–774.

Clark, M., Anderson, B. G. (1967): Culture and aging: An anthropological study of older Americans. Springfield, Illinois: Charles C. Thomas.

Cohen, L. (1994): Old age. Cultural and critical perspectives. *Annual Review of Anthropology* 23, 137–158.

Cohn, R. (2000[14]): Von der Psychoanalyse zur themenzentrierten Interaktion, Stuttgart: Klett-Cotta.

Coleman, P., Aubin, A., Robinson, M., Ivani-Chalian, Ch., Briggs, R. (1993): Predictors of depressive symptoms and low self-esteem in a follow-up study of elderly people over 10 years. *International Journal of Geriatric Psychiatry* 8, 343–349.

Condrau, G. (1985): Der Mensch und sein Tod. Zürich: Benziger.

Conway, M. A. (1990): Autobiographical memory. An introduction. Philadelphia: Open University Press.

Corson, S. A., Corson, E. O. (1975): Pet-facilitated Psychotherapie in a Hospital Setting, in Current Psychiatric Therapies, Oxford/New York/Toronto/Sydney (demnächst in deutscher Übersetzung).

Corson, S. A., Corson, E. O. (1980): Pet Animals as Nonverbal Communication Mediators in Psychotherapy in Institutional Settings, in: Ethology & Nonverbal Communication in Mental Helth, Oxford/New York/Toronto/Sydney (demnächst in deutscher Übersetzung).

Cosacchi, S. (1965): Makabertanz. Maisenheim: Hain.

Cosmides, L., Tooby, J. (2003): What is evolutionary psychology? Explaining the new science of the mind. London: Weidenfeld & Nicolson.

Cowan, E. L., Work, W. C. (1988): Resilient children, psychological wellness, and primary prevention. *American Journal of Community Psychology* 16 (4): 591–607.

Coyle, J. M. (1997): Handbook on women and aging. Westport.
Cremerius, J. (1983): Die Sprache der Zärtlichkeit und der Leidenschaft, *Psyche* 11, 988–1015.
Cumming, E., Henry, W. (1961): Growing old: The process of disengagement. New York: Basic Books.
Damon, W. (1977): The social world of the child. San Francisco: Jossey-Bass.
Danner, D. D., Snowdon, D. A., Friesen, W. V. (2001): Positive emotions in early life and longevity: findings from the Nun Study. *Journal of Personality and Social Psychology* 80 (5): 804–813.
Dansel, M. (1982): Nos frères les rats. Paris: Fayard.
de Beauvoir, S. (1970): La vieillesse. Paris.
De Smet, S. (1998): »Öffnet die Heime – für Haustiere«. In: *Altenpflege*, 5/1988, S. 308–314
Dean, A., Lin, N. (1977): The stress- buffering role of social support, *Journal of Nervous and Mental Disease* 165, 403–417.
Dean, A., Lin, N., Ensel, W. M. (1981): The epidemological significance of social support systems in depression, *Research in Community and Mental Health* 2, 77–109.
Demandt, A. (2000): Der Idealstaat. Die politischen Theorien der Antike. Weimar.
Deutscher, I. (1962): Socialization for postparental life, in: *Rose, A. M.*, Human behaviour and social process. Mifflin, Boston: Houghton 506–525.
Deutsches Zentrum für Altersfragen (Hrsg.) (1982): Fachbericht zur Situation älterer Menschen in der BRD, Berlin.
Dieck, M. (1979): Wohnen und Wohnumfeld älterer Menschen in der BRD. Heidelberg: Quelle & Meyer.
Dierl, R. (1989): Kuratorium Deutsche Altershilfe, Wilhelmine-Lübke-Stiftung e. V., Köln »Tiere in Alten und Pflegeheimen«: »(K)ein Platz für Tiere«, in: *Thema*, Köln 1989.
Dittmann-Kohli, F. (1995): Das Persönliche Sinnsystem. Ein Vergleich zwischen frühem und spätem Erwachsenenalter. Göttingen: Hogrefe.
Dollard, J., Doob, L., Miller, M. E., Mowrer, O., Sears, R. (1939): Frustration and Aggression. New Haven: Yale University Press.
Dollase, R. (1975): Soziometry als Interventions- und Meßinstrument, *Gruppendynamik* 2, 82–92.
Dono, J., Falbe, C, Kail, B., Litwak, E., Sherman, R., Siegal, D. (1979): Primary groups in old age, *Research on Aging* 1, 403–433.
Douglas, J. (1974): Understanding everyday life. London: Routledge & Kegan.
Dowd, J. J. (1975): Aging as exchange: A preface to theory, *The Gerontologist* 30, 584–594.
Droes, R. M. (1991): In beweging. Nijkerk: Intro.
Droes, R. M., Breebart, E. (1994): Amsterdamse ontmoetingscentra. Een nieuwe vorm van ondersteuning voor dementerende ouderen en hun versorgers. Amsterdam: Thesis Publishers.
Dürckheim, K., Graf von (1979): Alt werden. Zeit der Verwandlung, in: *Petzold, Bubolz*, 21–38.
Duwe, Chr., Braun, M. (1975): Gruppenarbeit mit alten Menschen in der Heimsituation, unveröfftl. Graduierungsarbeit, Fachhochschule für Sozialarbeit, Düsseldorf.

Dychtwald, K. (2000): Age power. How the 21st century will be ruled by the new old. New York.
Dyer, J. D., *McGuinness, T. M.* (1996): Archives of Psychiatric Nursing X (5): 276–282.
Dymarczyk, Ch. (2003): Das Altenheim aus Perspektive des Pflegepersonals – Lebensort für die eigene Zukunft? Institut für Agrarpolitik, Marktforschung und Wirtschaftssoziologie der Universität Bonn.
Eck, K., Imboden-Henzi, A. (1972): Erfülltes Alter durch reicheres Erleben. Freiburg.
Eckel, P. (2000): Heimverbundene Hausgemeinschaft – Betreuung verwirrter älterer Menschen in vertrauter Alltagsnormalität. In: Herausforderung Demenz: Betreuungsmodelle für die Zukunft. Schlüchtern, 2000, S. 64–76
Edney, J. (1974): Territoriality, *Psychological Bulletin* 81, 959–973.
Edney, J. (1976): Human territories: Commend on functional properties, *Environment and Behaviour* 8, 31–47.
Eichert, H.-Ch., Petzold, H. G. (2003b): Hilflosigkeit, Kontrolle, Bewältigung – Kernkonzepte und Materialien für die Supervision. Bei *www.fpi-publikationen.de/supervision – Supervision: Theorie – Praixs – Forschung. Eine interdisziplinäre Internet-Zeitschrift* – 12/2003.
Eilenberger, M. (1979): Das Lebenspanorama als diagnostische und therapeutische Methode der Integrativen Therapie, Diplomarbeit, Psychologisches Institut der Universität Hamburg, Hamburg.
Eisenreich, C., Scholl, A. (1998): Leben in familienähnlichen Wohnformen. Hausgemeinschaften, Hofjes, Cantous: Die etwas andere Art der Altenpflege. *Pro Alter* 1, S. 6–10
Elwert-Kretschmer, K., Elwert, G. (1997): Überleben ist nichts Natürliches. Alt und Jung im interkulturellen Vergleich. In: Deutsches Hygiene-Museum Dresden (Hrsg.)Alt und Jung. Das Abenteuer der Generationen. Basel/Frankfurt a. Main, 41–47.
Engel, G. L. (1977): The need for a new medical model: A challenge for biomedicine. *Science*, 196, 129–136.
Engel, G. L. (1997): From biomedical to biopsychosocial. *Psychotherapy Psychosom.* 66, 57–62.
Erikson, E. H. (1974): Identität und Lebenszyklus. Frankfurt: Suhrkamp
Erlanger, A. (1997): Katathym-Imaginative Psychotherapie. München: Reinhardt.
Ernst, B., Beran, S., Safford, F., Kleinhautz, M. (1978): Isolation and the symptoms of chronic brain syndrome, *The Gerontologist* 18, 468–474.
Ernst, P., Beran, B., Badosh, D., Kosovsky, R., Kleinhauz, E. (1977): Treatment of the aged mentally ill: Further unmasking of the effects of a diaprosis of chronic brain syndrome, *J. American Geriatric Society* 25, 466–469.
Estes, C. (1973): Community planning for the elderly, from an organisational, political, and interactionist perspective, Ph. D. Dissertation, Department of Sociology. San Diego: University of California.
Estes, C. (1975): The aging enterprise. San Francisco: Jossey-Bass.
Estes, C., Freeman, H. E. (1976): Strategies of design and research for intervention, in: *Binstock, R. H., Shanas, E.*, Handbook of aging and the social sciences, Van Nostrand Reinhold, New York, 536–560.

Eyben, E. (1973): Die Einteilung des menschlichen Lebens im römischen Altertum. *Rheinisches Museum* 116.

Falkner, Th. M., de Luce, J. (Hrsg.) (1989): Old age in Greek and Latin literatur. New York.

Faltermaier, T. (1984): Entwicklung im Erwachsenenalter. Lebensereignisse. Eine neue Perspektive für Entwicklungspsychologie und Sozialisationsforschung. *Zeitschrift für Sozialisationsforschung und Erziehungssoziologie* 4, 344–355.

Ferenczi, S. (1947): A contribution to the understanding of psychoneurosis of the age of involution (1921) 17, (Final contributions to psychoanalysis). New York: Basic Books, 205–211.

Ferenczi, S. (1964²): Beitrag zum Verständnis der Psychoneurosen des Rückbildungsalters (1922), in: Bausteine zur Psychoanalyse Bd. 111, 180–188. Bern: Huber.

Filipp, S.-H. (1995): Kritische Lebensereignisse. Weinheim: Beltz.

Filipp, S.-H., Ferring, D. (1998): Befindlichkeitsregulation durch temporale und soziale Vergleichsprozesse im Alter? *Zeitschrift für Klinische Psychologie* 27 (2): 93–97.

Filipp, S.-H., Klauer, T. (1986): Conceptions of self over the life-span: reflections on the dialectics of change. In: *M. Baltes, P., Baltes* (1986): The psychology of control and aging. Hillsdale. S. 167–205.

Filipp, S.-H., Meyer, A.-K. (1999): Bilder des Alters, Altersstereotype und die Beziehungen zwischen den Generationen. Stuttgart: Kohlhammer.

Fine, G. A., Kleinman, S. (1979): Rethinking subculture: An interactionist analysis, *American J. of Sociology* 85, 1–20.

Fine, S. B. (1991): Resilience and human adaptability: Who rises above adversity? *The American Journal of Occupational Therapy* 45 (6): 493–503.

Fink, H. H. (1957): The relationship of time perspective to age, institutionalization and activity. *J. Geront.*, 414–417

Fischer, C. (1976): The urban experience. New York: Harcourt Brace.

Fischer, C. (1982): To dwell among friends. Chicago: University of Chicago Press.

Fischer, D. H. (1977): Growing old in America. New York: Oxford University Press.

Fischer, D. H., Stone, L. (1977): Growing old: An exchange, *New York Review of books* 15, 47–49.

Fischer, L. (1976): Die Institutionalisierung alter Menschen. Köln: Böhlau.

Flach, F. F. (1980): Psychobiological resilience, psychotherapy and the creative process. *Comprehensive Psychiatry* 21 (6): 510–519.

Flach, F. F. (1988): Resilience: Discovering a new strength at times of stress. New York: Fawcett Columbine.

Flammer, A. (1990): Erfahrung der eigenen Wirksamkeit. Einführung in die Psychologie der Kontrollmeinung. Bern: Huber.

Folkman, S., Schaefer, C., Lazarus, R. S. (1979): Cognitive processes as meadiators of stress and coping, in: *Hamilton, V., Warburton, D. M.*, Human stress and cognition, Chicester, 265–298.

Fonagy, P., Steele, M., Steele, H., Higgitt, A., Target, M. (1994): Theory and practice of resilience. *Journal of Child Psychology and Psychiatry* 35, 231–257.

Foner, N. (1984): Ages in conflict. A cross-cultural perspective on inequality between old and young. New York, 8–17.

Fontana, A. (1979): The last frontier. The social meaning of growing old. Beverly Hills: Sage Press.

Foster, J. R. (1997): Successful coping, adaptation and resilience in the elderly: an interpreatation of epidemiologic data. *Psychiatric Quarterly* 68 (3): 189–219.
Foucault, M. (1971): Die Ordnung der Dinge. Frankfurt: Suhrkamp.
Foucault, M. (1973): Die Archäologie des Wissens. Frankfurt: Suhrkamp.
Foucault, M. (1974): Die Ordnung des Diskurses. München: Hanser.
Foucault, M. (1977): Überwachen und Strafen. Frankfurt: Suhrkamp.
Foucault, M. (1978): Von der Subversion des Wissens. Berlin: Ullstein.
Frank, J. D. (1971): Therapeutic factors in psychotherapy, *Am. J. of Psychother.* 25 (1971) 350–361.
Frank, J. D. (1974): Therapeutic components of psychotherapy, *Journal of nervous and mental disease* 159 (1974) 325–342.
Frank, J. D. (1981): Persuasion and healing. A comparative study of psychotherapy, John Hopkins Univ. Press, Baltimore 1963; dtsch. Die Heiler. Stuttgart: Klett-Cotta.
Frank, J. D. (1982): Therapeutic components shared by all psychotherapies, in: *Harvey, J. H., Parks, M. M.* (eds.), The master lecture series I. Psychotherapy research and behavior change. Washington: APA.
Frank, J. D. (1984): Therapeutic components of all psychotherapies, in: *Myers, J. M.* (ed.), Cures by psychotherapy. What effects change. New York: Praeger, 15–27.
Frankl, V. E. (1972): Der Wille zum Sinn. Bern: Huber.
Frese, H. (1976): Erwachsenenbildung. Eine Praxistheorie. Freiburg.
Freud, A. (1964): Das Ich und die Abwehrmechanismen (1936). München: Kindler.
Freud, S. (1898): Die Sexualität in der Ätiologie der Neurosen, GW I.
Freud, S. (1900): Die Taumdeutung. Studienausgabe Band II, 1982. Frankfurt: Fischer.
Freud, S. (1905): Über Psychotherapie, GW V.
Freud, S. (1937): Die endliche und die unendliche Analyse, GW XVI.
Frey, H. (2004): »Arbeit 50 Plus« – Stehvermögen. *Mensch & Büro* 3, 38–39.
Friedmann, E. A. (1960): The impact of aging on social structure. In: *Tibbitts, C.,* Handbook of Social Gerontology. Chicago: University of Chicago Press, 120–144.
Fromm, E. (1974): Anatomie der menschlichen Destruktivität. Stuttgart: dva.
Fromm, E. (1976): Haben oder Sein. Stuttgart: dva.
Frühmann, R., Petzold, H. G. (1993a): Lehrjahre der Seele. Paderborn: Junfermann.
Fuchs, A., Schnieders, H.-W. (1982): Soziale Kulturarbeit. Berichte und Analysen. Weinheim: Beltz.
Fuchs, Th. (1999): Life events in late paraphrenia and depression. *Psychopathology* 32: 60–69.
Garfield, S. L. (1973): Basic ingredients or common factors in psychotherapy? *J. Consult. & Clinical. Psychol.* 41 (1973) 9–12.
Garland, R. (1990): The Greek way of life from conception to old age. London.
Garmezy, N. (1993): Children in poverty: Resilience despite risk. *Psychiatry* 56,127–136.
Gelfand, D. E., Olsen, J. K. (1980): The aging network. New York: Springer.
Gems, D. (2003): Is more life always better? The new biology of aging and the meaning of life. *Hastings Report* 33/4, 31–39.
Gems, D. (2003): Is more life always better? The new biology of aging and the meaning of life. *Hastings Report* 33/4, 31–39.

George, L. K. (1980): Role transitions in later life. Monterey: Brooks/Cole Publishing Comp.
Goeken, A. (1969): Gruppenarbeit mit älteren Menschen. Freiburg
Goffman, E. (1952): Cooling the mark out: Some aspects of adaptation to failure, Psychiatry 15, 451–463.
Goffman, E. (1959): Presentation of self in everyday life. Doubleday-Anchor, Garden City.
Goffman, E. (1961): Asylums, Doubleday-Anchor, Garden City.
Goffman, E. (1963): Stigma: Notes of the management of spoiled identity. Englewood Cliffs, N. J.: Prentice Hall.
Goffman, E. (1977): Rahmenanalyse, Frankfurt: Suhrkamp.
Golant, St. M. (1972): The residential location and spacial behavior of the elderly, Univ. of Chicago, Department of Geography, Research Paper No. 143, Chicago.
Goldfarb, A. I. (1943): Recommendations for psychiatric care in a home for the aged, Journal of Gerontology 8, 343–347.
Goldfarb, A. I. (1955): Psychotherapy of aged persons, Psychoanalytic Review 2, 72–80.
Goldfarb, A. I. (1956): Psychotherapy of the aged, Psychoanalytic Review 1, 68–81.
Goldfarb, A. I. (1964): Patient-doctor-relationship in treatment of the aged person, Geriatrics 12, 18–25.
Goldfarb, A. I. (1969): The psychodynamics of dependancy, in: Kalish, R. (Hrsg.), The dependencies of old people. Ann Arbor: University of Michigan.
Goodman, L. M. (1981): Death and the creative life. New York: Springer Publishing Comp.
Goodman, P. (1964): Utopian essays and practical proposals, Vintage 1962; TB: Vintage.
Goodman, P. (1967): Like a conquered province: The moral ambiguity of America. New York: Random.
Goodman, P. (1975): Das Verhängnis der Schule. Frankfurt: Fischer Athenäum.
Goodman, P. (1977): Anarchistisches Manifest. Telgte: Bücher der Pandora.
Goodman, P. (1979): Nature heals, New York: Dutton.
Goodman, P. (o. J.): Aufwachsen im Widerspruch. Darmstadt: Darmstädter Blätter
Goodman, P., Goodman, P. (1960): Cornmunitas, Vintage Books, New York 1947; 2.
Goodman, P., Goodman, P. (1984): Communitas. Means of livelihood and ways of life, Vintage Books, New York, 1947, 19602. Grond, E., Die Pflege verwirrter alter Menschen. Freiburg: Lambertus.
Gordon, E. W., Song, L. D. (1994): Variations in the experience of resilience. In: M. C. Wang, E. W. Gordon (Eds.), Educational resilience in inner-city America. Challenges and prospects. Hillsdale: Erlbaum, 27–43.
Granovetter, M. S. (1975): Networks sampling: some first steps, Amaican Journal of Sociology 81, 1287–1303.
Greenwald, H. (1973): Be the person you were meant to be. New York.
Greiffenhagen, S. (1993): Tiere als Therapie. Neue Wege in Erziehung und Heilung. München: Droemer Knaur.
Greiffenhagen, S., Bruck, O. (2001): Tiere als Therapie. Neue Wege in Erziehung und Heilung, Mürlenbach/Eifel: Kynos-Verlag.
Griese, H. (1976): Erwachsenensozialisation. München.

Grohnemeyer, R., Bahr, H.-E. (1979): Niemand ist zu alt. Frankfurt: Fischer.

Gronemeyer, R. (2004): Kampf der Generationen. München: DVA.

Grotjahn, M. (1940): Psychoanalytic investigation of a 71-years-old man with senile dementia, *Psychoanalytic Quarterly* 9, 80–92.

Grotjahn, M. (1951): Some analytic observations about the process of growing old, Part V, Psychoanalysis and the social sciences, Vol. III, G. v. Roheim (Hrsg.), International Universities Press, New York, 301–312.

Grotjahn, M. (1979): Analytic psychotherapy with the elderly, *Psychoanalytic review* 42 (1955) 419–417; dtsch. in: *Petzold, Bubolz*, 77–88.

Gubrium, J. F. (1976): Time, roles and self in old age. New York: Human Sciences Press.

Guenter, R., Rutzen, R. J. (1982): Kultur tagtäglich. Viele Vorschläge zum Selbermachen. Reinbek: Rowohlt.

Gutsfeld, A. (2003): »Das schwache Lebensalter.« Die Alten in den Rechtsquellen der Prinzipatszeit. In: *Gutsfeld, Schmitz* (2003) 161–180.

Gutsfeld, A., Schmitz, W. (2003): Am schlimmen Rand des Lebens. Altersbilder in der Antike. Köln: Böhlau.

Haan, N. (1977): Coping and defending. New York: Academic Press.

Haavik, S. (2004): Den evige jakten på ungdom. *Vi Over 60*, 6, 44–46.

Haller, P. (1980): Bericht Arbeitsgruppe Altersvorbereitung im Lebenslauf. Andragogik, Seminar-Ordner ISVA, 5–3.2–1, Pro Senectute, Zürich.

Hareven, T. K. (1977): Family time and historical time, *Daedalus* 106, 57–70.

Hartfiel, G. (1971): Die soziale Diskriminierung des Alters, *Gegenwartskunde* 4, 391–403.

Haß, P. (2000): Einzigartiger Wandel beim »Buchen-Hof« in Bochum. Vom Altenpflegeheim zur Alteneinrichtung mit Hausgemeinschaften. *Pro Alter* 2, S. 15–19

Haß, P. (2002): Neue Dokumentation von Hausgemeinschaften. Zwischenbilanz als Standortbestimmung und Anreiz für Weiterentwicklung. *Pro Alter* 2, S. 44–45

Hass, W., Petzold, H. G. (1999): Die Bedeutung der Forschung über soziale Netzwerke, Netzwerktherapie und soziale Unterstützung für die Psychotherapie – diagnostische und therapeutische Perspektiven. In: *Petzold, Märtens* (1999a) 193–272.

Hautzinger, M. (1978): Altersdepression. Versuch einer psychologischen Begründung, *Z. f. Gerontol.* 11, 348–357.

Hautzinger, M. (1979a): Depressive Reaktionen im höheren Lebensalter, in: *Hautzinger, M., Hoffmann, N.,* Depression und Umwelt. München: Kösel, 159–200.

Hautzinger, M. (1979b): Depression and age: Etiological and therapeutical remarks, *Behav. Anal. Mod.* 3, 268–275.

Hautzinger, M. (1979c): Depression und gelernte Hilflosigkeit beim Menschen, *Z. klin. Psychol.* 27, 356–365.

Havighurst, R. J. (1948): Developmental tasks and education, New York: David McKay.

Havighurst, R. J. (1963): Dominant concerns in the life, in: *Schenk-Danzinger, L., Thomae, H.,* Gegenwartsprobleme der Entwicklungspsychologie. Göttingen: Hogrefe, S. 27–37.

Heekerens, H. P. (1984): Aspekte der Berufstätigkeit von Gestalttherapeuten, *Integrative Therapie* 1/2, 162–169.

Heekerens, H. P. (1985): Dimensionen therapeutischen Handelns, in: *Schmidt, Petzold (1985). Heinemann-Knoch, M., de Rijke, J., Schachtner, Ch.*, Alltag im Alter. Frankfurt: Campus.
Heijden, A., van der (2000): Projektbericht Niederlande: Die Hausgemeinschaft im Pflegezentrum »De Wietel«. In: Menschenwürdig pflegen: Spannungen, Widersprüche, Visionen/Hrsg.: Dietrich, Hartmut. – Stuttgart, [ca. 2000]. – S. 137–141.
Heinl, H., Petzold, H. G. (1980): Gestalttherapeutische Fokaldiagnose und Fokalintervention bei Störungen aus der Arbeitswelt, *Integrative Therapie* 1, 20–57.
Heinl, H., Petzold, H., Fallenstein, A. (1983): Das Arbeitspanorama, in: *Petzold, Heinl.*
Helson, H. (1964): Adaptation level theory. New York: Harper & Row.
Hendricks, D. C., Hendricks, J. (1976): Concepts of time and temporal construction among the aged, with implications for research, in: *Gubrium*, 13–49.
Henry, W. E. (1964): The theory of intrinsic disengagement. In: *Hansen, P. F.*, Age with a future. Philadelphia.
Herrmann-Otto, E. (2003): Die ›armen‹ Alten. Das neue Modell des Christentums? In: *Gutsfeld, Schmitz* (2003) 181–208.
Herwig-Stenzel, E. (2000): Vom Heim zur Hausgemeinschaft. Auch das Bestehende lässt sich verändern – Buchen-Hof in Bochum. In: *Dietrich, H.* (Hrsg.): Menschenwürdig pflegen: Spannungen, Widersprüche, Visionen. Stuttgart. S. 121–129.
Herzberg, J. (1980): Verfahren humanistischer Psychologie in Präventionsprogrammen der Erwachsenenbildung, *Zeitschrift für Humanistische Psychologie* 3.
Herzig, H. E. (1994): Der alte Mensch in der griechisch-römischen Antike. In: *K. Buraselis* (Hrsg.), Unity and units of antiquity. Papers from a colloquium at Delphi 5.-8.4.1992. Athen, 196–179.
Hess, B. (1974): The stereotypes of the aged, *Journal of Communication* 24, 76–85.
Hess, B. (1979): Sex roles, friendship and the life course, *Research on aging* 1, 495–515.
Heuft, G., Kruse, A., Radebold, H. (2000): Lehrbuch der Gerontopsychosomatik und Alterspsychotherapie. München: Reinhardt.
Heuring, M., Petzold, H. G. (2003): »Emotionale Intelligenz« (Goleman), »reflexive Sinnlichkeit« (Dreizel), »sinnliche Reflexivität« (Petzold) als Konstrukte für die Supervision. – Bei www.fpi-publikationen.de/supervision – *Supervision: Theorie – Praxis – Forschung.* Eine interdisziplinäre Internet-Zeitschrift – 14/2003.
Hinte, W. (1983): Soziale Gruppenarbeit und stadtteilbezogene soziale Arbeit oder: Der Abschied vom sozialarbeiterischen Weltbild, *Schwalbacher Blätter* 34, 114–124.
Hirsch, R. D. (2002): Supervision, Teamberatung, Balintgruppe. München: Reinhardt.
Hochschild, A. R. (1973): Communal life-styles for the old, *Society* 10, 50–57.
Hochschild, A. R. (1976): Disengagement theory: A logical, empirical, and phenomenological critique, in: *Gubrium*, 53–87.
Hochschild, A. R. (1978): The unexpected community: Portrait of an old-aged subculture. Berkley: University of California Press.
Hoffmann-Gabel, B. (2003): Bildungsarbeit mit älteren Menschen. München: Reinhardt.
Hohmeier, J., Pohl, H.-J. (1978): Alter als Stigma. Frankfurt: Suhrkamp.

Hollenstein, E. (1982): Offene Erwachsenenbildung als Gemeinwesenarbeit, *Volkshochschule im Westen* 34, 17–19.
Holtz, N. (2004): Psychotherapie mit Diabetes Mellitus. *Gestalt* (Schweitz) 50, 3–10.
Höpflinger, F. (1994): Frauen im Alter – Alter der Frauen. Ein Forschungsdossier. Zürich: Seismo.
Hornsby, A. (2000): Hunde helfen Menschen. Mürlenbach: Kynos-Verlag.
House, J. S., Landis, K. R., Umberson, D. (1988): Social relationships and health. *Science* 241, 540–545.
Huber, C. (2001): Besuchshunde wedeln die Sorgen weg. Schmusebären gesucht. In: *Partner Hund* Nr. 4, April 2001. München: Gong Verlag. S. 20–21.
Huck, K., Petzold, H. (1984): Death education. Thanatagogik – Modelle und Konzepte, in: *Spiegel-Rösing, I., Petzold, H.*, Die Begleitung Sterbender. Paderborn: Junfermann, 501–576.
Huebner, I. (1983): Kulturelle Opposition. München: Damnitz.
Hummel, K. (1982): Öffnet die Altersheime! Gemeinwesenorientierte, ganzheitliche Sozialarbeit mit alten Menschen. Weinheim: Beltz.
Hunt, L., Marshall, M., Rowlings, C. (1999): Trauma's uit het verleden. Therapeutisch werk met ouderen in Europees perspektief. Houten: Bohn Stafleu Van Loghum.
Huntington, S. (2002): Kampf der Kulturen. Die Neugestaltung der Weltpolitik im 21. Jahrhundert. München.
Hunziker, B., Manser, A. (1983): Der alte Mensch. Ein Vergleich der Darstellung in Primarschul- Lesebüchern der deutschen Schweiz mit der gegenwärtigen Situation, Pro Senectute, Zürich.
Huth, W. (1923): Die Struktur des menschlichen Körpers, die Charakterologie und die Rolle des Geistes, Budapest (russ.).
Huth, W. (1942): Therapeutisches Theaterspiel. Paris: Sobor (russ.).
Huth, W. (1984): Glaube, Ideologie und Wahn, Nymphenburger, München, Iljine, V. N., Improvisiertes Theaterspiel zur Behandlung von Gemütsleiden, *Teatralny Kurier*, Beilage, Kiew 1909 (russ.).
Ibelgaufts, R. (2004): Neuer Start mit 50. Keine Angst vor der beruflichen Neuorientierung. Frankfurt: Ueberreuter.
Ickels, Ch. et al. (1992): Perceptions of the adult life course. A cross cultural analysis. *Aging and Society* 12, 73–82.
Iljine, V. N. (1942): Therapeutisches Theaterspiel. Paris: Sobor.
Iljine, V. N. (1977): Das therapeutische Theater, in: *Petzold, H. G.* (Hrsg.), Angewandtes Psychodrama. Paderborn: Junfermann 1972, 168–176, 2. Aufl.
Illich, I. (1977²): Plädoyer für die Abschaffung der Schule, in: Kursbuch 24, Berlin 1971. Kropotkin, P., Gegenseitige Hilfe. Berlin: Kramer.
Ipfling, H. J. (1974): Die emotionale Dimension in Unterricht und Erziehung. München.
Irwin, J. (1970): Notes on the present status of the concept subculture, in: *Arnold, D.*, The sociology of subcultures, Glendissary Press, New York, 164–170.
Irwin, J. (1977): Scenes. Beverly Hills: Sage Publications.
Ittelson, W. H., Rivlin, L. G., Proshansky, H. M. (1970): The use of bohavioral maps in environmental psychology, in: *Proshansky* et al.
Jacelon, C. S. (1997): The trait and process of resilience. *Journal of Advanced Nursing* 25: 123–129.

Janssen, H. H. (1978): Der Tod in Dichtung, Philosophie und Kunst. Darmstadt.

Jauss, H. R. (1986): Zeit und Erinnerung in M. Prousts »À la recherche du temps perdu« (Neuausgabe 1986).

Jelliffee, S. E. (1925): The old age factor in psychoanalytical therapy, Medical J. Record 121, 7–12.

Jennings, H. H. (1941): Individual differences in the social atom, Sociometry 3, 269–277.

Jennings, H. H. (1942): Experimental evidence on the social atom at two time points, Sociometry 2, 135–145.

Joerißen, P. (1984): Lebenstreppe und Lebensalterspiel, in: Die Lebenstreppe. Schriften des Rheinischen Museumsamtes Nr. 23, Rheinlandverlag, Köln.

Johnson, P., Thane, P. (Hrsg.) (1998): Old age from antiquity to post-modernity. London.

Junker, J.-P. (1973): Alter als Exil. Zur gesellschaftlichen Ausgrenzung alter Menschen, Zürich.

Jüttemann, G. (1983): Psychologie am Scheideweg. Teilung oder Vervollständigung, in: G. Jüttemann, Psychologie in der Veränderung. Weinheim: Beltz, 30–65.

Kadushin, C. (1968): Power, influence and social circles, American sociological review 33, 685–699.

Kadushin, C. (1976): Networks and circles in the production of culture, American Behavioural Scientist 19, 769–784.

Kallmeyer, G. et al. (1976): Lernen im Alter. Graphenau: Lexika.

Kaplan, B. (1975): Toward further research on family and health, in: Kaplan, B., Cassel, J. (Hrsg.), Family and health: An epidemiological approach, Chapel Hill, N. C., 89–106.

Kaplan, H. B. (1999): Toward an understanding of resilience: A critical review of definitions and models. In: M. D. Glantz & J. R. Johnson (Eds.), Resilience and development: positive life adaptations. New York: Plenum, 17–83.

Kastrinidis, P. (1979): Psychotherapie mit alten Menschen aus daseinsanalytischer Sicht, in: Petzold, Bubolz, 39–57.

Kaufmann, J., Cook, A., Arny, L., Jones, B., Pittinsky, T. (1994): Problems defining resiliency: Illustrations from the study of maltreated children. Development and Psychopathology 6, 215–229.

Kaufmann, J., Cook, A., Arny, L., Jones, B., Pittinsky, T. (1994): Problems defining resiliency: Illustrations from the study of maltreated children. Development and Psychopathology 6, 215–229.

Keith, J. (1982): Old people as people: Social and cultural influences on aging and old age. Boston: Little Brown.

Keith, J. et al. (1994): The aging experience. Diversity and commonality across cultures. Thousand Oaks.

Keleman, S. (1978): Lebe dein Sterben. Hamburg: Isko Press.

Kemper, S., Rash, S., Kynette, D., Norman, S. (1990): Telling stories: The structure of adults' narratives. European Journal of Cognitive Psychology 2, 205–228.

Kirchmann, E. (1979): Moderne Verfahren der Bewegungstherapie (Beiheft zur Integrativen Therapie 2). Paderborn: Junfermann.

Kline, C. (1975): The socialization process of women. Implications for a theory of successful aging. The Gerontologist 486–492.

Klix, F. (1997): Gedächtnis und Denken in evolutionspsychologischer Sicht. In: *G. Lüer, U. Lass* (1997): Erinnern und Behalten. Göttingen: Vandenhoeck & Ruprecht, 4–38.

Klümper, W. (2004): Editorial zu »Demographische Katastrophe«. Die Alten müssen ran. *Mensch & Büro* 3, 3.

Knoll, J. H. (1972): Erwachsenenbildung. Stuttgart.

Knoll, J. H. (1974): Lebenslanges Lernen. Erwachsenenbildung in Theorie und Praxis. Hamburg.

Kobasa, S. C. (1979): Stressful life events, personality, and health: An inquiry into hardiness. *Journal of Personality and Social Psychology* 37, 1–11.

Kohut, H. (1973): Narzißmus. Frankfurt: Suhrkamp.

Kohut, H. (1981): Die Heilung des Selbst. Frankfurt: Suhrkamp.

Koty, J. (1934): Die Behandlung der Alten und Kranken bei den Naturvölkern. Stuttgart: Hirschfeld.

Kristeva, J. (1994): Le temps sensible. Proust et l'expérience littéraire. Paris.

Krohn, M. (1975): Theorien des Alterns – von der biologischen zur interaktionistischen Erklärung, Psych. Diplomarbeit, psychol. Inst. Univ. München, München.

Krohn, M. (1978): Theorien des Alterns, in: *Hohmeier, Pohl,* 54–75.

Kropotkin, P. (1977): Gegenseitige Hilfe. Berlin: Kramer.

Krüger, F. (1980): Methoden einer Weiterbildung im Alter, Diss. phil. Fak. Univ. Essen.

Kruse, A. (Hrsg.) (1998): Psychosoziale Gerontologie. Bd. I: Grundlagen. Göttingen: Hogrefe.

Kruse, A. (Hrsg.) (1998): Psychosoziale Gerontologie. Bd. II: Interventionen. Göttingen: Hogrefe.

Kruse, L. (1980): Privatheit als Problem und Gegenstand der Psychologie. Bern: Huber.

Kubat, H., Bahro, M. (2001): Ressourcenaktivierung bei depressiven älteren Patienten. *Fortschr. Neurol. Psychiat.* 69: 10–18.

Kubie, S. H., Landau, G. (1953): Group work with the aged. New York.

Kucher, W. (1961): Die Wertung der Lebensalter bei den Naturvölkern, *Vita Humana* 4, 22–56.

Küchler, T. (1982): Konzeptionelle und empirische Studie zum nonverbalen und verbalen Gefühlsausdruck bei Patienten mit psychosomatischen Erkrankungen, Diss. Phil. Fak. Univ. Hamburg, Hamburg.

Küchler, T., von Salisch, M. (1983): Ein inhaltsanalytischer Ansatz zur Interpretation non-verbalen Verhaltens, in: *Gruppendynamik* 1, 3–25.

Kuehl, W. (1983): Selbsthilfegruppen. Modeerscheinung oder Korrektiv eines verfehlten Professionalisierungskurses der Sozialpädagogik? *Neue Praxis* 13, 37–45.

Kulenkampff, M. (1982): Der »Soziale-Atom-Test«, Moreno Institut, Überlingen.

Kulenkampff, M. (1982): Der Situationstest. Ein diagnostisches Rollenspiel, Moreno Institut, Überlingen.

Kuratorium Deutsche Altershilfe (Hrsg.) (1999): Familienähnliche Hausgemeinschaften für Pflegebedürftige. Alternative zum Heim. In: *Pro Alter* 2/99, S. 6.

Kuratorium Deutsche Altershilfe (Hrsg.) (1999): Hausgemeinschaften. Werkstattbericht zur Entwicklung familienähnlicher Wohn- und Lebensformen für Pflegebedürftige und/oder verwirrte alten Menschen. Kuratorium Deutsche Altershilfe (= Architektur und Gerontologie 2).

Kuratorium Deutsche Altershilfe (Hrsg.) (2000): Hausgemeinschaften. Die 4. Generation des Altenpflegeheimbaus. Köln: Kuratorium Deutsche Altershilfe (= BMG Modellprojekte. Eine Dokumentation zur Verbesserung der Situation Pflegebedürftiger, Band 8).
Kusztrich, I. (1988): »Haustiere helfen heilen«. München: Ariston.
La Fontaine, J. S. (Hrsg.) (1978): Sex and age al principles of social differentiation. London.
Lakoff, S. A. (1976): The future of social intervention, in: Binstock, Shanas, 643–663.
Langer, I. J., Rodin, J. (1976): The effects of choice and enhanched personal responsibility for the aged: A field experiment in an institutional setting, Journal of Personality and Social Psychology 34, 191–198.
Langermann, U. v. (1970): Reaktionsformen auf Belastungssituationen bei älteren Menschen, Diss. phil. Fac. Univ. Bonn, Bonn.
Lantermann, E. D. (1976): Eine Theorie der Umwelt-Kompetenz. Architektonische und soziale Implikation für eine Altenheim-Planung, Zeitschrift für Gerontologie 9, 433–443.
Laschinsky, D., Petzold, H. G., Rinast, M. (1979): Exchange Learning. Ein Konzept für die Arbeit mit alten Menschen, Integrative Therapie 3, 224–245; nachgedruckt in diesem Buch.
Laslett, P. (1995): Das Dritte Alter. Historische Soziologie des Alterns. München: Weinheim.
Laslett, P. (1995): Necessary knowledge. Age and aging in thesocieties of the past. In: K. I. Kertzer, P. Laslett (Hrsg.), Aging in the past. Demography, society, and the old age. Berkeley, 3–77.
Latner, J. (1973): The Gestalt Therapy Book. New York
Laumann, E. O., Pappi, U. F. (1976): Networks of collective action. New York: Academic Press.
Lawton, M. B., Brody, E. M. (1978): Turner-Massey, P., The relationships of environmental factors to changes in well-being, The Gerontologist 18, 133–137.
Lawton, M. B., Leibowitz, B., Charon, H. (1970): Physical structure and the behavior of senile patients following ward remodeling, Aging and Human Development 1, 330–340.
Lawton, M. B., Nahemow, L., Teaff, J. (1975): Housing characteristics and the well-being of elderly tenants in federally assisted housing, Journal of Gerontology 30, 601–607.
Lawton, M. B., Patina, K. B., Kleban, M. H. (1976): The ecology of adaptation to a new environment, Int. J. Aging and Human Development 7, 15–26.
Lawton, M. P. (1970): Ecology and aging, in: Pastalan, Carson.
Lawton, M. P. (1973): The psychology of adult development and aging, Washington, 619–674.
Lawton, M. P., Nahemow, L. (1969): Ecology and the aging process, in: Eisdorfer, C.,
Lawton, M. P., Rich, T. A., Hyg, S. M.: Ecology and gerontology: An introduction, The Gerontologist 9, 76–77.
Lawton, M. T (1980): Environment and aging. Belmont, Ca.: Wadworth.
Lawton, M. T., Brody, E. M., Turner-Massey, P. (1978): The relationships of environmental factor to changes in well being, The Gerontologist 18, 133–137.
Lazarus, R. S. (1966): Psychological stress and the coping process. New York: McGraw-Hill.

Lazarus, R. S. (1981): Streß und Streßbewältigung. Ein Paradigma, in: *Filipp*, 198–232.

Lazarus, R. S., DeLongis, A. (1983): Psychological stress and coping in aging, *American Psychologist* 38, 245–254.

Lazarus, R. S., Launier, R. (1981): Stress-related transactions between person and environment, in: *Pervin, L. A., Lewis, M.*, Perspectives in interactional psychology, Plenum Press, New York 1978, 287–337; dtsch.: Streßbezogene Transaktionen zwischen Personen und Umwelt, in: *Nitsch, J.*, Streß, Theorien und Untersuchungen, Maßnahmen. Bern: Huber, 213–259.

Lehr, U. (1970): Institutionalisierung älterer Menschen als psychologisches Problem. Ergebnisse der empirischen Forschung, Kongr.-Ber. d. Dt. Ges. Gerontol., Nürnberg 1968, Darmstadt.

Lehr, U. (1972): Probleme der Weiterbildung im Erwachsenenalter und Alter. *actuelle gerontologie* 2, 713–720.

Lehr, U. (1975): Altern als sozialpsychologisches und ökologisches Problem: Der Prozeß der aktiven Auseinandersetzung mit der Lebenssituation im Alter, *Zeitschrift für Gerontologie* 8, 79–80.

Lehr, U. (1977[2]): Psychologie des Alterns. Heidelberg: Quelle & Meyer

Lehr, U. (1979): Interventionsgerontologie. Darmstadt: Steinkopff.

Lehr, U. (1980): Alternszustände und Alternsprozesse, *Zeitschrift für Gerontologie* 13, 442–457.

Lehr, U. (1982): Depression und »Lebensqualität im Alter« – Korrelate negativer und positiver Gestimmtheit. Ergebnisse der Bonner gerontologischen Längsschnittstudie, *Zeitschrift für Gerontologie* 15, 241–249.

Lehr, U., Esser, R., Raithelhuber, K. (1971): Das Bild des 40- und 60jährigen bei 10- und 14jährigen Kindern. *actuelle gerontologie* 1, 705–710.

Lehr, U., Olbrich, E. (1976): Ecological correlates of adjustment to aging, in: *Thomae*, 81–92.

Lehr, U., Thomae, H. (1987): Formen seelischen Alterns. Ergebnisse der Bonner gerontologischen Längsschnittstudie (BOLSA). Stuttgart: Enke.

Lejeune, R. (1971): Die Ergotherapie in Altenheimen. *actuelle gerontologie* 10, 593–602

Lester, P. B., Baltes, M. M. (1978): Loss of independence in the elderly: The significance of evironmental conditions, *J. Gerontol. Nursing* 4, 23–27.

Leutz, G. A. (1974): Psychodrama. Theorie und Praxis. Heidelberg.

Levin, S., Kahana, R. (1967): Psychodynamic studies on aging: Creativity, Reminiscing, and Dying. New York: International Universities' Press.

Levinas, E. (1963): La trace de l'autre, Paris: Gallimard; dtsch. (1983): Die Spur des Anderen, Freiburg: Alber.

Levy, B. R., Slade, M. D., Kunkel, S. R., Kasl, S. V. (2002): Longevity increased by positive self-perceptions of aging. *Journal of Personality and Social Psychology* 83 (2): 261–270.

Lewin, K. (1963): Feldtheorie in den Sozialwissenschaften. Göttingen: Hogrefe.

Liddle, H. A. (1994): Contextualizing resiliency. In: *M. C. Wang, E. W. Gordon* (Eds.), Educational resilience in inner-city America. Challenges and prospects. Hillsdale: Erlbaum, 167–177.

Lieberman, M. A., Falk, J. (1971): The remembered past as a source of data for research on the life-cycle, *Human Development* 14, 132–141.

Liesen, H., Hollmann, W. (1976): Bedeutung und Praxis sportlicher Betätigung beim älteren und alten Menschen, in: *Petzold, H. G., Bubolz, E.* (Hrsg.) Bildungsarbeit mit alten Menschen. Stuttgart: Klett, 266–279.

Linden, M. E. (1953): Group psychotherapy with institutionalized senile women: Studies in gerontologic human relations. II, *International Journal of Group Psychotherapy* 3, 150–170.

Linden, M. E. (1954): The significance of leadership in gerontologic group psychotherapy: Studies in gerontologic human relations III, *International Journal of Group Psychotherapy* 4, 220–273.

Linden, M. E. (1955): Transference in gerontologic group psychotherapy: Studies in gerontologic human relations IV, *International Journal of Group Psychotherapy* 5, 61–69.

Linden, M. E. (1956): Geriatrics, in: *Slavson, S. R.,* (Hrsg.), Fields of group psychotherapy, International Universities Press, New York.

Linden, M. E. (1963): Repression and recession in the psychose of aging, in: *Zinberg, M. E., Kaufmann, I.* (Hrsg.), Normal psychology of the aging process, International Universities Press, New York, 125–142.

Linden, M. E., Courtney, D. (1953): Human life cycle and its interruptions: Studies in gerontologic human relations I, *American Journal of Psychiatry* 109, 906–915.

Lippitt, R. (1975): Änderung des Sozialverhaltens. Stuttgart.

Litowtschenko, S. W., et al. (1976): Möglichkeiten und Bedingungen der Unterrichtung älterer und alter Menschen. In: *Petzold/Bubolz*.

Lofland, J. (1971): Analyzing social settings: A guide to qualitative observation and analysis. Belmont: Wadsworth.

Lofland, J. (1976): Doing social life. New York: John Wiley.

Loftus, E. F. (1979): Eyewitness testimony. Cambridge, Mass.: Harvard Univ. Press.

Loftus, E. F., Hoffmann, H. G. (1989): Misinformation and memory: The creation of new memories. *Journal of Experimental Psychology* 118, 100–104.

Long, N. E. (1958): The local community as an ecology of games, *American Journal of Sociology* 63, 221–261.

Lopata, H. (1970): The social involvement of American Widows, *Amer. Behav. Scientist* 14, 41–48.

Lopata, H. (1973): Widowhood in an American City, Schenkman, Cambridge, Mass.

Lorenz, F. (2004): Salutogenese. München: Reinhardt.

Lowenthal, M. (1964): Social isolation and mental illness in old age, *American Sociological Review* 29, 54–70.

Lowenthal, M., Robinson, D. (1976): Social networks and isolation, in: *Binstock, Shanas*, 432–456.

Lowy, L. (1971): Der ältere Mensch in der Gruppe. Freiburg

Lowy, L. (1976): Lernen und Lehren beim älteren Menschen. Psychologische Implikationen. In: *Petzold/Bubolz*.

Lück, E. (1982): Der Rattenprozeß, Westdeutscher Rundfunk, Sendungsmanuskript vom 3.4. 1984, 21.04–22.00 Uhr, 2. Progr., Köln.

Luhmann, N. (1968): Zweckbegriff und Systemrationalität. Tübingen: Mohr.

Luhmann, N., Habermas, J. (1971): Theorie der Gesellschaft oder Sozialtechnologie. Frankfurt: Suhrkamp.

Luthar, S. S. (1991): Vulnerability and resilience: A study of high-risk adolescents. *Child Development* 62, 600–616.

Luthar, S. S., Cicchetti, D., Becker, B. (2000): The construct of resilience: a critical evaluation and guidelines for future work. *Child Develpment* 71 (3), 543–562.
Maercker, A. (2002): Posttraumatische Belastungsstörungen und komplizierte Trauer. Lebensrückblicks- und andere Interventionen. In: *Maercker* (2002) 245–282.
Maercker, A. (Hrsg.) (2002): Alterspsychotherapie und klinische Gerontopsychologie. Berlin: Springer.
Majce, G. (1982): Zur Soziologie der Mehrgenerationenfamilie, in: *Radebold, Schlesinger-Kipp*, 53–73.
Majce, G. (1982): Zur Soziologie der Mehrgenerationenfamilie, in: *Radebold, H., Schlesinger-Kipp, D.*, Familien- und paartherapeutische Hilfen bei älteren und alten Menschen. Göttingen: Vandenhoeck & Ruprecht, 53–73.
Majce, G., Hörl, J., Formen der Altenhilfe. Aufgaben und Probleme der offenen und geschlossenen Altenbetreuung, Institut für Stadtforschung, Wien (o. J.).
Malzahn, B. (1974): Psychotherapie im Alter? Ein empirischer Beitrag zu medizinisch-soziologischen Aspekten der Gerontologie, Diss. Univ. Ulm, Ulm.
Mann, B. (1982): Angebotsstruktur Altenheime. Am Beispiel einer Großstadt (Nürnberg), *Aktuelle Gerontologie* 12, 176–179.
Marcel, G. (1965): Die Menschenwürde und ihr existentieller Grund. Frankfurt: Knecht.
Marcel, G. (1969): Dialog und Erfahrung. Frankfurt: Knecht.
Marcel, G. (1978): Leibliche Begegnung, in: *Krauss, A.*, Leib, Geist, Geschichte. Heidelberg: Hüthig.
Marcel, G., Petzold, H. (1976): Anthropologische Vorbemerkungen zur Bildungsarbeit mit alten Menschen, in: *Petzold, Bubolz*, 9–18.
Marshall, V. W. (1975): Age and awareness of finitude in developmental gerontology. Omega 2, 113–129.
Marshall, V. W. (1980): Last chapters: A sociology of aging and dying. Monterey, CA: Brooks/Cole.
Märtens, M., Petzold, H. G. (1998b): Wer und was wirkt wie in der Psychotherapie? Mythos »Wirkfaktoren« oder hilfreiches Konstrukt? *Integrative Therapie* 1, 98–110.
Märtens, M., Petzold, H. G. (2002): Therapieschäden. Risiken und Nebenwirkungen von Psychotherapie. Mainz: Grünewald.
Martensson, E. (1976): Bildungseinrichtungen und -programme für ältere Menschen in Skandinavien, in: *Petzold, Bubolz*, 241–252.
Martin, G. M. (2003): Biology of aging: The state of the art. *The Gerontologist* 43, 272–274.
Martin, W. C. (1970): Activity and disengagement: Life satisfaction of in movers into a retirement-community. Gerontology Center, University of Southern California, Los Angeles.
Marzi, H. (1990): Alter und Status. Ein ethnologischer Beitrag zur modernen sozialwissenschaftlichen Altersforschung. Göttingen.
Marzi, H. (1998): Ethnologische Altersforschung im Wandel. In: *D. Dracklé* (Hrsg.), Alt und zahm? Alter und Älterwerden in unterschiedlichen Kulturen. Berlin, 13–31.
Maslow, A. (1974): Psychologie des Seins. München: Kindler.
Masten, A. S. (1994): Resilience in individual development: Successful adaptation

despite risk and adversity. In: *M. C. Wang, E. W. Gordon* (Eds.), Educational resilience in inner-city America. Challenges and prospects. Hillsdale: Erlbaum, 3–25.
Matthews, S. H. (1979): The social world of old women. Management of self-identity. Beverly Hills: Sage Publications.
Matthews, S. H. (1980): The social world of old women: Management of self-identity. Beverly Hills: Sage Publications, 1979.
Mattioli, U. (Hrsg.) (1995): Senectus. La vecchiaia nel monde classico. 2 Bde. Bologna.
Maurer-Croeli, Y., Petzold, H. (1978): Die therapeutische Beziehung in der Gestalttherapie. In: *Battegay, R. et al.,* Die therapeutische Beziehung, Bern.
May, R. (1953): Man's Search for Himself. New York: Norton.
Mayring, P., Saup, W. (1990): Entwicklungsprozesse im Alter. Stuttgart: Kohlhammer.
McCarty, J. B., Death anxiety: The loss of the Self. New York: Gardner Press.
McCrae, R. R. (1982): Age differences in the use of coping mechanisms, *Journal of Gerontology* 37, 454–460.
McLeod, J. (1997): Narrative and Psychotherapy. London u.a.: Sage Publications.
McMahon, W. W., Rhudick, P. J. (1967): Reminiscing in the aged: An adaptational response, in: *Levin, Kahana,* 292–298.
Meerloo, J. A. M. (1955): Transference and resistance in geriatrie psychotherapy, *Psychoanalytic Review* 42, 72–82.
Meerloo, J. A. M. (1961): Modes of psychotherapy in the *aged, Journal American Geriatrie Society* 9, 225–234.
Meier, R., Seemann, H.-J. (1982): Die Grauen Panther. Weinheim: Beltz.
Mercer, S., Kane, R. A. (1979): Helplessness and hopelessness among the institutionalized aged: An experiment, *Health and Social Work* 4, 91–116.
Merleau-Ponty, M. (1959): Gruppenpsychotherapie und Psychodrama. Stuttgart: Thieme.
Merleau-Ponty, M. (1968): Abenteuer der Dialektik. Frankfurt: Suhrkamp.
Merleau-Ponty, M. (1976): Phänomenologie der Wahrnehmung. Berlin: de Gruyter.
Merriam, S. (1980): The concept and the function of reminiscence: A review of research, *The Gerontologist* 20, 604–608.
Merrill, T. (1967): Activities for the aged and infirm: A handbook for the untrained worker. Springfield Ill.
Miegel, M. (2002): Die deformierte Gesellschaft. Wie die Deutschen ihre Wirklichkeit verdrängen. München.
Mieskes, H. (1970): Geragogik. Pädagogik des Alters und des alten Menschen. *Päd. Rundschau* 2, 90–101.
Mieskes, H. (1971): Geragogik – ihr Begriff und ihre Aufgaben innerhalb der Gerontologie. *actuelle gerontologie* 1, 279–283.
Miller, Ch. E.: The utilisation of an adult education program of group discussion with participation training to meet selected needs of aged persons, Univ. of Indiana, Ph. D. Thesis, University Microfilms order number 64–5472.
Miller, M. (1979): Suicide after sixty. New York: Springer.
Miller, M. D., Frank, E., Reynolds, Ch. F. (1999): The art of clinical management in pharmacologic trials with depressed elderly patients. *Amercian Journal of Geriatric Psychiatry* 7 (3) 228–234.

Minois, G. (1987): Histoire de la vieillesse en occident de l'Antiquité à la Renaissence. Paris.
Mitchell, J. C. (1969): Social networks in urban situations. Manchester: Manchester University Press.
Modell, A. (1970): Aging and psychoanalytic theories of regression, *Journal of Geriatric Psychiatry* 3, 139–146.
Moos, R. H. (1981): Environmental choice and control in community care settings for older people, *J. of Applied Social Psychology* 11, 23–43.
Moreno, J. L. (1924): Das Stegreiftheater. Kiepenheuer, Potsdam. 2., erw. Aufl. Beacon: Beacon House 1970.
Moreno, J. L. (1936): Organisation of the social atom, *Sociometric Review* 1, 11–16.
Moreno, J. L. (1941): Foundations of sociometry: an introduction, *Sociometry* 1, 15–35.
Moreno, J. L. (1946): Psychodrama, vol. I. Beacon: Beacon House.
Moreno, J. L. (1947): The social atom and death, *Sociometry* 10, 81–86.
Moreno, J. L. (1967²): Who shall survive? An new approach to the problem of human interrelations, Nervous and Mental Disease Publishing Co., Washington 1934; erw. Ausg., Beacon House, Beacon 1953; gekürzte dtsch. Ausg., Die Grundlagen der Soziometrie. Opladen: Westdeutscher Verlag, 1954.
Moreno, J. L. (1970): Homo juvenis (Jesuitenwiese), Sommer 1909, in: *Einladung zu einer Begegnung* 1 (1914) 19–22; engl. *Group Psychotherapy* 3/4, 74–83.
Moreno, J. L., Whitin, E. S. (1932): Application of the group method to classification, National commitee on prisons and prisonal labor, New York.
Mueller, D. P. (1980): Social networks: A promising direction for research on the relationship of the social environment to psychiatric disorder, *Social Science and medicine* 14, 147–161.
Mühsam, E. (1974): Befreiung. Berlin: Kramer.
Müller, Ch. (1973): Bibliografia gerontopsychiatrica. Bern: Huber.
Müller, L., Petzold, H. G. (Hrsg.) (1997): Musiktherapie in der klinischen Arbeit. Stuttgart: Gustav Fischer.
Müller, L., Petzold, H. G. (1998): Projektive und semiprojektive Verfahren für die Diagnostik von Störungen, Netzwerken und Komorbidität in der Integrativen Therapie von Kindern und Jugendlichen. *Integrative Therapie* 3–4, 396–438.
Müller, L., Petzold, H. G. (1999): Identitätsstiftende Wirkung von Volksmusik – Konzepte moderner Identitäts- und Lifestyle-Psychologie für die Musiktherapie am Beispiel des Schweizer Volksliedes. *Integrative Therapie* 2–3, 187–250.
Müller, L., Petzold, H. G. (2002a): Problematische und riskante Therapie (nicht nur) in der Arbeit mit älteren und alten Menschen in »Prekären Lebenslagen« – »*Client dignity?*«, in: *Märtens, Petzold* (2002) 293–332.
Müller, L., Petzold, H. G. (2002b): Gerontotherapie: Psychotherapie mit älteren und alten Menschen – Forschungsergebnisse, protektive Faktoren, Resilienzen, Grundlagen für eine Integrative Praxis, (Teil 1), *Integrative Therapie* 1, 2002, 52–90.
Müller, L., Petzold, H. G. (2003): Resilienz und protektive Faktoren im Alter und ihre Bedeutung für den Social Support und die Psychotherapie bei älteren Menschen. Bei www. FPI-Publikationen.de/materialien.htm. Polyloge: *Materialien aus der Europäischen Akademie für psychosoziale Gesundheit* – 08/2003 und dieses Buch.

Müller, M., Petzold, H. G. (2003): Affiliation, Reaktanz, Übertragung, Beziehung – Modalitäten der Relationalität in der Supervision. Bei www. FPI-Publikationen.de/materialien.htm – *Supervision: Theorie – Praxis – Forschung*. Eine interdisziplinäre Internet-Zeitschrift – 08/2003.

Müller, L., Petzold, H. G. (2004): Supervisionen in Einrichtungen der Altenarbeit – eine empirische Erkundung. *Supervision: Theorie – Praxis – Forschung. Eine interdisziplinäre Internet-Zeitschrift* Jg. 2004, in Vorber.

Müller, M. (1993): Neue Chancen für Gemeinschaftswohnprojekte von Jung und Alt. Köln. (Kuratorium Deutsche Altershilfe).

Mullins, N. C. (1973): Theories and theory groups in sociology. New York: Harper & Row.

Munnichs, J. M., Janmaat, H. F. J. (1972): Vom Umgang mit älteren Menschen im Heim. Freiburg.

Nagler, N. (2004): Ferenczi. Sonderausgabe *Integrative Therapie* 3/4 2003.

Nahemow, L., Lawton, M. B. (1973): Towards an ecological theory of adaptation and aging, in: Priser, W. S. (Ed.), Environmental design research, Strondsbrug, Pennsylvania.

Naranjo, C. (1978): Techniken der Gestalttherapie. Hamburg: ISKO Press.

Narr, H. (1976): Soziale Probleme des Alters. Stuttgart: Kohlhammer.

Naske, R., Zapotoczky, G. und K. (1973): Zum Problem alter Menschen in Heimen. *act. geront.*, 549–558

Nathanson, B. F., Reingold, J. (1971): A Workshop for Mentally Impaired Aged. *Gerontologist* 3 (1969) 293, Ref.: art. geronn. 1, 173

Nelson, D. (2002): Ageism. Stereotyping and prejudice against older persons. Cambridge.

Nelson, K. (1984): The transition from infant to child memory. In: *Moscovitch, M.* (ed.), Infant memory. New York: Plenum.

Nelson, K. (1994): Erinnern und Erzählen: eine Entwicklungsgeschichte. In: Petzold, H.G. (1994): Die Kraft liebevoller Blicke. Psychotherapie und Babyforschung. Bd.II. Paderborn: Junfermann, 167–192.

Nestmann, F. (1988): Die alltäglichen Helfer. Berlin: de Gruyter, 1988.

Niepel, G. (1998): Mein Hund hält mich gesund. Der Hund als Therapeut für Körper und Seele. Augsburg: Natur Verlag.

Nimkoff, M. F. (1962): Changing family relationships of older people in the United States during the last fifty years, in: *Tibbitts, Donahue*, 405–414.

Nitsch-Berg, H., Kühn, H. (2000): Kreative Medien und die Suche nach Identität: Methoden Integrativer Therapie und Gestaltpädagogik für psychosoziale Praxisfelder. Band II. Köln: Edition Humanistische Psychologie.

Nougier, L.-R. (1993): L'art de la préhistoire. Paris: Librairie Général Française.

Oerter, R., von Hagen, C., Röper, G., Noam, G. (1999): Klinische Entwicklungspsychologie. Weinheim: Psychologie Verlags Union.

Oerter, R., Weber, E. (1975): Der Aspekt des Emotionalen in Unterricht und Erziehung. Donauwörth: Auer

Oesterreich, K. (1975): Psychiatrie des Alterns. Heidelberg: UTB

Ohlmeir, D., Radebold, H. (1972): Übertragungs- und Abwehrprozesse in der Initialphase einer Gruppenanalyse mit Patienten im höheren Lebensalter, *Gruppenpsychotherapie und Gruppendynamik* 5, 289–302.

Olbrich, E. (1976): Der ältere Mensch in der Interaktion mit seiner Umwelt, Diss. phil. Fak. Univ. Bonn, Bonn.
Olbrich, E. (1987): »Tiere als »Therapeuten« – Hilfreiche Ergänzung oder Zusatzbelastung«? In: *Altenpflege.* 2/1987, S. 81–85.
Olbrich, E. (1988): »Soziale Unterstützung im Alter: Die Rolle von Mensch und Tier«. In: *Kruse, H., Lehr, U., Oswald, F., Rott, C.* (Hrsg.) (1988): Gerontologie – Wissenschaftliche Erkenntnisse und Folgerungen für die Praxis – Beiträge zur II. Gerontologischen Woche – Heidelberg 18.06.–23.06.1987. München.
Olbrich, E. (1997): Bedeutung von Heimtieren für Gesundheit und Lebensqualität älterer Menschen, in: *Ch. Mertens* (Hrsg.): Aktivierungsprogramme für Senioren. Dortmund: Verlag Modernes Leben, 397–423.
Olbrich, E. (1997): Tiere in der Therapie. Wie helfen sie? In: *Unser Rassehund* 2/97, o. O., S. 113–116 und Nr.3, 1997, S. 4–8.
Olechowsky, R. (1969): Das alternde Gedächtnis. Lernleistung und Lernmotivation Erwachsener. Ein Beitrag zur andragogischen Grundlagenforschung. Bern/Stuttgart/Wien.
Orth, I. (2002): Weibliche Identität und Leiblichkeit – Prozesse »konvivialer« Veränderung und Entwicklung – Überlegungen für die Praxis, Düsseldorf/Hückeswagen 2002, FPI-Publikationen. www.FPI-Publikationen.de/materialien. htm: Polyloge: *Materialien aus der Europäischen Akademie für psychosoziale Gesundheit* – 15/2002, auch in *Integrative Therapie* 4, 2002, 303–324.
Orth, I., Petzold, H. G., (1995b): Gruppenprozeßanalyse – ein heuristisches Modell für Integrative Arbeit in und mit Gruppen. *Integrative Therapie* 2, 197–212.
Orth, I., Petzold, H. G. (2003): Theoriearbeit, Praxeologie und »Therapeutische Grundregel«. Zum transversalen Theoriegebrauch, kreativen Medien und methodischer und »sinnlicher Reflexivität« in der Integrativen Therapie in: *Petzold, H.G., Schay, P., Ebert, W.* (2003): Integrative Suchttherapie. Bd. 1. Opladen: Leske + Budrich.
Orth, I., Petzold, H. G. (2004): Theoriearbeit, Praxeologie und »Therapeutische Grundregel« Zum transversalen Theoriegebrauch, kreativen Medien und methodischer und »sinnlicher Reflexivität« in der Integrativen Therapie mit suchtkranken Menschen. In: *Petzold, Schay, Ebe*rt (2004).
Osborn, C., Schweitzer, P., Trilling, A. (1997): Erinnern. Eine Anleitung zur Biographiearbeit mit alten Menschen. Freiburg: Lambertus.
Osten, P. (2000): Die Anamnese in der Psychotherapie. Klinische Entwicklungspsychologie in der Praxis. München: UTB-Reinhardt (2. überarb. und erw. Aufl.).
Osten, P. (2003): Integrative Diagnostik der Sucht- und Abhängigkeitserkrankungen. In: *Petzold, Schay, Ebert* (2003).
Oswald, W. D., Fleischmann, U. M. (1983): Gerontopsychologie. Stuttgart: Kohlhammer.
Oswald, W. D., Hagen, B., Rupprecht, R., Gunzelmann, Th., Steinwachs, K. C. (2002): Bedingungen der Erhaltung und Förderung von Selbständigkeit im höheren Lebensalter (SIMA). *Zeitschrift für Gerontopsychologie & -psychiatrie* 15 (2): 61–84.
Oswald, W. D., Hermann, W. M., Kanowski, S., Lehr, U., Thomae, H. (1984): Gerontologie. Stuttgart: Kohlhammer.
Otterstedt, C. (2001): Tiere als therapeutische Begleiter. Gesundheit und Lebensfreude durch Tiere – eine praktische Anleitung. Stuttgart: Kosmos Verlag.

Otto, H. (1970): Handbook to actualize Human potential. Beverly Hills.
Padgett, D. K., Burns, B. J., Grau, L. A. (1998): Risk factors and resilience. Mental health needs and services use of older women. In: *Lubotsky Levin, B., Blanch, A. K., Jennings, A.*: Women's mental health services. Thousand Oaks: Sage Publications, 391–413.
Palmore, E. (1981): Social patterns in normal aging: Findings from the duke study, Durham: Duke University Press.
Palmore, E., Clerrland, W. P., Nowlin, J. B. (1979): Stress and adaptation in later life, *J. Gerontol.* 34, 841–851.
Pan, J. S. (1952): A comparison of factor in the personal adjustment of old people in protestant church homes for the aged and old people living outside of institutions. *J. social Psychol.* 35, 195–203.
Papoušek, M. (1994): Vom ersten Schrei zum ersten Wort. Anfänge der Sprachentwicklung in der vorsprachlichen Kommunikation. Bern: Huber.
Parsons, P. A. (1996): The limit to human longevity: an approach through a stress theory of aging. *Mechanisms of Ageing and Development* 87: 211–218.
Passons, W. R. (1975): Gestalt approaches in counseling, Holt, Rinehart, Winston, New York.
Pastalan, L. A., Carson, P. H. (1970): Spatial behavior of older people, Ann Arbor.
Paterno, G. (1975): Beschäftigungstherapie in der Geriatrie. In: *Brückel, K. W.,* Grundzüge der Geriatrie. München/Wien/Berlin
Pearlin, L. I., Lieberman, M. A., Menaghan, E. G., Mullan, J. T. (1981): The stress process, *Journal of Health and Social Behaviour* 22, 337–356.
Pearlin, L. I., Schooler, C. (1978): The structure of coping, *Journal of Health and Social Behaviour* 19, 2–21.
Perls, F. S. (1969): Gestalt Therapy and Integration. Cowichan lecture, unveröffentl.
Perls, F. S. (1974, 2002[9]): Gestalt Therapy Verbatim, Real People Press, Moab./Utah 1969; dtsch. Gestalttherapie in Aktion, Stuttgart: Klett-Cotta.
Perls, F. S. (1980): Gestalt, Wachstum, Integration. Hrsg. H. Petzold, Paderborn: Junfermann.
Perls, F. S., Hefferline, R. F., Goodman, P. (1973): Gestalt Therapy. New York; dtsch.: Gestalt-Therapie. Stuttgart: Klett-Cotta
Perrig, W., Wippich, W., Perrig-Chielo, P. (1993): Unbewusste Informationsverarbeitung. Bern: Huber.
Pesendorfer, F. A. (1983): Selbsthilfegruppen – Politisches Potential oder familiäre Idylle? *Politische Bildung* 2, 41–44.
Peterson, D. A. (1983): Facilitating education for older learners. San Francisco: Jossey-Bass.
Petzold, Ch. (1972a): Märchenerzählen – Werkmaterialen für die Arbeit mit alten und jungen Menschen. Büttgen: VHS Büttgen.
Petzold, Ch. (1972b): Lebendige Geschichte – alte Menschen berichten. Büttgen: VHS Büttgen.
Petzold, Ch., Petzold, H. G. (1992): Lebenswelten alter Menschen. Hannover: Vincentz Verlag.
Petzold, Ch., Petzold, H. G. (1997b): Supervision in geriatrischen und gerontopsychiatrischen Einrichtungen. In: *Eck, D.* (Hrsg.) (1998): Supervision in der Psychiatrie. Bonn: Psychiatrie Verlag. 240–257.

Petzold, H. G. (1965): Géragogie – nouvelle approche de l'éducation pour la vieillesse et dans la vieillesse. Publications de L'institut Saint Denis, Paris I. 4–16.

Petzold, H. G. (1969b): L'analyse progressive en psychodrame analytique, Inst. St. Denis, Semin. Psychol. Prof. Vladimir Iljine, mimeogr.; auszugsweise dtsch. in: Petzold (1996a, S. 455–491).

Petzold, H. G. (1969c): Les Quatre Pas. Concept d'une communauté thérapeutique. Inst. St. Denis, Semin. Psychol. Prof. Vladimir Iljine Paris, mimeogr.

Petzold, H. G. (1970): Therapie du mouvement, training relaxativ, thymoprathique et education corporelle comme integration, mimeogr., Paris.

Petzold, H. G. (1971): Moderne Methoden psychologischer Gruppenarbeit in der Erwachsenenbildung, *Erwachsenenbildung* 3, 160–178.

Petzold, H. G. (1971k): Der Beitrag kreativer Therapieverfahren zu einer erlebnisaktivierenden Erwachsenenbildung, Vortrag auf der Arbeitstagung »Kreativitätstraining, kreative Medien, Kunst- und Kreative Therapie«, VHS Dormagen und Büderich 1.6.1971; VHS Büderich, mimeogr.

Petzold, H. G. (1973): Analytische Gruppenpsychotherapie, Gruppendynamik und szenisches Spiel als »triadisches Psychodrama« in der Arbeit mit Studenten, in: *Petzold, H. G., Kreativität und Konflikte*. Paderborn: Junfermann, 167–205.

Petzold, H. G. (1973): Kreativität und Konflikte. Psychologische Gruppenarbeit mit Erwachsenen. Paderborn: Junfermann

Petzold, H. G. (1973b): Das »Therapeutische Theater« als Form dramatischer Therapie. In: *Petzold (1973a): Gestalttherapie und Psychodrama*, Kassel: Nicol, 97–133, nachgedr. in: (1982a) 88–109.

Petzold, H. G. (1974): Integrative Bewegungstherapie, in: *Petzold, H. G., Psychotherapie und Körperdynamik*, Junfermann, Paderborn, 287–404.

Petzold, H. G. (1974): Psychotherapie und Körperdynamik, Paderborn: Junfermann

Petzold, H. G. (1975): Integrative Therapie ist kreative Therapie. Fritz Perls Institut, Düsseldorf, mimeogr.

Petzold, H. G. (1977): Der Gestaltansatz in der psychotherapeutischen, soziotherapeutischen und pädagogischen Arbeit mit alten Menschen, *Gruppendynamik* 1, 32–48.

Petzold, H. G. (1977): Die Medien in der Integrativen Pädagogik, in: *Petzold, H. G., Brown, G. I., Gestaltpädagogik. Theorie und Praxis der Integrativen Pädagogik*, Pfeiffer, München, 101–123 (b).

Petzold, H. G. (1977): Integrative Geragogik. Gestaltmethoden in der Bildungsarbeit mit alten Menschen, in: *Petzold, H. G., Brown, G. I., Gestaltpädagogik. Theorie und Praxis der Integrativen Pädagogik*, Pfeiffer, München, 214–246 (a), nachgedruckt in diesem Buch S. 31 ff.

Petzold, H. G. (1977): Theorie und Praxis der Traumarbeit in der Integrativen Therapie, *Integrative Therapie* 3/4, 147–175 (c).

Petzold, H. G. (1977b): Integrative Geragogik, in: *Petzold, Brown*, 214–246.

Petzold, H. G. (1978): Das Ko-respondenzmodell in der Integrativen Agogik. *Integrative Therapie* 1, 21–59

Petzold, H. G. (1979): Das Therapeutische Theater Iljines in der Arbeit mit alten Menschen, *Zeitschrift für Humanistische Psychologie* 4, 105–119 (e).

Petzold, H. G. (1979): Die inhumane Situation der alten Menschen und die Humanisierung des Alters, *Zeitschrift für Humanistische Psychologie* 2, 54–63 (b).

Petzold, H. G. (1979): Psychodrama. Therapeutisches Theater und Gestalt als Verfahren der Interventionsgerontologie und Alterspsychotherapie, in: *Petzold, H. G., Bubolz, E.* (Hrsg.), Psychotherapie mit alten Menschen, Junfermann, Paderborn, 147–259 (c).

Petzold, H. G. (1979): Schwerpunktheft Humanisierung des Alters, *Zeitschr. f humanist. Psychol. 1/2*.

Petzold, H. G. (1979c): Zur Veränderung der sozialen Mikrostruktur im Alter – eine Untersuchung von 40 »sozialen Atomen« alter Menschen. *Integrative Therapie* 1/2, 51–78.

Petzold, H. G. (1979e): Der Gestaltansatz in einer integrativen psychotherapeutischen, soziotherapeutischen und agogischen Arbeit mit alten Menschen. In: *Petzold, Bubolz,* 261–294.

Petzold, H. G. (1979j): Das Therapeutische Theater V.N. Iljines in der Arbeit mit alten Menschen. *Zeitschrift für Humanist. Psychol.* 3/4, 105–119; auch in: (1982a) 318–334.

Petzold, H. G. (1979k): Psychodrama-Therapie in der Arbeit mit alten Menschen. Paderborn: Junfermann, 2. Aufl. 1985.

Petzold, H. G. (1979l): Die inhumane Situation alter Menschen und die Humanisierung des Alters. *Zeitschrift für humanistische Psychologie* 3/4, 54–63.

Petzold, H. G. (1980): Moreno – nicht Lewin – der Begründer der Aktionsforschung, *Gruppendynamik* 11, 142–166 (g).

Petzold, H. G. (1980): Wohnkollektive – eine Alternative für die Arbeit mit alten Menschen, in: *Petzold, H. G., Vormann, G.,* Therapeutische Wohngemeinschaften. Erfahrungen, Modelle, Supervision. München: Pfeiffer, 423–462.

Petzold, H. G. (1980f): Die Rolle des Therapeuten und die therapeutische Beziehung. Paderborn: Junfermann.

Petzold, H. G. (1980g): Die Rolle des Therapeuten und die therapeutische Beziehung in der integrativen Therapie. in: *Petzold* (1980f) 223–290.

Petzold, H. G. (1981): Familien- und Paartherapie mit alten Menschen (Vortrag FPI) (f).

Petzold, H. G. (1981): Integrative Dramatherapie (Vortrag FPI 1980), *Integrative Therapie* 1, 46–61 (b).

Petzold, H. G. (1981): Vorsorge – ein Feigenblatt der Inhumanität. Prävention, Zukunftsbewußtsein und Entfremdung (Vortrag FPI 1980, *Zeitschrift für Humanistische Psychologie* 3, 82–89 (a).

Petzold, H. G. (1981): Zum Konzept der Therapiekette und zur Karriere Drogenabhängiger, in: *Petzold, H. G., Vormann,* G. (Hrsg.), Therapeutische Wohngemeinschaften. Erfahrungen – Modelle – Supervision, Pfeiffer, München, 208–228.

Petzold, H. G. (1981a): Widerstand, ein strittiges Konzept in der Psychotherapie, Paderborn: Junfermann.

Petzold, H. G. (1981b): Das Hier- und-Jetzt-Prinzip in der psychologischen Gruppenarbeit: in: C. *Bachmann,* Kritik der Gruppendynamik, Fischer, Frankfurt, 214–299.

Petzold, H. G. (1981c): Konzept des Widerstandes in der Psychotherapie. In: *Petzold, H. G.* (1981b) S. 7–37.

Petzold, H. G. (1982): Integrative intervention in the treatment of the drug addict,

Institute on Treatment of the Drug Addict, 22.-26. 3. 1982, Bangkok 1982, Proceedings ICAA, Lausanne/Genf.

Petzold, H. G. (1982): Das therapeutische Theater Iljines in der Arbeit mit alten Menschen, in: Petzold, H. G. (Hrsg.), Dramatische Therapie. Neue Wege der Behandlung durch Psychodrama, Rollenspiel, Therapeutisches Theater. Hippokrates: Stuttgart, 318–334.

Petzold, H. G. (1982): Der Mensch ist ein soziales Atom, *Integrative Therapie* 3, 161–165.

Petzold, H. G. (1982a): Dramatische Therapie. Neue Wege der Behandlung durch Psychodrama, Rollenspiel, therapeutisches Theater, Stuttgart: Hippokrates.

Petzold, H. G. (1982c): Theater oder das Spiel des Lebens, Verlag für Humanistische Psychologie, Frankfurt: Flach.

Petzold, H. G. (1983): Psychotherapie, Meditation, Gestalt, Paderborn: Junfermann.

Petzold, H. G. (1983f): Der Verlust der Arbeit durch die Pensionierung als Ursache von Störungen und Erkrankungen – Möglichkeiten der Intervention durch Soziotherapie und Selbsthilfe-Gruppen, in: Petzold, H.G., Heinl, H. (Hrsg.) (1983): Psychotherapie und Arbeitswelt. Paderborn: Junfermann 409–449.

Petzold, H. G. (1984): Psychotherapie und Körperdynamik. Paderborn: Junfermann 1974; 4. Aufl.

Petzold, H. G. (1984a): Vorüberlegungen und Konzepte zu einer integrativen Persönlichkeitstheorie, *Integrative Therapie* 1/2, 73–115.

Petzold, H. G. (1984b): Die Gestalttherapie von Fritz Perls, Lore Perls und Paul Goodman, *Integrative Therapie* 1/2, 5–72.

Petzold, H. G. (1984c): Integrative Therapie – der Gestaltansatz in der Begleitung und psychotherapeutischen Betreuung sterbender Menschen. In: *Petzold, Spiegel-Rösing* (1984) 431–501.

Petzold, H. G. (1985): Die neuen Körpertherapien, Paderborn: Junfermann 1977a, 4. Aufl.

Petzold, H. G. (1985): Interventionsforschung. Zur Veränderung der Struktur und des sozialen Klimas in Altenheimen, Projekt Pensionistenheime der Niederösterreichischen Landesregierung, Projektpaper, Wien.

Petzold, H. G. (1985): Leiblichkeit. Philosophische, gesellschaftliche, therapeutische Perspektiven, Paderborn: Junfermann.

Petzold, H. G. (1985a): Mit alten Menschen arbeiten. München: Pfeiffer.

Petzold, H. G. (1985b): Neue Körpertherapien für den bedrohten Körper, Vortrag auf der New Age-Tagung, Zürich 18. 11. 1984, in: Petzold, H., Psychotherapie und Friedensarbeit (in Vorbereitung).

Petzold, H. G. (1985f): Bewegung ist Leben – körperliche Gesundheit, Wohlbefinden und Lebensfreude im Alter durch Integrative Bewegungstherapie, Tanztherapie und Isodynamik. In: *Petzold* (1985a) 428–466; repr. (1996a) 519–562.

Petzold, H. G. (1985l): Über innere Feinde und innere Beistände. In: *Bach, G., Torbet, W.,* Ich liebe mich – ich hasse mich, Reinbek: Rowohlt, 11–15.

Petzold, H. G. (1988n): Integrative Bewegungs- und Leibtherapie. Ausgewählte Werke Bd. I, 1 und I, 2. Paderborn: Junfermann. 3. revid. und überarbeitete Auflage 1996a.

Petzold, H. G. (1990i): Selbsthilfe und professionelle Hilfe – Gesundheit und Krankheit, Überlegungen zu einem »erweiterten Gesundheitsbegriff«, Vortrag auf der

Arbeitstagung »Zukunftsperspektiven der Selbsthilfe«, 8.-10. Juni 1990, Dokumentation, Düsseldorf, auch in: *Petzold, Schobert* (1991) 17-28.

Petzold, H. G. (1991h): Die Behandlung alter Menschen durch Integrative Tanz- und Bewegungstherapie in der Arbeit mit alten Menschen, in: *Willke, E., Hölter, G., Petzold, H. G.*, Tanztherapie – Theorie und Praxis. Ein Handbuch. Junfermann, Paderborn, 413–446, auch in: *Suden-Weickmann, A.* (Hrsg.), Physiotherapie in der Geriatrie. Grundlagen und Praxis, Pflaum, München 1993, 229–253.

Petzold, H. G. (1991o): Zeit, Zeitqualitäten, Identitätsarbeit und biographische Narration – Chronosophische Überlegungen, FPI Düsseldorf, Bd. II, 1 (1991a) 333–395; (2003a) S. 299 – 340.

Petzold, H. G. (1992b): Konzepte zu einer integrativen Emotionstheorie und zur emotionalen Differenzierungsarbeit als Thymopraktik, Bd. II, 2 (1992a) 789–870; (2003a) 607– 663.

Petzold, H. G. (1993p): Integrative fokale Kurzzeittherapie (IFK) und Fokaldiagnostik – Prinzipien, Methoden, Techniken, in: *Petzold, Sieper* (1993a) 267–340.

Petzold, H. G. (1994c): Metapraxis: Die Ursachen hinter den Ursachen« oder das »doppelte Warum« – Skizzen zum Konzept »multipler Entfremdung« und einer »anthropologischen Krankheitslehre« gegen eine individualisierende Psychotherapie in: *Gestalt* (Schweiz) 20, 1994, 6–28 und *Hermer, M.* (Hrsg.), Die Gesellschaft der Patienten, dgvt. Tübingen 1995,143–174.

Petzold, H. G. (1994e): »Psychotherapie mit alten Menschen – die »social network perspective« als Grundlage integrativer Intervention, Vortrag auf der Fachtagung »Behinderung im Alter« am 22.–23.11.1993 in Köln. In: *Berghaus, H. C., Sievert, U.* (Hrsg.) (1994): Behinderung im Alter. Köln: Kuratorium Deutsche Altershilfe, 68–117.

Petzold, H. G. (1994j): Die Kraft liebevoller Blicke. Psychotherapie und Babyforschung, Bd. 2. Paderborn: Junfermann.

Petzold, H. G. (1995a): Weggeleit, Schutzschild und kokreative Gestaltung von Lebenswelt – Integrative Arbeit mit protektiven Prozessen und soziöökologischen Modellierungen in einer entwicklungsorientierten Kindertherapie. In: *B. Metzmacher, H. Zäpfel, H. G. Petzold* (Hrsg.): Therapeutische Zugänge zu den Erfahrungswelten des Kindes von heute. Bd.2. Paderborn: Junfermann, 169–280.

Petzold, H. G. (1996a): Integrative Bewegungs- und Leibtherapie. Ein ganzheitlicher Weg leibbezogener Psychotherapie. Ausgewählte Werke Bd. I, 1 und Bd I, 2, 3. revidierte und überarbeitete Auflage von 1988n. Paderborn: Junfermann.

Petzold, H. G., (1997c): Soziotherapie – ein Beruf ohne Chance? in: *Sticht, U.* (Hrsg.). (1997): Gute Arbeit in schlechten Zeiten - Suchtkrankenhilfe im Umbruch. Freiburg: Lambertus. 57–115.

Petzold, H. G. (1997p): Das Ressourcenkonzept in der sozialinterventiven Praxeologie und Systemberatung, Fritz Perls Institut, Düsseldorf 1997p; *Integrative Therapie* 4 (1997) 435–471 und in: *Petzold* (1998a).

Petzold, H. G. (1997t): Movement is life: Physical health, well-being and vitality in old age through Integrative Movement Therapy, isodynamics and dance-therapy. In: *Vermeer, A., Bosscher, R. J., Broadhead, G. D.* (Hrsg.) (1997): Movement Therapy across the Life-Span. Amsterdam: VU University Press. S. 307–336.

Petzold, H. G. (1998a): Integrative Supervision, Meta-Consulting & Organisationsentwicklung. Modelle und Methoden reflexiver Praxis. Ein Handbuch. Band I. Paderborn: Junfermann.

Petzold, H. G. (Hrsg.) (1998h): Identität und Genderfragen in Psychotherapie. Soziotherapie und Gesundheitsförderung. Bd. 1 und 2, Sonderausgabe von *Gestalt und Integration*. Düsseldorf: FPI-Publikationen.

Petzold, H. G. (1999b): Psychotherapie in der Lebensspanne. *Gestalt* (Schweiz) 34, 43–46.

Petzold, H. G. (1999p): Psychotherapie der Zukunft – Reflexionen zu Zukunft und Kultur einer korrespondierenden und evidenzbasierten Humantherapie. *Integrative Therapie* 4, 338–393.

Petzold, H. G. (2000a): Eine »Grundregel« für die Integrative Therapie als Verpflichtung zur Transparenz und Anstoß, »riskanter Therapie«, Fehlern und Ungerechtigkeiten in der Psychotherapie entgegenzuwirken. Vortrag an der EAG, Düsseldorf/Hückeswagen Mai 2000. Bei www.FPI-Publikationen.de/materialien.htm – Polyloge: Materialien aus der Europäischen Akademie für psychosoziale Gesundheit – 12/2001.

Petzold, H. G. (2000h): Wissenschaftsbegriff, Erkenntnistheorie und Theorienbidung der »IntegrativenTherapie«und ihrer biopsychosozialen Praxis für »komplexe Lebenslagen« (Chartacolloquium III). Düsseldorf/Hückeswagen: Europäische Akademie für Psychosziale Gesundheit. Überarbeitet 2002 in: Düsseldorf/Hückeswagen. Bei *www. FPI-Publikationen.de/materialien.htm – Polyloge: Materialien aus der Europäische Akademie für Psychosziale Gesundheit* – 01/2002.

Petzold, H. G. (2001a): Integrative Therapie – Das »biopsychosoziale« Modell kritischer Humantherapie und Kulturarbeit. Ein »lifespan developmental approach«. Paderborn: Junfermann.

Petzold, H. G. »et al.« (2001b): »Lebensgeschichten verstehen, Selbstverstehen, Andere verstehen lernen« – Polyloge collagierender Hermeneutik und narrative »Biographiearbeit« bei Traumabelastungen und Behinderungen. Düsseldorf/Hückeswagen. Düsseldorf/Hückeswagen. Bei www. FPI-Publikationen.de/materialien.htm – *Polyloge: Materialien aus der Europäischen Akademie für Psychosziale Gesundheit* – 04/2001 auch in: *Integrative Therapie* 4/2002, 332–416.

Petzold, H. G. (2001d): »Goodmansche« Gestalttherapie als »klinische Soziologie« konstruktiver Aggression? – 50 Jahre »Goodman et al. 1951« mit kritischen Anmerkungen zu Blankertz »Gestalt begreifen« – ein Beitrag aus integrativer Perspektive, *Gestalt* (Schweiz) Teil I 40, 48–66; Teil II, 43, 2001, S. 35–58; Teil III, 44, 2002, S. 19–57. Auch als: »Konstruktive Aggression?« – Goodmansche« Gestalttherapie als »klinische Soziologie« – 50 Jahre »Goodman et al. 1951« – kritische Reflexionen aus integrativer Perspektive und alternative Konzepte zu einer »Integrativen Aggressionstheorie, bei www. FPI-Publikationen.de/materialien.htm, Düsseldorf/Hückeswagen – *Polyloge: Materialien aus der Europäischen Akademie für psychosoziale Gesundheit* – 11/2001.

Petzold, H. G. (Hrsg.) (2001i): Wille und Wollen. Psychologische Modelle und Konzepte. Göttingen: Vandenhoeck & Ruprecht.

Petzold, H. G. (2001k): Sinnfindung über die Lebensspanne: Gedanken über Sinn, Sinnlosigkeit, Abersinn – integrative und differentielle Perspektiven zu transversalem, *polylogischem* SINN. Düsseldorf/Hückeswagen, bei www. FPI-Publikationen.de/materialien.htm – Polyloge: Materialien *aus der Europäische Akademie für psychosoziale Gesundheit* – 03/2001.

Petzold, H. G. (2001m): Trauma und »Überwindung« – Menschenrechte, Integrative

Traumatherapie und »philosophische Therapeutik«, *Integrative Therapie*, 4, 344–412; auch in: *Petzold, Wolf* et al. (2002).

Petzold, H. G. (2001p): »Transversale Identität und Identiätsarbeit«. Die Integrative Identitätstheorie als Grundlage für eine entwicklungspsychologisch und sozialisationstheoretisch begründete Persönlichkeitstheorie und Psychotherapie. Düsseldorf/Hückeswagen, bei www. FPI-Publikationen.de/materialien.htm – Polyloge: Materialien *aus der Europäische Akademie für psychosoziale Gesundheit* – 10/2001.

Petzold, H. G. (2002b): Zentrale Modelle und Kernkonzepte der »Integrativen Therapie«. Düsseldorf/Hückeswagen. Bei www. FPI-Publikationen.de/materialien.htm – *Polyloge*: Materialien *aus der Europäischen Akademie für psychosoziale Gesundheit* – 03/2002.

Petzold, H. G. (2002c): Polyloge: die Dialogzentrierung in der Psychotherapie überschreiten. Perspektiven »Integrativer Therapie« und »klinischer Philosophie«. Düsseldorf/Hückeswagen. Bei www. FPI-Publikationen.de/materialien.htm – Polyloge: *Materialien aus der Europäischen Akademie für psychosoziale Gesundheit* – 04/2002.

Petzold, H. G. (2002h): »Klinische Philosophie« – Menschen zugewandtes Lebenswissen von Natur und Kultur. Über die Quellen der Integrativen Therapie, Einflüsse und ReferenztheoretikerInnen: Polyloge. *Materialien aus der Europäischen Akademie für psychosoziale Gesundheit* – 06/2002; www.FPI-Publikationen.de/materialien.htm.

Petzold, H. G. (2002j): Das Leibsubjekt als »informierter Leib« – embodied and embedded. Leibgedächtnis und performative Synchronisationen. Düsseldorf/Hückeswagen. Bei www. FPI-Publikationen.de/materialien.htm – Polyloge: *Materialien aus der Europäischen Akademie für Psychosoziale Gesundheit* 07/2002.

Petzold, H. G. (2003a): Integrative Therapie. 3 Bde. Paderborn: Junfermann, überarb. und ergänzte Neuauflage von 1991a/1992a/1993a.

Petzold, H. G. (2003b): Integrative Beratung, differentielle Konflikttheorie und 2komplexe soziale Repräsentationen«. Düsseldorf/Hückeswagen. Bei *www.FPU-Publikationen.de/materialien.htm* – *Supervision: Theorie – Praxis – Forschung. Eine interdisziplinäre Internet-Zeitschrift* 01/2003.

Petzold, H. G. (2003c): Aggression. Perspektiven Integrativer Therapie – Impulse zu Diskursen. Düsseldorf/Hückeswagen. Bei www.FPI-Publikationen.de/materialien.htm – Polyloge: Materialien aus der Europäischen Akdemie für psychosoziale Gesundheit – 01/2002.

Petzold, H. G. (2003d): Unrecht und Gerechtigkeit, Schuld und Schuldfähigkeit, Menschenwürde – der »Polylog« klinischer Philosophie zu vernachlässigten Themen in der Psychotherapie. Bei *www. FPI-Publikationen.de/materialien.htm.* Polyloge: *Materialien aus der Europäischen Akademie für psychosoziale Gesundheit* – 02/2002, auch in *Integrative Therapie* 1/2003, 27 – 64.

Petzold, H. G. (2003e): Menschenbilder und Praxeologie. 30 Jahre Theorie- und Praxisentwicklung am »Fritz Perls Institut für Integrative Therapie, Gestalttherapie und Kreativitätsförderung« (1972–2002) Teil I, *Gestalt* 46 (Schweiz) 3–50.

Petzold, H. G. (2003g): Lebensgeschichten erzählen. Biographiearbeit, narrative Therapie, Identität. Paderborn: Junfermann.

Petzold, H. G. (2003j): Der Hospizgedanke – ein Weg zur Verwirklichung von

Hominität und Humanität ... nicht nur am Lebensende. Bei www. FPI-Publiationen.de/materialien.htm. Polyloge: *Materialien aus der Europäischen Akademie für psychosoziale Gesundheit* – 07/2003.

Petzold, H. G. (2003l): Sinn und Schuld. *Integrative Therapie* 2/2003.

Petzold, H. G. (2003m): »Polyloge« in Europa – auf dem Wege zu einer »transversalen europäischen Kultur«. Die »Europäische Akademie für psychosoziale Gesundheit und Kreativitätsförderung« – ein Ort der Gespräche und der Konvivialität zwischen Europäern – Düsseldorf/Hückeswagen. Bei www. FPI-Publikationen.de/materialien.htm – *Polyloge:* Materialien *aus der Europäischen Akademie für psychosoziale Gesundheit* – 12/2003.

Petzold, H. G. (2004a): Mit alten Menschen arbeiten. Erweiterte und überarbeitete Neuausgabe von 1985a in zwei Bänden. Stuttgart: Pfeiffer bei Klett-Cotta.

Petzold, H. G. (2004d): Paul Ricœur – ein Referenztheoretiker der Integrativen Therapie. Bei: www. FPI-Publikationen.de/materialien.htm – Polyloge: Materialien *aus der Europäischen Akademie für psychosoziale Gesundheit* – 1/2004 und bei Stumm, G. et al. (2004): Personenlexikon der Psychotherapie. Wien: Springer.

Petzold, H. G. (2004h): Der »informierte Leib im Polylog« - ein integratives Leibkonzept für die nonverbale/verbale Kommunikation in der Psychotherapie, in: *Hermer, M.*, Nonverbale Kommunikation in der Psychtherapie. Tübingen: dgtv

Petzold, H. G., Bäumges, U. (1983): Integrative Therapie mit älteren Glaukom-Patienten, *Integrative Therapie* 2, 198–238; repr. in: (1985a) 383–427.

Petzold, H. G., Berger, A. (1979): Integrative Bewegungstherapie und Bewegungserziehung in der Arbeit mit alten Menschen, in: *Petzold, H. G., Bubolz, E.*, Psychotherapie mit alten Menschen, Junfermann, Paderborn, 397–423.

Petzold, H. G., Berger, A. (1986): Die Rolle der Gruppe in der Integrativen Bewegungstherapie. In: *Petzold, Frühmann* (1986) Bd. II, 95–126; repr. von: *Petzold, Berger* (1978a); revid. Bd. I, 2 (1996a) 419–453.

Petzold H. G., Brown G. J. (1977): Gestaltpädagogik. Konzepte der Integrativen Erziehung. München: Pfeiffer.

Petzold, H. G., Bubolz, E. (1976): Bildungsarbeit mit alten Menschen. Stuttgart: Klett

Petzold, H. G., Bubolz, E. (1976a): Theorien zum Prozeß des Alterns und ihre Relevanz für geragogische Fragestellungen, in: *Petzold, Bubolz,* 116–144.

Petzold, H. G., Bubolz, E. (1976b): Konzepte zu einer integrativen Bildungsarbeit mit alten Menschen, in: *Petzold, Bubolz,* 37–60.

Petzold, H. G., Bubolz, E. (1979): Psychotherapie mit alten Menschen, Paderborn: Junfermann.

Petzold, H. G., Ebert, W. & Sieper, J. (1999/2001): Kritische Diskurse und supervisorische Kultur. Supervision: Konzeptionen, Begriffe, Qualität. Probleme in der supervisorischen »Feldentwicklung« – transdisziplinäre, parrhesiastische und integrative Perspektiven. Düsseldorf/Hückeswagen: FPI/EAG. Erw. und überarbeitet 2001, in: Düsseldorf/Hückeswagen. Bei *www. FPI-Publikationen.de/materialien.htm – Supervision: Theorie – Praxis – Forschung.* Eine interdisziplinäre Internet-Zeitschrift – 01/2001

Petzold, H. G., Engemann, K., Zachert, D. (2003): Effektive Performanz. Komplexes Lernen in Supervision und Coaching Düsseldorf/Hückeswagen. Bei www. FPI-Publikationen.de/materialien.htm – Supervision: Theorie – Praxis – Forschung. Eine interdisziplinäre Internet-Zeitschrift – 03/2003.

Petzold, H. G., Frühmann, R. (1985): Das Konzept der Gruppe in den psychotherapeutischen Schulen, Junfermann, Paderborn.

Petzold, H. G., Frühmann, R. (Hrsg.) (1986a): Modelle der Gruppe in Psychotherapie und psychosozialer Arbeit, 2 Bde. Paderborn: Junfermann.

Petzold, H. G., Goffin, J. J., Oudhoff, J. (1993): Protektive Faktoren und Prozesse – die »positive« Perspektive in der longitudinalen, »klinischen Entwicklungspsychologie« und ihre Umsetzung in die Praxis der Integrativen Therapie. In: Petzold, H. G., Sieper, J. (Hrsg.) (1996): Integration und Kreation, Bd.1. Paderborn: Junfermann,173–266.

Petzold, H. G., Gröbelbaur, G., Gschwend, I. (1998): Patienten als »Partner« oder als »Widersacher« und »Fälle«. Über die Beziehung zwischen Patienten und Psychotherapeuten – kritische Gedanken und Anmerkungen. Gestalt (Schweiz) 32, 15–41 und in: Petzold, Orth (1999a) 363–392 sowie in: Psychologische Medizin (Österr.) 1/1999 (S. 32.39) u. 2/1999 (S. 30–35).

Petzold, H., Heinl, H. (1983): Psychotherapie und Arbeitswelt, Junfermann, Paderborn.

Petzold, H. G., Huck, K. (1984): Death Education, Thanatagogik - Modelle und Konzepte, in: H. G., Petzold, I. Spiegel-Rösing, Die Begleitung Sterbender - Theorie und Praxis der Thanatotherapie. Ein Handbuch. Paderborn: Junfermann, 501–576.

Petzold, H. G., Josić, Z. (2003): Integrative Traumatherapie – ein leibtherapeutischer Ansatz. Bei www. FPI-Publikationen.de/materialien.htm. Polyloge: Materialien aus der Europäischen Akdademie für psychosoziale Gesundheit – 09/2003.

Petzold, H. G., Josić, Z., Erhardt, J. (2003): Integrative Familientherapie als »Netzwerkintervention« Bei Traumabelastungen Und Suchtproblemen. In: Petzold, Schay, Ebert (2003) Bd. II und bei www.FPI-Publikationen.de/materialien.htm. Polyloge: Materialien aus der Europäischen Akademie für psychosoziale Gesundheit – 03/2003

Petzold, H. G., Josić, Z. (2004): Integrative Taumatherapie und »Trostarbeit« als »narrative Praxis« in konvivialen Erzählgmeinschaften – ein leiborientierter und kulturalistischer Ansatz. Bei www. FPI-Publikationen.de/materialien.htm – Polyloge: Materialien aus der Europäischen Akademie für psychosoziale Gesundheit – 02/2004.

Petzold, H. G., Lemke, J. (1980): Gestaltsupervision als Kompetenzgruppe, Gestalt-Bulletin 1, 88–94.

Petzold, H. G., Leuenberger, R., Steffan, A. (1998): Ziele in der Integrativen Therapie In: Ambühl, H., Strauß, B. (Hrsg.), Therapieziele. Göttingen: Hogrefe. Und erweitert in: Petzold (1998h) 142–188.

Petzold, H. G., Lückel, K. (1985): Die Methode der Lebensbilanz und des Lebenspanoramas in der Arbeit mit alten Menschen, Kranken und Sterbenden, in: Petzold (1985a) 467–499.

Petzold, H. G., Marcel, G. (1976): Anthropologische Bemerkungen zur Bildungsarbeit mit alten Menschen, in: Petzold, H. G., Bubolz, E. (Hrsg.), Bildungsarbeit mit altenMenschen, Klett, Stuttgart, 9–18.

Petzold, H. G., Märtens, M. (Hrsg.) (1999a): Wege zu effektiven Psychotherapien. Psychotherapieforschung und Praxis. Band 1: Modelle, Konzepte, Settings. Opladen: Leske + Budrich.

Petzold, H. G., Mathias, U. (1978): Integrative Erziehung mit verhaltensgestörten und behinderten Kindern, in: *Brown, Petzold*

Petzold, H. G., Mathias, U. (1983): Rollenentwicklung und Identität, Junfermann, Paderborn.

Petzold, H. G., Maurer, Y. (1985): Integrative Gestaltpsychotherapie, in: *Maurer, Y., Bedeutende Psychotherapieformen der Gegenwart*, Hippokrates.

Petzold, H. G., Müller, L. (1997): Wie wirkt Integrative Musiktherapie im gerontopsychiatrischen Kontext? In: *Müller, L., Petzold, H. G.* (1997): Musiktherapie in der klinischen Arbeit. Integrative Modelle und Methoden. Stuttgart: Gustav Fischer 248–277.

Petzold, H. G., Müller, L. (2001): Integrative Kinder- und Jugendlichenpsychotherapie – diagnostische und therapeutische Perspektiven. (Chartacolloquium I, Kindertherapie). Düsseldorf/Hückeswagen. Bei www.FPI-Publikationen.de/ materialien.htm – Polyloge: Materialien *aus der Europäischen Akademie für psychosoziale Gesundheit* – 05/2001

Petzold, H. G., Müller, L. (2002c): Gerontotherapie: Psychotherapie mit älteren und alten Menschen – Forschungsergebnisse, protektive Faktoren, Resilienzen, Grundlagen für eine Integrative Praxis, (Teil 2), *Integrative Therapie* 2, 2002, 109–134.

Petzold, H. G., Orth, I. (1985): Poesie und Therapie, Paderborn: Junfermann.

Petzold, H. G., Orth, I. (1990a): Die neuen Kreativitätstherapien. Handbuch der Kunsttherapie, 2 Bde. Paderborn: Junfermann.

Petzold, H. G., Orth, I., (1993a): Therapietagebücher, Lebenspanorama, Gesundheits-/Krankheitspanorama als Instrumente der Symbolisierung, karrierebezogenen Patientenarbeit und Lehranalyse in der Integrativen Therapie. *Integrative Therapie* 1/2 (1993) 95–153; auch in: *Frühmann, Petzold* (1993a) 367–446.

Petzold, H. G., Orth, I. (1997b): Wege zu »fundierter Kollegialität« – innerer Ort und äußerer Raum der Souveränität, , ÖAGG 3 (Wien 1997) 31–37 und *Report Psychologie* 3 (1998) 234–239. Erw. und ergänzt in: *Slembek, E., Geissner, H.* (1998): Feedback. Das Selbstbild im Spiegel der Fremdbilder. St. Ingbert: Röhrig Universitätsverlag. 107–126.

Petzold, H. G., Orth, I. (1999a): Die Mythen der Psychotherapie. Ideologien, Machtstrukturen und Wege kritischer Praxis. Paderborn: Junfermann.

Petzold, H. G., Orth, I. (2004): Sinn, Sinnerfahrung, Lebenssinn in Psychologie und Psychotherapie (Aisthesis, Bielefeld, in Vorber.).

Petzold, H. G., Osten, P. (1998): Diagnostik und mehrperspektivische Prozeßanalyse in der Integrativen Therapie. In: *Laireiter, A.* (Hrsg.) (1998): Diagnostik in der Psychotherapie. Wien: Springer und erweitert in: *Petzold* (1998h) 118–141.

Petzold, H. G., Petzold, C. (1999): Supervision als Praxisberatung und Hilfe zu normativer Orientierung und Reflexion in Einrichtungen der Altenarbeit und Gerontopsychiatrie. In: *Blonski, H.*, Ethik in Gerontologie und Altenpflege: Leitfaden für die Praxis. Hagen: Brigitte Kunz Verlag (o. J.) S. 165 - 178.

Petzold, H. G., Petzold, Ch. (1991a): Lebenswelten alter Menschen. Hannover: Vincentz.

Petzold, H. G., Petzold, Ch. (1991b): Soziale Gruppe, »social worlds« und »narrative Kultur« als bestimmende Faktoren der Lebenswelt alter Menschen und gerontotherapeutischer Arbeit. In: *Petzold, Petzold* (1991a) 192–217; repr. Bd. II, 2 (1992a) S. 871–986; (2003a) S. 663–680.

Petzold, H. G., Petzold, Ch. (1993): Soziotherapie als methodischer Ansatz in der Integrativen Therapie, in: Petzold, Sieper (1993a) 459–482.
Petzold, H. G., Ramin, G. (1985): Schulen der Kinderpsychotherapie, Junfermann, Paderborn (in Vorbereitung).
Petzold, H. G., Schay, P., Ebert, W. (2003): Integrative Suchttherapie. 2 Bde. Opladen: Leske + Budrich.
Petzold, H. G., Schay, P., Ebert, W. (2004): Integrative Suchttherapie. 2 Bände. Bd. 1. Opladen: Lekse + Budrich.
Petzold, H. G., Schigl, B., Fischer, M. Höfner, C.(2003): Supervision auf dem Prüfstand. Wirksamkeit, Forschung, Anwendungsfelder, Innovation. Leske + Budrich, Opladen.
Petzold, H. G., Schobert, R. (1991): Selbsthilfe und Psychosomatik. Paderborn: Junfermann.
Petzold, H. G., Sieper, J. (1973): Zur Verwendung des Psychodramas in der Erwachsenenbildung, in: Petzold, H. G. (Hrsg.), Kreativität und Konflikte. Psychologische Gruppenarbeit mit Erwachsenen, Junfermann, Paderborn, 56–85.
Petzold, H. G., Sieper, J. (1977): Quellen und Konzepte der Integrativen Pädagogik, in: Petzold, H. G., Brown, G. 1., Gestaltpädagogik. Theorie und Praxis der Integrativen Pädagogik, Pfeiffer, München.
Petzold, H. G., Sieper, J. (1996): Integration und Kreation, 2 Bde. Paderborn: Junfermann 2. Aufl.
Petzold, H. G., Sieper, J. (2003) (Hrsg.): Wille und Wollen in der Psychotherapie. 2 Bde. Göttingen: Vandenhoek & Ruprecht.
Petzold, H. G., Spiegel-Rösing, I. (Hrsg.) (1984): Die Begleitung Sterbender – Theorie und Praxis der Thanatotherapie. Ein Handbuch. Paderborn: Junfermann.
Petzold, H. G., Spiegel-Rösing, I. (1985): Geronto- und Thanatotherapie, in: Thomann, H., Egg, R., Handbuch der Psychotherapie, Stuttgart: Kohlhammer.
Petzold, H. G., Steffan, A. (2001a): Gesundheit, Krankheit, Diagnose- und Therapieverständnis in der »Integrativen Therapie« und »Integrativen Leib- und Bewegungstherapie« (Charta Colloquium I). In: *Psychologische Medizin*, 1, 2001. 34–46.
Petzold, H. G., Stöckler, M. (1988): (Hrsg.). Aktivierung und Lebenshilfen für alte Menschen. Aufgaben und Möglichkeiten des Helfers, *Integrative Therapie Beiheft* 13, Paderborn: Junfermann.
Petzold, H. G., Vormann, G. (1981): Therapeutische Wohngemeinschaften, Pfeiffer, München.
Petzold, H. G., Wolf, U., Landgrebe, B., Josic, Z., Steffan, A. (2000): Integrative Traumatherapie – Modelle und Konzepte für die Behandlung von Patienten mit »posttraumatischer Belastungsstörung«. In: *van der Kolk, B., McFarlane, A., Weisaeth, L.*: Traumatic Stress. Erweiterte deutsche Ausgabe. Paderborn: Junfermann. 445–579.
Petzold, H. G., Wolf, H.-U., Landgrebe, B., Josić, Z. (2002): Das Trauma überwinden. Integrative Modelle der Traumatherapie. Paderborn: Junfermann.
Pilisuk, M., Minkler, M. (1980): Supportive networks: Life ties for the elderly, *Journal of Social Issues* 36, 95–160.
Pinquart, M. (2002): Good news about the effects of bad old-age stereotypes. *Journal of Experimental Aging Research* 28 (3): 317–336.
Plomin, R. (1994): Genetics and experience. The interplay between nature and nurture. London: Sage.

Plomin, R. (2000): Behavioral genetics. New York: Worth Publishers.
Polk, L. V. (1997): Toward a middle-range theory of resilience. *Advances in Nursing Science* 19 (3): 1–13.
Polster, E., Polster, M. (1974): Gestalttherapie. München.
Potter, D. S., Mattingly, D. J. (Hrsg.) (1999): Life, death and entertainment in the Roman Empire. Ann Arbor.
Poulet, G. (1966): M. Proust. Zeit und Raum. Paris.
Projektgruppe »Alt-Biebrich« der Arbeitsgruppe Stadtteilentwicklung (1982): Stadtteilanalyse Alt-Biebrich, Wiesbaden.
Proshansky, H. M., Ittelson, W. H., Rivlin, U. S. (1970): Environmental psychology, New York: Rinehart & Winston.
Proust, M. (1984): Auf der Suche nach der verlorenen Zeit. Frankfurt: Suhrkamp.
Rabkin, J. G., Remien, R., Katoff, L., Williams, J. B. W. (1993): Resilience in adversity among long-term survivors of AIDS. *Hospital and Community Psychiatry* 44 (2): 162–167.
Radebold, H. (1974): Zur Indikation direkter und indirekter psychotherapeutischer Verfahren im Bereich der Geriatrie, *aktuelle gerontologie* 4, 479–483.
Radebold, H. (1976): Psychoanalytische Gruppenpsychotherapie mit älteren und alten Patienten, *Zeitschrift für Gerontologie* 9, 128–142.
Radebold, H. (1979): Der psychoanalytische Zugang zu älteren und alten Menschen, in: *Petzold, Bubolz,* 89–101.
Radebold, H. (1983): Gruppenpsychotherapie im Alter. Göttingen: Vandenhoeck & Ruprecht.
Radebold, H., Bechtler, H., Pina, I. (1973): Psychosoziale Arbeit mit älteren Menschen. Theoretische und methodische Falldarstellungen, Freiburg: Lambertus.
Radebold, H., Bechtler, H., Pina, I. (1984): Therapeutische Arbeit mit älteren Menschen, Freiburg: Lambertus 1981; 2. Aufl.
Radebold, H., Gruber, F. (1979): Psychosoziale Gerontologie. Modell für ein Curriculum, Freiburg: Lambertus.
Radebold, H., Schlesinger-Kipp D. (1982): Familien- und paartherapeutische Hilfen bei älteren und alten Menschen, Göttingen: Vandenhoeck & Ruprecht.
Radke-Yarrow, M., Sherman, T. (1990): Hard growing: children who survive, in: *Rolf* et al. (1990) 97–119.
Rahm, D. (1985): Gestaltberatung. Grundlagen und Praxis integrativer Beratungsarbeit, Paderborn: Junfermann 1979; erw. 2. Aufl.
Rao, D. B. (1977): The team approach to integrated care of the elderly, *Geriatrics* 1, 88–96.
Rawson, B. (Hrsg.) (1986): The family in ancient Rome. *New Perspectives,* 121–144. London/Sydney.
Reich, W. (1952): Listen Little Man, New York: Orgone Institute Press.
Reichel, W. (1978): The geriatric patient, New York: H P Publishing Company.
Reimann, H., Reimann, H. (1974): Das Alter, München: Goldmann.
Rennkamp, M. (1976): Weiterbildung für das Altern? Paderborn: Junfermann
Richardson, B. E. (1933): Old age among the Ancient Greeks. The Greek portrayal of old age in literature, art, and inscriptions with a study of the duration of life among the Ancient Greeks on the Basis of Inscriptional Evidence. New York.
Richter, H. E. (1974): Lernziel Solidarität, Reinbek: Rowohlt.

Richters, J. E., Weintraub, S. (1990): Beyond diythesis: Toward an understanding of high-risk environments. In: *J. Rolf, A. Masten, D. Cicchetti, K. Nuechterlein, S. Weintraub* (Eds.), Risk and protective factors in the development of psychopathology. New York: Cambridge University Press, 67–96.

Ricœur, P. (1975): La métaphore vive. Paris, Seuil [dt.: (1986) Die lebendige Metapher. München, Wilhelm Fink]

Ricœur, P. (1983): Temps et récit. Band I; (1984) Band II: La configuration dans le récit de fiction; (1985) Band III: Le temps raconté. Paris, Gallimard [dt.: (1988) Zeit und Erzählung. Band I: Zeit und historische Erzählung; (1989): Zeit und Erzählung. Band II: Zeit und literarische Erzählung; (1991): Zeit und Erzählung. Band III: Die erzählte Zeit. München-Freiburg, Wilhelm Fink]

Ricœur, P. (1990): Soi-même comme un autre. Paris, Seuil [dt.: (1996) Das Selbst als ein Anderer. München-Freiburg, Wihelm Fink]

Rinast, M. (1976): Alte Menschen als potentielle Interessenten an Selbsterfahrungsgruppen, Psychol. Diplomarbeit, Univ. Hamburg.

Rodin, J. (1980): Managing the stress of aging: The role of control and coping, in: *Levine, S., Orsin, H.*, Coping and help, New York, 171–202.

Rogers, C. (2002[14]): Entwicklung der Persönlichkeit, Stuttgart: Klett-Cotta.

Rohracher, A. (1965): Kleine Charakterkunde. Wien/München

Röhrle, B. (1994): Soziale Netzwerke und soziale Unterstützung. Weinheim: Beltz.

Rolf, J., Masten, A. S., Cicchetti, D., Nuechterlein, K. H., Weintraub, S. (1990): Risk and protective factors in the development of psychopathology. Cambridge: Cambridge University Press.

Rommelsbacher, Th. (1982): Der typische Aktivist ist Rentner, war kleiner Funktionär und lebt schon lange in der Siedlung. Die Struktur einer Bürgerinitiative am Beispiel der Zechenhausinitiative ›Floetz Dickebank‹, *Päd. extra, Sozialarbeit* 6, 19–23.

Rose, A. M., Peterson, W. A. (1965): Older people and their social world. Philadelphia.

Rosenmayr, L. (1977): Altern im sozial-ökologischen Kontext, *aktuelle gerontologie* 7, 289–299.

Rosenmayr, L. (1978): Die menschlichen Lebensalter in Deutungsversuchen der europäischen Kulturgeschichte. In: *L. Rosenmayr* (Hrsg.), Die menschlichen Lebensalter. München.

Rosenmayr, L. (1983): Die späte Freiheit, Berlin: Severin & Siedler.

Rosenmayr, L., Rosenmayr, H. (1978): Der alte Mensch in der Gesellschaft, Reinbek: Rowohlt.

Rosow, I. (1967): Social integration of the aged, New York: Free Press.

Rosow, I. (1974): Socialisation to old-aged, Berkeley: University of California Press.

Ross, J.-K. (1977): Old people, new Lifes: Community creation in a retirement residence, Chicago: University of Chicago Press.

Roszak, Th. (1973): Gegenkultur, München: List.

Roussel, P. (1951): étude sur le principe de l'ancienneté dans le monde hellénique de Ve siècle av. J.-C. à l'époque romaine. *Mémoires de l'Institut National de France, Académie des Inscriptions et Belles-Lettres* 43, 187–203.

Roussot, A. (1997): L'art préhistorique. Luçon: Sud Ouest.

Rucht, D. (1982): Unkonventionelle Verbände. Bürgerinitiativen zwischen Protest

und Integration, *Sozialwissenschaftliche Informationen für Unterricht und Studium* 11, 36–45.
Rüegg, J. C. (20032): Psychosomatik, Psychotherapie und Gehirn. Neuronale Plastizität als Grundlage einer biopsychosozialen Medizin. Stuttgart: Schattauer.
Ruprecht, H. (1972): Lernen für das Älterwerden. Heidelberg.
Rutter, M. (1985): Resilience in the face of adversity: Protective factors and resistance to psychiatric disorder. *British Journal of Psychiatry* 147, 598–611.
Rutter, M. (1988): Studies of psychosocial risk. The power of longitudinal data. Cambridge: Cambridge University Press.
Rutter, M. (1990): Psychosocial resilience and protective mechanisms. In: *J. Rolf, A. Masten, D. Cicchetti, K. H. Nuechterlein, S. Weintraub* (eds.): Risk and protective factors in the development of psychopathology. New York: Cambridge University Press.
Rutter, M. (2001): A fresh look at »maternal deprivation«. In P. Bateson (ed.). *The Development and Integration of behavior* 331–374. Cambridge: University Press.
Rutter, M., Hay, D. (1994): Development through life. Oxford: Blackwell.
Rutter, M., Rutter, M. (1992): Developing minds. Challenge and continuity across the life span. London: Penguin Books.
Sagner, A. (2003): Alter und Altern in einfachen Gesellschaften. Ethnologische Perspektiven. In: *Gutsfeld, Schmitz* (2003) 31–56.
Sapolsky, R. M. (1996a): Why stress is bad for your brain. *Science*, 273, 749–750.
Sapolsky, R. M. (1996b): Stress, glucorticoids, and damage to the nervous system: The current state of confusion, *Stress*, 1–19.
Sapolsky, R. M., Packan, D.R., Vale, W.W. (1988): Glucocorticoid toxicity in the hippocampus, *Brain Research* 453, 367–371.
Sapolsky, R. M., Romero, M., Munck, A. (2000): How do glucocorticoids influence the stress-response? Integrating permissive, suppressive, stimulatory, and preparative actions, *Endocrine Reviews* 21, 55–89.
Saup, W. (1984): Übersiedlung ins Altenheim, Weinheim: Beltz.
Saup, W. (1986): Wohnen im Alter – psychologische Aspekte. In: *Zeitschrift für Gerontologie*, 19, 1986. 342–347.
Saup, W. (1990): Übersiedlung und Aufenthalt im Alten- und Pflegeheim. In: *Mayring, Saup* (1990) 75–104.
Saup, W. (1991): Konstruktives Altern. Göttingen: Hogrefe.
Saup, W. (1992): Alter und Umwelt – Eine Einführung in die ökologische Gerontologie. Stuttgart: Kohlhammer.
Saup, W. (1998): Konstruktives Altern als Auseinandersetzung mit Anforderungen und Belastungen. In: *Kruse* (1998) 205–222.
Saup, W. (2001): Ältere Menschen im Betreuten Wohnen. Ergebnisse der Augsburger Längsschnittstudie. Band 1. Augsburg.
Schachtner, C. (1989): Ein neues Leben. Alt werden in einer Wohngemeinschaft. Frankfurt.
Schaefer, C., Coyne, J. C., Lazarus, R. S. (1982): The health-related functions of social support, *Journal of Behavioural Medicine* 4, 381–406.
Schandry, R. (2003): Biologische Psychologie. Weinheim: Beltz.
Schank, R. C., Abelson R.P. (1977): Scripts, plans, goals and understanding. Hillsdale, N. J.: Erlbaum.

Schapp, W. (1953): In Geschichten verstrickt. Zum Sein von Mensch und Ding. Hamburg: Meiner.
Scheler, M. (1957): Tod und Fortleben, in: *Scheler, H.* (Hrsg.), Schriften aus dem Nachlaß, Bern, 2. Aufl.
Schenda, R. (1972): Das Elend der alten Leute. Informationen zur Sozialgerontologie der Jüngeren. Düsseldorf.
Scheuch, K. (2002): Neue Konzepte und Befunde der multidisziplinären Stressforschung. In: *Schumacher, Reschke, Schröder* (Hrsg.): Mensch unter Belastung. Erkenntnisfortschritte und Anwendungsperspektiven der Stressforschung. Frankfurt: Verlag für Akademische Schriften VAS.
Scheuch, K., Schröder, H. (1990): Mensch unter Belastung: Stress als ein humanwissenschaftliches Integrationskonzept. Berlin: Deutscher Verlag der Wissenschaften.
Schick, I. (1978): Alte Menschen in Heimen, Köln.
Schiepek, G. (2003): Neurobiologie der Psychotherapie. Stuttgart: Schattauer.
Schimany, P. (2003): Die Alterung der Gesellschaft. Ursachen und Folgen des demographischen Umbruchs. Frankfurt.
Schirrmacher, F. (2004): Das Methusalem-Komplott. München: Blessing.
Schlappack, O. (1998): G'sund mit Hund. Die gesundheitsfördernden Effekte der Beziehung zwischen Mensch und Tier, Loeben.
Schmidt, Ch., Petzold, H. (1985): Gestalttherapie – Wege und Horizonte, Paderborn: Junfermann.
Schmitz, R. H. (1982): Entstehung und Entwicklung der Gestalt des Todes, in: Bilder und Tänze des Todes, hrsg. v. Kreis Unna, Paderborn: Bonifatius.
Schmitz, W. (2003): Nicht ›altes Eisen‹, sondern Garant der Ordnung. Die Macht der Altern in Sparta. In: *Gutsfeld, Schmitz* (2003) 87–112.
Schneider, G., Heuft, G., Kruse, A., Nehen, H.G. (1999): Risikofaktoren psychogener Erkrankungen im Alter. *Zeitschrift für Psychosomatische Medizin und Psychotherapie* 45/3, 218–232.
Schneider, H. D. (1974): Aspekte des Alterns. Ergebnisse sozialpsychologischer Forschung. Frankfurt.
Schneider, H. D. (1979): Ressourcen im Alter, *Zeitschrift für Gerontologie* 12, 426–443.
Schneider, H.-D. (1980): Sexualverhalten in der zweiten Lebenshälfte. Stuttgart: Kohlhammer.
Scholl, A. (1999): Normales Leben in familiärer Umgebung. Hausgemeinschaften werden zunehmend als richtungsweisende Wohnform für pflegebedürftige und verwirrte alte Menschen anerkannt. In: *Pro Alter* 2, 12–14.
Schooler, K. K. (1976): Environmental change and the elderly, in: *Altman, Wohlwill,* 265–296.
Schreyögg, A. (1985): Das Konzept der Gruppe in der Supervision, in: *Petzold, Frühmann.*
Schroots, J. F. (1993): Aging, health and competence. Amsterdam: Elsevier.
Schultz, H. J. (1985): Die neuen Alten. Erfahrungen aus dem Unruhestand, Stuttgart: Kreuz.
Schultze, A. (1983): Bildungsstätte und Bürgerengagement. Umrisse einer Kooperation, *Materialien zur politischen Bildung* 3, 40–46.
Schulz, R., Hanusa, S. (1980): Experimental social gerontology: A social psychological perspective, *Journal of Social Issues* 36, 30–46.

Schulz, T. (1981): Von Bürgerinitiativen lernen? *Literatur- und Forschungsreport Weiterbildung* 8, 56–69.
Schumacher, E. F. (1973): Small ist beautiful, London: Blond und Briggs.
Schur, M. (1985): Freud – sein Leben in Bildern und Texten, Frankfurt: Suhrkamp.
Schütz, A. (1970): On phenomenology and social relations, University of Chicago Press, Chicago.
Schwarzer, R. (1993): Streß, Angst und Handlungsregulation. Stuttgart: Kohlhammer (3. erw. u. überarb. Aufl.)
Schwarzer, R. (Hrsg.) (1997): Gesundheitspsychologie. Ein Lehrbuch (2. Aufl.). Göttingen: Hogrefe.
Schweizter, P., Trilling, A. (1994): Age exchange. Erinnerungprojekte für Kinder und ältere Menschen. Kuratorium Deutsche Altershilfe 101. Köln.
Seeman, T., Chen, X. G. (2002): *Journals of Gerontology Series B-Psychological Sciences and Social Sciences*, 75 (3): S135–S144.
Segal, H. (1958): The field of death: Notes on the analysis of an old man, *International Journal Psychoanal.* 39, 178–181.
Segerstråle, U., Molnár, P. (1997): Nonverbal Communication. Where Nature meets Culture. Mahwah, NJ: Lawrence Erlbaum.
Seifge-Krenke, J. (1974): Probleme und Ergebnisse der Kreativitätsforschung, Bern: Huber.
Seligman, M. E. P. (1975): Helplessness: On depression, development and death, San Francisco; dtsch. Erlernte Hilfslosigkeit, München: Urban & Schwarzenberg.
Senator für Gesundheit, Soziales und Familie (Hrsg.) (1983): Hilfe durch Selbsthilfe. Selbsthilfegruppen in eigener Darstellung, ein Wegweiser. 3. erw. Aufl., Berlin West.
Seneca (1977): De brevitate vitae. Von der Kürze des Lebens. Stuttgart: Reclam.
Seneca, L. A. (1999): Philosophische Schriften, Bd. 2; lat./dtsch., hrsg. M. Rosenbach, Darmstadt: Wissenschaftliche Buchgesellschaft.
Sennett, R. (1987[3]): Verfall und Ende des öffentlichen Lebens. Die Tyrannei der Intimität. Frankfurt: Fischer. Orig. (1974): The fall of the public man. New York: Alfred Knopf.
Sennett, R. (2002): Respekt im Zeitalter der Ungleichheit, Berlin: Berlin Verlag.
Shanas, E., Townsend, B., Wedderbum, D., Frijs, H., Milhoj, P., Stehouwer, J. (1968): Older people in three industrial societies, Atherton Press, New York.
Shibutani, T. (1955): Reference groups as perspectives, *American Journal of Sociology* 60, 562–568.
Shibutani, T. (1961): Society and personality, Prentice-Hall, Englewood Cliffs, N. J.
Sieber, G. (1972): Die Altersrevolution. Zürich/Köln.
Siebert, H. (1972): Erwachsenenbildung. Düsseldorf.
Sieper, J., Petzold, H. G. (2002): Der Begriff des »Komplexen Lernens« und seine neurowissenschaftlichen und psychologischen Grundlagen – Dimensionen eines »behavioralen Paradigmas« in der Integrativen Therapie. Lernen und Performanzorientierung, Behaviourdrama, Imaginationstechniken und Transfertraining. Düsseldorf/Hückeswagen. Bei www. FPI-Publikationen.de/materialien.htm – *Polyloge: Materialien aus der Europäischen Akademie für psychosoziale Gesundheit* – 10/2002 und gekürzt in Leitner, A. (2003): Entwicklungsdynamiken der Psychotherapie. Wien: Kramer, Edition Donau-Universität. S. 183–251.

Sieper, J., Petzold, H. G. (2003) (Hrsg.): Wille und Wollen in der Psychotherapie. 2 Bde. Göttingen: Vandenhoek & Ruprecht.
Silverstone, B. (1984): Social aspects of rehabilitation, in: *Williams*, 59–79.
Simmons, L. W. (1945): The role of the aged in primitive society, Yale University Press, New Haven.
Sitzmann, G.-H. (1970): Lernen für das Alter. Dießen.
Sitzmann, G.-H. (1971): Zur Situation und Aufgabe der Altenbildung. Das Forum 11, 17–39.
Smith, E., Grawe, K. (1999): Wirkfaktoren. *Psychotherapeuten Forum* 6, 5–8.
Smith, J. (1966): The narrowing social word of the aged, in: *Simpson, I. H., McKinney, J. C.*, Social aspects of aging, Duke University Press, Durham, N. C.
Smith, J., Baltes, P. B. (1996): Altern aus psychologischer Sicht. Trends und Profile im hohen Alter. In: *K. U. Mayer, P. B. Baltes* (Hrsg.): Die Berliner Altersstudie (221–250). Berlin: Akademie Verlag.
Sohm, M. (2003): Leben und arbeiten im Alten- und Pflegeheim. Hintergründe – Informationen. Diplomarbeit, Universität Innsbruck.
Sokolovsky, J. (Hrsg.) (1990): The cultural context of aging. New York, 43–56.
Sosna, U. (1983): Soziale Isolation und psychische Erkrankung im Alter, Frankfurt: Campus.
Spence, D. P. (1982): Narrative truth and historical truth. New York: Norton.
Sperber, M. (1986): Der andere Sozialismus 10, NDR 3, Hamburg, Sendungsskript vom 1.5. 1982; in: *Petzold, H. G.*, Psychotherapie und Friedensarbeit (in Vorbereitung).
Sperling, E., Massing, A., Reich, G., Georgi, H, Wöbbe-Mönks (1982): Die Mehrgenerationen Familientherapie, Göttingen: Vandenhoeck & Ruprecht.
Staudinger, U. M. (2000): Viele Gründe sprechen dagegen, und trotzdem geht es vielen Menschen gut: Das Paradox des subjektiven Wohlbefindens. *Psychologische Rundschau* 51 (4): 185–197.
Staudinger, U. M. (2001): Unveröffentlichte Vorlesungsnotizen am Institut für Alter und Generationen (INAG), Sion.
Staudinger, U. M., Fleeson, W. (1996): Self and personality in old and very old age: a sample case of resilience? *Development and Psychopathology* 8, 867–885.
Staudinger, U. M., Freund, A. M. (1998): Krank und »arm« im hohen Alter und trotzdem guten Mutes. *Zeitschrift für Klinische Psychologie* 27 (2): 78–85.
Staudinger, U. M., Freund, A. M., Linden, M., Maas, I. (1999): Selbst, Persönlichkeit und Lebensgestaltung im Alter: Psychologische Widerstandsfähigkeit und Vulnerabilität. In: *Mayer, H., Baltes, P. B.* (Hrsg.): Die Berliner Altersstudie. Akademie, Berlin. 321–350.
Staudinger, U. M., Greve, W. (2001): Resilienz im Alter. In: Deutsches Zentrum für Altersfragen (Hrsg.): Personale, gesundheitliche und Umweltressourcen im Alter. Expertisen zum Dritten Altenbericht der Bundesregierung. Oplade: Lekse + Budrich. 95–144.
Staudinger, U. M., Marsiske, M., Baltes, P. B. (1993): Resilience and levels of reserve capacity in later adulthood: perspectives form life-span theory. *Development and Psychopathology* 5: 541–566.
Staudinger, U. M., Marsiske, M., Baltes, P. B. (1995): Resilience and reserve capacity in later adulthood: potentials and limits of development across the life span. In: *D.*

Cicchetti, D. J. Cohen (eds.): Developmental psychopathology. Vol. 2: Risk, disorder, and adaptation. New York: Wiley, 801–846.
Steele, F. (1972): Organisational Development and sociophysical settings. Boston.
Steiner-Hummel, I., Hummel, K. (1979): Das Altenheim als Lebensraum – zur Humanisierung der Heimsituation, Zeitschr. für Humanist. Psychol. 3/4, 73–85.
Steiner-Hummel, I., Hummel, K. (1981): Gemeinwesenorientierte ganzheitliche Altenarbeit und Altenpflege. Die Konzeption des Heimes am Kappelberg, Altenpflege 6, 133–135.
Sternberger, D. (1981): Über den Tod. Frankfurt: Suhrkamp.
Stevens, J. O. (1975): Die Kunst der Wahrnehmung. München.
Stevens, R. (2000): Beschermende factoren in het verouderinsproces. Werkstuk IBT, Freie Universität Amsterdam.
Stignitz, P. (1982): Am Rande der Gesellschaft. Die soziale Integration älterer Menschen, Sozialer Fortschritt 31, 190–191.
Stonequist, E. (1937): The marginal man. New York: Scribners.
Strasser, H. (2004): Greisenuniversität. Auf den Schultern von Riesen. Mensch & Büro 3, 44–45.
Strauss, A. (1978): A social world perspective, in: Denzin, N. K, Studies in symbolic interaction, JAI Press, Greenwich, 190–228.
Strauss, A. (1979): Social world and spatial processes: An analytic perspective, Department of Social and Behaviour Sciences, University of California, California (mimeogr.).
Strauss, A. (1982): Social world and legitimation processes, in: Denzin, N. K., Studies in symbolic interaction, Vol. IV, JAI Press, Greenwich.
Strauss, A., Glaser, B. (1971): Status Passage, Chicago: Aldine Press.
Strawbridge, W. J., Shema, S. J., Cohen, R. D., Roberts, R. E., Kaplan, G. A. (1998): Religiosity buffers effects of some stressors on depression but exacerbates others. Journal of Gerontology: Social Sciences 53B (3), 118–126.
Swink, J. R. (1966): Intersensory comparisons of reactiontimes. Human Factors 8, 143–145
Tews, H. P. (1977): Sozialökologische Einflußfaktoren auf das Verhalten alter Menschen, Zeitschr. f. Gerontol. 10, 322–342.
Tews, H. P. (1979[2]): Soziologie des Alterns, Heidelberg: Quelle & Meyer.
Tews, H.-P. (1975): Grenzen der Altenbildung. Unveröffentlichtes Manuskript.
Thomae, H. (1968): Das Individuum und seine Welt. Eine Persönlichkeitstheorie. Göttingen: Hogrefe.
Thomae, H. (1970): Theory of Aging and cognitive theory of personality, Human Development 13, 1–16.
Thomae, H. (1971): Die Bedeutung einer kognitiven Persönlichkeitstheorie für die Theorie des Alterns, Zeitschrift für Gerontologie 4, 8–18.
Thomae, H. (1975): Psychologische Intervention im höheren Alter – ein Ansatz in der Gerontologie, Zeitschrift für Gerontologie 8, 473–475.
Thomae, H. (1976): Patterns of Aging, Basel: Karger.
Thomae, H. (1976a): Ökologische Aspekte der Gerontologie, Zeitschrift für Gerontologie 9, 407–410.
Thomae, H. (1976a): Patterns of Aging, Basel: Karger.
Thomae, H. (1983): Alternsstile und Alternsschicksale. Ein Beitrag zur differentiellen Gerontologie, Bern: Huber.

Thomae, H. (Hrsg.) (1976): Patterns of aging. Findings from the Bonn Longitudinal Study of aging, Basel: Karger.

Thomas, R. M. (1990): Counseling and life span-development. Newbury Park: Sage Publications.

Thoreau, H. D. (1973): Über die Pflicht zum Ungehorsam gegen den Staat, Zürich: Diogenes.

Thurman, A. H, Piggins, C. A. (1982): Drama activities with older adults: A handbook for leaders, New York: Haworth Press.

Tibbitts, C., Donahue, W. (1962): Social and psychological aspects of aging, New York: Columbia University Press.

Tolan, P. T. (1996): How resilient ist the concept of resilience? The Community Psychologist 29, 12–15.

Tolsdorf, C. C. (1976): Social networks, support, and coping, Family Process 15, 407–417.

Tolstoi, L. N. (1977): Die Schule von Jasnaja Poljana, Telgte: Verlag Büchse der Pandora.

Tooby, J., Cosmides, L. (2003): Evolutionary psychology. Cambridge: MIT Press.

Townsend, P. (1962): The last refuge, London: Routledge & Kegan.

Trela, J. E. (1971): Some political consequences of senior center and other old age group membership, The Gerontologist 11, 118–123.

Trela, J. E. (1972): Age structure of voluntary associations and political self-interests among the aged, Social Quarterly 13, 244–252.

Troisfontaines, R. (1968): De l'existence à l'etre. La Philosophie de Gabriel Marcel, Löwen.

Tuckman, J., Lorge, I. (1952): The effect of institutionalisation on attitudes toward old people. J. social Psychol. 36, 337–344

U. N. (1982): World assembly on aging: Draft international plan of action: A conference report of the secretary general 1/3/22, New York.

Ullmann, R. (1980): Integrative Bewegungstherapie in der Prävention, Zeitschrift für Humanistische Psychologie 3.

Unger, J. B., Johnson, C. A., Marks, G. (1997): Functional decline in the elderly: evidence for direct and stress-buffering protective effects of social interactions and physical activity. Annuals of Behavioral Medicine 19 (2): 152–160.

United Nations (1980): General assembly. Report of the secretary general. 35th session, Item 71, New York.

Unruh, D. R. (1980): The social organisation of older people: A social world perspective, in: Denzin, N. K., Studies in symbolic interaction, Vol. III, JAI Press, Greenwich.

Unruh, D. R. (1983): Invisible lifes. Social worlds of the aged. Beverly Hills: Sage.

Unruh, T. (1984): Aufruf zur Rebellion »Graue Panther machen Geschichte«, Frankfurt: Klartext Verlag.

Vaillant, G. E. (1977): Adaptation to life, Boston, Toronto: Little Brown

Van den Heuvel, N., Smits, C. H. M., Deeg, D. J. H., Beekman, A. T. F. (1996): Personality: A moderator of the relation between cognitive functioning and depression in adults aged 55–85? Journal of Affective Disorders 41, 229–240.

Van der Mei, S., Petzold, H. G., Bosscher, R. (1997): Runningtherapie, Streß, Depression – ein übungszentrierter Ansatz in der Integrativen leib- und bewegungsorientierten Psychotherapie, Integrative Therapie 3 (1997) 374–428.

Vath, R. (1973): Das Altern lernen. Hannover.
Vath, R. (1980): Bericht Arbeitsgruppe Altersvorbereitung im Lebenslauf/Andragogik, Seminar-Ordner ISV A, 5–3.2–1, Pro Senectute, Zürich.
Vaupel, J. (2000): Setting the stage. A generation of centenarians. *The Washington Quarterly* 23/3, 197–200.
Vaupel, J. (2000): Setting the stage. A generation of centenarians. *The Washington Quarterly* 23/3, 197–200.
Veelken, L. (1981): Soziale Geragogik, Frankfurt: Haag & Herchen.
Verres-Muckel, M. (1974): Lernprobleme Erwachsener. Köln/Stuttgart.
Viebahn, W. (1971): Das Bild des alten Menschen im westdeutschen Lesebuch. actuelle gerontologie I, 711–714.
Völker, U. (1980): Humanistische Psychologie, Weinheim: Beltz.
Vööbus, K. (1956): L'analyse corporelle, approche nouvelle pour l'integration personelle. Wilhelm Reich Research Center. Montreal.
Vopel, K. (1974–1977): Interaktionsspiele. Bd. 1–8, Hamburg: Isko Press.
Voss, V. (1980): Bericht Arbeitsgruppe Altersvorbereitung im Lebenslauf/Andragogik, Seminar-Ordner ISV A, 5–3.2–2, Zürich: Pro Senectute.
Voutta-Voss, M. (1997): Entspannungstechniken in der Integrativen Therapie. *Integrative Bewegungstherapie* 1, 27–41 und *Integrative Bewegungstherapie* 2, 27–38.
Vyt, A. (1993): Ein Blick hinter den Spiegel. Eine kritische Überprüfung des visuellen Selbstkennens von Säuglingen. In: Petzold (1994j), 93–122.
Wagnild, G., Young, H. M. (1990): Resilience among older women. *Image: Journal of Nursing Scholarship* 22 (4): 252–255.
Wagnild, G., Young, H. M. (1993): Development and psychometric evaluation of the resilience scale. *Journal of Nursing Measurement* 1 (2): 165–178.
Wahl, H.-W. u.a. (Hrsg.) (1999): Alte Menschen in ihrer Umwelt: Ökologische Perspektiven in der Gerontologie. Wiesbaden.
Walker, K. N., MacBrid, A., Vachon, M. L. (1977): Social support networks and the crisis of bereavement, *Social Scienee and Medicine* 11, 35–41.
Wallace, K. A., Bergeman, C. S. (2002): Spirituality and religiosity in a sample of African American elders: A life story approach. *Journal of Adult Development* 9 (2): 141–154.
Waltz, M. (1981): Soziale Faktoren bei der Entstehung und Bewältigung von Krankheit. Ein Überblick über die empirische Literatur, in: *Bandura, B.*, Soziale Unterstützung und chronische Krankheit. Zum Stand der sozialepidemiologischen Forschung, Frankfurt, 40–119.
Wargo, W. J., et al. (1966): Human Operator Response Speed, Frequency, and Flexibility. NASA Report No. NAS 12–103, Dunlap Associates for Electronic Research Center, Santa Monica, Calif.
Weakland, J. H., Herr, J. J. (1984): Beratung älterer Menschen und ihrer Familien, Bern: Huber.
Weber, A. (1983): Offene Altenhilfe. Eine empirische Untersuchung, Bochum: Drei-E-Verlag.
Weber, G. (2003): Zwischen Macht und Ohnmacht. Altersbilder in hellenistischer Zeit. In: *Gutsfeld, Schmitz* (2003) 113–140.
Weibel, M., Petzold, H. G. (2004): Konzepte des sozialen Netzwerks, des sozialen Rückhalts sowie des sozioemotioalen Rückhalts für die Supervision. Bei *www.*

FPI-Publikationen.de/materialien.htm – Supervision: Theorie – Praxis – Forschung. Eine interdisziplinäre Internet-Zeitschrift – 11, 2004.

Weibel, U. (1979): Fortbildung der Mitarbeiter in der Altenarbeit – ein Beitrag zur Humanisierung des Alters, *Zeitschrift für Humanistische Psychologie* 2, 6–104.

Weiner, M. (1978): Therapist disclosure. The use of the self in psychotherapy. Boston: Butterworth.

Weinstein, N., u. a. (1968): Bibliography of sensory and perceptual deprivation, isolation and related areas. Percept. Motor Skills 26, 883–903.

Weinstock, C. (1969): The relation between social isolation and related cognitive skills in residents of a catholic and jewish home for aged. Proceedings of the 8th Internat. Congress of Gerontology 1968, Washington.

Weinstock, C., Bennett, R. (1968): Problems in communication to nurses among residents of a racial homogenous nursing home, *The Gerontologist* 8, 72–75.

Weiss, S. R. B., Li, X.-L., Noguera, E. C., Heynen, T., Li, H., Rosen, J. B., Post, R. M. (1997): Quenching: Persistant alterations in seizure and afterdischarge threshold following low-frequency stimulation. In: *Corcoran, V. M., Moshe, S.* (eds.), Kindling. New York: Plenum Press.

Welford, A. T. (1958): On the nature of skill. In: Aging and Human Skill, Oxford.

Wendt, W. R. (1983): Geschichte der sozialen Arbeit. Von der Aufklärung bis zu den Alternativen, Stuttgart: Enke.

Werder, L. v., Blöchl, E., Himmelmann, K. (1984): Stadtteilarbeit und Erwachsenenbildung, Frankfurt: Haag & Herchen.

Werner, E. E., Smith, R. S. (1982): Vulnerable but invincible. A longitudinal study of resilient children and youth. New York: McGraw-Hill.

White, H., Boorman, S. A., Brieger, R. L. (1976): Social structure from multiple networks: I blockmodels of roles and positions, *American Journal of Sociology* 81, 730–780.

Wiedemann, H. (1982): So leicht schafft uns keiner. Eine Alten-Initiative wendet sich gegen Einsamkeit und Entrechtung, Köln: Prometheus Verlag.

Wieltschnig, E. (1982): Unabhängigkeit im Alter, Bern: Huber.

Wiendiek, G. (1973): Zur psychosozialen Bedingtheit des Alterssuizids, *aktuelle gerontologie* 3, 271–274.

Williams, T. F. (1980): Rehabilitation in the aging, New York: Raven Press.

Winter, H. P. u.a. (Hrsg.) (1999): Hausgemeinschaften. Werkstattbericht zur Entwicklung familienähnlicher Wohn- und Lebensformen für pflege-bedürftige und/oder verwirrte alte Menschen. Köln. (Kuratorium Deutsche Altershilfe).

Wittenberg, R., Zur Ausgliederung älterer Menschen aus dem Straßenverkehrssystem, in: Hohmeier, Pohl, 124–137.

Wittkowski, J. (1978): Tod und Sterben. Ergebnisse der Thanatopsychologie, Heidelberg: Quelle & Maier.

Wohlwill, J. F. (1964): Behavioral response and adaptation to environmental stimulation. In: *Damon, A.,* Psychological anthropology, Cambridge, Mass.: Harvard University Press.

Wohlwill, J. F. (1964): Behavioural response and adaptation to environmental stimulation, in: *Damon, A.* (Hrsg.), Psychological anthropology, Cambridge: Harvard University Press

Wolf, K. (1956): Treatment of geriatric patients in a mental *hospital, Journal of the Geriatric Society* 4, 472–479.

Wolf, K. (1961): Group psychotherapy with geriatric patients in a veterans administration hospital, *Group Psychotherapy* 1/2, 85–89.
Wolf, K. (1963): Geriatric psychiatry. Springfield: C. Thomas.
Wolf, K. (1970): The emotional rehabilitation of the geriatric patient. Springfield: C. Thomas.
Wolff, B. (1992): Alt sein in Wien – Bildbericht über ein Projekt des Bildungshauses Heuwaldegg zur Lebenswelt alter Menschen in Wien. In: *Petzold, Petzold* 134–143.
Wolk, S., Kurtz, J. (1975): Positive adjustment and involvement during aging and expectancy for internal control, *Journal of consulting and clinical Psychology* 43, 173–178.
Woll-Schumacher, J. (1980): Desozialisation im Alter, Stuttgart: Enke.
Yablonsky, L. (1978): Psychodrama, Stuttgart: Klett.
Yehuda, R. (1997): Sensitization of the hypothalamic-pituitary-adrenal axis in posttraumatic stress disorder. In: *Yehuda, McFarlane* (1997) 57–75.
Zetzel, E. (1970): Aging and psychoanalytic theories of regression, *Journal of Geriatric Psychiatry* 3, 152–159.
Zimmermann, D. (1982): Soziale Isolation und Einsamkeit bei psychiatrischen Langzeitpatienten, Weinheim: Beltz.
Zimmermann, R. E. (1977): Alter und Hilfsbedürftigkeit, Stuttgart: Enke.
Zimmermann, R. E. (1978): Soziale Ungleichheit und Krankheit im Alter, in: *Dieck, M., Naegele, G.* (Hrsg.), Alternsforschung für die Praxis, Heidelberg: Quelle & Meyer, 145–159.

Anmerkung

Die Siglen hinter den Jahreszahlen beziehen sich auf die Gesamtbibliographie von Petzold, H. G. (2003). Gesamtbibliographie. Bei www.FPI-Publikationen.de /materialien.htm *Polyloge: Materialien aus der Europäischen Akademie für psychosoziale Gesundheit* – 01/2003 (auch in 2003a).

Friederike Potreck-Rose / Gitta Jacob:
Selbstzuwendung, Selbstakzeptanz, Selbstvertrauen
Psychotherapeutische Interventionen zum Aufbau
von Selbstwertgefühl
240 Seiten, broschiert, ISBN 3-608-89719-4

Leben lernen 163

Aufbau und Verbesserung des Selbstwertgefühls ist in vielen Psychotherapien ein zentrales Thema, denn häufig wird ein geringes Selbstwertgefühl als Mitauslöser psychischer Störungen betrachtet. Die Autorinnen überprüfen die vorhandene Literatur zu Selbstwert und Selbstvertrauen auf ihre Brauchbarkeit für die psychotherapeutische Praxis hin und stellen eigene erprobte Interventionen vor.
Das Buch unterstützt Psychotherapeuten dabei, ihren Klienten zu einer stabilen Basis ihrer Selbsterfahrung und ihres Selbstwirksamkeitsgefühls zu verhelfen.

Peter Fürstenau:
Psychoanalytisch verstehen – Systemisch denken – Suggestiv intervenieren
208 Seiten, broschiert, ISBN 3-608-89710-0

Leben lernen 144

»Wissenschaftstheoretisch präzise, in der Sache kämpferisch und in Form und Sprache sehr leicht lesbar steht Fürstenau für die Psychoanalyse auf ... Fürstenaus Buch (ist) eine Sammlung aus Aufsätzen über psychoanalytisch begründete Psychotherapie, die sich nicht scheut, aus anderen Psychotherapieansätzen zu lernen.«
Micha Hilgers, Frankfurter Rundschau

Luise Reddemann
unter Mitarbeit von V. Engl, S. Lücke und C. Appel-Ramb:
Imagination als heilsame Kraft
Zur Behandlung von Traumafolgen mit ressourcenorientierten Verfahren
215 Seiten und 16 Seiten farbiger Tafelteil, broschiert
ISBN 3-608-89708-9
Leben lernen 141

»Luise Reddemann versteht ihr Buch als einen Bericht aus der Werkstatt. Praxisnahe Beispiele regen zu einem ressourcenorientierten Ansatz an. Sie schreibt mit Herz, Verstand und Respekt für PatientInnen und für KollegInnen, die an Traumafolgen arbeiten. Für TherapeutInnen und PatientInnen gleichermaßen wertvoll – und unverzichtbar!«
Donna Vita

»Eine ermutigende Orientierungshilfe für Betroffene und Interessierte, für alle, die beruflich mit Traumatisierten zu tun haben.«
Dörte von Drigalski, Hamburger Ärzteblatt

»Ein Buch auf dem neuesten Stand der Traumatherapie und ein Buch mit Herz! Ich bin begeistert von dem Buch und die Liste der KollegInnen, die es nach mir lesen wollen, ist lang.«
Martin Lenz in »therapie kreativ«

Luise Reddemann:
Imagination als heilsame Kraft
Hör-CD mit Übungen zur Aktivierung von Selbstheilungskräften
CD mit 4 Seiten Booklet, Spieldauer 60 Minuten,
ISBN 3-608-89724-0
Die Hör-CD enthält die wichtigsten Stabilisierungsübungen aus dem trauma-therapeutischen Ansatz von Luise Reddemann, gesprochen von der Autorin.